Raja Möller | Martin Seeliger | Fabian Wolbring (Hrsg.)
20 Jahre »Mein Block«

HipHop Studies

Herausgegeben von
Marc Dietrich | Martin Seeliger

Dr. Marc Dietrich arbeitet als Wissenschaftlicher Mitarbeiter im DFG-Projekt »Musikvideos, Szenemedien und Social Media – zur Aushandlung von Rassismus im deutschsprachigen HipHop« an der Hochschule Magdeburg-Stendal. Zu seinen Arbeitsschwerpunkten zählen (digitale) Jugendkultur, Kultursoziologe, Cultural Studies und (visuelle) qualitative Methoden.

Martin Seeliger, PD Dr., leitet die Abteilung »Wandel der Arbeitsgesellschaft« am Institut für Arbeit und Wirtschaft in Bremen. Seine Arbeitsschwerpunkte liegen in der Politischen Soziologie, den Arbeitsbeziehungen sowie den Cultural Studies.

Seit den 1970er Jahren in den USA hat sich HipHop global zur einflussreichsten Szene und Jugendkultur entwickelt. Zu tun hat dies mit ihrer besonderen Zugänglichkeit (durch die Etablierung von Internet und Social Media sogar noch verstärkt), ihrem interaktiven Charakter (Prinzip der Inklusion und Gemeinschaft einerseits, identitätsstiftende Distinktion andererseits) sowie der kompetitiven Orientierung (Akteur*innen können sich mit relativ wenig Ressourcen mehr oder wenig spielerisch miteinander messen). Diese Aspekte sind zunehmend zum Gegenstand sozial- und kulturwissenschaftlicher Reflexion geworden. Nach der Etablierung der HipHop-Forschung im deutschsprachigen Raum (späte 1990er Jahre) zeichnet sich die Konsolidierung eines Forschungszweiges ab zu dessen Institutionalisierung die Reihe beitragen und dabei möglichst hochwertige Buch-Publikationen präsentieren möchte: Aus einer interdisziplinären Perspektive (vom Blickpunkt der Sozialen Arbeit und Pädagogik über die Soziologie und Geschlechterforschung bis hin zur Kultur- und Musikwissenschaft) stehen eine ganze Reihe von Fragen und Themen im Fokus. Zu ihnen zählen u. a.: Rap und soziale Ungleichheit, politische Implikationen der HipHop-Bildwelten, ethnische Segregation, mediale (Krisen-)Diskurse um (migrantische) Männlichkeit und Geschlecht generell, Glokalität, Sozialisationsaspekte, kulturelle Präfigurationen und Analogien im Fundus symbolischer Repräsentationen der (Populär-)Kultur.

Raja Möller | Martin Seeliger | Fabian Wolbring
(Hrsg.)

20 Jahre »Mein Block«

Interdisziplinäre Perspektiven auf ein popkulturelles Ereignis

BELTZ JUVENTA

MIX
Papier aus verantwortungsvollen Quellen
FSC® C089473

Dieses Buch ist erhältlich als:
ISBN 978-3-7799-7997-5 Print
ISBN 978-3-7799-7998-2 E-Book (PDF)
ISBN 978-3-7799-7999-9 E-Book (ePub)

1. Auflage 2024

in der Verlagsgruppe Beltz · Weinheim Basel
Werderstraße 10, 69469 Weinheim

Herstellung: Hanna Sachs
Satz: xerif, le-tex
Druck und Bindung: Beltz Grafische Betriebe, Bad Langensalza
Beltz Grafische Betriebe ist ein klimaneutrales Unternehmen (ID 15985–2104-100)
Printed in Germany

Weitere Informationen zu unseren Autor:innen und Titeln finden Sie unter: www.beltz.de

Inhalt

III. Kontext

IV. Transfer

puffy punchlines

Einleitung

Raja Möller, Martin Seeliger, Fabian Wolbring

Fragt man Aficionados nach einem für das Genre deutschen Gangsta- oder Straßenrap besonders charakteristischen Song, werden diese mit hoher Wahrscheinlichkeit Sidos *Mein Block* anführen und auch in der HipHop-Forschung ist Sidos Durchbruchs-Hit eine zentrale Referenz (z. B. Gruber 2017, Güler Saied 2012, Breitenwischer 2021, Janitzki 2012, Szillus 2012, Ebersbach 2006 usw.).

Prägnant und ausdrucksstark wie kaum ein anderer Text beschreibt *Mein Block* die (vermeintliche) Lebensrealität in einer Hochhaussiedlung des Märkischen Viertels im Norden von Berlin. Indem er Stigmatisierungsdiskurse über das Leben in sogenannten Problemstadtteilen mit romantisch-sehnsüchtigen Projektionen über Sexualität, Drogenkonsum, Schwarzmarkthandel (Falschgeld, zehn Teile und ein Bootleg von Eißfeldt sind dort gleichermaßen, wenn auch in verschiedenen Stockwerken erhältlich), aber auch die Tristesse und Verrohung der Umgebung beschreibt, gibt Sido einen Einblick in die lokalen Verhältnisse genauso wie in sein Seelenleben – und/oder partizipiert in hochgradig artifiziellen medialen Performances mit vorgeblich dokumentatorischem Authentizitätsanspruch. Dabei erleben wir nicht zuletzt eine vom kalkulierten Tabubruch und trashigen RTL2-Charme getragene Pop-Inszenierung, die in der deutschen Kulturgeschichte sowohl kommerziell als auch aufmerksamkeitsökonomisch ihresgleichen sucht; die Genrestandards, Klischees und Pop-Referenzen samplet, aufruft und wiederholt; gleichzeitig aber auch vieles ganz neu und bahnbrechend anders macht. *Mein Block* ist reißerische Sozialreportage, Pride-Song für die räumlich segregierte Unterklasse, Räuberpistole, Pop-Hit, Kunstwerk und Gesellschaftskritik in einem.

Der vorliegende Band soll durch die Kombination unterschiedlicher Beiträge eine dichte Beschreibung von *Mein Block*, seinen kulturellen, politischen und ökonomischen Implikationen, Voraussetzungen und Folgen sowie seiner Bedeutung für die Entwicklung von Pop und HipHop im Allgemeinen und Straßen-/Gangsta-Rap im Besonderen leisten.

Dazu nähern wir uns dem Phänomen *Mein Block*, indem wir zunächst den Song als Kern des Erfolges in den Fokus nehmen, dann den Blick sukzessive weiten, um die mediale Inszenierung und Aufladung nachzuvollziehen, schließlich in einer weiteren Öffnung die historischen Vorbedingungen und Nachwirkungen sowie die sozioökonomischen Rahmenbedingungen zu erfassen, die *Mein Block* zu einem Stück Zeitgeschichte, Gesellschaftsdiagnose und popkulturelle

Blaupause werden lassen. Zuletzt schauen wir auf aktuelle Transferpotenziale für Schule und Jugendarbeit.

Die Beiträge sind entsprechend in vier Abschnitte gegliedert: Song, Inszenierung, Kontext und Transfer.

I. Song

Mein Block ist ein Hit – „Deutschraps erster Blockbuster" (Lukic 2017). In einem Genre, das knallt und starke Unmittelbarkeit evoziert, gelingt ihm ein noch radikalerer Distanzabbau: Wir sind mit Sido am Block – so zumindest der Eindruck. Doch wie erzielt dieser Song eine solche Unmittelbarkeitsillusion? Wieso fühlen wir den Block selbst im Einfamilienhaus? Warum wirken Sound und Text so immersiv?

Wir eröffnen unseren Blockbesuch mit Kolja Podkowiks Beitrag „Nicht Blumentopf sein Block – Warum der ‚vercrackte Sido von der Sekte' eines Tages das Bundesverdienstkreuz bekommen wird". Der Antilopen-Rapper schildert hier als Zeitzeuge anhand seiner eigenen Rap-Sozialisation, wie *Mein Block* die HipHop-Konsumgewohnheiten irritiert und nachhaltig verändert hat.

Sina Lautenschläger untersucht in ihrem Beitrag „Deviante Norm und normative Devianz – Eine (kultur-)linguistische Perspektive auf Sidos *Mein Block*" unter konstruktivistischer Prämisse Sidos Spiel mit verschiedenen Normen und deren An- und Aberkennung und spürt dabei dem Zusammenhang von Sprache, Identität und Sprachnormen nach.

Im Folgebeitrag „‚The Sound of MV' – Klangästhetische Strategien in Sidos *Mein Block*" betrachtet Tomy Brautschek dann eingehend das Sounddesign und die Produktionsweise des Songs in seinen beiden populärsten Versionen. Dabei historisiert und kontextualisiert er die Produktionen jeweils popkulturell und berücksichtigt auch die Trends der frühen 2000er Jahre.

Fabian Wolbring sucht im Beitrag „(M)Ein Block für alle? – Sidos Poetik der konvenienten Subversion" nach der Hitformel hinter *Mein Block*, die er im ausgewogenen Verhältnis von Affirmation und Konfrontation, in der kalkulierten Schein-Eindeutigkeit und einer hohen Prägnanz vermutet.

Gabriel Kos' Beitrag „Schlechtes Vorbild? – Gemeinschaftsbildung zwischen Subversion und Teilhabe bei und mit Sido" schließt unmittelbar daran an und weitet den Blick auf das Gesamtwerk Sidos. Die Studie zeigt, wie die Kunstfigur Sido innerhalb des Mainstream immer wieder neu positioniert und re-etabliert wird und beobachtet Bewegungsdynamiken vom Song in den medialen Diskursen.

II. Inszenierung

Der zweite ‚Block' dieses Sammelbands widmet sich den Strategien der Inszenierung sowohl im Kontext des Liedes *Mein Block* als auch in Bezug auf die Kunstfigur Sido.

Einleitend wird das Interview „‚Kunst soll verdauen dürfen' – Über *Mein Block* und die Anfänge von Aggro Berlin als popkulturelle Zäsur" mit Specter Berlin präsentiert, einem Mitbegründer des Labels Aggro Berlin und einem wichtigen Akteur der Szene, der maßgeblich an der Bildgestaltung und Inszenierung beteiligt war. Das Interview konzentriert sich auf die Anfangszeit des Labels im Allgemeinen und auf Sido (und dessen Entwicklung) im Speziellen. Besonderes Augenmerk wird auf die Planung und Produktion des Musikvideos zu *Mein Block* gelegt, auf die Herausforderungen, mit denen Aggro Berlin konfrontiert war, sowie zuletzt auf Fragen zu Specter Berlins Arbeitsweisen.

Im anschließenden Beitrag „750 Gramm Geld, Sex, Gewalt und Drogen – Wie Sidos Maske in *Mein Block* real wurde" untersucht Sebastian Berlich die vielschichtige(n) Bedeutung(en) sowie Funktion(en) der Maske. Er erforscht das Spannungsfeld zwischen Authentizität und anonymem Schutz, das durch die Maske erzeugt wird. Berlich zieht popkulturelle Vergleichsfiguren heran und widmet sich der Frage, inwiefern die Maske hierzu als Differenzmarkierung wirkt. Letztlich analysiert er die Semantik des Abnehmens der Maske und die davon ausgehenden Auswirkungen auf die (Kunst-)Persona Sido.

Lothar Mikos untersucht in seinem Artikel „Innen- und Außenansichten in Sidos Video *Mein Block* – Lokalität in der globalen Bilderwelt der Popkultur" die Illustration des Textes durch das Musikvideo anhand von ästhetisch-dramaturgischen Analyseverfahren sowie mittels Ansätzen aus der Glokalisierungsforschung. Dazu betrachtet er zunächst die Rolle der ‚Hood' im HipHop und deren Differenziertheit vom globalen Bild des Städtischen. Eine besondere Rolle spielt hierbei die lokale Nachbarschaft, die eigene Posse, sowie die soziale Gemeinschaft. Auch im Musikvideo werden diese gängigen Motive von Rap-Videos inszeniert, wodurch das Visuelle die Lokalität des Märkischen Viertels (re)produziert. Das Außen von Sidos Block wird verknüpft mit dem Innen und den Menschen, die wiederum die spezielle Lokalität des Ortes erzeugen.

Zuletzt werden im Interview „‚Alles ein bisschen grauer' – Zur Bildästhetik des deutschen urbanen Straßen- und Gangsta-Raps" mit der renommierten Fotografin und Regisseurin Katja Kuhl Einblicke in bildästhetische Inszenierungsaspekte des urbanen Deutschraps gewährt. Insbesondere diesbezüglich prägnante Motive (und deren materielle Beschaffenheit), die die visuelle Landschaft des Genres prägen, werden diskutiert. Außerdem werden Entwicklungen und Dynamiken der Szene seit den 90er Jahren bis heute besprochen.

III. Kontext

Der Ursprung der Stadt als Territorialraum und Gesellungsgebilde liegt etwa 8.000 Jahre zurück. Seitdem folgt die Entwicklung der Städte den Mustern gesellschaftlicher Ausdifferenzierung. Gleichzeitig wirkt die Ordnung der Städte zurück auf Sequenzen sozialen Wandels. Als Laboratorien der Moderne sind Städte Schauplatz der Erprobung neuer Lebensweisen.

Indem Arbeitsteilung und Regulationsweise die wirtschaftliche, soziale und politische Stellung der verschiedenen Klassen prägen, übertragen sich diese in den Städtischen Raum. Sidos Schilderung der Zustände im Block schließt an eine Erzählung der postindustriellen Großstadt an, wie sie auch in Filmen wie *Eight Mile* vermittelt wird. Mit den Produktionskapazitäten verschwand aus den Zentren des Globalen Nordens auch der Zugang zu oftmals hoch regulierter Erwerbsarbeit der Exportindustrien, der Massenkaufkraft und soziale Ordnung gewährleistete. Armut, Anerkennungsverluste und Anomie sind die Folge in Detroit wie im Märkischen Viertel.

Einen Beitrag zur Geschichte des Märkischen Viertels als Ort der HipHop-Kultur leisten Fionn Birr und Falk Schacht.

Valentin Goldbach etabliert eine an die Psychoanalyse sowie die Arbeiten Walter Benjamins angelehnte Perspektive auf *Mein Block*. Den Song betrachtet er hierbei im Kontext zweier gleichnamiger Titel von Azad und Blumentopf.

Markus Baum analysiert die städtische Sozialform der Großraumsiedlung aus architektursoziologischer Perspektive.

Die Lebensweise im Märkischen Viertel rekonstruiert Marcus Staiger aus Sicht der Bewohner*innen im Interview mit dem Rapper Rufi. Erzählungen aus seiner Jugend geben einen Einblick in Alltag und Kultur des Stadtteils, in dem Sidos Block steht.

Die politökonomischen Rahmenbedingungen, unter denen *Mein Block* Mitte der 2000er Jahre seine Bedeutung gewinnt, skizziert Martin Seeliger in seinem Artikel. Vor dem Hintergrund internationaler Standortkonkurrenz transportiert der Song zentrale Motive und Elemente der Debatte um die Neue Unterschicht. Er identifiziert hierbei zwei komplementäre Lesarten, die jeweils eine empowernde und eine affirmative Wirkung bei den Rezipient*innen entfalten.

IV. Transfer

Zum Ende unseres Bandes fragen wir nach den Anschlüssen von *Mein Block* für die heutige Jugend und ihre Sozialisationsfragen. Welche Relevanz hat der Song 20 Jahre später noch? Welche Aktualität besteht für heutige Jugendliche aus sozialen Brennpunkten? Wie ließe sich der Song schulisch adaptieren und aufbereiten, um mit ihm Fragen der sozialen Ungleichheit, aber auch Fragen der ästhetischen Inszenierung zu verhandeln?

Marie Jäger und Anna Groß schlagen in ihrem Beitrag „Plattenblocks, Hip-Hop und Jugendarbeit" die Brücke vom im Rap verhandelten Block zur prekären Wirklichkeit von Jugendlichen im sozialen Brennpunkt. Dabei spüren sie den evozierten Aufstiegssehnsüchten ebenso nach, wie der durch die Raps gesteigerten Aufwertung des Blocks zum Coolness-Indikator.

Ines Heiser schließt den Band mit ihrem Beitrag „The Misfit: Rap Hall of Fame vs. Bildungskanon – Wo steht *Mein Block* im literaturdidaktischen Diskurs?" Darin untersucht sie die unterschiedlichen (literatur-)didaktischen Potenziale des Songs und plädiert dafür, eine mögliche Kanonerweiterung für die Schule neu und differenzierter zu diskutieren.

Literatur

Breitenwischer, Dustin (2021): Die Geschichte des Hip-Hop. 111 Alben. Stuttgart: Reclam.

Ebersbach, Bruno (2006): Sido, die Maske und der Block. Nürnberg: AdbK.

Gruber, Johannes (2017): Performative Lyrik und lyrische Performance. Profilbildung im deutschen Rap. Bielefeld: transcript.

Güler Saied, Ayla (2012): Rap in Deutschland. Musik als Interaktionsmedium zwischen Partykultur und urbanen Anerkennungskämpfen. Bielefeld: transcript.

Janitzki, Lena (2012): Sozialraumkonzeptionen im Berliner Gangsta-Rap. Eine stadtsoziologische Perspektive. In: Dietrich, Marc / Seeliger, Martin (Hrsg.): Deutscher Gangstarap. Sozial- und kulturwissenschaftliche Beiträge zu einem Pop-Phänomen. Bielefeld: transcript, 285–308.

Lukic, Toni (2017): „Mein Block": Deutschraps erster Blockbuster. www.redbull.com/de-de/sido-mein-block (22.11.2023).

Szillus, Stephan (2012): Unser Leben – Gangsta-Rap in Deutschland. Ein popkulturell historischer Abriss. In: Dietrich, Marc / Seeliger, Martin (Hrsg.): Deutscher Gangsta Rap. Sozial- und kulturwissenschaftliche Beiträge zu einem Pop-Phänomen. Bielefeld: transcript, S. 41–63.

I. Song

Nicht Blumentopf sein Block – Warum der ‚vercrackte Sido von der Sekte' eines Tages das Bundesverdienstkreuz bekommen wird

Kolja Podkowik

Irgendwann im Jahr 2000, ich war 14, fing ich an, mir Royal Bunker-Tapes zu bestellen. Einmal wurde ich zu der Zeit während der großen Pause im Düsseldorfer Volksgarten abgezogen. Ein paar Jungs hatten beobachtet, wie ich mir Gras von einem Typen auf einer Parkbank gekauft hatte, dann lauerten sie mir auf, umzingelten mich und nahmen mir alles weg, sogar mein Pausenbrot und meine Schulbücher. Meinen Walkman natürlich auch, das war besonders tragisch, und ich fragte, ob ich nicht wenigstens die Kassette behalten könnte. Gnädig wurde sie mir tatsächlich überlassen. *Berlin No. 1 Volume 2*. Eine unfassbare Tape-Compilation, vielleicht der wichtigste und einflussreichste deutschsprachige Rap-Sampler, den es je gab. Das konnte ich damals nicht überblicken, aber vielleicht erahnte ich dumpf die Relevanz.

Ich war wie so viele 1998 mit *Bambule* auf den HipHop-Film gekommen, hatte mir *Kopfnicker* und *Fenster zum Hof* zugelegt, dann erschien *Esperanto*. Deutschrap, wie es schon bald geschimpft wurde, war klug und nett, meine Eltern fanden die Texte interessant. Max Herre hatte Victor Jara erwähnt, das gefiel meinem ex-autonomen Vater. Dann kam Berlin und alles wurde anders. Zum ersten Mal Kool Savas zu hören, war ein einschneidendes Erlebnis, nein, eine übernatürliche Begegnung. Als Berlin per Rammbock alles übernahm, wurde Rap bösartig und gefährlich, sexistisch natürlich auch, meinen Eltern hätte das weniger gefallen, also hörte ich es zuhause vorauseilend nur mit Kopfhörern. Es war anrüchig und faszinierend, es fühlte sich falsch und deshalb richtig an, es war eine konformistische Rebellion und der perfekte Soundtrack für pubertierende Jungs. Außerdem hatte es mehr Swagger – auch wenn es das Wort noch nicht gab – als alles, was davor an Rapmusik in Umlauf gewesen war.

Über Savas entdeckte ich dessen Crew MOR, darüber das Label Royal Bunker, und dann schrieb ich dauernd E-Mails an Marcus Staiger, dem man Geldscheine per Post schicken musste, um an die von ihm vertriebenen Kassetten zu kommen. Nachschub finanzierte ich, indem ich als Fahrradkurier für eine Apotheke Medikamente an alte Damen auslieferte, natürlich mit *Berlin No. 1 Volume 2* auf den Ohren. Durch dieses Tape erfuhr ich von Sidos Existenz: „Hier kommt der vercrackte Sido von der Sekte / Kein Mikrofon dieser Stadt, das ich noch nicht checkte". Er war zweimal dabei, einmal mit der Sekte und einmal mit Royal TS, und in den

Credits konnte man lesen, dass er für beide Songs auch die Beats gemacht hatte. Mit einer Playstation, wie später oft erzählt wurde. Außerdem war im Booklet, einer gefalteten Farbkopie, ein Foto von Sido – und er sah nicht so gemein und cool aus, wie er klang, sondern irgendwie brav, aber auch fertig, und er trug keine Maske, sondern eine Brille. Da waren auch Bilder der anderen Protagonisten und die hatten fast alle Brillen auf. Warum sahen diese Typen, die ich für die ersten deutschen Gangsta-Rapper hielt, so aus wie Hippiestudenten? Ein Phänomen, das sich wiederholte, als MOR – die aus diesem Dunstkreis als Erstes einer breiteren Öffentlichkeit bekannt wurden – bei MTV leicht unbeholfen, uncool frisiert und viel zu harmlos, geradezu sympathisch, ihre harten, kompromisslosen Texte vortrugen. „Ich schwör, Savas aus Berlin ist ein Zwei Meter-Messerstecher, verrückter Riese, der tickt", resümierte Casper mal die Erwartungen, die auch er gehabt hatte, bevor erste Bilder kursierten. War alles nur ein Witz gewesen? Waren das etwa Kunstfiguren?

Sido stach heraus auf dem besagten Tape. Er war nicht wie Savas der beste Rapper, den man je gehört hatte, aber irgendwas hatte er schon. Seine Stimme war gut, der Name blieb hängen und ihm war ganz offensichtlich alles egal. Er war ziemlich on point, sogar eine Punchline war ihm eingefallen: „‚Ich bin cool!' / Jaja, und ein Scheinwerfer wirft Scheine". Ich legte mir schleunigst das Royal TS-Tape *Back In Dissniss* zu. Royal TS waren Sido und B-Tight; sie mussten sich später wegen McDonald's in ‚Alles ist die Sekte' umbenennen. (Abgekürzt wurde der Name zu A.i.d.S., was ich natürlich auch wieder lustig fand.) *Back in Dissniss* war ab Juli 2000 nur noch über die Handynummern von Sido und B-Tight bestellbar, weil sie sich mit Staiger zerstritten und Royal Bunker verlassen hatten. Sie fanden, dass Staiger sie vernachlässigte und sich zu viel um Savas kümmerte. Das Tape fing jedenfalls so an: „Die Westberliner Ticker, Pusher, Dealer, Ghetto-Rap-Gangsta, Vergewaltiger Royal TS sind zurück. Es geht ihnen bestens nach ihrer Pause und der Penisoperation, die sie haben durchführen lassen, um, wie sie sagen, Wack-MCs noch breitere Arschlöcher ficken zu können. Mit ihrem zweiten Album ‚Back in Dissniss' werden sie versuchen, dir klarzumachen, dass du trotz deines Schwanzes doch eine Frau bist. Hure! Dieses Tape ist nur für Männer, Homies und Groupies. Der Rest: Fickt euch! Sekte". Diese geballte Misogynie war so abstrus wie unerhört, sie sollte cool sein und wirkte auf mich auch so. Sid Vicious mit seinem Hakenkreuz-Shirt hatte mir ja auch intuitiv gefallen. Ich hörte die Passage immer wieder und lachte mich darüber kaputt. Es hatte die Aura von etwas Verbotenem und dank meines linksradikalen Elternhauses wusste ich auch, dass es nicht in Ordnung war. Eine Überzeichnung in kritischer Absicht – oder wie auch immer sich manche das heute noch schönreden wollen – war es sicherlich nicht.

Ich erinnere mich, wie vor allem die Mädchen aus meiner Klasse abkotzten, als mein Kumpel und ich während einer Klassenfahrt den Busfahrer überredeten, das Royal TS-Tape abzuspielen. Meine Musiklehrerin hatte bereits einen Tobsuchtsanfall bekommen, als ich in der letzten Stunde vor den Ferien zur Vorstellungsrunde unserer Lieblingsmusik *LMS* von Kool Savas mitgebracht hatte. Derartig zu provozieren, löste wohlige Schauer in mir aus. Meine Scham tarnte ich verbissen als Überlegenheit. Auf dem Schulhof konnte man keinen Blumentopf mit dieser neuen Rapmusik aus Berlin gewinnen, denn sie war der Gegenentwurf zu Blumentopf. 2000 war Sido abseitige, amateurhafte, masseninkompatible Untergrundmusik, die es noch nicht mal auf CD gab (auch wenn sie schon bald auf Napster kursierte). Wer angesagt sein wollte, hat so etwas nicht gehört, sondern sich darüber lustig gemacht.

2004, als *Mein Block* erschien, veränderte sich das komplett. In meiner Klasse hörten plötzlich alle Sido. Was für mich ein alter Hut war, hielten sie für eine Neuentdeckung – also fand ich es natürlich eh scheiße. Sido war jetzt berühmt und trug immer eine Maske. In der Teeniepresse gab es dutzende Artikel darüber, dass niemand wusste, wie er aussah. Dabei hätte man nur im *Berlin No. 1 Volume 2*-Tape nachschauen müssen, oder auch im Royal TS-Musikvideo *Westberlin* (in dem Sido nebenbei noch eindrucksvoll verheimlichte, dass er eigentlich Ossi war). Mein Sitznachbar las aufgeregt ein Juice-Interview mit Sido, in dem dieser erzählte, er würde andauernd Ecstasy nehmen und in Techno-Clubs feiern. Fand ich nicht in Ordnung, Kiffen und Rap war doch das Ding! Ich war längst selbst Rapper und Sido konnte ich nicht mehr ernst nehmen, der hatte nicht mal mehrsilbige Reime. Vor allem aber war mir etwas anderes dazwischengekommen, das mich auf Distanz nicht nur zu Sido, sondern zu all den Berliner Rappern gehen ließ, die vier Jahre zuvor mein Erweckungserlebnis gewesen waren: Ich hatte mich politisiert.

Ungefähr ein Jahr, nachdem ich Royal Bunker entdeckt hatte, war es losgegangen. Mein politisches Gewissen kam zurück, oder es bildete sich neu, jedenfalls wären meine Eltern stolz gewesen – wenn ich mit ihnen über diese Sachen geredet hätte. Ich hing mit einer Düsseldorfer Antifa-Gruppe rum, ging auf Demos gegen Nazis, und vor allem schrieb ich politische Rap-Texte. Ich hörte nun gerne Anarchist Academy, während ich Rapmusik aus Berlin ablehnte. Diesen systemstabilisierenden Schund würde ich nie wieder hören. Ich schob meine Bedenken nicht länger beiseite. In einem Anflug von Antisexismus verkaufte ich sämtliche Tapes und Platten auf eBay. Leider noch zu früh, als dass es wirklich Geld eingebracht hätte. (Das wurde mir später klar, als ich das ganze Zeug mühselig und deutlich kostspieliger nachkaufte.) Ich verbot mir, so etwas wie Sido oder Savas zu hören. Ich war mir meiner Sache sicher und Musik hatte auf Linie zu sein. Ich wurde eine 16-jährige Ein-Mann-K-Gruppe.

Zum Frühlingsanfang 2003 war ich Gründungsmitglied von HipHop-Partisan, einem bundesweiten Netzwerk, das etwa zwei Jahre lang existierte und eine Gegenbewegung zum rassistischen, sexistischen, homophoben (usw.) Deutschrap aufbauen wollte. Hier lernte ich auch Danger Dan und Panik Panzer kennen, mit denen ich heute die Antilopen Gang bilde. HipHop-Partisan entstand als Reaktion auf das Buch *Fear Of A Kanak Planet. HipHop zwischen Weltkultur und Nazi-Rap* von Murat Güngör und Hannes Loh, die bei den ersten Treffen auch dabei waren. Hannes war mein Lieblingsrapper von Anarchist Academy, zu denen ich regelrecht aufschaute, weil sie die einzige wirklich linksradikale Rap Crew hierzulande gewesen waren und für mich in einer Tradition mit Ton Steine Scherben und Slime standen. Ihn kennenzulernen, war eine große Sache für mich. Aber als ich erfuhr, dass Hannes nun Lehrer wurde, war ich irritiert. Ich erklärte ihm, dass Schule ein Unterdrückungsinstrument der Herrschenden war, das einzig zur Sortierung nach Markttauglichkeit, also zur Eingliederung ins System diente – das musste er doch wissen! Ich verstand nicht, warum er auf meine altklugen Ausführungen amüsiert reagierte. Die nächste Irritation folgte Ende 2003, als ich nach einem Reunion Gig von Anarchist Academy in Köln mit ein paar Leuten bei Hannes übernachtete, wo er uns *Renexekution* vorspielte, den Disstrack von Kool Savas und Eko Fresh gegen MC Rene. Hannes feierte es komplett ab und konnte beide Strophen auswendig mitrappen. Ich verstand schon wieder die Welt nicht mehr: Das waren doch unsere Feinde! Wegen solcher reaktionärer Arschlöcher hatten wir doch HipHop-Partisan gegründet! Später hörte ich mir den Song zuhause noch mal an, hmmm, war gar nicht sooo schlecht ...

Den Vogel schoss Hannes aber ab, als Sidos Debütalbum *Maske* ein Jahr nach der Gründung von HipHop-Partisan erschien. *Mein Block* lief den ganzen Tag auf MTV und VIVA, ich war genervt von den Sido-Fans in meiner Klasse und fragte mich ansonsten, wie man Rapmusik in den Dienst der Weltrevolution stellen könnte. Zwar gab es an Sido ärgerlicherweise kein Vorbeikommen, aber sein Schaffen verfolgte ich höchstens noch desinteressiert und notgedrungen aus dem Augenwinkel. Ungefähr so war die Lage, als ich Hannes' Rezension von *Maske* in der Intro las. Es war eine überschwängliche Lobeshymne auf das Album. Hannes schrieb, Sido erinnere ihn daran, wie er als Jugendlicher zum ersten Mal N.W.A gehört habe. Er hielt *Maske* für eine geniale Milieustudie, und er argumentierte sogar marxistisch: Sido repräsentiere das Lumpenproletariat, er gebe dem Bodensatz der Arbeiterklasse, der über kein proletarisches Klassenbewusstsein verfügt und sich mit Kriminalität über Wasser hält, eine Stimme. Dass Sidos Texte eine soziale Relevanz besaßen, war mir vorher nicht mal in den Sinn gekommen, da ich sie nur noch auf unzulässige Ismen abgeklopft hatte. Zuerst reagierte ich ablehnend auf Hannes' Ausführungen. Die Widersprüche überforderten mich, ich wollte es gerne klar und einfach haben. Wieso verriet Hannes schon wieder unsere Überzeugungen? Wieso hatte er die Seiten gewechselt? Und wieso hatte ich plötzlich das dringende Bedürfnis, mir das Sido-Album anzuhören? Ich lud mir *Maske* illegal runter. (Legale Downloads gab es noch gar nicht.)

Was soll ich sagen, ich hörte wochenlang nichts anderes mehr. Weil ich Sidos Musik von früher gut kannte, fiel mir direkt auf, was für einen Sprung er gemacht hatte. Er war ein hervorragender Beobachter und konnte Sachverhalte mit wenigen Worten bildhaft und sehr unterhaltsam auf den Punkt bringen. Außerdem blitzte nun ein Charisma auf, das Sido auf den Tapes noch kaschiert hatte. Es war zwar surreal für mich, dass dieser Typ plötzlich ein Popstar war, aber ich konnte es verstehen. Seine rotzfreche, respektlose Art dürfte bei den Vierzehnjährigen einen ähnlichen Nerv getroffen haben wie seinerzeit bei mir, nur dass diesmal alles ein bisschen gemäßigter, aber ausgefeilter (und, vor allem Roe Beardie sei Dank, professionell produziert) war und somit viel mehr Leute ansprach als das Untergrundgerumpel vier Jahre zuvor. Sido erzählte Geschichten aus seinem Märkischen Viertel, die man sich wie einen Kinofilm reinziehen konnte, es ging um Drogen und Gewalt, das Leben im Block. Er war ein Straßenreporter und die Hitsingle *Mein Block* war natürlich der auffälligste Song. Eindeutig ein Geniestreich, und offenbar eine Reaktion auf ein gleichnamiges Lied von Blumentopf: „Das ist mein Block, mein Haus, mein Viertel/[...] Wo der Nachbar gerne Rasen mäht/Wo man Treppen putzt und Straßen fegt". Bei Sido hieß es dann: „Mein Block, und nicht Blumentopf sein Block" – nach Münchener Reihenhausidylle sah das zugehörige Musikvideo nun auch wirklich nicht aus. Es präsentierte Sidos echtes Lebensumfeld und brachte eine Halbwelt und eine (lumpenproletarische?) Perspektive in den deutschen Mainstream, die es dort vorher nicht gegeben hatte und die nicht nur die gleichgesinnten Straßenkids aus den Plattenbauten ansprach, sondern auch die Kinder aus gutem Hause. Von wegen N.W.A.: Deren Erfolg in den USA wäre 15 Jahre zuvor auch nicht zustande gekommen, wenn ihre Musik nicht eine enorme Anziehungskraft auf die Söhne und Töchter der weißen Mittel- und Oberschicht gehabt hätte.

Sidos Label ‚Aggro Berlin' hatte gekonnt umgesetzt, was Royal Bunker angefangen, aber mangels Professionalität, Vision oder Bock nicht vollendet hatte. Eine Marktlücke war geschlossen und die Kassen klingelten. Schon der düstere Gangsta-Rap mit französischem Einschlag, wie ihn Bushido und Fler 2002 und 2003 via Aggro auf die Karte gebracht hatten, hatte endgültig den Epochenumbruch in der deutschsprachigen Rapmusik angekündigt, für den Kool Savas in den Jahren zuvor die Weichen gestellt hatte. (Sein wegweisender Solotrack *Ich schieße* war sogar schon 1997 auf dem ersten Westberlin Maskulin-Tape erschienen.) Die freundlich-fröhlichen Deutschrapper, die Ende der Neunziger aus den Kinderzimmern der Bildungsbürger heraus ihren kommerziellen Siegeszug angetreten hatten, wurden von den Berlinern und ihren zahlreichen Epigonen erfolgreich zurückgedrängt und konnten nur noch stammeln, dass es in Deutschland doch gar keine Ghettos gäbe und all die Aggressivität mit dem eigentlichen HipHop-Gedanken nichts zu tun habe. Vorläufer der neuen Zeit hatte es natürlich gegeben: Rödelheim Hartreim Projekt und Konkret Finn, Asiatic Warriors und Azad, 4 4 Da Mess und Charnell. 2004 lag der Ball auf dem Elfmeterpunkt und Sido verwandelte ihn bravourös. Er machte keinen Gangsta-, aber Straßenrap, fügte dem Ganzen Cleverness und Humor hinzu und war nicht zuletzt ein enormer Sympathieträger.

Nun heißt Sido ja Paul und er kam auch recht, äh, biodeutsch rüber. Viel später machte er einen Song darüber, dass er ein „Zigeuner" sei, auch erzählte er irgendwas über iranisches Blut in seinen Adern. 2004 war er auch deshalb sympathisch, weil er sich um so einen Blödsinn noch nicht scherte. Sein Labelkollege Fler legte viel Wert darauf, ein „Deutscha Bad Boy" zu sein, ohne Migrationshintergrund habe er es auf den Berliner Straßen nicht leicht gehabt. Und tatsächlich war Flers deutsche Herkunft im Straßen- und Gangsta-Rap-Kosmos, der sich bis heute ständig um Nationalitäten dreht, so besonders, dass Aggro Berlin sie als seinen Unique Selling Point vermarktete. „Am 1. Mai wird zurückgeschossen", so wurde in Frakturschrift sein Album *Neue Deutsche Welle* beworben. Nun, sowohl Sido als auch Fler kamen jedenfalls von unten, und Hannes Loh hatte mal gerappt: „Rassen gibt es nicht, beginnt den Krieg der Klassen!" Das Buch, das Hannes zusammen mit Murat Güngör geschrieben hatte, *Fear Of A Kanak Planet* also, handelte davon, dass Gastarbeiterkinder eine zentrale Rolle spielten, als HipHop in den Achtzigern die deutschen Jugendzentren erreichte. Aber niemand interessierte sich für die Herkunft des anderen, alle waren HipHop. Populär und kommerziell erfolgreich wurde Rapmusik in Deutschland mit den Fantastischen Vier, ein paar unangenehmen Schwaben, denen es ein dezidiertes Anliegen war, alles einzudeutschen. 1992, also im Jahr von Rostock-Lichtenhagen und Mölln, veröffentlichten Advanced Chemistry mit *Fremd im eigenen Land* den relevantesten deutschsprachigen Rap-Song überhaupt, der den erstarkenden Rassismus aus der Betroffenenperspektive thematisierte – aber Hit des Jahres wurde der Gute-Laune-Song *Die Da!?!* von den Fantas. Die Medien und die Musikindustrie zeigten sich begeistert über die „Neue Deutsche Reimkultur", während migrantisch geprägte Gruppen wie Microphone Mafia in den CD-Läden plötzlich unter der Rubrik „Oriental HipHop" eingeordnet wurden. Im weiteren Verlauf der Neunziger wurde alles Nichtdeutsche immer weiter an den Rand gedrängt; dies wiederum war ein Einfallstor für rechte Inhalte. So in etwa lauteten die Thesen von Hannes und Murat, die – kurz nach Erscheinen des Buches – von Aggro Berlin und Konsorten gewissermaßen zugleich bestätigt und widerlegt wurden. Einerseits kamen die meisten Rapstars der kommenden Jahre vom Kanak Planet und wurden zunehmend auch vom Feuilleton beklatscht, andererseits war der deutschnationale Blödsinn von Fler nur der Anfang in diese Richtung gewesen. Wobei Straßen- und Gangsta-Rap selbstverständlich auch verdeutlichte, dass reaktionäre Inhalte nichts genuin Deutsches waren.

Ich selbst gelangte zu einem neuen Umgang mit solchen reaktionären Inhalten. In der Zeit, als ich mir eingestand, dass *Maske* ein hervorragendes Album war, begann ich wieder, alles Mögliche zu hören. Savas zum Beispiel war mit *Freunde der Sonne* in eine ganz andere, aber ebenfalls hervorragende Richtung gegangen. Nach einer eher zähen Phase voller Zweifel machte Rap mir wieder Spaß. Ich lernte, den Widerspruch auszuhalten, Musik zu mögen, deren Texte ich nicht immer mochte. Nachdem ich mich zuvor in ein dogmatisches Polit-Rap-Korsett gezwängt hatte, beschritt ich auch mit meiner eigenen Musik neue Wege. Ich warf ein paar Dogmen über Bord, und als Befreiungsschlag nahm ich mit zwei Freunden erstmal ein satirisches Gangsta Rap-Album unter dem Namen *Caught In The Crack* auf, was gar nicht so schlimm war, wie es klingt. Die beiden Freunde waren Danger Dan und Panik Panzer – es handelte sich um das erste Mal, dass wir zusammen an Songs arbeiteten. Ohne den Hype um Aggro Berlin wäre das möglicherweise nie passiert.

Sido hat, nicht im Alleingang, aber mit entscheidendem Anteil, die Popkultur, die Medienlandschaft, im Prinzip das ganze Land verändert. Sich selbst hat er auch verändert, aber nicht grundlegend. Längst ist er angekommen, alle kennen und lieben ihn, Siggi, den freundlichen Onkel aus dem Fernsehen, der mit dem lockeren Mundwerk, der gelegentlich über die Stränge schlägt, aber das Herz am rechten Fleck hat. Und: Ein besseres Gespür für überraschend unpeinliche Radiohits, einen versierteren Songwriter findet man hierzulande nicht so schnell. Es ist durchaus aufschlussreich, mit diesem heutigen Wissen noch mal das angenehm unperfekte Royal TS-Tape *Back In Dissniss* zu hören. Damals rappte Sido: „Humor ist, wenn man lacht, wenn man 19 ist und Vater wird / Die Zukunft zerstört, doch wer kifft, kann drüber lachen". Schon sechs Jahre später hieß es dann: „Du bist mein Sohn, ich liebe dich / Ich werd alles dafür tun, dass du zufrieden bist". Sido war erwachsen geworden, die Maske trug er nicht mehr, dafür schon bald einen Scheitel. Es ist der Werdegang eines Marius Müller-Westernhagen, mit dem Sido natürlich bereits zusammengearbeitet hat. Westernhagen begann irgendwann mal als zwielichtiger Eckkneipen-Hallodri, bis er schließlich vom Kanzler das Bundesverdienstkreuz überreicht bekam. Auch Sido wird man eines Tages das Bundesverdienstkreuz verleihen – oder er wird Kanzler und verleiht es jemand anderem (Bushido vielleicht?). Immerhin moderierte unser Siggi, ausgestattet mit einem Bildungsauftrag für die Jugend, schon eine Fernsehsendung mit dem Titel „Sido geht wählen". Und sogar einen Song über seine Liebe zu Deutschland hat er geschrieben: „Ich lieg immer, wenn ich Zeit hab / Auf der Wiese vor dem Reichstag / Denn ich bin einfach begeistert / Von meiner kleinen Heimat / Vom Bodensee bis an den Deichrand / Vom Minister bis zum Kaiser / Von der Hertha bis zur Eintracht / All das ist unsere Heimat". Na dann.

Deviante Norm und normative Devianz – Eine (kultur-)linguistische Perspektive auf Sidos *Mein Block*

Sina Lautenschläger

1. Einleitung

Wer sich (wissenschaftlich) mit deutschem HipHop und dabei konkret Gangsta-Rap beschäftigt, kommt nicht umhin, sich auch mit Sidos Track *Mein Block* auseinanderzusetzen, der bereits im Dezember 2003 vor Erscheinen des Albums *Maske* (April 2004) als Beathoavenz-Remix auf dem Sampler *Aggro Ansage Nr. 3* veröffentlicht wurde.

Mein Block gilt als eines „der populärsten Beispiele profilbildender Selbstinszenierung im urbanen Kontext" (Gruber 2017, S. 181), durch das „das vermeintliche deutsche Ghetto in den Mainstream importiert worden [ist]" (Güler Saied 2012, S. 81). Auch wenn die Kategorisierung stellenweise kritisch hinterfragt wird (vgl. Gruber 2017, S. 266), wird *Mein Block* „häufig als Paradebeispiel des deutschen ‚Gangsta-Rap' zitiert" (Gruber 2017, S. 259), da Sido sich darin genretypisch – und dabei durchaus dem US-amerikanischen Vorbild folgend (vgl. z. B. Seeliger/Baum 2022; Seeliger 2012; Güler Saied 2012) – mit Kriminalität, Drogen(konsum), (devianter) Sexualität und generell dem Leben in einem marginalisierten und stigmatisierten Milieu befasst, das auch räumlich von der ‚Normalgesellschaft' segregiert ist. Der soziale Brennpunkt respektive das Ghetto respektive der Block gelten dabei als „natürlicher Lebensraum" (Seeliger 2012, S. 63) der Gangsta-Rapper. Das Leben ‚auf der Straße' fungiert dabei zum einen als Ausgangspunkt für (implizite) Ungleichheits- und Sozialkritik, wird aber zum anderen unter den die genretypischen Leitbilder bündelnden Stichwörtern *Authentizität*, *Realness* oder *Street-Credibility* als Ort des Überlebenskampfes inszeniert und dient der Abgrenzung zur (spieß-)bürgerlichen Norm und deren gesellschaftlicher Ansprüche. Im Zuge dieser Grenzziehung findet sich zugleich eine Angepasstheit an die normativen Ansprüche des Gangsta-Rap, wobei sich ein interessantes Spiel mit verschiedenen Normen und deren An- und Aberkennung zeigt – und genau hier setzt dieser Beitrag an.

Nachdem in Abschnitt 2 die konstruktivistische Prämisse und der kulturorientiert-linguistische Hintergrund dargestellt werden, erfolgen in Abschnitt 3 Überlegungen zum Zusammenhang von Sprache, Identität und Sprachnormen. Dabei wird auf Stereotype, verstehensrelevantes Wissen (siehe Abschnitt 3.2) und kommunikative Praktiken (siehe Abschnitt 3.3) eingegangen, wobei das Goffman'sche Konzept des Stigma-Managements im Zentrum steht (siehe Abschnitt 3.4). Da *Mein Block* in diesem Beitrag nicht checklistenartig Line für Line in einem gesonderten Kapitel abgearbeitet wird, sondern zentrale Passagen gemeinsam mit theoretischen Überlegungen in die analytische Praxis überführt werden, entfällt ein gesondertes Analysekapitel. Die Ergebnisse aus den Abschnitten 3 bis 3.4 werden gebündelt und als Fazit in Abschnitt 4 dargestellt, wobei dort abschließend das sich im Track manifestierende Spannungsfeld von Norm und Devianz reflektiert wird.

Zuvor seien jedoch noch zwei Bemerkungen erlaubt: Der Begriff HipHop bezeichnet eine komplexe (Sub-)Kultur, die vier Elemente in sich vereint – Rap, Breakdance, Deejaying und Graffiti – und die zum Beispiel in den zu den Tracks dazugehörigen Videos inszenatorisch zum Tragen kommen. Obwohl dieses Zusammenspiel der Zeichenmodalitäten Sprechtext und Bewegtbild bedeutsam ist, da sie sich „im Rahmen der Bedeutungsbildung wechselseitig [...] fokussieren, ergänzen oder engführen" (Klug 2016, S. 174), und auch wenn evident ist, dass „Rap nicht auf dem Papier [existiert]", sondern „aufgeführt werden muss" (Gruber 2017, S. 10), können hier Selbstdarstellungen und -inszenierungen, wie sie multimodal im offiziellen Video zu *Mein Block*[1] zum Ausdruck kommen, nicht einbezogen werden.

Wichtig ist zudem eine Anmerkung zum textlichen Material: Hier wird derjenige Rap-Text als Analysebasis zugrunde gelegt, der in dem erwähnten offiziellen Video performt wird. Konkret bedeutet dies, dass der Text von *Mein Block*, wie er 2004 auf *Maske* enthalten ist, an einigen Stellen ergänzt wird um Passagen aus den ebenfalls auf dem Album enthaltenen Tracks *Steig ein!* und *Sido ausm Block*. Dem Intro von *Mein Block* vorgeschaltet ist dabei der dritte Part von *Steig ein!*:

„Steig ein, ich will dir was zeigen/
Den Platz an dem sich meine Leute rumtreiben/
Hohe Häuser, dicke Luft ein paar Bäume/
Menschen auf Drogen, hier platzen Träume/
Wir hier im Viertel kommen klar mit diesem Leben/
Ich hab alle meine Freunde aus dieser Gegend/
Hab doch keine Angst vor dem Typ mit dem Schlagring/
Er ist zwar ein bisschen verrückt, doch ich mag ihn/
Ich kann verstehen, dass du dich hier nicht so wohl fühlst/
Dass du viel lieber zuhause im Kohl wühlst/
Du sitzt lieber an 'nem gut gedeckten Tisch/
Dann merkst du schnell, Berlin is' nix für dich".

1 Das offizielle Video, in dem der Raptext stellenweise zensiert wurde, ist zum Beispiel zu finden unter www.youtube.com/watch?v=0UKtOhLVeyA (Stand: 12.06.2023).

Zudem wird in Minute 02:40 nach dem zweiten Part und der Hook eine Passage aus der Hook von *Sido ausm Block* eingeschoben, die durch die Anlehnung der Melodie intertextuell verweist auf Jennifer Lopez' Song *Jenny from the block*: „Auch wenn ich jetzt das Land rock' / Bin ich immer noch Sido aus'm Block / Ich fühl mich wohl zwischen Dreck und Gesocks / Denn egal wohin du gehst, es kommt drauf an wo du herkommst".

2. Konstruktivismus und kulturorientierte Linguistik

Diesem Beitrag zugrunde liegt die Prämisse des erkenntnistheoretischen, sprachbezogenen Konstruktivismus: Sprache ist kein neutrales Medium, das die Welt und Wirklichkeit einfach so spiegelt, wie sie ‚wirklich' und ‚objektiv' ist, sondern Sprache dient dazu, Wirklichkeit „von bestimmten Sehepunkten her aspektuell zu erschließen" und zu kategorisieren (Köller 2004, S. 25). Sie bildet also „die Dinge der Welt nicht einfach passiv [ab], sondern [leitet] unseren geistigen Zugang zu ihnen" und „prägt unser Bild von der Wirklichkeit. In der Trias von Sprache, Denken und Wirklichkeit kommt damit der Sprache das Apriori zu" (Gardt 2018, S. 1). Wenn nun von *Sprache* die Rede ist, dann ist damit sowohl das Sprach*system* (= *Langue*) wie auch der Sprach*gebrauch* (= *Parole*) gemeint. Beides bedingt sich wechselseitig: Das Sprachsystem bietet uns als Inventar bestimmte Lexeme an, die konventionell etabliert sind und die wir Menschen dann in bestimmten Kontexten usuell verwenden oder eben nicht verwenden. Und bei diesem Gebrauch setzt eine kulturorientierte Sprachwissenschaft an: Man geht davon aus, dass über den Sprachgebrauch Rückschlüsse auf das Sprachsystem möglich sind und sich in der Sprache generell (= Langue + Parole) die „spezifische Gestaltung der kulturellen Welt" (Gardt 2003, S. 286) zeigt, wobei insbesondere die Parole „in einem gewissen Maß auf die gesellschaftliche Organisation von Welt schließen" lässt (Bubenhofer 2009, S. 2 f.).

Eine kulturorientierte linguistische Analyse fokussiert die sprachliche Wirklichkeitsgestaltung vor dem Hintergrund des soziokulturellen Rahmens, wobei zum einen die Datenbasis kennzeichnend für eine solche Untersuchung ist – betrachtet werden primär „so etwas wie Randbezirke der Kultur", also „das Alltägliche, das Subkulturelle, das – scheinbar – Triviale" (Gardt 2003, S. 272) – und zum anderen das Ziel: Vor dem Hintergrund des Konstruktivismus geht es darum, „die in der Sprache sedimentierten Wissensbestände, Positionen, Meinungen, Überzeugungen einer Sprach- und Kulturgemeinschaft" offenzulegen (Gardt 2018, S. 13).

Sidos *Mein Block* ist in einer Zeit entstanden und veröffentlicht worden, in der sich „Deutschland in einer schwierigen wirtschaftlichen Situation [befand]" und „die Arbeitslosigkeit von einem hohen Niveau noch weiter [stieg]" (Walwei 2017, S. 25). Um dem entgegenzuwirken, wurden im März 2003 von der Regierung

Vorschläge zur Reform unter anderem des Arbeitsmarktes und Sozialsystems gemacht, die als *Agenda 2010* inkl. der *Hartz-Reformen* kritisch in der Öffentlichkeit diskutiert wurden. Beanstandet wurde daran vor allem, dass dadurch Langzeitarbeitslosigkeit nicht gelöst werden könne und es zu einer „starken Verbreitung von Niedriglohnbeschäftigung und atypischen Erwerbsformen" komme (Walwei 2017, S. 25), also prekäre Situationen durch Leistungskürzungen und Befristungsverhältnisse noch verschlimmert würden; Seeliger (2021, S. 116) spricht von einer „Debatte um die neue Unterschicht in der Bundesrepublik".

Diesen gesellschaftspolitischen Kontext implizit berücksichtigend, ist für die folgende Analyse das Verhältnis von Sprache, Identität und Normen zentral, wobei insbesondere stereotyp vorausgesetztes verstehensrelevantes Wissen (siehe Abschnitt 3.2) und das Stigma-Management (siehe Abschnitt 3.3) fokussiert werden.

3. Sprache, Identität und Sprachnormen

Sprache lässt nun nicht nur Rückschlüsse auf die Werte, Normen und Meinungen einer Sprachgemeinschaft zu, sondern auf individueller Ebene auch Rückschlüsse auf (bestimmte Facetten der) Identität (siehe Abschnitt 3.1). Wie Gardt (2022, o. S.) konstatiert, „[gehören] Sprache und Identität untrennbar zusammen, das eine bedingt das andere. [...] Wer etwa als individueller Sprecher wiederholt aggressiv oder vulgär daherredet, wird nicht nur als jemand wahrgenommen, der aggressiv und vulgär spricht, sondern als jemand, der [...] so ist". In dieser Aussage verschmelzen die sich gegenseitig beeinflussenden Aspekte des *So-Seins* und des *So-Tuns*, die der Genauigkeit halber unterschieden werden müssen: Linguistisch ist natürlich nicht nachweisbar oder gar relevant, ob jemand wirklich *so ist*, sondern nur, wie sich jemand durch seinen Sprachgebrauch *positioniert* und *verortet* (siehe Abschnitt 3.3) und daher auf Basis von konventionellen Sprach(gebrauchs)normen von anderen in einer bestimmten Weise *wahrgenommen* wird (siehe Abschnitt 3.1). Diese Unterscheidung wird in unterschiedlichsten Zusammenhängen relevant gesetzt, wenn die Rede ist von einem *doing x*. Im Falle von *doing gender* oder *doing masculinity* ist (soziokulturell männliches) Geschlecht nicht etwas, das man einfach naturgegeben *hat*, sondern etwas, das man im Rahmen gesellschaftlicher normativer Erwartungen *tut* (vgl. West/Zimmerman 1987, S. 126), es ist also ein (durchaus nicht immer bewusstes) Ergebnis sozialer und gesellschaftlicher Prozesse, das als ein handlungsanleitendes *So-Tun* begreifbar ist und sich im vorliegenden Fall als ein *doing being deviant* manifestiert (siehe Abschnitt 3.4).

Im Folgenden wird also nicht die Frage beantwortet, wie in Sidos *Mein Block* die Gesellschaft und das lyrische Ich[2] *sind*, sondern wie sie jeweils sprachlich *perspektiviert* und *konstruiert* werden, wobei zunächst die rahmengebenden Normen reflektiert werden.

3.1 Sprach(gebrauchs)normen

Je nachdem, wann, wo, mit wem, wozu und worüber wir mit jemandem sprechen, greifen unterschiedlichste Normen, die hier auf Sprachnormen enggeführt werden. Ohne nun zu detailliert darauf eingehen zu können, gilt für die hier relevanten Sprachnormen, dass sie konventionelle und subsistente Gruppenstil-Normen sind, die sich wechselseitig bedingende präskriptive und deskriptive Aspekte haben. Denn einerseits handelt es sich bei sprachlichen Normen „zumeist um schlichte Gebrauchsnormen, die ‚das Übliche' beschreiben, dasjenige, was Leute ‚normalerweise' tun" (Simon 2022, S. 16 f.), aber andererseits ist damit auch ein normativer Druck verbunden, denn sprachliche Normen haben einen (mehr oder weniger starken) Orientierungswert: Will man in der jeweiligen Gruppe nicht (negativ) auffallen, empfiehlt es sich, seinen eigenen Sprachgebrauch den dort jeweils geltenden Sprach(gebrauchs)normen anzupassen. So entstehen wiederum routiniert durchgeführte und musterhafte kommunikative Praktiken, die ihrerseits grundlegend sind für kommunikative Gattungen, wie Gangsta-Rap eine ist (siehe Abschnitt 3.3).

Sprachnormen sind, ebenso wie Stereotype (siehe Abschnitt 3.2), dualer Natur: Einerseits werden sie durch die Individuen, die sie geltend machen, aufrechterhalten und (re-)produziert, andererseits sind sie jedoch vom Subjektiven losgelöst als bereits Gegebenes in einer Sprachgemeinschaft vorhanden und wirken dadurch auf die Individuen ein (vgl. Frank 1992, S. 13). Sie sind somit zu verstehen als „gesellschaftliche Produkte", die „jede neu heranwachsende Generation immer schon als gegeben vorfindet und die sie internalisiert" (Frank 1992, S. 13) und daher (zunächst) als gegeben und gültig erachtet. Normkonformes Verhalten stellt dabei „die unmittelbare Rechtfertigung eines Verhaltens [dar] bzw. [veranlaßt] von der Norm abweichendes Verhalten Kritik oder zumindest Nachfragen" (Frank 1992, S. 98).

Sprachnormen sind aber nicht universell gültig, sondern varietätenspezifisch, gelten also zum Beispiel nur in bestimmten Gruppen (= Soziolekt) oder bestimmten Situationen (= Situalekt).[3] Dort, wo sie gelten, verpflichten sie „diejenigen, die

---

2 Im Folgenden werden der Name *Sido* und die Bezeichnung *lyrisches Ich* synonym verwendet, wobei stets auf die im Text dargestellte Ich-Person referiert wird.

3 Das nennt man auch *innersprachliche Mehrsprachigkeit:* Stets abhängig von der individuellen Sprachkompetenz verfügen wir alle über zum Beispiel unterschiedliche lexemische und/oder

den Normen unterliegen, zu einem bestimmten Handeln" (Hundt 2009, S. 118) und dazu zählt auch das Sprachhandeln. In *Mein Block* zeigt sich die Gangsta-Rap-Normkonformität zum einen durch die Verwendung gattungsspezifisch typischer Ausdrücke (wie *ficken, Arsch, Titten, Nutte*), zum anderen durch die Verhandlung bestimmter Themen wie das Leben im sozialen Brennpunkt, Gewalterfahrungen, der Konsum von Drogen und (Hyper-)Sexualität („Hier bekomm' ich alles, ich muss hier nicht mal weg / Hier hab ich *Drogen*, Freunde und *Sex*[4]")[5], was einhergeht mit der Darstellung von als deviant markierten[6] sexuellen Praktiken („Er ist oft bei der *Nutte* aus dem Zweiten / Jetzt verkauft sie Fotos von ihm beim *Arsch ausweiten*"; „Wenn ich *ficken* will fahr ich runter in den Dritten / Aber die Braut *fick' ich nur zwischen die Titten*"). Während es sich also in anderen Diskurs-Domänen (z. B. der Politik) oder in anderen Musikgenres (z. B. Pop) von selbst versteht, nicht von *ficken* oder *Nutten* zu sprechen, gilt dies für den Gangsta-Rap gerade nicht: Der Bruch mit den woanders, insbesondere im öffentlichen Diskurs geltenden Normen lässt sich hier wiederum als gängige Praktik und somit (Stereo-)Typikalität auffassen.

Sprachnormen etablieren zudem „Erwartungserwartungen" (vgl. Hundt 2009, S. 118), die wertend sind. Sie stellen somit nicht nur deskriptiv dar, was üblich ist, sondern ihnen „sind immer auch Werte eingeschrieben, das heißt in ihnen wird zugleich das (system)richtige, (situations)angemessene und in diesem Sinne Legitime und Legale zum Ausdruck gebracht" (Hundt 2009, S. 118). Sie lassen sich in der Regel über eine hohe Sprachgebrauchsfrequenz erkennen; es ist somit kein Zufall, dass es in *Mein Block* zu einer Darstellung des Lebens im Block[7] kommt, in dem es „dreckig wie 'ne Nutte" ist und in dem *gefickt* und *gedealt* wird, sondern dies entspricht den Normen innerhalb der Gattung, die sich durch die frequente Nutzung im Sprachgebrauch nachzeichnen lassen.

Auch wenn also der konkrete Sprachgebrauch in den jeweiligen Tracks variieren kann, lassen sich doch generelle, auf Sprachnormen basierende Muster finden, die sich als kommunikative Praktiken erweisen (siehe Abschnitt 3.3) und die Seeliger (2012, S. 93) so zusammenfasst:

---

stilistische Varianten (*Lift/Fahrstuhl; entschlafen/sterben/verrecken*), die funktional determiniert sind und an die jeweiligen Kontexte angepasst werden (vgl. von Polenz 2021, S. 13).

4 Sexualität ist dabei nicht an monogame Liebesbeziehungen gekoppelt; in *Mein Block* werden Frauen nicht als ebenbürtige (Lebens-)Partnerinnen konzipiert, sondern genretypisch als Sexualobjekte (siehe Abschnitt 3.2).

5 Bei Hervorhebungen in Zitaten, die aus dem Analyse-Track stammen, handelt es sich stets um solche, die ich vorgenommen habe, um relevante Aspekte besonders zu betonen.

6 Die Devianz-Markierung wird dabei im Track nicht explizit vorgenommen, sondern versteht sich auf Basis gesellschaftlichen Wissens von selbst (siehe Abschnitt 3.3).

7 Auch wenn Sido zugeschrieben wird, durch *Mein Block* „das vermeintliche deutsche Getto in den Mainstream importiert" zu haben (Güler Saied 2012, S. 81), ist die Thematisierung des (Sub-)Urbanen zumindest im US-amerikanischen Gangsta-Rap bereits ein gängiges und genredefinierendes Motiv (vgl. z. B. Güler Saied 2012; Wolbring 2015).

> „Zentrales Merkmal von Gangstaraptexten ist die überhöhte Darstellung des lyrischen Ich. [...] Die Aufwertung des Sprechers vollzieht sich in der Regel über die Abwertung anderer Personen(gruppen). Gängige Projektionsflächen werden hierbei einerseits entlang gesellschaftlich verbreiteter Exklusionslinien wie der Stigmatisierung (meist männlicher) Homosexualität oder Misogynie abgesteckt. Außerdem werden stereotype Darstellungen mittel- und oberschichtsspezifischer Lebensstile und Erwerbsverläufe als Feindbilder bemüht. Andererseits dient die sprachliche Inszenierung von Dominanz gegenüber einem fiktiven oder persönlich kenntlich gemachten Dritten der Darstellung der eigenen Überlegenheit".

Die stereotype Darstellung bezieht sich, so viel sei ergänzt, nicht nur auf die benannten „mittel- und oberschichtsspezifische[n] Lebensstile", sondern Stereotype sind omnipräsent und dienen nicht nur der Fremd-, sondern auch der Selbst-Verortung (siehe Abschnitt 3.3, 3.4).

3.2 Stereotype und verstehensrelevantes Wissen

Über Stereotype und deren (kognitive) Vorteile sowie (soziale) Nachteile ließe sich nun eine Menge ausführen (vgl. bündelnd Konerding 2001; Hansen 2009; Lautenschläger 2018, 2022), für diesen Beitrag besonders relevant ist aber lediglich folgendes: Stereotype sind kognitive Strukturen, die sozial geteiltes Wissen über die als charakteristisch geltenden Merkmale eines X bündeln. Ihnen voran geht stets der Prozess des Kategorisierens, den „wir auf gar keinen Fall vermeiden [können], denn unser geordnetes Leben beruht darauf", weil der „menschliche Verstand zum Denken Kategorien [braucht]" (Allport 1971, S. 24). Während also bei der Kategorisierung das *Einordnen* eines X in eine bestimmte Kategorie Y stattfindet, fällt die *Zuschreibung* von (bewerteten) Eigenschaften, Fähigkeiten, Vorlieben etc. in den Bereich der Stereotype. Dabei vereinfachen sie (übermäßig) stark: Alle Informationen und Eindrücke, die von unserer vielfältigen und informationsreichen Umwelt auf uns einwirken, werden komplexitätsreduziert und verallgemeinert zusammengeführt zu der Annahme, dass das X bestimmte (positiv und/oder negativ) bewertete Merkmale *hat* – Stereotype sind also nicht nur deskriptiv und beschreiben als typisch erachtete Eigenschaften, sondern sie sind auch präskriptiv, weil sie bestimmte Erwartungen etablieren. Wird gegen diese Erwartungen verstoßen, kann dies als negative Abweichung registriert werden und ggf. zu Stigmatisierung führen (siehe Abschnitt 3.4).

Stereotype ordnen auf Basis gesellschaftlich geteilter Ansichten normativ die (soziale) Umwelt, wobei sie Sicherheit geben: Wir wissen (oder vermuten), wie wir mit einem X umzugehen und was wir zu erwarten haben, denn Stereotype helfen uns dabei, „Menschen auch dann zu beurteilen und zu bewerten, wenn außer der Kategoriezugehörigkeit nur wenige Informationen vorliegen" (Klauer 2020,

S. 24). Allerdings können sich Stereotype durchaus widersprüchlich zur Wirklichkeit verhalten; nur, weil wir auf Basis gesellschaftlicher Konventionen bestimmte Eigenschaften mit einem X verknüpfen, heißt das nicht, „daß es eine analytische Wahrheit wäre, daß alle Xs oder auch nur die meisten Xs oder auch nur alle normalen Xs oder auch nur überhaupt irgendwelche Xs dieses Merkmal aufweisen" (Putnam 1979, S. 68). Stereotype können also „schiefliegen" (Putnam 1979, S. 69), sind aber dennoch so verfestigt, dass sie kollektiv unsere Erwartung an und Wahrnehmung von X anleiten. Wegen dieser Verfestigung haben sie zudem eine identitätsstiftende Wirkung, da sie den Individuen auf Basis des in der Sprachgemeinschaft konsensuell und kollektiv geteilten Wissens „über Rollenbezüge und zugehörige Handlungs- und Verhaltensmuster soziale Identität verleihen" (Konerding 2001, S. 153). Wenn ich also will, dass man mich als Gangsta-Rapper*in wahrnimmt, dann orientiere ich mich an Stereotypen: Ich verhalte mich gruppennormkonform (bzw. so, wie ich denke, dass es gruppennormkonform sei), und das heißt neben Kleidung und Styling auch, dass ich mein Sprachverhalten an der Gruppe ausrichte.

Mein Block lässt sich also gerade wegen dieser Orientierung an einem stereotypen, normkonformen Sprachgebrauch, wenn auch nicht ganz unstrittig (vgl. Gruber 2017, S. 266), dem Gangsta-Rap zuordnen, weil dort bestimmte stereotypisch erwartbare Ausdrücke (z. B. *Nutte, ficken*), Themen (z. B. Drogenkonsum, Sex, Gewalt; der Überlebenskampf auf der Straße) und Sichtweisen auf die soziokulturelle Welt vorkommen, wie zum Beispiel die Stigmatisierung und Abwertung von Frauen, homosexuellen Männern, aber auch von heterosexuell-männlicher Bürgerlichkeit. Stigmata gehen häufig mit abwertenden Bezeichnungen einher (vgl. von Engelhardt 2010, S. 130) und gerade für Frauen und homosexuelle Männer finden sich eine Reihe an Invektiven (z. B. *Nutte, Hure; Arschficker, Schwanzlutscher*), die die Stigmatisierung indizieren. Es bleibt aber nicht nur bei diesen Bezeichnungen, sondern abgewertet werden beide Gruppen auch durch die Beschreibung von sexuellen Praktiken. Bei der sprachlichen Darstellung von Sex mit Frauen geht es darum, dass die „sexuelle Befriedigung des Mannes auch gegen den Willen der Frauen und Mädchen mit Gewalt durchgesetzt werden [darf]", weshalb sie als „bloße sexuelle Reizobjekte und Wegwerfware für den Mann" (Carius / Hannak-Mayer / Staufer 2016, S. 29) ihrer Individualität beraubt und auf ihre *fuckability* reduziert werden. Homosexuellen Männern sowie heterosexuellen Männern mit einer als deviant markierten Vorliebe für Anal-Penetration (z. B. sich, wie im Track beschrieben, den *Arsch von einer Nutte ausweiten zu lassen*) hingegen wird im Kontrast zur hegemonialen Männlichkeit[8] das Label der „perverse[n] Minderheit"

8 Connell (2015, S. 130) definiert „[h]egemoniale Männlichkeit [...] als jene Konfiguration geschlechtsbezogener Praxis [...], welche die momentan akzeptierte Antwort auf das Legitimitätsproblem des Patriarchats verkörpert und die Dominanz der Männer sowie die Unterordnung der Frauen gewährleistet (oder gewährleisten soll)". Männlichkeits-Vorstellungen sind also zum

(Connell 2015, S. 95) angeheftet.[9] Heterosexuell-bürgerliche Männlichkeit hingegen wird, zumindest in *Mein Block*, zwar implizit abgewertet, um als Kontrastbild für die im Block geltenden Normen herzuhalten, aber sprachlich anders verhandelt als die stigmatisierten Gruppen (siehe Abschnitt 3.3, 3.4).

Sowohl mit Blick auf den lyrischen Adressaten (den Mann aus der Mittel- oder Oberschicht) als auch mit Blick auf die explizit stigmatisierten und mit Invektiven gekennzeichneten Gruppen[10] (= Frauen und Schwule), zeigt sich auf Basis der Stereotype und Sprachgebrauchsnormen, dass sich *Mein Block*, ebenso wie Gangsta-Rap im Allgemeinen, tendenziell als „homosoziale Männergemeinschaft" (Meuser 2001, S. 8) beschreiben lässt. Dabei handelt es sich um

> „lebensweltliche Orte, an denen sich Männer wechselseitig der Normalität und Angemessenheit der eigenen Weltsicht und des eigenen Gesellschaftsverständnisses vergewissern können. Dies geschieht umso effektiver, je weniger es den Beteiligten bewusst ist, dass die Gemeinschaft genau diese Funktion erfüllt. Insbesondere die geschlechtliche Selbstvergewisserung, also die wechselseitige Bestätigung, was einen (normalen) Mann ausmacht, geschieht gewöhnlich nicht in Gestalt einer expliziten Thematisierung von Geschlechtlichkeit" (Meuser 2001, S. 14).

Mein Block lässt sich nun in zweierlei Hinsicht als ‚Männerwelt' fassen: Zum einen ist der Track gattungsspezifisch angepasst, denn reproduziert werden bestimmte stereotype Weltansichten, die die Gangsta-Rap-Männlichkeit (vgl. dazu z. B. Seeliger 2012; Güler Saied 2012; Wolbring 2015; Gruber 2017) Frauen und homosexuellen Männern überordnet. Zudem ist das Abgrenzungsobjekt der stereotypische *Mann* aus der Ober- bzw. Mittelschicht. Dies bleibt im Rap-Text zunächst vage, da lediglich das deiktische Personalpronomen „du" Verwendung findet, wird aber auf Basis heteronormativer Vorstellungen, in denen Männer Frauen begehren (und umgekehrt) im Outro aufgeschlüsselt, wenn die Besitztümer aufgezählt werden, zu denen auch Frauen gehören („Deine Villa, dein Boot, *deine Frauen*, deine Karriere / Dein Geld, dein Leben, kein' Bock").

Zum anderen lässt sich die Männergemeinschaft auch konkret auf die dargestellte Lebenswirklichkeit in *Mein Block* beziehen. Wenn wir betrachten, wer in diesen 16 Stockwerken lebt, begegnen uns lediglich vier als Individuen beschrie-

---

einen fluide und von gesellschaftlichen Vorstellungen geprägt, zum anderen wird Männlichkeit nicht nur allein in Relation zu Weiblichkeit definiert, sondern auch in Bezug zur eigenen Gruppe der Männer (vgl. Meuser 2001, S. 7).

9 Wie Sidos *Arschficksong* (ebenfalls auf *Maske* enthalten) aber zeigt, wird nicht der Person die Männlichkeit abgesprochen, die penetriert, sondern der, die penetriert wird; genaugenommen ist also nicht das aktive *Arschficken* selbst stigmatisiert und mit Unterordnung assoziiert, sondern das passive *in den Arsch gefickt werden*, das homosexuelle Männer wiederum gleichstellt mit Frauen (vgl. Lautenschläger 2021).

10 Dass das lyrische Ich sich selbst zu einer, allerdings anders gearteten, stigmatisierten Gruppe zählt und wie es damit umgeht, wird in Abschnitt 3.4 diskutiert.

bene Frauen, nämlich 1. „die Nutte aus dem Zweiten", 2. die „Hausfrau" aus dem 14. Stock, die von Männern als Sexualpartnern enttäuscht ist („Die sagt: ‚Männer ficken auch nicht mehr wie früher'") und daher im 15. Stock bei 3. „der Hardcore-Lesbe mit dem Kopf unter ihrem Rock" zu finden ist. Zudem gibt es 4. im dritten Stock „die Braut", die „nur zwischen die Titten [gefickt]" wird und eine unbekannte Anzahl an Frauen, die im achten Stock, dem „Pornostock", lebt. Wenn Frauen also benannt werden, dann nur im Kontext von (lesbischem) Sex und der sexuellen Verfügbarkeit für das lyrische Ich, was wiederum dessen Männlichkeit und Potenz untermauert (vgl. dazu auch Gruber 2017, S. 280). Den Rest stellen männliche Bewohner (inkl. Sido), die im Block als deviant markierten Lebensstilen nachgehen, die hier aber als die Norm, als das Übliche, Alltägliche gehandhabt werden.

Was nun weitere Normvorstellungen betrifft, treibt Sido ein interessantes Spiel, indem er verstehensrelevantes Wissen voraussetzt, aber modifiziert. Dies lässt sich als eine Form des Stigma-Managements (siehe Abschnitt 3.4) beschreiben, wobei zwei Normen miteinander und gegeneinander antreten, nämlich *Norm*$_1$ (= stereotypes Leben des männlichen Durchschnittbürgers) und *Norm*$_2$ (= stereotypes Leben im Block).

Mit *verstehensrelevantem Wissen* sind alle sprachlichen und außersprachlichen Faktoren gemeint, „die in irgendeiner Weise notwendige oder wesentliche Voraussetzung für das Verstehen einer sprachlichen Äußerung sind" (Busse 1997, S. 16). Verstehensrelevantes Wissen kann explizit geäußert werden, um eine Verständigungsbasis herzustellen, es kann aber auch – und das macht seinen Großteil aus – stillschweigend als bereits bewusstes und stereotyp vorhandenes Wissen vorausgesetzt, also präsupponiert werden (vgl. Busse 2008, S. 37). Kurzgefasst heißt das: Alles, was eine Person explizit verbalisiert, setzt sie – aus welchen Gründen auch immer – beim (antizipierten) Gegenüber *nicht* als bekanntes bzw. unmarkiert-standardisiertes Wissen voraus. Bei einer Äußerung wie „Ich *fühl* mich *wohl* zwischen Dreck und Gesocks" wird somit eine bestimmte Voraussetzung – nämlich, dass man sich zwischen Dreck und Gesocks prinzipiell gar nicht wohlfühlen kann – explizit modifiziert, was wiederum anzeigt, dass dieses Sich-Wohlfühlen als etwas gilt, was man nicht stillschweigend als Standard-Bewertung präsupponieren kann.

Dabei zeigt sich in *Mein Block* eine interessante Mischung der zwei verschiedenen Normen und der Schlussfolgerungen, die sich daraus ergeben. Norm$_1$ gilt unumstritten als die grundlegende gesellschaftliche Leit-Norm; ein Leben im Einfamilienhaus am „gut gedeckten Tisch", im Outro zugespitzt auf Luxusgüter der Oberschicht wie „Villa" und „Boot", kann (aus finanzieller Sicht) prinzipiell als erstrebenswert bezeichnet werden, da sogar weit über die Grundbedürfnisse hinaus eine Absicherung besteht. Das Leben im Block, das für Sido den typischen Alltag und die Norm$_2$ darstellt, ist hingegen gekennzeichnet durch „Dreck und Gesocks", Drogen, Gewalt („Typ mit dem Schlagring"), Suizid („Im 16. Stock riecht der Flur voll streng aus der Wohnung/Wo so'n Kerl schon seit drei Wochen hängt"), Emotionslosigkeit (der Mann hängt dort bereits seit drei Wochen und niemand kümmert sich darum), Gesetzlosigkeit („Die Bullen könn' kommen, doch jeder weiß Bescheid/Aber keiner hat was geseh'n also könn' sie wieder geh'n") bzw. das Recht des Stärkeren („Er bezahlt für 10 Teile doch statt Gras kriegt er 'nen Ficker") – allesamt Beschreibungen, die sehr stark von $Norm_1$ abweichen und auf Basis stillschweigend vorausgesetzten gesellschaftlichen Wissens als nicht erstrebenswertes Leben, ja sogar lebensfeindliches Umfeld gelten. $Norm_2$, die als die deviante Norm aufgefasst werden kann, dient letztlich dazu, sich zu inszenieren als ein „den widrigen Umständen trotzender und daran gewachsener Großstadtkämpfer" (Gruber 2017, S. 177) – und das führt wiederum zum Stigma-Management, dass sich im Gangsta-Rap als gängige kommunikative Praktik beschreiben lässt.

3.3 Kommunikative Praktiken

Unter einer kommunikativen Gattung, wie Gangsta-Rap eine ist, versteht man „routinisierte, im Wissensvorrat der Mitglieder einer Gemeinschaft abgespeicherte, komplexe Handlungsmuster", die „die Kommunikation [erleichtern], indem sie die Synchronisation der Handelnden und die Koordination der Handlungsschritte in einigermaßen verlässliche und gewohnte Bahnen lenken" (Günthner/König 2016, S. 180). Das mit der jeweiligen kommunikativen Gattung verbundene Wissen ist „so verfestigt, dass [es] einen normativen Rahmen etablier[t], innerhalb dessen Abweichungen markiert sind" (Günthner/König 2016, S. 178). Man weiß also, wie man sich zu verhalten hat, welche Aufgaben einem zukommen und wie man diese Aufgaben lösen kann: nämlich mit bestimmten kommunikativen Praktiken.

Diese sind „nicht notwendig identische, aber wiedererkennbare Handlungen und sie sind aufgrund ihrer Repetitivität sowohl den sie Ausführenden wie auch den sie Beobachtenden *vertraut*" (Linke 2016, S. 357, Herv. i. O.). Es sind also bestimmte musterhafte, routinisierte und verfestigte sprachliche Handlungen, die zwar vom jeweils rappenden Individuum getätigt werden, sich aber an Konventionen orientieren und daher kollektiv-normativ (mit-)bestimmt sind. Obwohl also jeder Track individuelle Züge trägt, lassen sich musterhafte Gemeinsamkeiten der konkreten Praktiken feststellen, zum Beispiel *Boasting* und *Dissing*, also ein inszenierter (Prestige-)Kampf, der sich durch das Erhöhen des lyrischen Ichs (*Boasting*) und das Abwerten eines Gegenübers (*Dissing*) auszeichnet (vgl. dazu auch Gruber 2017, S. 133 ff.), aber auch das *Signifying*, das heißt Anspielungen, Umdeutungen und durchaus übertriebene Vergleiche, die zum *Boasting* genutzt werden (vgl. Güler Saied 2012, S. 19). Auch wenn die konkreten sprachlichen Mittel variieren, um diese Praktiken auszuführen, lassen sich auch hier Muster finden, zum Beispiel die abwertend-sexistische Bezeichnung von Frauen als *Bitch, Nutte, Hure* etc., andere vulgäre Ausdrücke aus dem Sexualwortschatz (insbesondere das Verb *ficken*) sowie die die heteronormative Männlichkeit stützende und schützende Abwertung (männlich-)homosexueller Identität, häufig auch in Kombination mit der Abwertung bestimmter sexueller Praktiken (*Schwanzlutscher, Arschficker* usw.), die mit Unterordnung, ggf. auch mit Demütigung assoziiert werden und daher zum *Dissing* taugen (vgl. auch Bayer 2004).

Ebenfalls typische Praktiken sind *Verorten* und *Positionieren*, die sich wiederum stark an Stereotypen und Sprachnormen ausrichten. Mit der *Verortung* zusammen hängt die „argumentativ-auktoriale Origo" (Roth 2018), das heißt es geht hier um Äußerungen, die anzeigen, dass „der jeweilige Autor nicht als abstrakte Instanz gewissermaßen ‚unsichtbar' bleibt, sondern sich selbst explizit ‚sichtbar' macht, indem er sich gewissermaßen als Figur seines Texts gestaltet (und insofern im literaturwissenschaftlichen Sinne ‚auktorial' ist)" (Roth 2008, S. 301). Die *Verortung* verweist somit Sprecher*innen-seitig auf „den spezifischen sozialen Ort, von dem aus sie ihre [...] Urteile fällen" (Roth 2008, S. 301), wohingegen mit *Positionierung* das Urteil selbst, also eine bewertende Stellungnahme gemeint ist. Du Bois (2007) bringt das (soziale) Positionieren auf die Kurzformel: *„I evaluate something, and thereby position myself, and thereby align with you"* (Du Bois 2007, S. 163, Herv. i. O.).

In *Mein Block* verortet sich Sido also explizit als Block-Bewohner, als „Junge von der Straße".[11] Dabei entspricht diese Selbst-Verortung einem der wichtigsten Leitbilder im Rap, nämlich der Authentizität (vgl. dazu detailliert z. B. Wolbring 2015; Gruber 2017). Während der *weite „autobiographische" Authentizitätsanspruch* (Wolbring 2015, S. 161) lediglich erfordert, „dass das ausgestellte Verhalten prinzipiell einem lebensweltlichen Verhalten des Autors nahekommt und dass vertretene Positionen und geäußerte Meinungen den tatsächlichen Ansichten des Autors entsprechen" (Wolbring 2015, S. 161), entspricht das Dargestellte in *Mein Block* – authentifiziert und plausibilisiert durch Paul Würdigs Biografie – sogar dem engen *„autobiographischen" Authentizitätsanspruch*. Denn hier wird „tatsächlich Erlebtes" referiert (Wolbring 2015, S. 162) – Verklärungen jeglicher Art eingeschlossen. Somit fällt das in Abschnitt 3 erwähnte sprachliche *So-Tun* mit dem autobiografischen *So-Sein* zusammen und erzeugt ein kohärentes und authentisches Image als gesellschaftlich stigmatisierter Underdog.

Mit dieser speziellen Verortung als Straßenjunge gehen auch bestimmte Bewertungen im Sinne von Positionierungen einher. Diese sind nun von zweierlei Art: Zum einen gibt es ganz explizite Bewertungen (z. B. „Ich fühl mich wohl zwi-

11 Eine Selbstverortung, die herangezogen wird, um zu zeigen, dass Sido sich selbst nicht als Gangsta und somit nicht als Gangsta-Rapper sieht, ist ein Auszug aus dem Track *Strassenjunge* von 2006: „Ich bin kein Gangster, kein Killer, ich bin kein Dieb/ich bin nur ein Junge von der Straße" (vgl. Gruber 2017, S. 288).

schen *Dreck* und *Gesocks*"[12]; „Wir hier im Viertel kommen klar mit diesem Leben" vs. „Dann merkst du schnell, Berlin is' nix für dich"), zum anderen ist aber auch bereits die Wahl der sprachlichen und stilistischen Mittel, also der konkrete Sprachgebrauch, eine (implizite) Positionierungspraktik. Denn durch die konkrete Wahl von Lexemen und die Modalität ihrer Verwendung (z. B. verfremdend, authentifizierend etc.), „*positioniert* er [der Sprecher] sich selbst in einer bestimmten Art und Weise (affirmativ, ironisch usw.) zu diesem Sprachgebrauch" (Spitzmüller 2013, S. 272, Herv. i. O.) und verortet sich qua Stereotyp und Sprachnormen in einer bestimmten Gruppe; hier also im Gangsta-Rap (siehe Abschnitt 3.4).

Was für kommunikative Praktiken im Allgemeinen gilt und sich in besonderer Weise in Rap-Tracks wiederfindet, ist die sogenannte *Answerbility*: Es geht darum, dass „Äußerungen – und ihre Akteure – nicht nur auf Vorhergegangenes [reagieren], sondern gleichzeitig Zukünftiges [projizieren], sie sind immer schon in Antizipation zukünftiger Reaktionen anderer und *auf diese hin* geformt" (Linke 2016, S. 360), deswegen tragen Äußerungen „immer schon den Charakter von Antworten, sie [...] reflektieren die Rede anderer" (Linke 2016, S. 360). In Rap-Texten zeigt sich das nicht nur anhand von ganz konkreten Answer-Songs, das heißt, dass in einem Track zum Beispiel ganz spezifisch auf Tracks anderer Künstler*innen reagiert wir,[13] sondern auch durch die generelle Einbettung in soziokulturelle Kontexte. Rap-Texte stellen immer intertextuelle Bezüge her, sie sind nicht „als isolierte sprachliche Gebilde" zu verstehen, sondern sind „*auf jeweils aktuelle kulturelle Kontexte bezogen*" (Bayer 2004, S. 458, Herv. i. O.), das heißt bestehende Diskurse und die ihnen innewohnenden gesellschaftlichen Meinungen, Überzeugungen und Werte werden aufgegriffen und verhandelt. Diese inhärente Responsivität zeigt sich in *Mein Block* zum Beispiel an der Line „Du in deinem Einfamilienhaus lachst mich aus". Hier wendet sich das lyrische Ich an bzw. gegen das lyrische Du und legt ihm verstehensrelevantes Wissen in den Mund: Sido expliziert, dass die (männliche) Mittelschicht verachtend oder zumindest spöttisch auf Menschen wie ihn, die im Ghetto leben und sich mit prekären Beschäftigungsverhältnissen kein Eigentum leisten können, herabblicken.

Zusammengefasst heißt das alles: Sido verortet sich selbst als eine Person mit authentischen Ghetto-Erfahrungen, zu denen er sich in einer bestimmten

---

12 Bei dieser Äußerung kann nicht mit Sicherheit festgestellt werden, ob das lyrische Ich sich selbst zum im Dreck lebenden Gesocks dazuzählt oder sich nur im Umgang mit Menschen wohlfühlt, auf die das zutrifft.

13 In der Beathoavenz Video RMX-Version von *Mein Block* (Sido feat. Loku, Fuhrmann und Bendt, 2004) bezieht Sido sich im Intro ganz explizit auf Tracks von Blumentopf und Hecklah & Coch, die ebenfalls *Mein Block* heißen und bereits vor seinem Track erschienen sind: „Yeah ich hab' mir die letzten zwei Juice geklaut / Und da war'n so Tracks drauf / Die hießen mein Block, Blumentopf / Und Hecklah und Coch (tse, he, he, he) / Mein 'Block! Mein Block! Mein Block! / Und nich' Blum'ntopf sein Block! / Mein Block! Mein Block! Mein Block! / Und nich' Hecklah und Coch sein Block!" (vgl. auch Gruber 2017, S. 266 ff.)

Weise positioniert (siehe Abschnitt 3.4). Auch wenn sich in der sprachlichen Ausgestaltung individuelle Charakteristika manifestieren, zeigt sich bei ihm – wie bei allen seiner (Gangsta-)Rap-Kolleg*innen – die Orientierung an bestimmten Sprachnormen und (tradierten) Stereotypen,[14] die sich als kommunikative Praktiken niederschlagen. Dadurch, dass regel- und normkonform all diese Sprachhandlungsmuster befolgt werden, wird die kommunikative Gattung weiter verfestigt. Und dabei spielt neben Authentizität und einem damit einhergehenden Sprachgebrauch auch musterhaft das Stigma-Management eine bedeutsame Rolle.

3.4 Deviante Norm und normative Devianz: Stigma-Management

Unter Stigma-Management versteht Goffman (2020) Techniken der Informationskontrolle bezüglich eines Makels. Voraussetzung für die Stigmatisierung sind Kategorisierungs- und Stereotypisierungsprozesse (siehe Abschnitt 3.2), denn die „Gesellschaft schafft die Mittel zur Kategorisierung von Personen und den kompletten Satz von Attributen, die man für die Mitglieder dieser Kategorie als gewöhnlich und natürlich empfindet" (Goffman [25]2020, S. 9 f.). Diese Attribute (resp. Stereotype) „wandeln wir in normative Erwartungen [um], in rechtmäßig gestellte Anforderungen" (Goffman 2020, S. 10) – weichen Personen von diesen Erwartungen ab, wird dies als Makel empfunden und führt in der Regel zu einer negativen Bewertung. Stigmata sind somit zu verstehen als die von der Norm abweichenden personenbezogenen Makel, „die unvereinbar mit den jeweiligen normativen Identitätserwartungen oder Identitätsstandards sind und die zu einer Diskreditierung des betreffenden Menschen führen" (von Engelhardt 2010, S. 129).

Wichtig für die Zuschreibung und Wahrnehmung von Stigmata ist stets der soziokulturelle Kontext: „Nicht die Eigenschaften und Verhaltensweisen *an sich* stellen ein Stigma mit diskreditierender Wirkung dar, vielmehr ergibt sich dies erst aus deren *Verhältnis zum jeweiligen normativen Kontext*" (von Engelhardt 2010, S. 130, Herv. S. L.). Die Vorliebe dafür, sich – wie in *Mein Block* beschrieben – den *Arsch von einer Nutte ausweiten zu lassen*, stellt für sich genommen keine Abweichung dar; sie tut dies nur in Relation zu einem normativen Kontext, in dem anale Sexualpraktiken ebenso tabuisiert und verpönt sind wie Sexarbeit. Gleiches gilt für ein stigmatisiertes Leben im Block, das im Track explizit kontrastiert wird mit dem $normalen_1$ Leben im Einfamilienhaus.

Nach Goffman gibt es nun verschiedene Arten des Stigma-Managements, die von Engelhardt (2010, S. 135) prägnant so zusammenfasst: Personen mit Stigmata

14 Dies tun sie auch, wenn sie sie aktiv brechen (wollen), wie zum Beispiel in einigen Tracks von Fatoni, K.I.Z, Edgar Wasser oder SXTN beobachtet (vgl. dazu Lautenschläger 2020, 2021).

> „können sich […] so weit wie möglich aus jeglichen sozialen Kontakten mit den Normalen zurückziehen. Sie können das ihnen entgegengebrachte diskreditierende Verhalten mehr oder minder akzeptieren oder hinnehmen. Sie können aber auch versuchen, ihren Makel zu überspielen. […] In einer umgekehrten Strategie können diese Personen aber auch ihren Makel deutlich hervorheben oder auch versuchen, aus ihm einen sekundären Nutzen […] zu ziehen".

So wie sich in *Mein Block* Norm_1 und Norm_2 feststellen lassen, gibt es auch ein $\text{Stigma-Management}_1$ und ein $\text{Stigma-Management}_2$. Basierend auf den Normen, die in der kommunikativen Gattung Gangsta-Rap gelten (= Norm_2, das Leben im Block), besteht der sekundäre Nutzen aus dem selbstbewussten Hervorheben des Stigmas, das sich durch die Abweichung zu Norm_1 ergibt, darin, dass das lyrische Ich sich als Großstadtkämpfer inszenieren kann, der vor dem Hintergrund seiner Herkunft (psychisch) besonders stark bzw. cool (im Sinne von emotionslos, s. u.) und dem Mann aus der Ober- oder Mittelschicht somit überlegen ist. Diese Form des $\text{Stigma-Managements}_1$ im Kontext von Norm_1 ist absolut gattungsnorm-konform und stellt dort eine übliche Sprach- und Thematisierungsnorm da. Daher lässt sich sagen: Die Devianz (zu Norm_1), die als verortende Grundlage für Positionierungen herangezogen wird, ist eine *normative* Devianz – wer Gangsta-Rapper*in sein will, muss qua Stereotyp und Sprachnormen die eigene Ablehnung der (spieß-)bürgerlichen Verhältnisse performen. Um dazuzugehören, bedarf es also eines *doing being deviant.*

Norm_2 konstituiert sich also aus dem Kontrast zu Norm_1 und wird – auch wenn das an keiner Stelle so expliziert wird, weil es sich dabei um szenespezifische, stereotype Leitbilder (Coolness bis hin zur Emotionslosigkeit, Härte, Stärke, städtischer Überlebenskampf) handelt, die stillschweigend vorausgesetzt werden (können) – zwar nicht aufgewertet, aber zumindest verklärt. Eine Aufwertung verbietet sich geradezu, denn es geht eben nicht darum, zu zeigen, wie schön und leicht das Leben im Block ist, sondern darum, es in Form einer „reißerische[n] Sozialreportage" (Seeliger 2021, S. 116) in Kontrast zu Norm_1 als Ort des Überlebenskampfes zu inszenieren und dabei die alltäglichen Geschehnisse zu perspektivieren.

Diese Norm_2 dient zugleich der szenetypischen positiven Selbstbewertung, denn hier gelten psychische sowie physische Stärke und Härte im Zusammenhang mit Coolness als prestigeträchtige Charakteristika, die ein rebellisches Außenseitertum unterstreichen. Coolness ist dabei zu verstehen als eine Form der Emotionslosigkeit: „Die Verweigerung von Emotionalität kann die Verweigerung gesellschaftlicher Ansprüche begleiten. Gemeinsam ist ihnen das Distanz schaffende Moment, welches die Verweigerer von der Masse vermeintlicher Durchschnittsbürger unterscheidet" (Poschardt 2002, S. 40). Das lyrische Ich wird durch diese Art der sprachlichen Selbstdarstellung

> „zu einer breiten Identifikationsfläche für Jugendliche aus den sozialen Brennpunkten, aber auch generell für Pubertierende mit ihrem typischen Drang zur Abgrenzung vom gesellschaftlichen Establishment. Auch hierin liegt ein Reiz des Gangsta-Rap: Der Typus ‚Outlaw', der als heroischer Einzelgänger und unangepasster Antiheld stilisiert wird, spielt in der Popkultur ohnehin eine entscheidende Rolle" (Seeliger 2012, S. 75).

Konkret zeigen sich Formen des Stigma-Managements$_1$, das heißt Abgrenzungen zur (spieß-)bürgerlichen Norm$_1$, in einer implizit- und in einer explizit-positionierenden Art. Implizite Positionierungen basieren auf Sprachnormen und stereotyp vorausgesetztem Wissen, das sich wie von selbst versteht und nicht verbalisiert werden muss. Sido bricht durch die Wortwahl (*ficken, Nutte, Arsch ausweiten, Schwanz*) mit dem, was in der Öffentlichkeit qua Sprachnorm sagbar und angemessen ist und etabliert dadurch eine Gegenwelt zum (Spieß-)Bürgertum. Über die Wortwahl hinaus geschieht dies sowohl durch die Darstellung des tendenziell feindlichen Umfeldes (Drogen, Gewalt) als auch durch den Verweis auf deviante Sexualpraktiken (Analsex, Oralsex, Fetischismus) und freizügig ausgelebten Sex (im Pornostock) (siehe Abschnitt 3.2).

Explizite Positionierungen hingegen werden nicht einfach vorausgesetzt, sondern artikuliert. Sie dienen dem deutlichen Kontrast zu Norm$_1$ und lassen sich jener Art des oben benannten Stigma-Managements zuordnen, bei der sich die stigmatisierten Personen „so weit wie möglich aus jeglichen sozialen Kontakten mit den Normalen zurückziehen" (von Engelhardt 2010, S. 135). Dieser Grenz- bzw. Rückzug ist aber eben kein (eindeutig) resignierter, sondern (auch) ein stolzer, was sich an kontrastierenden Lines wie diesen zeigt: „*Wir* hier im Viertel kommen klar mit diesem Leben"; „*Ich* kann verstehen, dass *du* dich hier nicht so wohl fühlst/[...] Dann merkst *du* schnell, Berlin is' nix für dich"; „Dein Geld, dein Leben, *kein' Bock*".

Auch wenn suggeriert wird, dass man im Block alles bekommt, was man braucht („Drogen, Freunde und Sex", aber auch Anerkennung: „In meinem Block weiß es jeder: Wir sind Stars"), findet aus den benannten Gründen keine Aufwertung des Block-Lebens statt. Stattdessen zeigen sich Zugeständnisse, das heißt die misslichen Umstände des Verdreckens oder Verwahrlosens werden nicht verschwiegen („Okay, ich muss gesteh'n: Hier ist es dreckig wie 'ne Nutte / Doch ich weiß; das wird schon wieder mit'n bisschen Spucke / Mein schöner weißer Plattenbau wird langsam grau / Drauf geschissen, ich wird' auch alt und grau im MV"), sondern ihnen wird mit einer Mischung aus Optimismus („das wird schon wieder"), trotziger Resignation („drauf geschissen") und klarer Abgrenzung zu einer bürgerlichen Alternative („Dein Geld, dein Leben, *kein' Bock*") begegnet. Das lyrische Ich ist auf Basis seines devianten Lebens resilient, das privilegierte, lyrische Du nicht; fernab des gut gedeckten Tisches ist es nicht überlebensfähig. Hinzukommt, dass es seine Sexualität nicht derart ausleben kann, wie das lyrische Ich, was es zusätzlich in seiner Männlichkeit abwertet.

Das bereits erwähnte Dasein als Outlaw, das $Norm_2$ entspricht, kann nur skizziert und aufrechterhalten werden, wenn genug Abgrenzungsmöglichkeiten zu $Norm_1$ vorhanden sind. Kommerzieller Erfolg, wie Sido ihn mit *Mein Block* hatte, konfligiert nun aber mit bestimmten stereotypen und gattungsspezifischen Selbstdarstellungspraktiken des Straßenjungen und macht bestimmte (Re-)Authentifizierungsstrategien notwendig, um anzuzeigen, dass man weiterhin von $Norm_1$ abweicht und sich somit $Norm_2$ zu- und unterordnet. Dies wird mit den Praktiken *Verortung* und Positionieren umgesetzt. In den Lines „Auch wenn ich jetzt das Land rock'/Bin ich immer noch Sido aus'm Block/Ich fühl mich wohl zwischen Dreck und Gesocks/Denn egal wohin du gehst, es kommt drauf an wo du herkommst" zeigt sich deutlich ein Bewusstsein darüber, dass *das Land rocken* mitsamt finanzieller Erträge eine Abweichung von $Norm_2$ darstellt. Um nun aber zu verdeutlichen, dass er nach wie vor $Norm_2$ unterworfen ist, verortet er sich ganz explizit im Block mitsamt der Positionierung, dass er sich „zwischen Dreck und Gesocks" wohlfühlt. Das geschieht auf Basis einer konzessiven satzsemantischen Relation: Einer Aussage wird im direkten Anschluss eine andere Aussage entgegengesetzt. Obwohl („auch wenn") er also erfolgreich ist, ist er dennoch („immer noch") Sido aus dem Block. Dies wird begründet mit der kausal („denn") eingeleiteten Redewendung, die hier umgekehrt wird: Statt das Ziel bzw. die Entwicklung zu betonen, wie es der Phraseologismus eigentlich besagt (*Es ist nicht wichtig, woher du kommst, sondern wohin du gehst*), betont Sido den Ausgangspunkt, der als lebensprägende Verortung stilisiert wird und so seine Zugehörigkeit zur Sub-Kultur und seine $Norm_2$-Konformität sichert – egal, wohin ihn seine Wege noch führen.

4. *Mein Block* als Beispiel normativer Devianz: ein Fazit

Mein Block reiht sich – auch wenn dem Track zugeschrieben wird, „genreprägend" zu sein (Seeliger 2021, S. 116) und durch ihn „das vermeintliche deutsche Ghetto in den Mainstream importiert worden [ist]" (Güler Saied 2012, S. 81) – ein in eine kommunikative Gattung mitsamt ihren normativen Ansprüchen, deren „Ursprungskultur" (Gruber 2017, S. 133) US-amerikanisch ist.[15]

Der Track zeichnet sich durch verschiedene Spielarten des Stigma-Managements aus, die mit Stereotyp- und Sprachnorm-Brüchen einhergehen und gleichzeitig doch normkonform sind. Über Sprache bzw. Sprachgebrauch haben wir die Möglichkeit, uns zu verorten und zu positionieren, das heißt, wir zeigen

15 Nach Güler Saied (2012, S. 39) stammt Gangsta-Rap ursprünglich aus Los Angeles und „entwickelte sich parallel und unabhängig zu der Szene in New York bereits in den Jahren 1985/1986".

in bestimmten Kontexten über die Art und Weise, *wie* wir sprechen und *worüber* wir sprechen, bestimmte Facetten unserer Identität und unserer Gruppenzugehörigkeit. Wenn Sido also darüber rappt, dass und wie er „Nutten fickt" und dass in seiner Lebensrealität „Typen mit Schlagring" ebenso normal sind wie Polizei-Besuche, Drogenkonsum und Fetischismus, beschreibt er eine Norm, wie sie im Gangsta-Rap häufig thematisiert wird (= Norm_2) und ordnet sich dadurch sprachnormkonform dieser Gruppe zu. Diese Zugehörigkeit wiederum setzt aber mehr oder weniger normativ eine Abgrenzung zu und Abweichung von der ‚Durchschnittsgesellschaft' voraus. Diese Norm_2 zeichnet sich somit kontrastiv dadurch aus, dass sie abweicht von dem, was ‚normale' Menschen – genauer: ‚normale' Männer – erleben, als lebenswert und erstrebenswert empfinden (= Norm_1). Dass Norm_1 dabei aber unmissverständlich und unumstritten als die soziokulturelle Leitvariante konzipiert und auch anerkannt wird, ist eine notwendige und stillschweigend präsupponierte Voraussetzung dafür, die eigene Abweichung markieren zu können und auf dieser Basis eine Selbstdarstellung voranzutreiben, die auf szeneinternen Idealen der Gangsta-Rap-Männlichkeit beruht (Coolness bis hin zur Emotionslosigkeit, Stärke, Resilienz) und implizit Sozialkritik formuliert. Dabei wird die Benachteiligung bzw. Stigmatisierung als ‚Block-Bewohner' nicht romantisiert oder aufgewertet, sondern die widrigen Lebensumstände bilden die Grundlage für die Selbsterhöhung des lyrischen Ichs, das selbst unter schwierigsten Umständen überlebt und sogar ein glückliches Leben führt. Dabei hebt sich das Leben des lyrischen Ichs von dem der anderen Blockbewohner ab: Während diese sozial stigmatisiert sind, weil sie zum Beispiel (Anal-)Fetischen nachgehen, alkoholkrank und/oder drogenabhängig sind, lebt das lyrische Ich nur mit diesen Personen in Nachbarschaft, ohne diese Stigmata selbst zu haben. Es lebt zwar seine Sexualität frei aus und konsumiert Drogen, aber inszeniert sich dabei nicht als jemand, der drogenabhängig ist oder deviante Sexualpraktiken ausleben würde. Das lyrische Ich entspricht also in Relation zu den restlichen Block-Bewohner*innen einem Bild, das durchaus noch mit Norm- und Gesundheitsvorstellungen der bürgerlichen Welt kompatibel ist; die eigene Abweichung von (norm_1-)gesellschaftlichen Ansprüchen ist also vergleichsweise gering.

Literatur

Allport, Gordon W. (1971): Die Natur des Vorurteils. Köln: Kiepenheuer & Witsch [englisches Original: 1954].

Bayer, Klaus (2004): Rap-Text. In: Mitteilungen des Deutschen Germanistenverbandes. Sprache und Bild I, 1. Bielefeld: Aisthesis, S. 450–459.

Bubenhofer, Noah (2009): Sprachgebrauchsmuster. Korpuslinguistik als Methode der Diskurs und Kulturanalyse. Berlin / Boston: de Gruyter.

Busse, Dietrich (1997): Semantisches Wissen und sprachliche Information. Zur Abgrenzung und Typologie von Faktoren des Sprachverstehens. In: Pohl, Inge (Hrsg.): Methodologische Aspek-

te der Semantikforschung. (Sprache – System und Tätigkeit 22). Frankfurt am Main: Lang, S. 13–34.
Busse, Dietrich (2008): Semantische Rahmenanalyse als Methode der Juristischen Semantik. Das verstehensrelevante Wissen als Gegenstand semantischer Analyse. In: Christensen, Ralph / Pieroth, Bodo (Hrsg.): Rechtstheorie in rechtspraktischer Absicht. Freundesgabe zum 70. Geburtstag von Friedrich Müller. (Schriften zur Rechtstheorie 235). Berlin: Duncker & Humblot, S. 35–55.
Carus, Birgit / Hannak-Mayer, Martina / Staufer, Walter (2016): Hip-Hop-Musik in der Spruchpraxis der Bundesprüfstelle für jugendgefährdende Medien (BPjM) – Rechtliche Bewertung und medienpädagogischer Umgang. www.bzkj.de/resource/blob/129476/157ac10f1f60cfbd2eaa4c4581ffec50/bpjm-thema-hip-hop-data.pdf (05.01.2024).
Connell, Raewyn (2015): Der gemachte Mann. Konstruktion und Krise von Männlichkeiten. 4., durchgesehene und erweiterte Auflage. Wiesbaden: Springer.
Du Bois, John W. (2007): The stance triangle. In: Englebretson, Robert (Hrsg.): Stancetaking in Discourse. Subjectivity, evaluation, interaction. Amsterdam / Philadelphia: Benjamins, S. 139–182.
Engelhardt, Michael von (2010): Erving Goffman: Stigma. Über Techniken der Bewältigung beschädigter Identität. In: Jörissen, Benjamin / Zirfas, Jörg (Hrsg.): Schlüsselwerke der Identitätsforschung. Wiesbaden: VS Verlag für Sozialwissenschaften, S. 123–140.
Frank, Karsta (1992): Sprachgewalt. Die sprachliche Reproduktion der Geschlechterhierarchie. Elemente einer feministischen Linguistik im Kontext sozialwissenschaftlicher Frauenforschung. Tübingen: Niemeyer.
Gardt, Andreas (2003): Sprachwissenschaft als Kulturwissenschaft. In: Haß-Zumkehr, Ulrike / König, Christoph (Hrsg.): Literaturwissenschaft und Linguistik von 1960 bis heute. (Marbacher Wissenschaftsgeschichte, Bd. 4). Göttingen: Wallstein, S. 271–288.
Gardt, Andreas (2018): Wort und Welt. Konstruktivismus und Realismus in der Sprachtheorie. In: Felder, Ekkehard / Gardt, Andreas (Hrsg.): Wirklichkeit oder Konstruktion? Sprachtheoretische und interdisziplinäre Aspekte einer brisanten Alternative. Berlin / Boston: de Gruyter, S. 1–44.
Gardt, Andreas (2022): Mehrsprachigkeit und Identität – wie viel Kultur steckt in der Sprache? Diskussionsbeitrag, veröffentlicht auf der Webseite des Goethe-Instituts Schweden (Kultur & Gesellschaft). www.goethe.de/ins/se/de/kul/ges/spr/22656109.html (05.01.2024).
Goffman, Erving (2020): Stigma. Über Techniken der Bewältigung beschädigter Identität. 25. Auflage. Frankfurt am Main: Suhrkamp.
Gruber, Johannes (2017): Performative Lyrik und lyrische Performance. Profilbildung im deutschen Rap. Bielefeld: transcript.
Güler Saied, Ayla (2012): Rap in Deutschland. Musik als Interaktionsmedium zwischen Partykultur und urbanen Anerkennungskämpfen. Bielefeld: transcript.
Günthner, Susanne / König, Katharina (2016): Kommunikative Gattungen in der Interaktion: Kulturelle und grammatische Praktiken im Gebrauch. In: Deppermann, Arnulf / Feilke, Helmuth / Linke, Angelika (Hrsg.): Sprachliche und kommunikative Praktiken. (Jahrbuch des Instituts für Deutsche Sprache 2015). Berlin / Boston: de Gruyter, S. 177–203.
Hansen, Klaus P. (2009): Kultur, Kollektiv, Nation. Passau: Stutz.
Hundt, Markus (2009): Normverletzung und neue Normen. In: Konopka, Marek / Strecker, Bruno (Hrsg.): Deutsche Grammatik – Regeln, Normen, Sprachgebrauch. Berlin / New York: de Gruyter, S. 117–140.
Klauer, Karl Christoph (2020): Soziale Kategorisierung und Stereotypisierung. In: Petersen, Lars-Eric / Six, Bernd (Hrsg.): Stereotype, Vorurteile und soziale Diskriminierung. Theorien, Befunde und Interventionen. 2. Auflage. Weinheim / Basel: Beltz Juventa, S. 23–33.
Klug, Nina-Maria (2016): Multimodale Text- und Diskurssemantik. In: Klug, Nina-Maria / Stöckl, Hartmut (Hrsg.): Handbuch Sprache im multimodalen Kontext. Berlin / Boston: de Gruyter, S. 165–190.

Köller, Wilhelm (2004): Perspektivität und Sprache. Zur Struktur von Objektivierungsformen in Bildern, im Denken und in der Sprache. Berlin/New York: de Gruyter.
Lautenschläger, Sina (2018): Geschlechtsspezifische Körper- und Rollenbilder. Eine korpuslinguistische Untersuchung. Berlin/Boston: de Gruyter.
Lautenschläger, Sina (2020): „Das ist ein Hotel und alle Nutten müssen auschecken". Eine framesemantische Analyse von Edgar Wassers Bad Boy (2014). In: Höllein, Dagobert/Lehnert, Nils/Woitkowski, Felix (Hrsg.): Rap – Text – Analyse. Deutscher Rap seit 2000. 20 Einzeltextanalysen. Bielefeld: transcript, S. 149–160.
Lautenschläger, Sina (2021): „Jetzt sind die Fotzen wieder da!" – Konservatismen und deren Bruch? Eine genderlinguistische Betrachtung. In: Busch, Nicolai/Süß, Heidi (Hrsg.): Rap. Politisch. Rechts? Ästhetische Konservatismen im Deutschrap. Weinheim/Basel: Beltz Juventa, S. 77–95.
Lautenschläger, Sina (2022): Geschlechtsspezifische Stereotype im Sprachgebrauch. Kurzbeitrag auf der Online-Plattform Sprache und Gendern.de. www.sprache-und-gendern.de/beitraege/geschlechtsspezifische-stereotype-im-sprachgebrauch (05.01.2024).
Linke, Angelika (2016): Einführung: Kommunikation und Kulturalität. In: Jäger, Ludwig/Holly, Werner/Krapp, Peter/Weber, Samuel/Heekeren, Simone (Hrsg.): Sprache – Kultur – Kommunikation: Ein internationales Handbuch zu Linguistik als Kulturwissenschaft. Berlin/Boston: de Gruyter, S. 351–368.
Meuser, Michael (2001): Männerwelten. Zur kollektiven Konstruktion hegemonialer Männlichkeit. In: Janshen, Doris/Meuser, Michael (Hrsg.): Schriften des Essener Kollegs für Geschlechterforschung. I. Jg., Heft II, S. 5–32. www.uni-due.de/imperia/md/content/ekfg/michael_meuser_maennerwelten.pdf (05.01.2024).
Ott, Matthias (2020): Von Pavianen, Hurensöhnen und einfachen Strukturen. Juse Jus Männer (2019) im Kontext aktueller Geschlechterdiskurse. In: Höllein, Dagobert/Lehnert, Nils/Woitkowski, Felix (Hrsg.): Rap – Text – Analyse. Deutscher Rap seit 2000. 20 Einzeltextanalysen. Bielefeld: transcript, S. 173–183.
Polenz, Peter von (2021): Deutsche Sprachgeschichte vom Spätmittelalter bis zur Gegenwart. Band 1. 3. Auflage. Berlin/Boston: de Gruyter.
Poschardt, Ulf (2002): Cool. Hamburg: Rogner & Bernhard.
Putnam, Hilary (1979): Die Bedeutung von „Bedeutung". Herausgegeben und übersetzt von Wolfgang Spohn. Frankfurt am Main: Klostermann [englisches Original: 1975].
Seeliger, Martin (2012): Deutscher Gangstarap. Zwischen Affirmation und Empowerment. Berlin: Posth.
Seeliger, Martin (2021): Soziologie des Gangstarap. Popkultur als Ausdruck sozialer Konflikte. Weinheim/Basel: Beltz Juventa.
Seeliger, Martin/Baum, Markus (2022): Gangsta-Rap im Kontext der (west-)deutschen Einwanderungsgeschichte. Schlaglichter aus dem Feuilleton. In: Dietrich, Marc/Seeliger, Martin (Hrsg.): Deutscher Gangsta-Rap III. Soziale Konflikte und kulturelle Repräsentationen. Bielefeld: transcript, S. 105–130.
Simon, Horst J. (2022): Sprache Macht Emotionen. Geschlechtergerechtigkeit und Sprachwandel aus Sicht der Historischen Soziolinguistik. In: Geschlechtergerechte Sprache. Aus Politik und Zeitgeschichte (APuZ) 5–7, S. 16–22.
Spitzmüller, Jürgen (2013): Metapragmatik, Indexikalität, soziale Registrierung. Zur diskursiven Konstruktion sprachideologischer Position. In: Zeitschrift für Diskursforschung 3, S. 263–287.
Walwei, Ulrich (2017): Agenda 2010 und Arbeitsmarkt: Eine Bilanz. In: Arbeitsmarktpolitik. Aus Politik und Zeitgeschichte (APuZ) 26, S. 25–33.
West, Candace/Zimmerman. Don H. (1987): Doing gender. In: Gender and Society 1 (2), S. 125–151.
Wolbring, Fabian (2015): Die Poetik des deutschsprachigen Rap. Göttingen: V&R unipress.

„The Sound of MV“ – Klangästhetische Strategien in Sidos *Mein Block*

Tomy Brautschek

Will man etwas zur Genese eines der bedeutsamsten deutschsprachigen Rapsongs beitragen, kommt man nicht umhin, sich auch mit den unterschiedlichen Formen musikästhetischer Klangfabrikation zu beschäftigen. Dabei ist es in einem popkulturellen System von komplexen Zeichenketten und Verweisstrukturen nicht gerade unwichtig, auch das Sounddesign eines Werks in diesen Bedeutungshorizont zu stellen. Für eine solche Betrachtungsweise erscheint es daher obligatorisch, auch andere wichtige Produktionen als Referenzobjekte heranzuziehen. Verlaufen klangstilistische Entwicklungslinien im HipHop doch oft aus der amerikanischen Rapszene heraus, gelangt man aus diesem Grund auch nur unter deren Berücksichtigung zu einem umfassenderen Klangverständnis des entsprechenden Stücks. Für Sidos *Mein Block* (2003/2004) bedeutet das vor allem, soundsensibel auf die Popmusik der 2000er zu hören und die spezifischen Produktionsweisen und audioästhetischen Strategien gegenüberzustellen. Eine epistemologische Grundbedingung für diese popkulturelle Mikroanalyse ist, dass Sound hierbei als Erkenntnisobjekt dient.

1. Sound in der Medienkulturtheorie

Sound hat sich in den geisteswissenschaftlichen Disziplinen vor allem seit den Nullerjahren als genuiner Forschungsgegenstand etabliert. Innerhalb der entsprechend bezeichneten Sound- (vgl. Bull und Back 2003; Sterne 2003; Meyer 2008; Schulze 2008; Pinch und Bijsterveld 2011; Sterne 2012; Volmar und Schröter 2013) oder Acoustic Studies[1] werden seither Medienkulturen spezifisch auf ihre akustische Konstitution hin befragt. Damit stehen interdisziplinäre Untersuchungen von auditiven Kulturformen quer zu denen von Bildmedien, Blickregimen und der sogenannten „Hegemonie des Visuellen“ (Levin 1993, o. S.). Den dort geteilten Vorstellungen eines visuellen Primats werden unter anderem die großen akustischen Ursprungserzählungen der abendländischen Kulturgeschichte gegenübergestellt, wie die vom Big Bang oder von der Stimme Gottes,

1 Siehe hierfür die von Dirk Matejovski und Kathrin Dreckmann herausgegebene und bei dup/De Gruyter erscheinende Reihe „Acoustic Studies Düsseldorf“.

nach deren Erklingen erst alles Sein in Erscheinung tritt (vgl. Hörisch 2001). Im Zuge solch gearteter Anstrengungen, Sein und Sound existentiell zusammenzubringen, ist man aber vor allem auch darum bemüht, moderne popkulturelle Musikformen für einen neuen Verständnishorizont zu öffnen. Dem geht wiederum die Einsicht voraus, dass ein Zugang zu Popmusik weder exklusiv über die tradierten Methoden der Musikwissenschaft, noch lediglich über kulturanalytische Perspektiven gelingen kann (vgl. Papenburg 2008, S. 91f.). Denn im reinen Notentext oder dem kulturellen Bezugsrahmen eines Songs erschöpft sich noch längst kein endgültiger Sinn. In Reaktion auf diese epistemologische Krise rückt die (Audio-)Technik in ihrer interaktiven Beziehung zum Menschen und der Wahrnehmung ins Zentrum unterschiedlicher Studien. Diese technikästhetische Leerstelle hat bereits der Medientheoretiker Friedrich Kittler identifiziert und mit einer analytischen Abkehr von musikhistorischen Mnemotechniken, wie der Partitur, durch die Hinwendung zu den realen Klangspeichern, wie den Plattenrillen und Tonbändern, gefüllt (vgl. Kittler 1986). Dabei stellt Kittler am Beginn seiner Exegese zum Song *Brain Damage* von Pink Floyd eine richtungsweisende Gleichung auf: Demnach sei „Sound das Unaufschreibbare an der Musik und unmittelbar ihre Technik“ (Kittler 1993/2012, S. 50). Was also durch die komplexen Klangschichtverfahren, Tonbandmontagen und Verstärkertechnologien populärer Musik letztlich ertönt, findet keine direkte Repräsentation in der Notenschrift mehr. Es ist der reale und konkrete Klang, der hier als kompositorisches Rohmaterial dient und in synthetisierter oder sogar digitaler Gestalt nur noch auf Ebene der Mikroelektronik zu verorten ist. Daher erscheint es nahezu alternativlos, die Medienpraktiken etwa in den Tonstudios als grundlegend neue Formen des Musizierens und die technikkulturellen Mediendispositive als Instrumente zu akzeptieren (vgl. Waldecker 2022, S. 13). Diesen „verschlafenen Medienwandel“ (Großmann 2008, S. 6), den die Musikwissenschaft gerne kritisch gegen sich selbst richtet, kompensiert man nur durch eine „medientechnisch fundierte Musikanalyse“ (Papenburg 2008, S. 106), die jenseits musikalischer Strukturen eben Sound als ästhetisches Konzept versteht.

2. Die populäre Soundkultur der 2000er

Nun laufen die unterschiedlichen Institutionalisierungsprozesse der Soundforschung historisch nahezu parallel mit bestimmten Entwicklungen und klangästhetischen Brüchen innerhalb der populären Musik. In den frühen 2000ern besitzt dabei vor allem Rap eine Schlüsselfunktion, denn HipHop forciert im Mainstream zunehmend einen Status als global größte Jugendkultur (vgl. Klein / Friedrich 2003). Als Popikonen mit internationaler Präsenz bilden hier etwa die Musiker Eminem und 50 Cent die Rap-Elite, deren Klangbild maßgeblich vom Sound des Produzenten Dr. Dre geprägt wird. Doch sind es vor allem auch Produzententeams wie Timbaland und Missy Elliot oder The Neptunes, die neben anderen Figuren, wie Just Blaze sowie auch Kanye West, den Weg zu neuen Klangwelten und Produktionsweisen erschließen. Nicht selten sind hieraus auch genreübergreifende Arbeiten resultiert, wie etwa zwischen Timbaland und Madonna, Justin Timberlake oder Nelly Furtado. Der immense Erfolg dieser „Super-Producer" (Bielefeldt 2015, S. 40) liegt dabei sowohl in der Eigenart der musikalischen Stilmixe als auch in den jeweiligen soundästhetischen Produktionsstrategien begründet. Der Musikwissenschaftler Christian Bielefeldt identifiziert etwa die ästhetische Blaupause für den charakteristischen Neptunes-Sound bereits in deren Frühwerk:

> „Schon ihr internationaler Durchbruch *Superthug* (Noreaga, 1997) enthält alle wichtigen Elemente ihrer späteren Erfolgsformel: eine Mischung aus Hiphop, R&B und Pop, in der Synthesizer-Riffs, Keyboard-Samples, auffällige Effekte [...] sowie ein Mix aus bearbeiteten Drum-Machine-Sounds und nicht selten von [Pharrell] Williams selbst eingespielten akustischen Drum-Kit-Loops" (ebd., S. 41).

Tatsächlich offenbart sich die instrumentale Arbeit und die Produktion bei *Superthug* als stilprägend und einflussreich für die populäre Soundkultur der Jahrtausendwende. Auffällig sind hierbei vor allem die rhythmischen Strukturen, die anders als in den bereits etablierteren Genreformen, wie dem G-Funk oder anderen Spielweisen des Gangsterraps, viel dynamischer und synkopischer gesetzt sind. Das liegt wesentlich am Rückgriff auf ein Livefeeling, wobei die unterschiedlichen Rhythmen weniger maschinell, sondern lebhafter erscheinen. Bei *Superthug* durchbricht zum Beispiel ein vorgezogener Snareschlag die gängige Akzentuierung auf die Zählzeiten zwei und vier. Die verwendeten Drumsounds unterstreichen diesen Eindruck. Basismaterial sind überwiegend natürlich-wirkende Samplequellen wie Liveschlagzeug oder sämtliche Sorten an Perkussionsinstrumenten, die aber in der Postproduktion durch die Hinzugabe von Effekten durchaus noch klanglich synthetisiert werden können. Diese Sounds werden später dann oft auch von den Neptunes mit Drumsamples der Synthesizer-Workstation Triton von Korg angereichert. Aber grundlegend geht es den Neptunes insbesondere darum, das metrische, starre Betonungsschema konventioneller Rap-Beats aufzulösen und in eine beweglichere Form zu bringen. Diesen Grundgedanken übertragen sie zusätzlich auf ihre Melodieführungen, die ähnlich perkussiv zum Beispiel mit harten Clavisounds rhythmisiert werden. Dadurch kommen sie schon fast abgedämpften Gitarrenanschlägen gleich. Da Pharrell Williams und Chad Hugo auch ausgezeichnete Instrumentalisten sind, verwundert es kaum, dass sie ihre Stilidee mit dem Bandprojekt N.E.R.D. auf dem Album *In Search Of...* (2002) systematisch weiterentwickeln und auch soundästhetisch weiter ausdifferenzieren. Die Drumparts lassen sich hier kaum mehr ins klassische Taktschema üblicher HipHop-Beats einordnen, sondern stellen eher ein Crossover aus Rock, R&B und Funk dar. Dabei verweisen die verzerrten Gitarren einmal mehr auf eine Genremischung à la Limp Bizkit oder Linkin Park. Repräsentativ ist für diese Werksphase der Neptunes jedoch auch der inflationäre Einsatz eines Synthesizer-Sounds, der auf einer Sägezahnschwingung basiert. Entweder als tragende Klangfläche wie im Refrainpart des Songs *Lapdance* (2002) oder als zentrales Rhythmuselement auf *N***a Please* (2002), einem Song von JayZ.

Eine vergleichbar groovelastige Soundsignatur entwickelt zur selben Zeit das Producer-Duo Timbaland (Timothy Mosley) und Missy Elliot, wobei sich vor allem Mosley später von dieser Zusammenarbeit abhebt. Im Prinzip versucht auch Timbaland die rhythmischen Grundmuster der Rapmusik komplexer, filigraner und teilweise auch temporeicher zu gestalten. Hierfür bedient er sich maßgeblich sogenannter stuttering-patterns, also stotternder Doppelschläge in der Rhythmusstruktur, die er sowohl für die perkussiven als auch für die Melodiesequenzen nutzt. Im Vergleich zu den Neptunes kann man allerdings feststellen, dass als Klangquelle noch eher klassisches Samplematerial, vor allem die eigene Stimme, für diese Form der Rhythmisierung dient. Seinen Signature Sound etabliert Timbaland international vor allem durch die Alben *Miss E ... So Addictive* (2001), *Under Construction* (2002) oder *This Is Not a Test* (2003) von Missy Elliot sowie auch auf *Under Construction, Part II* (Timbaland und Magoo, 2003), *Deliverance* (Bubba Sparks, 2003) und durch Produktionen für JayZ (z. B. *Blueprint 2: The Gift & The Curse*, 2002).

Im Zeitraum des Millennials treten Produzenten vermehrt aus dem Schattendasein ins Rampenlicht und werden selbst zu Superstars. Dies bedingt nicht nur eine entscheidende Verschiebung im Rollenverständnis innerhalb der Musikindustrie, sondern auch eine Transformation historisch gewachsener Arbeitsweisen im Tonstudio. Auch wenn sich die hier genannten Akteure natürlich nicht statisch in ein Klassifikationssystem von Produzententypen einordnen lassen und damit die soundästhetischen Strategien von Timbaland oder The Neptunes nach einem Schema F ablaufen, ist es dennoch folgerichtig, Aspekte ihrer Methoden dem Remixing zu zuschreiben:

> „Die Alben von [The Neptunes] und Timbaland stehen beispielhaft für ein arbeitsteiliges Produktionsmodell, innerhalb dessen Bands oder Solomusiker überwiegend Teile des Songwritings selbst übernehmen oder sogar mit fertigen Songideen ins Studio kommen, während der Produzent hauptsächlich für das (Neu-)Arrangement und damit den eigentlichen Sound verantwortlich zeichnet" (Bielefeldt 2015, S. 41).

Wenn Bielefeldt, der sich hier auf den Journalisten David Farinella bezieht, Timbaland und die Neptunes als „remix producers" (ebd.) bezeichnet, verweist er damit zunächst auf spezifisch für HipHop konstitutive Kulturtechniken. Sampling, oder eben auch Remixing, beschreiben in der Musik ästhetische Strategien der Postmoderne (vgl. Bonz 2006), bei denen mit bereits vorhandenem Audiomaterial gestaltet und komponiert wird. Bestehendes wird fragmentiert und re-organisiert. Es werden Teile präexistierender Kompositionen und Aufnahmen in andere Kontexte eingeführt oder mit anderen Stilen vermischt, wobei vor allem „remix producers have built this type of work into an art form" (Farinella zitiert nach Bielefeldt 2015, S. 41).

Man muss die unterschiedlichen Formen des Remix sicherlich differenziert behandeln, aber grundlegend geht es bei dieser medienkulturellen Praktik um die Produktion von Alternativversionen eines Werks. Seine Ursprünge nimmt der Remix dabei in der Subkultur des jamaikanischen Dub und im Djing des frühen HipHop der siebziger Jahre (vgl. Poschardt 1995/1996, S. 156). In der „DJ-Culture" „verbindet [man] die gestalterische Aneignung des in den Medienarchiven gespeicherten Materials mit den bisher hinter Studiotüren versteckten technischen Produktionsverfahren wie Mix, Klangmanipulation und Drummachines in einem Live-Dispositiv" (Großmann 2005, S. 319). Mit den Möglichkeiten digitaler Kompositions- und Arrangierverfahren ist es für (post-)moderne Beatproduzenten daher auch schon während der Produktion des Originalsongs nicht unüblich, mehrere Werksvarianten und Klangoptionen durchzuspielen. Remixe sind also kulturelle Grundbedingung für Rapbeats und können der Öffentlichkeit somit auch als Originale verkauft werden, wenn zum Beispiel die Entstehungsversionen für die Exekutive eines Labels gar nicht erst attraktiv erscheinen. Re-Arragements und Re-Mixes sind bereits in den Mikroprozessen einzelner Produktionen ebenso angelegt, wie es nur konsequent erscheint bereits veröffentlichtes Material erneut bearbeiten und umgestalten zu lassen. Timbaland hat mit der Bearbeitung des Songs *Apologize* (2007) der Band OneRepublic zudem bewiesen, dass Remixversionen Einzelwerke auch in ganz andere Erfolgssphären katapultieren können.

Blickt man unter Berücksichtigung dieser akustischen Produktionsstrategien auf die popkulturelle Dekade der 2000er, so liegt jedoch eine epistemologische Fehldeutung nahe, die sich wesentlich aus den Arbeiten des Kulturjournalisten Simon Reynolds herleiten ließe. Wenn Reynolds nämlich vom „Jahrzehnt des ‚Re'" (Reynolds 2011/2013, S. 17) spricht, meint er vor allem Retroeffekte, die er im Zusammenhang mit Remixtechniken und Mashups diskutiert. Es geht ihm um Vergangenheitskonzepte des Pop, die er in diesem kulturhistorischen Zeitraum als eine Art nostalgisch verklärte Manie am Werk sieht. Er versteht Pop als ein System sich ständig reproduzierender Selbstreferenzen. Das mag bezogen auf die von Reynolds untersuchten Phänomene sicherlich stimmen, geht es produktionsästhetisch im Kontext der hier angeführten Remixstrategien allerdings gerade nicht um das Recyceln alter Archivaufnahmen. (Die können als Elemente in das Werk sicherlich mit einfließen oder bereits als Soundsample den Songaufbau vorstrukturieren.) Doch bei dieser Form des Remixings geht es paradoxerweise um das genaue Gegenteil: Es geht um Aktualität und Gegenwartsbezogenheit. Daher bieten Missy Elliot und Timbaland den Song *Work It* auf dem Album *Under Con-*

struction (2002) zusätzlich als Remixversion an, da hierauf der Rapper 50 Cent gefeatured wird, der kurz vor seinem Debütalbum *Get Rich or Die Tryin'* (2003) schon als *Upcoming-Artist* und *Next Big Thing* gehandelt wurde. 50 Cent wird hier nicht als Geist aus einer alten medialen Konservenbüchse heraufbeschworen und wieder verehrt. Vielmehr bezeugt er eine Neubelebung des Genres. Oder vice versa die Girlgroup Destiny's Child um die junge Beyoncé Knowles, die ihren Song *Say my Name* (1999) von Timbaland remixen lassen, da seine Produktionsskills aktuell und fortschrittlich klangen. Neben der Möglichkeit, Alternativversionen eines Einzelwerks durch Kollaborationen zu ergänzen, eröffnen Remixproduktionen also grundlegend auch einen soundästhetischen Facettenspielraum.

3. Sound of the Cities

Diese ästhetischen sowie auch produktionslogischen Weiterentwicklungen der populären Soundkultur nehmen allgemein auch ihren Einfluss auf die deutschsprachige HipHop-Szene. Dabei markieren die 2000er in Deutschland vor allem den Wendepunkt von Rap als „‚romantische Renaissance' junger Dichter" (Verlan und Loh 2015, S. 96) und als eine brave, urbane Kunst der Mittelschicht, hin zu neuen Inszenierungsweisen des Bürgerschrecks, getragen durch eine spezifische Ästhetisierung sozial-segregierter Milieus. Die Genese vom deutschen Gangster- oder Straßenrap ist dabei natürlich auch eine, die sich im Zeichen bestimmter Klangideale vollzieht.

Zieht man den Frankfurter Künstler Azad dabei sowohl als eine zentrale Urfigur wie auch als Bindeglied zwischen alter und neuer Schule heran, findet man diese Idee auch durch seine Klangkonzepte repräsentiert. Der frühe Azad-Sound scheint sich in Teilen an französischem Rap zu orientieren, wie es zu dieser Zeit vielleicht vom Duo Suprême NTM fabriziert wurde. Seine Beats sind noch stark samplelastig, aber zugleich düster und melancholisch gestimmt. Durch den inflationären Einsatz von symphonischen Streicher- oder Klavierpassagen wirken die Instrumentalparts darüber hinaus oft besonders pathosgeladen. Alben wie *Leben* (2001) oder *Die Faust des Nordwestens* (2003) klingen rau und zeichnen ein düsteres Bild vom Leben in ghettoähnlichen Betonbauten, die Azad auch als Kulissen für seine Musikvideos dienen. Azad versteht sich dabei selbst als „1 Mann Armee", er ist Rapartist und zugleich Produzent seiner Songs.

Vor diesem Hintergrund erscheint es an anderer Stelle auch mehr als ein Professionalisierungsprozess zu sein, dass das Independent-Label Aggro Berlin sich schrittweise von studiotechnischen Eigenproduktionen seiner Künstler emanzipieren will. In der Frühphase produzieren auch die Rapper Sido, Bushido und B-Tight ihren Sound größtenteils noch selbst, was im Zuge der Albumproduktion für Sidos Debüt *Maske* (2004) jedoch strukturell überwunden werden soll. Dabei soll die territoriale Abgrenzung vom Frankfurter Rapmilieu natürlich auch im

Sound resonieren. Vielmehr noch richten in Anbetracht einer soundästhetischen Neudefinition des Labelsounds die Verantwortlichen von Aggro Berlin und Sido selbst ihre Blicke dafür nach Düsseldorf und wenden sich somit zunächst an das durch Roman Preylowski (Roe Beardie) betriebene Headrush Studio.[2] Hier entsteht im Jahr 2003 die originale Albumversion des Songs *Mein Block*.

Düsseldorf zählt im Vergleich zu Frankfurt, Stuttgart oder Hamburg weniger zu den Großstädten, in denen sich eine repräsentative HipHop-Szene gebildet hat. Obwohl es durchaus eine lokale Verbindung zur Rap-Ur-Formation Fresh Familee gibt und auch der Sieg des ersten, über den Musikfernsehsender VIVA übertragenen Mixery Raw Deluxe Freestyle Battles (2001) an den Rapper Jesen ging, bleibt Düsseldorf bis zum späteren Erfolg von Farid Bang eher unterhalb der Wahrnehmungsgrenze. Wobei ein gewisser Düsseldorf-Sound pophistorisch nahezu als eine Grundbedingung für HipHop-Musik interpretiert werden kann: Das vom DJ Afrika Bambaataa 1986 gesampelte Stück *Trans Europa Express* (1977) der Elektropioniere Kraftwerk gilt bekanntermaßen als ein wichtiger Meilenstein in der Entwicklungsgeschichte des HipHop. Wenn daher im Popdiskurs von einem signifikanten „Sound of the Cities" (Krohn / Löding 2015) die Rede ist, wird in Bezug auf Düsseldorf nahezu alles am kulturellen Einfluss bzw. an der Strahlkraft des elektronischen Kraftwerk-Sounds gemessen. Auch für lokalbeheimatete „Musiker der Gegenwart [ist] die Düsseldorfer Popgeschichte so präsent, dass man sich zu ihr verhalten muss, ihr nicht entkommen kann" (ebd., S. 191). Wie Dirk Matejovksi aber bereits bemerkt hat, verläuft die „Heldenverehrung" (ebd., S. 183) und die Verortung ihres Klangkonzepts oft parallel mit einer mythischen Überhöhung ihrer Produktionsästhetik:

> „Dieser spezifisch ästhetische Ansatz, so das Kraftwerk-Mythologem, wurzele in lokalen Gegebenheiten, er sei angeregt durch die Region Düsseldorfs, eine Region, die geprägt sei durch avancierte Industrie und Technik, durch Labordenken und Bereitschaft zu technologischer Innovation" (Matejovski 2016, S. 21).

Durch Inszenierungsstrategien, die sich überwiegend bei Motiven des technischen Fortschritts und des Posthumanen bedienen, wird auch das elektronische Soundkonzept von Kraftwerk Robo-ästhetisch semantisiert. Somit schreibt sich die synthetische Kraftwerk-Ästhetik als der „Sound of Düsseldorf" vor allem über die Leitidee der technoiden Kälte ins (klang-)kulturelle Gedächtnis ein (vgl. Poschardt 2002, S. 112 f.).

2 Später im Jahr 2004 wechseln alle Künstler von Aggro Berlin in das Looplab Studio in Düsseldorf. Dort leistet Rusbeh Nagash unter dem Pseudonym „Don Tone" bis 2006 einen wesentlichen Beitrag zum Songkatalog des Berliner Labels. Beschäftigt man sich mit seinem Produktionsstil, fällt vor allem auf dem Album *Dreamteam* (2002) des ehemaligen DJs der Fresh Familee Jörg „Plattenpazt" Müller auf, dass er deutlich an den modernen Timbaland-Sound anschließt.

Vor diesem Hintergrund erscheint auch die Albumversion des in Düsseldorf produzierten Originalsongs von *Mein Block* quasi als eine sonische Reminiszenz an die Klangstilistik von Kraftwerk. Der von Roe Beardie produzierte Instrumentalpart beginnt mit einer klaren und sehr simplen Synthesizer-Melodie, die in ihrer Grundgestalt einen ähnlichen Jinglecharakter erkennbar werden lässt wie bei Liedern wie zum Beispiel *Schaufensterpuppen* (1977), *Die Mensch-Maschine* (1978) oder *Computerliebe* (1981). Auch der Eigenklang lässt sich in die Nähe dieser Soundästhetik rücken, fällt er doch eher unter die Kategorie Vintage-Strings, wie man sie heute noch von älteren Synthesizer-Modellen der berühmten Herstellerfirmen Korg oder Roland kennt. Die im nächsten Takt einsetzenden Hi-Hats erinnern dann an entschleunigte Fragmente der Shuffle-Rhythmik aus *Trans-Europa Express*. Zentrales Moment in diesem Zusammenhang ist jedoch der überleitende Formteil vor dem dritten Vers. Hier wird Sidos Stimme durch den Einsatz eines Vocoder-Effekts verzerrt, welcher in der Soundpalette von Kraftwerk sehr häufig benutzt wurde, um einen entmenschlichten, androiden Gestus zu erzeugen. Was bei *Mein Block* vermutlich eher intuitiv in die Produktion mit eingeflossen ist, produziert mit den von Sidos roboterhaft gesungenen Worten „Stadt, Bezirk, zu Hause" (Sido 2004, 02:19–02:25) jedoch einen semantisch-ästhetischen Überschuss. Schlägt dieser Part doch ganz im Sinne seiner musikalischen Form eine klangästhetische Brücke zwischen den beiden Landeshauptstädten.

Nun darf man aus den Höhen des akademischen Elfenbeinturmes dieses Gleichnis natürlich nicht überstrapazieren und aus dieser klanglichen Zeichenkette ggf. den eigentlichen Erfolg der *Mein Block*-Remixversion durch eine Identitätskrise verklären. Dass Sido hier Berlin meint, aber dabei nach Düsseldorf klingt, ist den Machern und der Fan-Generation von Aggro Berlin in dieser Tragweite vermutlich gar nicht bewusst. Durch einen Vergleich zum berühmteren Remix des Berliner Produzenten-Duos Beathoavenz erscheinen die soundästhetischen Strategien der Songversionen so allerdings in einem größeren Bedeutungszusammenhang aufzugehen.

4. The Sound of MV

Der vor Albumveröffentlichung bereits als exlusive-track auf dem CD-Sampler des Magazins Juice und später auf dem Labelsampler *Aggro Ansage Nr. 3* platzierte Beathoavenz-Remix (2003) knüpft klanglich schon eher an die großen Produktionen aus den Vereinigten Staaten an. Allgemein wirken die einzelnen Sound-Elemente viel rhythmischer programmiert. Die Anschläge des Synthesizers sind eher perkussiv und stehen in einem synkopischen Verhältnis zum Rest der Drums. Es *grooved* und *bounced* in einer Weise, wie man es, dem popkulturellen Zeitgeist entsprechend, eher von den Neptunes oder Timbaland erwarten würde. Obwohl auch Roe Beardie auf moderne Sägezahn-Sounds setzt, werden sie dort wiederum eher als flächenbildender Klang benutzt. Hier wird viel mehr ein abgedrehter Klangteppich erzeugt, der sich vor allem im Refrain mit Filterfahrten auf und ab bewegt. Bei den Beathoavenz hingegen ist der Synthesizer Attack-reicher und wird unter anderem wie ein Schlagzeug-Fill akzentuiert. Ein anderer Synthesizer-Ton schwillt im Refrain immer nur kurz auf die Zählzeit zwei an und erzeugt so eine dynamische Fülle. Diese Formen des Klangspiels kennt man vor allem von Timbaland-Beats wie zum Beispiel auf *Jimmy Mathis* oder *Comin' Round* von Bubba Sparxx (2003), wo mit synthetischen Sounds ähnlich rhythmisiert gearbeitet wurde.

Wesentlich können Sounds, die auf Sägezahnschwingungen basieren, aber in diesem Kontext als akustisches Zeichen einer Rap-New-School der 2000er erkannt werden. Sie funktionieren bei Sido als Distinktionsmittel, als Differenzzeichen zum verbissenen und fast dogmatisch reproduzierten Samplebeat. Denn auffällig in beiden Werken ist vor allem die Abkehr von Sample-typischen Sequenzen, die zum Beispiel eine längere Melodie- und Rhythmusphrase als musikalische Vorlage verarbeiten. Hier wird offensichtlich nicht mehr das „Diggin in the Crates" hörbar gemacht, was für den Sound der alten Schule so wegweisend war (vgl. Pelleter 2013, S. 395). Es wird nicht in den Plattenkisten zwanghaft nach neuem Klangmaterial gegraben, was sich im Sinne des französischen Philosophen Michel De Certeau auch als subversives Wildern im Medienarchiv verstehen lässt (vgl. De Certeau 1988, S. 12). Dadurch wird hier auch ein produktionsästhetischer Differenzpunkt zu eher traditionellen, im HipHop beliebten Klangtexturen eingenommen.[3] Der Produzent Roe Beardie sowie die Beathoavenz verfolgen zu dieser Zeit andere Ansätze, die sich vor allem auch von ihren vorherigen Zusammenarbeiten herleiten lassen.

Bei Preylowski müssen vor allem seine Arbeiten mit dem Rapper Olli Banjo und das Album *Erste Hilfe* (2003) herangezogen werden. Hier werden die neuen soundästhetischen Strategien im Deutschrap bereits deutlich artikuliert. Auf dem ersten Lied *Olli & Roe treffen Rap* spielen beide humoristisch die alten Stilistiken der HipHop-Musik durch, was letztlich vor einer stimmlich als diabolisch inszenierten Rapgottheit scheitert. Im darauffolgenden Song *Neu & Fresh* bringt es Banjo dann auf den metaphorischen Punkt:

3 Akustisch inszeniert wird die Einführung dieser Differenz im von Roe Beardie für Sido produzierten Stück *Fuffies im Club*. Zu Beginn des Liedes rappt Sido auf einen klassischen Sample-Beat, der ebenfalls von Roman Preylowski 1995 für Mc Rene produziert wurde. Die Soundästhetik dieses Instrumentals bildet quasi die Negativfolie für den neuen Sido-Sound. Dies wird in einer kleinen Hörspielszene schließlich auch ausformuliert. Roe Beardie unterbricht das Intro und schaltet sich aus der Tonregie in die akustische Mise en Scène mit den Worten: „Ey Sido das kenn ich irgendwo her, lass mal lieber etwas Neues machen" (Sido 2004, 00:22–00:25). Mit dem Neuen ist hier sowohl die Abgrenzung vom eigenen Werkskorpus als auch die Differenz zu konventionellen soundästhetischen Strategien des Genres gemeint.

„Du liebst die Beats so dreckig und eckig/Der Track ist viel zu clean, die Hi-Hat zu stressig und hektisch/Mach die Klappe zu ich erschieß deine Crew im Takt/Dein Producer hat leider nur Sampleloops im Hodensack/Du glaubst, dass alles was anders ist Anthrax ist und, dass der ganze andere Anpass-Mist interessanter ist?“ (Olli Banjo 2003, 00:19–00:32).

Die hier besungene sonische Cleanness des Tracks, die vor allem auch durch die Leerstelle des Sample-typischen Plattenrauschens bedingt wird (vgl. Pelleter 2013, S. 395), bildet einen ästhetischen Kipppunkt zwischen alter und neuer Produktionsschule: „Diese verrückteren Beats kamen auch zustande, weil dieses Samplesuchen, Beat drunterlegen und einspielen der Bassline für mich zu Ende war“ (Preylowksi zitiert nach Brimmers 2014, o. S.). Der Verzicht auf das stilbildende Element des Vinyl-Samples sowie ein stärker (oder ‚stressiger‘) rhythmisiertes Drumset, holen den Rap dabei aber eher weg von der Straße. Vielmehr erzeugen sie eine Club-Atmosphäre. Dies beweist Roe Beardie später mit Sidos zweiter Single *Fuffies im Club* auch sehr eindrucksvoll. Seine sauber und rund ausproduzierte *Mein-Block*-Version allerdings, das lässt sich retrospektiv nun leicht ermitteln, funktioniert im Referenzsystem popkultureller Soundzeichen nicht als eine klangliche Repräsentation des „dreckig[en]“ (Sido 2004, 00:40) Märkischen Viertels. Drogen, Gewalt und andere soziale Missstände in der Großwohnsiedlung, die Sido lyrisch reflektiert, resonieren nicht in Beardies cleanem Clubsound.

Den symbolischen Mangel an harter Lebensrealität im heterotopischen Klangbild der Originalversion kompensieren die Beathoavenz wiederum durch die Reintegration der Rockgitarre. Die hart und kurz angespielte elektrisch verstärkte Gitarre, deren Saiten in Teilstücken auch abgedämpft werden, bildet hierbei die tragende Klangkomponente. Ausgehend von der „Nullpunktästhetik“ (Matejovksi 2016, S. 17) bei Kraftwerk, die nach Dirk Matejovski zu ihrer Zeit „das erste durchsetzungsmächtige Alternativmodell zu den dominierenden Inszenierungsästhetiken der Rockmusik“ (Ebd.) entwickelt haben, über die Aneignung ihrer signifikanter Klangzeichen bei der Albumversion von *Mein Block*, fungiert die Rockgitarre in der Remixversion maßgeblich als Authentizitätseffekt.

Rein klanglich basiert vermutlich auch dieser Materialzugang auf rein intuitiven Entscheidungen. Es erscheint dennoch bemerkenswert, dass die Beathoavenz vor der Zusammenarbeit mit Aggro Berlin für die Crossover-Band 4LYN produziert haben (vgl. 4LYN 2002). 4LYN, die ganz im Zeichen ihrer popkulturellen Gegenwart von Gitarren-lastigem Nu-Metal und Rap geprägt waren, lassen sich vielleicht als eine weitere Einflussgröße für den Beathoavenz-Remixsound identifizieren. Zumindest bildet der Mix aus hart angeschnittenen Gitarrenanschlägen und synthetischen Sounds, die auf einer Sägezahn-Grundschwingung beruhen, das charakteristische Sounddesign der Beathoavenz zu dieser Zeit. Eine Erfolgsformel, die offensichtlich auch für die Debüt-Single *Aggroberlina* (2004) von Fler funktioniert hat. Denn im Wesentlichen besteht der Song soundästhetisch aus der gleichen Grundstruktur.

5. Über *Mein Block* resümieren

Die soundästhetischen Produktionsstrategien bei *Mein Block* stehen ganz im Zeichen ihrer Zeit. Dafür liefert zunächst die Kulturtechnik des Remixings ein entscheidendes Indiz. Jedoch nicht als eine Form des Recyclings oder als ästhetisches Vergangenheitskonzept, sondern im Sinne eines gegenwartsbezogenen Alternativprogramms.[4] Die Produktionsweisen des Remixings lassen sich im Spiegel von Samplepraktiken darüber hinaus als kulturimmanente Techniken der HipHop-Musik begreifen. Hierbei wird mit präexistentem Audiomaterial komponiert und nicht selten auch ein stilistisches Crossover vollzogen. Denn vor allem für die popkulturelle Dekade der 2000er sind Genrehybride aus Rap und Rock symptomatisch. Dies ist durch Bandformationen wie Limp Bizkit, N.E.R.D. oder etwa 4LYN ebenso evident, wie es auch durch Gitarren-lastige Rapbeats repräsentiert wird. Der Beathoavenz-Remix von *Mein Block* setzt klangkulturell an eben dieser Schnittstelle an, bildet aber zugleich, wie die originale Albumversion von Roe Beardie auch, einen produktionsästhetischen Gegenentwurf zu konventionellen Samplebeats. Beide Werksversionen kennzeichnen durch den Verzicht auf die Nutzung von Fremdmaterial eine Abkehr vom klassischen Materialzugang über das Medienarchiv der Plattenkiste. Roe Beardie lässt sich dabei unter anderem in eine soundästhetische Traditionslinie mit den Düsseldorfer Elektropionieren Kraftwerk stellen. Sein *Mein Block*-Original ist von einer technologischen Cleanness bestimmt, die jedoch eine sonische Leerstelle hinterlässt und dadurch weniger auf die rauen Lebensbedingungen im Märkischen Viertel verweist. Den Beathoavenz hingegen scheint es mit ihrem Remix zu gelingen, diese Lücke effektiv durch die Verwendung einer Rockgitarre zu füllen, die analog als klangliches Authentizitätszeichen dient. Zugleich schlägt der moderne, synkopische Grundrhythmus eine ästhetische Brücke zwischen der amerikanischen Clubkultur, die wesentlich durch Produktionen von Timberland oder den Neptunes beherrscht wurde, und dem Berliner Ghettosound.

4 Es wurden zudem zwei weitere Remixe von *Mein Block* produziert. Eine Version kommt von Dj Tomekk und eine andere stellt eine Kollaboration mit dem Rapper B-Tight dar. Auch Azad bringt, quasi als Antwort auf die hochkochenden Spannungen zwischen ihm und Sido, gleichzeitig eine komplette Remixversion seines Albums *Der Bozz* (2004) heraus. Auf diesem Doppelalbum befinden sich auch zwei Versionen eines Songs mit dem Titel *Mein Block*.

Literatur

Bielefeld, Christian (2015): Produzenten und Studios in der populären Musik. In: Musik und Ästhetik 19, 76, S. 20–42.

Bonz, Jochen (2006): Sampling: Eine postmoderne Kulturtechnik. In: Jacke, Christoph et al. (Hrsg.): Kulturschutt – Über das Recycling von Theorien und Kulturen. Bielefeld: transcript, S. 333–353.

Brimmers, Julian (2014): Roe Beardie: „Ich mache Musik in meinem Elfenbeinturm". allgood.de/artists/roe-beardie (05.07.2023).

Bull, Michael / Back, Les (2003): The Auditory Culture Reader. Oxford: Berg.

De Certeau, Michel (1988): Kunst des Handelns. Berlin: Merve.

Großmann, Rolf (2005): Collage, Montage, Sampling – Ein Streifzug durch (medien-)materialbezogene ästhetische Strategien. In: Segeberg, Harro / Schätzlein, Frank (Hrsg.): Sound. Zur Technologie und Ästhetik in den Medien. Marburg: Schüren, S. 308–331.

Großmann, Rolf (2008): Verschlafener Medienwandel. Das Dispositiv als musikwissenschaftliches Theoriemodell. In: Positionen – Beiträge zur Neuen Musik 74, S. 6–9.

Hörisch, Jochen (2001): Der Sinn und die Sinne. Eine Geschichte der Medien. Köln: Eichborn.

Kittler, Friedrich (1986): Grammophon, Film, Typewriter. Berlin: Brinkmann & Bose.

Kittler, Friedrich (1993/2012): Der Gott der Ohren. In: Kittler, Friedrich (Hrsg.): Das Nahen der Götter vorbereiten. München: Fink, S. 48–61.

Klein, Gabriele / Friedrich, Malte (2003): Is this real? Frankfurt am Main: Suhrkamp.

Krohn, Philipp / Löding, Ole (2015): Sound of the Cities. Eine popmusikalische Entdeckungsreise. Berlin: Rogner & Bernhard.

Levin, David M. (1993): Modernity and the Hegemony of Vision. Berkeley: University of California Press.

Matejovski, Dirk (Hrsg.) (2016): Kraftwerk. Die Mythenmaschine. Düsseldorf: Düsseldorf University Press.

Matejovski, Dirk / Dreckmann, Kathrin (Hrsg.) (seit 2014): Acoustic Studies. Düsseldorf: Düsseldorf University Press / De Gruyter.

Meyer, Petra M. (2008): Acoustic Turn. 2. Auflage. Paderborn: Fink.

Papenburg, Jens G. (2008): Stop / Start Making Sense! Ein Ausblick auf Musikanalyse in Popular Music Studies und technischer Medienwissenschaft. In: Schulze, Holger (Hrsg.): Sound Studies: Traditionen – Methoden – Desiderate. Eine Einführung. Bielefeld: transcript, S. 91–108.

Pelleter, Malte (2013): Chop that record up! Zum Sampling als performative Medienpraxis. In: Kleiner, Marcus S. / Wilke, Thomas (Hrsg.): Performativität und Medialität populärer Kulturen. Theorien – Ästhetiken – Praktiken. Wiesbaden: Springer VS, S. 391–412.

Pinch, Trevor / Bijsterveld, Karin (Hrsg.) (2011): The Oxford Handbook of Sound Studies. New York: Oxford University Press.

Poschardt, Ulf (1995/1996): DJ Culture. Hamburg: Rogner & Bernhard.

Poschardt, Ulf (2002): Cool. Reinbeck: Rogner & Bernhard.

Reynolds, Simon (2012): Retromania. Warum Pop nicht von seiner Vergangenheit lassen kann. Mainz: Ventil.

Schulze, Holger (Hrsg.) (2008): Sound Studies: Traditionen – Methoden – Desiderate. Eine Einführung. Bielefeld: transcript.

Sterne, Jonathan (Hrsg.) (2012): The Sound Studies Reader. London: Routledge, Taylor & Francis Group.

Verlan, Sascha / Loh, Hannes (2015): 35 Jahre HipHop in Deutschland. Höfen: Hannibal.

Volmar, Axel / Schröter, Jens (Hrsg.) (2013): Auditive Medienkulturen. Techniken des Hörens und Praktiken der Klanggestaltung. Bielefeld: transcript.

Waldecker, David (2022): Mit Adorno im Tonstudio. Zur Soziologie der Musikproduktion. Bielefeld: transcript.

(M)ein Block für alle? – Sidos Poetik der konvenienten Subversion

Fabian Wolbring

Wenn wir Sidos *Mein Block* als popkulturelles Ereignis, „Geniestreich" (siehe Podkowik in diesem Band) oder Game-Changer verhandeln, dann stellt sich unweigerlich die Frage, was denn diesen Song eigentlich auszeichnet. Was macht *Mein Block* zu „Deutschraps erste[m] Blockbuster" (Lukic 2017) und zu einem der „stilprägendsten Songs der deutschen HipHop-Geschichte" (Szillus 2012, S. 54)?

Populäre Deutschrap-Songs gab es schließlich auch vorher bereits und viele weitere kamen in der Folge. Weder ist *Mein Block* der erste deutschsprachige Straßenrap-Song noch der erste gerappte Mainstream-Hit. Er ist aber – und darin liegt seine besondere Qualität – der erste (und nach wie vor vielleicht einzige echte) Straßenrap-Hit und damit ein Meilenstein in der Popularisierung von Straßen- und Gangsta-Ästhetik im deutschsprachigen Raum. Ihm gelang das Kunststück, Straßenrap für neue Hörer*innenschaften adaptierbar zu machen und ihn so im deutschsprachigen Mainstream zu etablieren. Ines Heiser attestiert dem Song entsprechend auch eine „Türöffnerfunktion für weitere Genretracks" (siehe Heiser in diesem Band) und auch Katja Kuhl bestätigt diesen transgressiven kulturellen Impact: „Das war ein Hit, der den Straßen-Rap plötzlich in die Wohnzimmer von allen gebracht hat. Auch Leute, die nie Rap gehört haben, fanden den geil" (siehe Kuhl in diesem Band).

Wie aber kann ein Song, der offenbar konfrontativ auf Schockmomente und Provokation hin ausgelegt ist, gleichzeitig so gefällig und konsensfähig sein, dass er in der beschriebenen Art und Weise als ‚Hit für alle' zu taugen scheint?

Im Folgenden vertrete ich die These, dass sich diese Wirkmacht in Teilen aus einer ausgefeilten Poetik der konvenienten Subversion erklären lässt, die im Kern drei Erfolgsformeln miteinander verbindet: 1. die richtige Dosierung von Affirmation und Konfrontation, die den Song einerseits spannend und provokativ erscheinen lässt, gleichzeitig aber konsequent gefällig und mainstreamfähig ausgestaltet wird. 2. eine Schein-Eindeutigkeit der Aussagen und Funktionen des Textes, die den Song unterschiedlichsten publica gegenüber ein scheinbar konsensuales Identifikationsangebot macht und dabei gleichzeitig jeweils sehr konkret und spezifisch adressiert wirkt. 3. eine hohe Prägnanz und Applikabilität von Textelementen, die dem Song zu diskursiver Ventilation und Verbreitung verhelfen.

Sicherlich ist ein Erfolg und popkultureller Impact wie der von *Mein Block* nicht programmierbar und in weiten Teilen Ergebnis einer günstigen Konstellation von Zeitgeist, Momentum und Zufall. Viele der sicherlich mitausschlaggebenden Aspekte werde ich im Folgenden nicht oder nur am Rande berücksichtigen können; so zum Beispiel das ikonische Musikvideo, das in der Hochzeit des Musikfernsehens die mediale Infrastruktur ideal bedient hat, oder die ausgesprochen professionelle und innovative Soundproduktion der Beathoavenz in ihrem Remix, der das Original wohl erst club- und radiotauglich machte, oder auch die sozioökonomischen Begleitumstände, die der Song über den unmittelbaren Text hinaus geradezu en passant mitverhandelt. Glücklicherweise finden sich zu diesen Aspekten fundierte Beiträge an anderer Stelle im Band.

1. Gefällige Gefährlichkeit: Zur richtigen Dosierung von Affirmation und Konfrontation

Den Berliner Straßen- und Gangsta-Rap der späten 1990er und frühen 2000er Jahre kennzeichnet bekanntlich eine kompromisslose Härte, die in ungefilterter Form dem deutschsprachigen Mainstream sicherlich nicht zu vermitteln gewesen wäre. Artists wie Frauenarzt, King Orgasmus One, taktloss oder der junge Kool Savas lieferten sich geradezu einen Überbietungswettkampf an drastischen und provokativen Lines, die zu zahllosen Indizierungen und teilweise gar zur strafrechtlichen Verfolgung führten. Diese neue Drastik in den Texten, gepaart mit einer offensiv als authentisch inszenierten Kriminalität verlieh der neuen Berliner HipHop-Szene eine Aura der Gefährlichkeit, wie sie nur wenige popkulturelle Strömungen umgibt; insbesondere auch weil ihr die Deutschsprachigkeit für das hiesige Publikum eine große kulturelle Nähe und unmittelbare Verständlichkeit einschrieb.

Sido konnte als etablierter Vertreter der Szene von der Faszination dieser Gefährlichkeit sicher profitieren. Gleichzeitig bekleidet er in *Mein Block* explizit die Rolle eines Übersetzers bzw. Guides. Der einladende Gestus, der im Video durch den Song *Steig ein* noch einmal unterstrichen wird, mag ironisch gefärbt sein, führt aber doch zu einer gewissen Zugänglichkeit, ohne die Option der Distanzwahrung aufzugeben. Dass dieser Brückenschlag gelingt, hat sicher auch mit der klugen Veröffentlichungsstrategie von Aggro Berlin zu tun. *Mein Block* folgt auf den *Arschficksong*, der in seiner abstrus überzeichneten Pornografik zu den berüchtigtsten Songs seiner Zeit zählt und in keiner Debatte rund um Jugendschutz und Indizierung unerwähnt blieb, und auf den *Weihnachtssong*, den vielleicht infantilsten und albernsten Beitrag Sidos, der wie Specter berichtet das eigentliche trojanische Pferd des Labels für die Musiksender war und vor allem ein dezidiertes Kinderpublikum erreicht hat (siehe Specter in diesem Band). *Mein Block* führt folglich die publica aus beiden Richtungen zusammen und schafft eine Synthese der beiden Vorgänger. Specter bezeichnet *Mein Block* entsprechend treffend als „die Kinderversion von Härte“ (Lukic 2017).

Auch in der ästhetischen Ausgestaltung gelingt *Mein Block* eine ausgewogene Mischung aus Originalität und Vertrautheit. Stärker als in der Ursprungsversion verbindet der ungleich populärere Beat des Remix die raptypisch coole und eingängig simple Rhythmusstruktur des Backbeats (Snare/Clap auf 2 und 4) mit aggressiv übersteuerten Bässen und Synthesizern und schafft so eine club- und radiotaugliche Version des Aggro-Sounds. In ähnlicher Weise synthetisiert auch Sidos Rap gefällig Vertrautes mit Schockmomenten. Sein Vortragsstil ist lässig und unangestrengt. Dabei durchzieht die Performance eine unernste Grundstimmung und humorige Note. Dieser Sprechmodus ähnelt den damals bereits etablierten Rapmodi von den Fantastischen Vier, Fettes Brot oder Samy Deluxe und unterscheidet sich deutlich von den aggressiveren Sprechmodi der damaligen Gangsta- und Straßenrap-Vertreter wie Azad, Kool Savas oder Frauenarzt. Die Inhalte des Songs sind aber dennoch in ähnlicher Weise drastisch, sexualisiert und provokativ und werden letztlich durch den Vortragsstil ‚sozialverträglich‘ intoniert. Kolja Podkowik beschreibt diese Qualität Sidos in seinem Beitrag wie folgt: „Sidos beste Fähigkeit war es, etwas Problematisches und Sozialkritisches anzusprechen, aber auf eine schelmenhafte und sympathische Weise“ (s. Podkowik in diesem Band). Dabei schaffen auch die diversen Popkulturreferenzen zu Coolio, Eißfeldt oder Jennifer Lopez einen Bounding-Effekt, da sie von vielen Jugendlichen erkannt und verstanden wurden und damit als ‚jedermanns Insider-Gag‘ fungieren.

Sido etabliert und personifiziert hier insgesamt eine Scharnierstelle zwischen Mainstream und Szene und bekleidet diese auch im Ensemble seines Label-Roosters. Insbesondere durch seinen deutlich ausgestellten Humor gelingt ihm eine gut verträgliche Dosierung von Härte und Gefälligkeit. Dabei ermöglicht *Mein Block* den Rezipient*innen sogar eine eigene Dosierung; je nach individueller Lesart.

2. Ambige Eindeutigkeit: Zum Nebeneinander unterschiedlicher Deutungsmodi

Sido trifft mit *Mein Block* mehr als nur einen mainstreamfähigen Zwischenton im Spannungsfeld von Härte und Gefälligkeit. Vielmehr – so meine These – adressiert er gleichzeitig viele publica, indem er unterschiedliche Les- und Deutungsarten ermöglicht. Vexierbildhaft changiert *Mein Block* zwischen radikaler Aggressivität und harmloser Spaßigkeit und erscheint ebenso konsequent und subversiv wie einladend und positionslos. Dustin Breitenwischer zufolge zeigt Sido mit *Mein Block* „zum ersten Mal einer größeren popkulturellen Öffentlichkeit sein außergewöhnliches Gespür, brutalen Realismus, poetische Selbstübersteigerung und komische Selbstironisierung miteinander zu verbinden" (Breitenwischer 2021, S. 196). Breitenwischer benennt damit eine Synthese von Äußerungsmodi, die sich logisch zu widersprechen scheinen: realistisch/authentisch, übertrieben/ästhetisiert und ironisch/unernst. Tatsächlich markiert *Mein Block* gleichzeitig über unterschiedliche Darstellungsverfahren auf unterschiedlichen Ebenen jeweils recht eindeutige Deutungsempfehlungen für alle drei Modi. Der konkrete Bezug auf das Märkische Viertel und das Authentizitätsversprechen, das bereits durch die Gattungskonventionen des (Straßen-)Rap aufgerufen wird und zu dessen Normerwartungen zählt (siehe Lautenschläger in diesem Band), markieren einen dokumentarischen Anspruch des Songs. Bruno Ebersbach bezeichnet ihn gar als „radikalste Bezugnahme auf einen konkreten Ort im deutschen HipHop" (Ebersbach 2006, S. 6). Dagegen bzw. daneben wirken Aussagen wie „im MV scheint dir die Sonne aus'm Arsch" oder die Rede von den „übergeilen Nachbarn" offenkundig unernst. Aber sind sie ironisch zu verstehen? Soll also eine echte Kritik am Block geäußert werden? Oder sind sie eine coole Übertreibung, die lediglich Sidos Souveränität im Umgang mit den schwierigen sozialen Bedingungen markiert? Der Modus des Coolen und Unernsten eröffnet große Deutungsspielräume. Je nach eigener Position können Rezipient*innen sich mit Sido über den Block lustig machen, sich mit dessen Protagonisten identifizieren, sie kritisieren oder sie voyeuristisch bestaunen. Dabei besteht das große Geschick in der Darstellung darin, dass die jeweils bevorzugte Lesart den Rezipient*innen durchaus als eindeutig gemeinte erscheint. Der unernste Modus schafft so eine Schein-Eindeutigkeit und damit auch ein scheinbar konsensuales Identifikationsangebot für unterschiedlichste publica. Für das junge Zielpublikum der gutbürgerlichen Mitte ergab sich dadurch auch eine Möglichkeit, die Rezeptionshaltung situativ anzupassen. Im Schutze der ironisch/unernsten Rezeptionshaltung kann etwa die heimliche Freude am Subversiven, Pornographischen, Gewalttätigen oder Frauenfeindlichen verborgen und notfalls argumentativ verteidigt werden.

Ein wesentlicher Aspekt dieses variablen Deutungsangebots besteht in der Maskierung Sidos, die in gewisser Hinsicht grotesk verfremdet, ohne den Authentizitätsanspruch notwendig aufzugeben. Specter beschreibt diesen Inszenierungseffekt wie folgt: „Die Maske war dabei eine große Hilfe. Sie ließ für diejenigen, die keine Realität im Block sehen wollten, alles fiktiv wirken. Es war für viele wie ein Ghetto-Märchen und deswegen einfach konsumierbar" (in Lukic 2017). Gleichzeitig wirkt die Maske unmittelbar ikonisch und verleiht der Persona Sido einen hohen Wiedererkennungswert. In ähnlicher Weise weist *Mein Block* auch textuelle Eigenschaften auf, die dem Song zu großer Prägnanz verhelfen.

3. Prägnanz und Applikabilität: Zu Verbreitungsaffordanzen von *Mein Block*

Mein Block ist ein Hit und bleibt geradezu aufdringlich im Gedächtnis haften. Der Song verfügt damit über hohe Prägnanzqualitäten, die sich an den Darstellungsstrategien im Text nachvollziehen lassen. Bereits die erzählerische Anlage des Songs ist originell und variiert den populären Lokalitäts-Topos im (Deutsch-)Rap durch das strukturelle Element eines Erzählens in Stockwerken. Breitenwischer führt dazu aus: „In *Mein Block* werden Sprünge zwischen verschiedenen Stockwerken zu erzählerischen Brückenschlägen, entlang deren sich die größeren Erzählungen sozialer Ungleichheit, parallelweltlicher Kommunikation und subkulturellen Aufbegehrens gleichzeitig entfalten und wie durch ein Brennglas in ihren Mikrodynamiken gebündelt werden" (Breitenwischer 2021, S. 195). Bestimmt man Prägnanz enger als Disposition einer Texteinheit zu invarianter Merkbarkeit und diskursiver Mobilität, so erscheint zunächst der Titel als unmittelbar prägnant. Lange bevor One-Liner und Taglines wie „Nur noch Gucci", „Lieben wir" oder „ok, cool" im Deutschrap populär wurden, schafft der Text hier einen Signature-Tag aus zwei Worten bzw. Silben, die von da an unmittelbar mit Sido und seinem ersten Hit verbunden bleiben. Trivialerweise hilft dabei die (je nach Version), 10 bis 18-malige Wiederholung der Phrase im Song. Aber auch die Positionierung innerhalb des Refrains illuminiert und exponiert *Mein Block* auf unmittelbar prägnante Weise.

> Meine Stadt, mein Bezirk, mein Viertel, meine Gegend/
> Meine Straße, mein Zuhause, mein Block/
> Meine Gedanken, mein Herz, mein Leben, meine Welt/
> Reicht vom ersten bis zum sechzehnten Stock/

Bereits Johannes Gruber erkennt in dieser Reihung eine „Reminiszenz an einen populären Werbespot der Sparkasse" (Gruber 2017, S. 207) von 1995, dessen zentrale Phrase in der prägnanten Aufzählung „Mein Haus, mein Auto, mein Boot!" besteht (siehe auch Heiser in diesem Band). Diese Form von prahlerischer Aufzählung findet im Rap häufiger Verwendung und ist als „Aufzählerstyle" zum Beispiel das prägende poetische Prinzip von Bushidos *Sonnenbank Flavour* (vgl. Wolbring 2018, S. 149–159). Die kommunikative Funktion solcher Aufzählungen verleiht ihnen eine gewisse Applikabilität, da sie für Sprechakte des Prahlens aber auch des Claimings und Empowerings adaptiert werden können. Sido schafft mit dem Refrain von *Mein Block* eine besonders applikable Formvorlage, die einen Pattern etabliert. *Mein Block* steht hier klimatisch am Ende der Aufzählung und wird dabei bereits syntaktisch wie rhythmisch aufgeladen. Beide Silben werden stark betont, schließen die Reihung damit ab und wirken als markante Zäsur im Refrain. Die rhythmisch kongruente Folgeaufzählung schließt dann mit dem Reimwort *Stock* und rekurriert damit phonetisch auf den Block zurück. Diese Struktur ist dabei ausgesprochen signifikant und einprägsam. Entsprechend wurde sie bereits vielfach adaptiert, zitiert und persifliert. Bereits 2004 flipped Eko Fresh die Bedeutung des Blocks in seinem Remix zu einem Notizblock und MC Jeremy veröffentlicht mit *Mein Dorf* eine humoristische Aufzählungsvariante, die das beschauliche Dorfleben zelebriert. 2005 erscheint mit Dina Raes *My Shit* sogar eine internationale Adaption des Patterns. Im deutschsprachigen Rap ist der Pattern inzwischen beinahe allgegenwärtig und wird in Haftbefehls Kiffer-Hymne *Cheech & Chong* („Mein Weed, mein Gras, Mein stash, mein Hasch, mein Bobel, mein Ganja, mein Ott" bemerkenswerter Weise gerappt von Jan Delay/Eißfeldt, der im Original selbst erwähnt wird) ebenso aufgriffen wie im 257er Nonsense-Rap-Hit *Holz* („Meine Bank, mein Tisch, meine Treppe, meine Besen, meine Vase, dein Zuhause, mein Kopf") oder im Fahrrad-Rap *Rolle durch den Kiez* des Kinder-Rap- Nashorns DIKKA („Mein Sattel, mein Lenker, mein Rahmen, meine Bremsen, meine Kette, meine Klingel, mein Rad"). Damit ist Sidos Song selbst zu einer einschlägigen popkulturellen Referenz avanciert, die im Diskurs ventiliert und als ‚jedermanns Insider-Gag' verstanden und aufgerufen wird.

4. Fazit

Sidos Poetik der konvenienten Subversion, die in *Mein Block* etabliert und vielleicht sogar bereits perfektioniert wird, stellt womöglich die Grundlage für seine bis heute währende Karriere dar und ermöglicht seine Position als größter und konsensfähigster Popstar des deutschsprachigen Rap. Immer wieder gelingt es ihm, glatte Radioproduktionen für den Mainstream und harte Straßenraps für die Szene scheinbar bruchlos in seiner Persona zu vereinen. Konveniente Subversion ist sicher ein typischer Zug vieler erfolgreicher Pop- und Rockproduktionen. Eine gewisse Radikalität und Aggressivität im Erscheinungsbild als Attraktor ist der Jugendkultur tendenziell immer eingeschrieben. Gleichzeitig handelt es sich um Medienangebote, die auf das Einverständnis ihrer Hörerschaft angewiesen sind und diese nicht (zu stark) abschrecken dürfen. Insofern ist Sidos Poetik der konvenienten Subversion sicher kein Einzelfall, aber doch der Beleg für eine gewisse Meisterschaft in diesem poetischen Handwerk.

Literatur

Breitenwischer, Dustin (2021): Die Geschichte des Hip-Hop. 111 Alben. Stuttgart: Reclam.
Ebersbach, Bruno (2006): Sido, die Maske und der Block. Nürnberg: AdbK.
Gruber, Johannes (2017): Performative Lyrik und lyrische Performance. Profilbildung im deutschen Rap. Bielefeld: transcript.

Lukic, Toni (2017): „Mein Block“: Deutschraps erster Blockbuster. www.redbull.com/de-de/sido-mein-block (22.11.2023).
Szillus, Stephan (2012): Unser Leben – Gangsta-Rap in Deutschland. Ein popkulturell historischer Abriss. In: Dietrich, Marc / Seeliger, Martin (Hrsg.): Deutscher Gangsta Rap. Sozial- und kulturwissenschaftliche Beiträge zu einem Pop-Phänomen. Bielefeld: transcript, S. 41–63.
Wolbring, Fabian (2018): Sprachbewusste Gedichtanalyse. Eine praktische Einführung. Göttingen: Vandenhoeck & Ruprecht.

Schlechtes Vorbild? – Gemeinschaftsbildung zwischen Subversion und Teilhabe bei und mit Sido

Gabriel Kos

1. Einleitung

Mit seiner ersten Single *Mein Block* und dem dazugehörigen Debütalbum *Maske* wurde Sido 2004 zu einem der zentralen Vertreter der neuen Hochphase des Deutschraps ab 2000. Ein zentrales Element des Deutschraps in dieser und in anderen Phasen ist die Selbstinszenierung der Künstler*innen in den Songs. Diese lässt sich nicht nur allein als Selbstinszenierung lesen, sondern auch als Einladung zur Gemeinschaftsbildung, indem eine Gemeinschaft hinter dem Selbst imaginiert wird, die den Rezipient*innen dann zur Identifikation und zur Solidarisierung angeboten wird. Anhand der Stellvertreter*innenfigur, in diesem Fall Sido, wird die Gemeinschaft inhaltlich umrissen, ehe sie dann in der aktiven Rezeption konkret produziert wird. An dieser Figur entscheidet sich dann auch, welche Erzählung als gemeinschaftsstiftender Mythos zugrunde gelegt wird und wer auf welche Weise ein- bzw. ausgeschlossen wird. Wie kaum einem anderen ist es Sido gelungen, seine Kunstfigur über den Verlauf seiner Karriere immer wieder zu verändern und ein neues Bild von sich selbst zu performen. Dabei geht es vor allem um das Verhältnis der Figur zu den Werten einer (imaginierten) Mehrheitsgesellschaft, das im Laufe seiner Karriere zwischen Subversion und Teilhabe oszilliert, ein Spannungsverhältnis, das die Figur für ihre gemeinschaftsbildende Funktion nutzt. Dabei geht es nicht allein um die von Sido selbst vorgenommen Modifizierungen, sondern auch darum, dass seine Gemeinschaft von jüngeren Künstler*innen aufgegriffen und weitergeführt wird. Dadurch bilden diese ihre eigenen Gemeinschaften, re-produzieren und aktualisieren gleichzeitig Sidos. So kreiert Apache 207 in dem gemeinsam mit Sido produzierten Song *2002* eine generationenübergreifende HipHop-Gemeinschaft mit den Rezipient*innen der beiden Künstler. Genauso lässt sich damit aber auch Abgrenzung markieren: In ihrem Song *Schlechtes Vorbild* etwa greift Shirin David den gleichnamigen Sido-Song auf und setzt Sidos männlich-hedonistischer Gemeinschaft eine eigene weiblich-solidarische entgegen.

2. Sidos Entwicklung im Laufe der Zeit

Es ist zunächst wichtig einen kurzen Blick auf die Karriere Sidos und deren Zusammenhänge mit der Art und Weise wie die Kunstfigur Sido inszeniert wird zu werfen. Die Darstellung der Figur Sido in den Songs und die damit von Sido imaginierte Entwicklung seiner Karriere bildet den Hintergrund für die angestoßene Gemeinschaftsbildung. Diese nutzt natürlich die realen Ereignisse aus seinem Leben und die öffentliche Wahrnehmung derer, verwertet sie jedoch im Hinblick auf eine konkrete Inszenierung des Selbst und der Gemeinschaft hinter dem Selbst. Die inszenierte Figur Sido mag zwar mit der realen Person Sido einige Erfahrungen teilen, bleibt jedoch zu jedem Zeitpunkt eine imaginierte Kunstfigur.

Sido wurde 1980 als Paul Hartmut Würdig in Ost-Berlin geboren. Später migrierte er mit seiner Mutter in den Westen, wo er dann vor allem in dem auch immer wieder in seinen Songs auftauchenden Märkischen Viertel in Berlin aufwuchs. Nachdem er zunächst in der Untergrund-HipHop-Szene zu rappen begann, wurde er 2004 mit seinem Debütalbum *Maske* und den dazugehörigen Singleauskopplungen, etwa *Mein Block*, zu einem der erfolgreichsten deutschen Rapper der damaligen Zeit, was er vor allem durch wiederholte Fernsehauftritte in den Folgejahren ausbauen konnte. 2009 löste sich das Label Aggro Berlin auf, was auch für Sido eine Phase der Neuorientierung einläutete, sowohl im Hinblick auf die Musik, indem er nun öfter mit Musiker*innen außerhalb der Rap-Szene kollaborierte als auch im Hinblick auf die nun bewusst spießiger werdende Selbstinszenierung, so tauschte er Maske und Cap immer öfter gegen Brille und Pullover. Nach einem Drogenentzug gelang ihm 2022 mit dem stark autofiktional markierten Album „Paul" ein erneutes Comeback. Bereits in diesem kurzen Abriss wird deutlich, welch spannungsgeladenes Verhältnis Sido zur Mehrheitsgesellschaft haben kann.

Sidos Karriere hängt eng mit der Entwicklung der Deutschrap-Szene zusammen. Nur vor diesem Hintergrund konnte sie sich entwickeln, wie sie es tat, und gleichzeitig hat sie aber auch die Entwicklung der Szene maßgeblich mitgeprägt. Die Deutschrap-Szene, in der Sido vor seinem Durchbruch sozialisiert wurde, also die Situation Ende der 1990er Jahre war zusammengefasst gesagt vor allem geprägt von zwei besonders dominanten Strömungen: Da war zum einen der humoristisch geprägte Party-Rap von Gruppen wie den Fantastischen Vier und Fettes Brot, deren Künstler*innen sowie Rezipient*innen in der Regel der Mittelschicht entstammten und weiß waren, und auf der anderen Seite der politische Conscious-Rap, etwa von Gruppen wie Advanced Chemistry oder Dynamite Deluxe, der viel von der Situation von Einwander*innenkinder erzählte und sich zum Beispiel mit dem grassierenden Rechtsextremismus der 90er Jahre auseinandersetzten.[1] Um 2000 jedoch setzten sich dann weitere Formen des HipHops, auch flächendeckend in Deutschland durch, zum Beispiel der sogenannte Gangsta-Rap, vertreten von Künstlern wie Kool Savas oder Azad:

> „Zwischen 1998 und 1999 erlebte der deutschsprachige Rap seine bisher wohl größten kommerziellen Erfolge und seine wohlwollendste Behandlung im medialen Diskurs. Seine Inhalte schwankten zwischen wortspielerischen Spaßtexten und an den Werten der linken Mitte orientierten Gesellschaftstexten rund um Toleranz und kritische Selbstbehauptung. Erst 2000 erhielt auch der amerikanische Gangsta-Rap ein populäres deutschsprachiges Äquivalent" (Wolbring 2015, S. 24).

Ähnlich wie im Conscious-Rap werden hier soziale Missstände angesprochen, jedoch in aller Regel nicht mehr verknüpft mit politischen Forderungen, stattdessen dominiert die Realitätsbeschreibung oszillierend zwischen Trotz und Hoffnungslosigkeit. Der US-amerikanische Rapper Ice Cube bevorzugt deswegen auch die Bezeichnung ‚Reality-Rap' anstelle von ‚Gangsta-Rap' (vgl. Kleiner/Uschmann 2022, S. 32). Der ganz große Durchbruch für diese Strömung des Deutschrap kam dann durch das Label Aggro Berlin, das sich 2001 als Abspaltung von Kool Savas' Label Royal Bunker formierte. Der Erfolg kam vor allem mit Sidos *Maske*-Album von 2004, zusammen mit dem im Jahr zuvor erschienenen Album *Vom Bordstein zur Skyline* seines Label-Kollegen Bushido. Damit verschob sich die öffentliche Wahrnehmung der Rap-Szene in Deutschland: Es standen nun vor allem prekäre, urbane Räume (etwa in Berlin) im Zentrum der Aufmerksamkeit anstelle der vorher räumlich eher versprengten Szene und die Debatten zum HipHop kreisten vermehrt um die Frage nach einer potenziellen Verrohung der Jugend etwa durch Gewaltverherrlichung, Sexismus oder vulgäre Sprache (vgl. Bortot/Wehn, S. 234 ff.).

Von Beginn an unterschied Sido sich von seinen Kollegen des Subgenres immer schon durch eine Verwendung von Humor und eine Reflexion über seine Inszenierungsstrategien, die es ihm erlaubten, sich bald vom Gangsta-Image zu entfernen. So begann Sidos bis heute andauernde Doppelrolle in der Öffentlichkeit. Von Außenstehenden des HipHops wird er immer wieder gerne als Experte zur Szene befragt, fast als sei seine Position zur HipHop-Kultur auch eine externe. Das liegt an der oben bereits erwähnten Entwicklung, seine Selbstinszenierung verändert zu haben und wiederholt mit Musiker*innen aus dem Rock/Pop-Bereich von Johannes Oerding über Marius Müller-Westernhagen bis hin zu Monchi von Feine Sahne Fischfilet kollaboriert zu haben:

> „Sie [die Gangsta-Rapper*innen] […] ändern […] ihr persönliches Verhalten, indem sie die Musik stärker in Pop-Gefilde lenken oder gleich den ganzen Beruf wechseln.

---

1 Damit spiegelt sich eine ähnliche Situation wider, wie wir sie in den USA Anfang der 1980er Jahre finden konnten.

[...] Beispiele hierfür wären im Deutschrap der ehemalige Aggro-Berlin-Gründungskünstler Sido, dessen Weg von provokativen Tracks wie dem ‚Arschficksong' [...] zu reinen, harmlosen Pop-Hits wie ‚Bilder im Kopf' [...] oder ‚Astronaut' mit Andreas Bourani [...] sowie zu Teilnahmen als Juror an Casting-Shows führte" (Kleiner/Uschmann 2022, S. 36).

Zum anderen aber wird Sido noch immer von jungen Künstler*innen als eine idealtypische HipHop-Figur evoziert, an der sie sich in verschiedener Art und Weise abarbeiten müssen. Diese Rolle basiert auf dem Image sowohl zu Beginn als auch im Verlaufe seiner Karriere und darauf, dass er über diesen langen Zeitraum hinweg so populär bleiben konnte.

3. Inszenierung der Figur Sido

Dieses Image kultiviert Sido durch Selbstinszenierung in seinen Songs. Meiner Lesart zufolge geht es bei der Selbstinszenierung in den Songs nicht allein um die Inszenierung eines Selbst vor den Songs, sondern auch um den Anstoß zu der Bildung einer Gemeinschaft hinter dem Selbst. Benedict Anderson beschreibt in *Die Erfindung der Nation* wie sich Gemeinschaften bilden, deren Mitglieder einander nicht kennen. Er spricht dabei von ‚imaginierten Gemeinschaften' und meint damit, dass Menschen sich eine Vorstellung von einander machen, auf Grundlage einer gedachten Gemeinsamkeit (vgl. Anderson 1983/1996, S. 15), hier der gemeinsamen Anhängerschaft zu dem Rap-Künstler Sido, ohne einander zu kennen. Die Gemeinschaftsbildung im Deutschrap findet in einem Zweischritt statt aus inhaltlicher Ausgestaltung in den Songs und konkreter Realisation in der gemeinschaftlichen Performance zwischen Künstler*innen und Rezipient*innen. Die Performance der Kunstfigur in den Songs dient dabei als der gemeinschaftsstiftende Mythos, der dann in der rituellen Konstituierung der Gemeinschaft aufgegriffen wird.

Die Selbstinszenierung im HipHop dient also auch der Legitimation des sprechenden Ichs, die Gemeinschaft anleiten zu können. Dazu kann das inszenierte Selbst meiner Meinung nach drei verschiedene Rollen annehmen: Die Rolle des Prototyps, wonach das inszenierte Selbst die Eigenschaften der Gemeinschaft in besonders repräsentativer Form verkörpert, die des Auserwählten, in der es den anderen Gemeinschaftsteilnehmer*innen in relevanter Art und Weise (oft geht es hierbei um das handwerkliche Können als Rapper*in) überlegen ist, oder die des Aussteigers. Diese Figur tritt auf, wenn es zum Beispiel darum geht, einem prekären Milieu entkommen und finanziellen Reichtum erlangt zu haben.[2] Die

2 Natürlich kann es in einzelnen Songs zu Mischformen dieser Rollen kommen.

Rollen, die Sido in den jeweiligen Songs einnimmt, hängen stark von den Wandlungen ab, die er im Laufe seiner Karriere durchlief. Die Spannung, die er dabei aushalten und immer wieder aufs Neue inszenieren muss, ist, inwieweit das von ihm während der 2000er Jahre produzierte Bild des Bürgerschrecks noch weiter re-produziert werden soll und inwiefern er nun eher jenes bürgerliche Ideal performen kann, für das er damals nur Spott übrighatte. Immer wieder führt das zu Brüchen innerhalb seines Werks aber auch zu einem Spannungsverhältnis, das er seinen Rezipient*innen zumuten möchte und für seine eigene Gemeinschaftsbildung fruchtbar machen kann.

Diese Wandlungen, die wir auch aus den USA von Rappern wie Ice-T oder Eminem kennen (vgl. Loh/Verlan 2015, S. 72), lassen sich vor dem in der HipHop-Kultur zentralen Begriff der Realness bzw. Authentizität plausibel machen. Das Konzept der Realness bzw. der Wille nach Authentizität ist eines der zentralen Mythen, die der HipHop-Kultur und auch der Figur Sido zugrunde liegen: „Das Interesse dafür, was einer sagt, wird überlagert von der Frage, warum er es sagt, beziehungsweise ob das, was er sagt, etwas zu tun hat mit seiner Realität" (ebd., S. 474 f.). Bei der Authentizität geht es nicht um eine faktische Übereinstimmung individueller Erfahrungen der Künstler*innen mit den Ereignissen in den Songtexten, sondern um eine glaubhafte Inszenierung der eigenen Kunstfigur (vgl. Baier 2012, S. 14). Glaubhaft muss dabei die Performance der Figur auf den verschiedenen Ebenen (Text, Sound, Bühnenverhalten etc.) sein, immer in Bezug auf die Erwartungen des Zielpublikums. Wenn Authentizität das zentrale Merkmal ist, dann muss sich die Inszenierung des Selbst in den Songs und in öffentlichen Auftritten aber ändern, sobald sich die Lebensumstände der Künstler*innen ändern, weil sich dadurch eben auch die öffentliche Wahrnehmung ändert.

Diese Wandlungen sind auch interessant im Hinblick auf die Grenzziehungen, die in den Songs vorgenommen werden, und die die Gemeinschaft im Zusammenspiel mit anderen Gemeinschaften verorten sollen. Die Veränderungen in der Inszenierung der Kunstfigur Sido näherten sich dabei immer weiter dem an, was ursprünglich als eine abzulehnende Mehrheitsgesellschaft inszeniert worden ist. Auch bei dieser evozierten Gegen-Gemeinschaft handelt es sich um eine imaginierte Gemeinschaft, in Abgrenzung zu der sich die eigene Gemeinschaft leichter inszenieren lässt. Im HipHop im Allgemeinen und bei Sido im Konkreten steht dabei immer wieder die Frage nach Subversion oder Teilhabe an der imaginierten bürgerlichen Mehrheitsgesellschaft im Mittelpunkt. Dabei geht es darum, dass Sido in seinen Songs zwar immer wieder verschieden geartete Versionen einer bürgerlichen Gesellschaft als Feindbild aufbaut, jedoch nie dafür zu plädieren scheint, dieses zu zerstören wie wir es zum Beispiel im Punk finden. Eher geht es ihm darum, mit seinen persönlichen, vom Ideal des Feindbildes abweichenden Erfahrungen, Werten und Interessen, von der Gegen-Gemeinschaft anerkannt und als gleichwertig respektiert zu werden:

> „Die Rap-Musik [...] bewegte sich jedoch immer in Richtung der Gesellschaft und kämpfte um Anerkennung und gleiche Rechte und nicht umgekehrt, um sich von der Gesellschaft zu entfernen, wie dies beispielsweise in der Punk-Musik der Fall war. HipHop und Rap hatten somit trotz der System-Kritik, die in den Liedern zum Ausdruck kam, einen konstruktiven Charakter" (Güler Saied 2012, S. 283).

Im weiteren Verlauf möchte ich zunächst die von Sido angestoßene Gemeinschaft charakterisieren, vor allem im Hinblick auf das zentrale Element des Spannungsverhältnisses zwischen Subversion und Teilhabe in Bezug auf eine imaginierte Mehrheitsgesellschaft. Dann möchte ich dieses Spannungsverhältnis in den Wandlungen der Figur Sido und seiner Gemeinschaft im Verlaufe der Jahre untersuchen, vor allem in den Punkten, in denen die Gemeinschaft Sidos von anderen Künstler*innen aufgegriffen und modifiziert wird. Neben der imaginierten Mehrheitsgesellschaft gibt es auch eine übergeordnete imaginierte HipHop-Gemeinschaft, zu dem sich die Figur Sido und seine Gemeinschaft positionieren müssen.

4. Die Gemeinschaft Sido im Spannungsverhältnis zwischen Subversion und Teilhabe

Der Grundriss der Gemeinschaft in *Mein Block* von 2004 war Sidos erste Solo-Single und sorgte direkt für seinen Durchbruch als deutschlandweiter Rap-Star. Der titelgebende Block bezeichnet einen Häuserblock, den er als Plattenbau beschreibt und in dem die Menschen in prekären und größtenteils kriminellen Verhältnissen leben. Sido führt durch diesen Block, in dem er die verschiedenen Stockwerke des Hochhauses und deren Bewohner*innen beschreibt: „[D]ie Sekte-Fans aus dem 9., die immer drauf sind/Genauso wie der Junkie aus'm 4ten/der zum Frühstück erst mal 10 Bier trinkt/Dann geht er hoch in den 7. zum Ticker". Die Beschreibungen sollen dabei möglichst genau und wertfrei erscheinen, Sido trägt sie auch mit entsprechend berichtender und emotionsloser Stimme vor. Das dazugehörige Musikvideo gibt die Bilder auch weitestgehend realistisch und beinahe dokumentarisch wieder.[3]

Der Song beginnt zunächst als eine Hommage an das Märkische Viertel, in dem Sido selbst aufgewachsen ist[4]: „[I]m MV scheint dir die Sonne aus dem Arsch". Mit dem Refrain des Songs und der Aussagenreihe „Meine Stadt, mein Bezirk, mein Viertel, meine Gegend/Meine Straße, mein Zuhause, mein Block" weitet sich der Blick allerdings über das Märkische Viertel hinaus. Eine konkrete

3 Vgl. www.youtube.com/watch?v=0UKtOhLVeyA (05.01.2024).

4 Beim Märkischen Viertel handelt es sich um eine Großwohnsiedlung in Berlin-Reinickendorf.

Ortsangabe gibt es hier nicht. Durch den personalen Artikel ist aber nach wie vor ein spezifischer Raum gemeint, der durch die aktive Rezeption der Wohnort der Rezipient*innen werden kann. Vorausgesetzt natürlich, dieser teilt die Eigenschaften der prekären Tristesse und Verwahrlosung („Ok, ich muss gestehen: Hier ist es dreckig wie 'ne Nutte") und auch die Hoffnungslosigkeit, diesen Umständen jemals zu entfliehen: „Ich wird' auch alt und grau im MV".

Dieses Schicksal will der Song positiv umdeuten. Das tut er vor allem über den Gemeinschaftsaspekt, den das Ich hier sieht, und den das in der ersten Zeile des Textes angesprochene Einfamilienhaus nicht bieten kann: „Hier bekomm' ich alles – Ich muss hier nicht mal weg / Hier hab ich Drogen, Freunde und Sex". Die Gemeinschaft wird auf einer Ebene von Sex, Drogen und der Liebe zum HipHop zusammengehalten. Darüber steht aber die eigentlich wichtige zentrale Charaktereigenschaft der Gemeinschaft, die Loyalität, wenn es heißt: „Die Bullen können kommen, doch jeder weiß hier Bescheid / Aber keiner hat was gesehen, also könnt ihr wieder gehen". Noch mehr als die gemeinsamen Vorlieben hält diese Eigenschaft die Gemeinschaft zusammen. Sie wirkt dabei gleichzeitig als Erkennungsmerkmal unter den Gemeinschaftsteilnehmer*innen, dient aber auch dem Schutz der Gemeinschaft vor einem potenziell bedrohlichen Außen.

Innerhalb all dessen inszeniert sich Sido nun als Prototyp dieser Gemeinschaft, der Außenstehenden einen Blick in diese Welt gewährt: „[D]avon sing ich Dir ein Lied, du kannst es kaufen". Das Video imitiert dazu einen ethnografischen Blick der Erforschung dieses konkreten Gebiets, bei dem sich Sido als ein Ortskundiger zeigt, der den fremden Blick durch das eigene Umfeld führt und mit den Worten „Steig ein, ich will dir was zeigen" einen Außenstehenden in sein Auto einlädt, um ihm stolz seinen Block zu zeigen. Dieses Du soll in die Gesellschaft eingeladen werden. Im Song taucht allerdings noch ein zweites Du / Ihr auf, das explizit ausgeschlossen wird. Dieses Du / Ihr umfasst hier durch das Einfamilienhaus die Mittelschicht, genauso wie durch die Kombination Villa und Boot die Oberschicht, und eben auch die Polizei. Es ist nicht unüblich, dass in Rap-Texten verschiedene Figuren angesprochen werden. Bei der Rezeption des Songs ist damit ein aktives Decodieren der Sprechsituation nötig und eine Selbstreflexion der Rezipient*innen zu welchem Du / Ihr sie sich zählen können.

Sidos Gemeinschaft konstituiert sich also auch über die Abgrenzung zu einer imaginierten Gegengemeinschaft: „Du in deinem Einfamilienhaus lachst mich aus". Diejenigen, die ausgegrenzt werden, können nicht Teil der Gemeinschaft werden, weil ihnen das dafür notwendige kulturelle Wissen fehlt, welches Sido auf ganz basaler Ebene anspricht, wenn er aufzählt, welche Ware (Drogen, Sex, Musik) er in welchem Stockwerk erwerben kann und wen er dafür kennen muss. Das verkörpert auf inhaltlicher Ebene die Grenzziehung, den die aktive Rezeption des Songs auf performativer Ebene darstellen soll. Pierre Bourdieu sieht in Riten ganz unmittelbar die Funktion „[der] Instituierung oder Setzung einer dauerhaften Unterscheidung zwischen denen, die von diesem Ritus betroffen, und denen, die nicht von ihm betroffen sind" (Bourdieu 1982/1990, S. 84). Diese Riten sind in diesem Fall die Handels- und Tauschriten, die innerhalb des Hochhauses von statten gehen. Dieses interne Handelssystem unterscheidet sich nicht grundlegend vom kapitalistischen System der Mehrheitsgesellschaft. Der Traum der Mehrheitsgesellschaft von Reichtum und Eigentum wird aber abgelehnt: „Deine Villa, dein Boot, deine Frauen, deine Karriere / Dein Geld, dein Leben, kein Bock". Jedoch nicht, indem die dahinterstehende Gegen-Gemeinschaft zerstört werden soll. Vielmehr setzt Sido ihm seine Lebensrealität dagegen und pocht darauf, auch diese nicht rein negativ zu bewerten, sondern als Teil der Gesellschaft zu akzeptieren und für ihre spezifischen Vorteile zu respektieren. Dabei hilft es, implizit die Gemeinsamkeiten wie etwa das kapitalistische Handelssystem zu etablieren.

Aus dem Schicksal des prekär Geborenen soll so positiv gewendet eine Entscheidung für einen alternativen, aber doch gleichwertigen Lebensentwurf performt werden. Dieser zeichnet sich eben auch durch das spannungsgeladene Verhältnis zu einer Mehrheitsgesellschaft aus, welches sich nicht einfach unter Ablehnung oder Anpassung allein subsumieren ließe und welches das Spezifische dieser Gemeinschaft ausdrückt. Dazu passt, dass Sidos Stimme bei all den Beleidigungen gegenüber der Mehrheitsgesellschaft nie aggressiv wird und bereits Raum für Durchlässigkeit zwischen den beiden Gemeinschaften aufmacht: In der Video-Version des Songs gibt es einen Einschub, in dem er in Anlehnung an Jennifer Lopez proklamiert, er würde nun das Land rocken, sei aber immer noch derselbe geblieben. Damit reagiert er bereits auf den ersten Erfolg des Songs und versucht, das Narrativ über sich und seine Authentizität noch immer in der Hand zu halten, auch wenn er über seinen Block hinaus bekannt werden und seiner prekären Herkunft entfliehen sollte.

4.1 Die Gemeinschaft im Wandel: *Schlechtes Vorbild*

Diese Verschiebung baut er in den Folgejahren aus, vor allem zwei Jahre später mit dem Song *Schlechtes Vorbild* (2006), in dem die auf *Mein Block* basierte Gemeinschaft weiterentwickelt wird. Hier greift er die mediale Debatte um die Gefahr der Verrohung der Jugend durch die Aggro Berlin-Künstler auf, die sich insbesondere auch immer an *Mein Block* aufhingen, und reklamiert die Zuschreibung *Schlechtes Vorbild* ironisch für sich. Dabei wendet er diese Zuschreibung positiv, indem er darauf pocht, dass eben jenes non-konforme Verhalten ihn erst zu seinem Erfolg geführt hat und vermengt hier einmal mehr bewusst die Kunstfigur Sido und den Künstler Sido: „Ich bin all das, wovor deine Eltern dich immer gewarnt hab'n / Doch ich hab' Geld, hab' Frau'n, hab' Spaß". Er beschreibt, welche Dinge er sich nun leisten kann, nicht ohne natürlich noch zu erwähnen, dass er all die nicht braucht: „Gib mir ne Glotze und nen Joint ich brauch nicht mehr zum Leben". Damit kann er dann gleichzeitig zeigen, wie hohl die Werte der Mehrheitsgesellschaft sind und wie wenig alternativlos gleichzeitig der von ihr propagierte Weg dorthin ist. Das ist eine Weiterführung des Spannungsverhältnisses aus *Mein Block*, welches die Gemeinschaft auszeichnet und das die Figur Sido nun von einer anderen Position aus betrachten kann.

Das beginnt auch wieder über die Ablehnung dessen, was er als ein bürgerliches Ideal inszeniert: „Das ist der Ernst des Lebens, erstmal einen bauen", eine Praktik, die er hier aber aktiv reflektiert: „Wenn nichts schön ist, bin ich auch nicht hässlich". Diesmal beschränkt er sich nicht mehr darauf, sein eigener Lebensentwurf sei dem der Mehrheitsgesellschaft ebenbürtig, viel eher macht er klar, dass er seinen für eindeutig überlegen hält: „Du würdest alles tun für ein Leben aus meiner Sicht / Denn deins ist langweilig, du bist brav wie immer". Die Grenze zwischen HipHop-Gemeinschaft und Mehrheitsgesellschaft aus *Mein Block* ist bereits deutlich verwischt. So ist der Unterschied zwischen Sido und Teilnehmer*innen der imaginierten Mehrheitsgesellschaft auch nicht, dass die anderen weniger Drogen nehmen, der Unterschied ist, dass sie nicht dazu stehen: „Warum ist das ein Problem? Weil ich's nicht heimlich mache". Folgerichtig fordert er die Mehrheitsgesellschaft zu einem entspannteren Umgang mit seiner eigenen Gemeinschaft auf, schließlich sei man sich doch ähnlicher als gedacht: „Wenn euer Kind versucht, wie ich zu sein, dann lasst es machen / Man lernt nicht, dass Feuer heiß ist, ohne es mal anzufassen". Anstelle vor dem immergleichen kalten Plattenbau posiert er deshalb im Video jetzt vor verschiedenen, teilweise vorstädtisch geprägten Hintergründen.[5] Diese Spannung wird hier noch nicht problematisiert, der Beat und Sidos unbeschwerte Stimme zusammen mit seinen Wortspielen zeigt, dass er sich zu diesem Zeitpunkt noch in der Lage sieht, diese Spannung auszuhalten und die Balance zu halten, etwas das in den nächsten Jahren schwieriger werden soll.

Sido spricht hier erneut für eine Gemeinschaft, die inhaltlich noch immer der aus *Mein Block* ähnelt. Seine Rolle innerhalb der Gemeinschaft hat sich gewandelt: vom prototypischen Bewohner des MVs ist er nun zum Aussteiger, also zum expliziten Vorbild für jene geworden, die so sind wie er mal war. Deswegen kann er auch durch seine Erfahrung innerhalb der Mehrheitsgesellschaft und der eigenen Gemeinschaft beiden Seiten erzählen, dass die Unterschiede kleiner sind als zunächst von ihm (in *Mein Block*) angenommen. Deswegen inszeniert er sich im Video auch immer wieder in Konzertsituationen vor Fans oder vor einer Gruppe Kinder mit Sido-Masken.

Durch den Erfolg von *Mein Block* und *Maske* ändert sich seine Gemeinschaft auch in einem anderen Aspekt: Sido wird nun als wichtiger Repräsentant der Deutschrap-Gemeinschaft gesehen und seine Gemeinschaft hat eine gewisse tragende Rolle innerhalb dieser. Während er also zum Aussteiger aus seiner

---

5 Vgl. www.youtube.com/watch?v=9jjvlT78pU4 (05.01.2024).

ursprünglichen Gemeinschaft wird, kann er gleichzeitig die Rolle des Prototyps einer HipHop-Gemeinschaft annehmen. Dadurch wird das Spannungsverhältnis, das Sido zur Gemeinschaftsbildung nutzt, komplizierter: Nicht nur muss er sich jetzt zu der imaginierten Mehrheitsgesellschaft positionieren, sondern auch innerhalb einer (imaginierten) HipHop-Gemeinschaft, während er gleichzeitig als Sprecher für diese HipHop-Gemeinschaft, sie auch in Bezug zur Mehrheitsgesellschaft stellen muss. Zur Legitimation dieser komplexen Sprecherposition nutzt er an vielen Stellen bewusste Feature Acts, die ihm die dafür notwendige Autorität, wenn nicht verleihen so doch dafür bürgen können, wie ich im weiteren Verlauf zeigen werde.

5. Sido und die eigene Mythenbildung: *Masafaka, 2010* und *Löwenzahn*

Ein zentraler Song im Hinblick auf die Mythenbildung Sidos und die damit verbundene Verortung seiner Gemeinschaft, nicht mehr nur in Abgrenzung zu einer imaginierten Mehrheitsgesellschaft, sondern nun auch in Bezug auf eine imaginierte HipHop-Gemeinschaft, bildet der Song *Masafaka* (2016), den er gemeinsam mit Kool Savas aufnahm. Hier rappen zwei Stars des HipHops einige Jahre nach ihren bis dahin größten Karriereerfolgen und ziehen eine bittere Bilanz, nicht vom Deutschrap selbst, sondern vom Umgang der Gesellschaft damit. Anders als in den vorhergegangenen Songs sprechen sie hier explizit von sich als Repräsentanten einer HipHop-Gemeinschaft: „Das ist Hip-Hop, Masafaka, so sind wir". Es ist ganz entscheidend, dass sie hier als Duo auftreten und mit ihrer summierten Autorität innerhalb und außerhalb der HipHop-Gemeinschaft ihre Botschaft verstärken. Im Video sehen wir daher Sido und Kool Savas allein, die Gemeinschaft ist nicht mehr zu sehen, wird nur noch verbal evoziert, isoliert auf einer ansonsten leeren Bühne, von der aus sie ihre Anklage direkt in die Kamera richten.[6] Die Rolle, die sie hier einnehmen ist nicht – wie für Sido typisch – die der Aussteiger, sondern eher – wie wir es auch aus anderen Songs von Kool Savas kennen[7] – die der Auserwählten, die aufgrund ihrer Errungenschaften in der HipHop-Gemeinschaft für diese sprechen können. Der dabei zugrundeliegende Mythos ist also die Erzählung dieser beiden Stars, die Szene ursprünglich überhaupt erst geformt zu haben, gerade indem sie sich als von der Mehrheitsgesellschaft abweichend verhalten haben: „Am Anfang noch belächelt, doch auf einmal wuchsen wir zu Stars". Erneut ist hier weniger die Frage, inwieweit sich das historisch belegen

6 Vgl. www.youtube.com/watch?v=ZpB8URcuA38 (05.01.2024).

7 Verkörpert wird diese meist in der Kunstfigur Essah, dem Alter Ego Savas', der zum Beispiel in den Songs *Essah Essah* (2016) oder *Und dann kam Essah* (2011) seine Autorität unter Beweis stellen kann.

lässt, sondern vielmehr der Umstand, dass die beiden das glaubhaft für sich veranschlagen können. Das können sie zu zweit deutlich stärker als allein, weil sie als starke Bürgen für einander auftreten können und ihre sich doch durchaus unterscheidenden Gemeinschaften zusammenlegen können. Zentraler Mythos ist hier also auch die Authentizität der beiden Künstler, wenn Kool Savas fragt: „Wo standet ihr denn, als dis hier die einzige Perspektive war?" Kool Savas beschreibt auch, wie sie eine Menge an Trophäen und Reichtümern angesammelt haben, um es der Mehrheitsgesellschaft zu beweisen, nur um dann doch unverstanden zu sein.

Das führt uns dann direkt zum zentralen Spannungsverhältnis aus *Schlechtes Vorbild*. So war es wohl gerade die Akzeptanz durch die Mehrheitsgesellschaft, die Sido in *Mein Block* und *Schlechtes Vorbild* noch eingeklagt hatte, die hier zu einer Aufweichung der HipHop-Gemeinschaft führt. Hierbei geht es darum, dass die Mehrheitsgesellschaft zwar versucht hat, die HipHop-Gemeinschaft zu assimilieren, aber sie nicht in deren authentischen Form akzeptieren will. Eine Lösung wird nicht angeboten, Sido beschreibt das Dilemma mit: „Erstma' zerren sie uns ins Rampenlicht / Doch wenn wir dann Rappersachen machen, sind sie angepisst". Und der Song endet. Es scheint ein Spannungsverhältnis zu sein, dass die HipHop-Gemeinschaft aushalten muss, ein ewiger Spagat zwischen Subversion und Teilhabe an der Mehrheitsgesellschaft, mit schmerzhaften Abstrichen zu beiden Seiten. Noch vehementer wird dieses Spannungsverhältnis durch die Veröffentlichungsgeschichte des Songs *Masafaka*. Der feierte seine Premiere in der ProSieben Show *Circus Halli Galli*, also genau einem der Mainstreammedien, die in diesem Song so verpönt werden.

In anderen Fällen zum Beispiel in den Songs *2010* (2010) und *Löwenzahn* (2015) arbeitet Sido mit einem zum jeweiligen Zeitpunkt vergleichsweise unbekannten Künstler zusammen: bei *2010* mit Haftbefehl und bei *Löwenzahn* mit Olexesh. Die beiden Nachwuchskünstler können sich mit dem Song profilieren und Sido kann sich in der Rolle des Mentors und Vordenkers inszenieren und zeigen, dass er auch für eine junge Generation noch Relevanz hat, letztlich baut er so seinen in *Schlechtes Vorbild* begonnen Mythos in der Rolle des Aussteigers aus, hier klarer bezogen auf die gesamte Deutschrap-Gemeinschaft.

Im *2010*-Video ist das auf mehreren Ebenen präsent. Nachdem er in der Rap-Szene offiziell als vermisst gemeldet wird, zeigt er sich in einer klassischen Situation, die wir aus Polizei- oder Detektivfilmen kennen: Sido steht hier vor einer Wand mit Indizien, offensichtlich auf der Suche nach einer konkreten Person.[8] Sido inszeniert sich hier als jemand, der nicht mehr direkt zur HipHop-Gemeinschaft gehört, er schaut von außen drauf und sucht nach jemandem, der seine Funktion innerhalb der Gemeinschaft, die er verlassen hat, einnehmen kann. Die Suche fällt ihm nicht leicht, er zählt die Veröffentlichungen des gerade ver-

---

8 Vgl. www.youtube.com/watch?v=YkhM-GRHXDg (05.01.2024).

gehenden Jahres 2010 auf und lehnt die meisten der genannten Rap-Künstler*innen ab. Zwar nennt er einige positive Ausnahmen, darunter allerdings auch viele andere Veteranen des Deutschraps wie Kool Savas oder Olli Banjo und nur wenige Newcomer. Er zieht also innerhalb der HipHop-Gemeinschaft klare Grenzen, wer zu einer von ihm beglaubigten ‚echten' HipHop-Gemeinschaft gehören darf.[9] Bei *2010* handelt es sich um einen sogenannten Diss-Track, der reale Auseinandersetzungen unter Rap-Künstler*innen musikalisch öffentlich macht (vgl. Wolbring 2015, S. 33). Diese Genrekonventionen werden aufgegriffen und auf das erwünschte Narrativ hin angepasst: Üblicherweise sind Diss-Tracks an einen oder wenige Gegner*innen gerichtet, Sido hingegen, nimmt sich quasi die gesamte Szene vor. Das soll zeigen, dass er diese Anti-Haltung einnehmen kann, weil er nicht mehr Teil der Szene ist und dass sein Urteil diesbezüglich besonders zählen muss aufgrund seiner Errungenschaften für die Gemeinschaft.

Haftbefehl inszeniert sich dann um einiges jünger als der fünf Jahre ältere Sido: sein Flow ist schneller und seine Stimme härter. Im Video sehen wir ihn in einer Gefängniszelle stehend. Während Sido also der suchende Detektiv war, ist er nun der gesuchte Verbrecher, in der Argumentation des Songs also der würdige Nachfolger. Haftbefehl darf also demnach seine – noch eher kleine – Gemeinschaft mit der großen Gemeinschaft Sidos verbinden und vice versa. Mit einer Einschränkung jedoch: Am Ende des Songs greift Haftbefehl die Sido-Zeile aus demselben Song „[B]evor ich Farid Bang höre, hör' ich Money Boy" auf und sagt: „Ich misch mich nicht ein, bei dir und deinem Fard Beef/Doch fick Money Boy, Kanacks hören lieber Farid". Dieser – im Vergleich zum Rest des Songs zwar sehr respektvoll gehaltene – Widerspruch Haftbefehls zeigt, dass Sido (immerhin gebürtig Paul Hartmut) ein Zugang zur migrantischen Gemeinschaft verwehrt bleiben wird. Selbst die Respektbekundung Haftbefehls wiegt nicht die fehlende Lebenserfahrung Sidos in diesem Bereich auf. Das ist eine interessante Grenzziehung innerhalb der HipHop-Gemeinschaft, für die der türkischstämmige Haftbefehl trotz bisher noch überschaubarem Standing innerhalb der Szene eine Autorität hat, die Sido nicht erreichen kann.

Wo *2010* eine ernüchterte und elitäre Grenzziehung innerhalb der HipHop-Gemeinschaft vornimmt, bietet der Song *Löwenzahn* das spiegelbildlich versöhnliche Gegenstück. Hier handelt es sich um die exemplarische Aufwertung eines jungen Künstlers ohne Verbitterung und Abwertung gegenüber dem Rest der Szene. Wieder protegiert Sido einen jungen Künstler, Olexesh, der sogar darauf verweist, mit *Mein Block* großgeworden zu sein. Olexesh geht also einen Schritt weiter als

---

9 Eine implizite Grenzziehung liegt aber unter all diesen feineren Grenzziehungen innerhalb der HipHop-Gemeinschaft: Grundsätzlich ausgegrenzt werden all jene, die nicht als Teil der HipHop-Gemeinschaft gesehen werden können, weil sie die Anspielungen auf aktuelle Künstler*innen und Auseinandersetzungen unter diesen gar nicht erst verstehen, also in der Authentizitätserzählung nicht zur Gemeinschaft gehören können.

Haftbefehl, weil er sich explizit als Fan Sidos präsentiert. Sido rekapituliert ähnlich wie in *Schlechtes Vorbild* seinen Werdegang vom prekär aufgewachsenen Jungen hin zum reichen Rap-Star anhand der Metapher des Löwenzahns, der durch den Asphalt der Straße bricht. Ähnliches schwebt wohl auch Olexesh vor und soll den Rezipient*innen als Hoffnung für ihr eigenes Leben angeboten werden. Die Ausweglosigkeit von *Mein Block* ist nun endgültig verschwunden, stattdessen gibt es die neoliberale Aufforderung Sidos: „Wenn du 'ne gelbe Blume siehst, die den Zement durchbricht / Dann denk an mich, änder dich". Hier gelingt Sido der Spagat so gut wie sonst selten, sich gleichzeitig als Repräsentant einer Gegenkultur wie auch der Mehrheitsgesellschaft zu inszenieren. Als Bürgen dafür gelten ihm auf der einen Seite sein Song *Mein Block* und die Legitimation Olexeshs (der auch wieder stimmlich und vom Flow her jünger inszeniert wird) und auf der anderen Seite sein finanzieller Erfolg und der Umstand, dass er eigentlich gar nicht mehr wirklich zu der Deutschrap-Gemeinschaft gehören will, sondern sich bereits in einer Todesmetapher verabschiedet: „Wir kämpfen, bis wir irgendwann mal Pusteblumen sind / Und wir warten auf den Wind". Das passt zu seiner externen Rolle in *2010*, nur dass er sich hier eher wehmütig verabschiedet als erzürnt auf die Gemeinschaft zu blicken. Durch Tod und Auferstehung symbolisiert Sido seinen eigenen Übergang vom Prototyp zum Aussteiger seiner HipHop-Gemeinschaft. Denen, die zu Sidos Gemeinschaft gehören, soll aber Hoffnung gemacht werden, es kann ihnen ähnlich ergehen wie Olexesh. So helfen ihm die drei verschiedenen Feature Acts, um sein Standing in der eigenen Gemeinschaft und der übergeordneten HipHop-Gemeinschaft zu zementieren, und um diese in Abgrenzung zu einer Mehrheitsgesellschaft und in Bezug auf die Wandlungen seiner eigenen Figur glaubhaft weiter vertreten können.

6. Sidos Gemeinschaften in der Fortführung durch andere

6.1 Die ultimative Gemeinschaft aus Fans und Stars: *2002* mit Apache 207

Olexesh betonte ja bereits seine Rolle als Sido-Fan, anders als noch Haftbefehl. Aber auch er spricht nicht an, was eigentlich offenkundig ist: die gigantische persönliche Bedeutung, die es für ihn als Fan haben muss, einen gemeinsamen Song mit Sido aufzunehmen und damit das Versprechen eingelöst zu bekommen, das die performte Gemeinschaft aus Fans und Star in der Rezeption der Songs macht. Das baut eine implizite Distanz zwischen ihm und den anderen Fans auf, für die diese Bedeutung im eigenen Fall völlig klar wäre. Indirekt sagt er damit, durch den gemeinsamen Song ist er dem Status des Fans entkommen. Dagegen geht Apache 207 in seinem gemeinsamen Song mit Sido, *2002* (2019), explizit darauf ein, indem er den Song als klaren Meilenstein innerhalb seines Lebens markiert: „Ab heute hab' ich einen Song mit Sido Baba".

2002 unterscheidet sich auch auf der Ebene der Hierarchieverteilung von den beiden anderen Songs: Obwohl Apache 207 der Feature Act auf Sidos Song ist, welcher auf Sidos Album veröffentlicht wird, beginnt der Song mit Apaches Part und auch übernimmt Apache 207 den Refrain, für einen Feature Act beides eher ungewöhnlich. Haftbefehl wurde damals von Sido noch umständlich vorgestellt, Apache 207 wird von Sido mit seinem Spitznamen *Siggi* angesprochen, er setzt also Wissen über ihn voraus und lässt sich umgekehrt auch von ihm mit seinem Spitznamen anreden. Sido übernimmt auch den eher entspannteren Rap-Duktus Apaches und verwendet erstmals das von Apache oft genutzte Autotune, um zu zeigen, dass er sich auch Trends anpassen kann. Teilweise rappen die beiden auch im Duett, etwas, das es bei den anderen Feature Acts noch nicht gab.[10]

Das macht es umso eindrücklicher, wenn Apache auf seine Rolle als Sido-Fan und die persönliche Bedeutung von *2002* verweist. Auch dabei betont er, dass die Kräfteverhältnisse hier unklar sind: „Und das ist kein Feature, ich mach' keine Features / Erfüll' nur den Traum, den ich als Kind hatte". Damit realisiert sich hier erstmals die Gemeinschaft aus Star und Fan unmittelbar, weil Apache sich noch immer als Fan wahrnimmt und Sido ihm gleichzeitig auf Augenhöhe begegnet. So beginnt der Song auch damit, dass Sido Apache anruft, nicht umgekehrt und mit ihm Zeit verbringen will, nicht einmal nur zum Musikmachen, sondern viel eher von Freund zu Freund: „Handy klingelt, Siggi ruft an / Ich bin high, Bruder, lass mal 'n bisschen rumfahr'n". Während der Spaß in der Gemeinschaft in *Schlechtes Vorbild* noch subversiven Charakter hat, ist er hier reinem Hedonismus gewichen. Durch den finanziellen Erfolg ihrer Musik haben die beiden Stars Teilhabe an der Mehrheitsgesellschaft erlangt, die sie nun voll und ganz auskosten. Damit passt sich Sido dem Narrativ Apaches an, der in anderen Songs ähnlich unbeschwert und ausgelassen auftritt.[11] Apache übernimmt an anderer Stelle ein klassisches Sido-Narrativ, indem er hier erstmalig über seine prekäre Herkunft spricht bzw. sich im Hinblick auf eine prekäre Herkunft inszeniert: „Nie mehr Leid, nie mehr Streit, bin bald die Eins". Hier treffen also zwei starke HipHop-Narrative und deren Gemeinschaften auf einander, die sich aufeinander beziehen müssen. In seinem Part nutzt Sido eine ähnliche Selbstinszenierung wie zuvor, er evoziert erneut seine prekäre Herkunft, und wie er sich und seiner Liebe zum HipHop immer treu geblieben ist. Sido bezeichnet sich selbst als „Vater von diesem Rap-Ding" und

10 Dazu passt, dass zum Zeitpunkt der Veröffentlichung Apache 207 bereits deutlich erfolgreicher war als Haftbefehl und Olexesh es bei ihren Songs waren. In den Wochen vor der Veröffentlichung von *2002* hatte Apache 207 mit *Roller* und *200kmh* zwei Hitsingles direkt hinter einander. Das ließ sich bei der Produktion des Songs zwar erst stückweise erahnen, was dem Effekt der Veröffentlichung aber keinen Abbruch tut.

11 Etwa in den oben erwähnten Songs *200kmh* und *Roller*.

drückt dem jüngeren Künstler Apache, seinen Respekt aus: „Ich sah viele kommen und geh'n / Und heute fahr' ich rum mit Apache". Die Rolle des Vaters ist eine Übersteigerung der Aussteiger-Rolle, die Sido bereits in vorhergegangenen Songs für sich beansprucht hat.

Die Gemeinschaft zwischen Star und Fan ist hier also unmittelbar. Apache steht dabei repräsentativ nicht nur für seine eigenen, sondern auch für Sidos Fans, die nun zusammengehören und ganz konkret eine Gemeinschaft mit ihren Idolen führen. Damit löst der Song das Versprechen ein, das ältere Sido-Tracks implizit gegeben haben, in denen er sich als Bezugsfigur und Vorsprecher einer (HipHop-)Gemeinschaft inszeniert hat.

6.2 Alternativvorschlag zu Sidos Gemeinschaft: *Schlechtes Vorbild* von Shirin David

Auf grundsätzlich andere Art und Weise macht sich jetzt Shirin David in *Schlechtes Vorbild* (2021) die Gemeinschaften Sidos zunutze. Sie greift auf diese zurück, um sich von ihnen abzugrenzen. Dabei muss sie seinen Namen nicht einmal erwähnen, es reicht aus, dass sie seinen Titel übernimmt und damit auch den Grundgedanken, die Bezeichnung *Schlechtes Vorbild*, den Ausdruck der Verachtung durch die Mehrheitsgesellschaft, ironisch aufzugreifen und positiv für ihre Gemeinschaft umzudeuten. Sie unterfüttert dieses Konzept jedoch inhaltlich anders: Sie übernimmt Sidos Ablehnung einer restriktiven Mehrheitsgesellschaft, begründet diese aber mit deren Misogynie anstatt wie Sido mit unter anderem dem Materialismus und der Doppelmoral derer. Im Hinblick auf das Frauenbild lehnt sie aber auch Sidos Gegengemeinschaft ab und wirft eine weitere Alternative in den Ring: Sie inszeniert sich selbst (Shirin David) als ein vermeintlich schlechtes Vorbild für eine junge Frau (das sprechende Ich), welche Dank ihr zu einer Möglichkeit der weiblichen Selbstbestimmung gelangt: „Kein Wunder, dass ich in mei'm jungen Alter zu dir aufschau' / Denn was ich sonst lern', ist nur das Verhalten einer Hausfrau". Bei Sido basierte die sich um das ‚schlechte Vorbild' versammelte Gemeinschaft noch auf einer Reihe exzessiver und hedonistischer Praktiken, Shirin David ersetzt das nun durch feministische Solidarität. David gendert die Gemeinschaft dezidiert weiblich und stellt sie einer männlich dominierten Mehrheitsgesellschaft, hier die „Kleinstadt voll Monotonie", genauso wie einer männlich dominierten Deutschrap-Gemeinschaft („Deutscher Rap ist mir meist viel zu aggressiv") gegenüber. Letzteres umfasst natürlich auch Sido, der in seinem Song *Schlechtes Vorbild* noch von „echten Männern" sprach, von dem sich das hier sprechende weibliche Ich nur ausgeschlossen fühlen kann. Sido dient ihr hier als Prototyp einer überkommenen und abzulehnenden Gemeinschaft. David hat dann kein Problem mehr mit einem Spannungsverhältnis, sie ist rein subversiv, eine Teilhabe an der imaginierten Mehrheitsgesellschaft oder der Gemeinschaft Sidos strebt sie überhaupt nicht an.

Das im Song sprechende Ich ist nicht die Kunstfigur Shirin David, sondern eine imaginierte Fan-Persona, die jene Kunstfigur anspricht: „Ich bin vierzehn, hör' seit einem Jahr deine Musik". Die neue Gemeinschaft wird zunächst durch eine Leerstelle repräsentiert. Das sprechende Ich beschreibt sich als allein und unverstanden. Im gesamten Text taucht keine einzige positive Bezugsperson auf, die sie in ihrem direkten Umfeld hat. Die Männer unterdrücken allesamt Frauen, die Frauen (repräsentiert durch die Mutter) sind nicht stark genug, sich zu behaupten. Das sprechende Ich richtet sich in einer Instagram-Nachricht an Shirin David und drückt ihre Bewunderung und den Wunsch nach einer Gemeinschaft mit dem Star aus: „[S]chreibst du mir zurück, würde mein allergrößter Wunsch wahr". Ihre Sehnsucht scheint sie nur in der Verbindung zu ihrem Idol Shirin David stillen zu können. Sie fühlt sich von ihr verstanden und hat im Gegenzug auch das Gefühl, sie verstehen zu können, anders als ihr konkretes Umfeld, welches ihr inkonsistent und heuchlerisch vorkommt. An deren Stelle setzt sie ein feministisch-solidarische Gemeinschaft aus dem Ich und dem verehrten Star, dem sich weitere Fans anschließen können. Die Gemeinschaft soll sich wieder über konkrete Erfahrungen (wie in *Mein Block* und *2002* das prekäre Aufwachsen) bilden. Entscheidend ist hier jetzt das Aufwachsen ohne Vater und das Erdulden sexistischer Praktiken aufgrund des eigenen Habitus.

David gibt dieser Gemeinschaft eine simulierte eigene Stimme. In der Sprechsituation dreht David die bekannte Praktik Sidos um. Sie lässt nicht ihre Kunstfigur sich mit den Fans vergleichen, sondern spricht aus der Position eines imaginierten Fans die eigene Kunstfigur an. Dazu passt Davids Stimmlage beim Rappen des Textes, dessen Duktus evoziert, sie lese hier einen fremden, ihr bisher unbekannten Text vor. Das ist die Perspektive, die Apache 207 in 2002 noch anhand seiner eigenen Kunstfigur in Bezug auf die Figur Sido verkörpert, hier wird sie durch eine fiktive Figur inszeniert. Dadurch dass der Text aber natürlich nicht von einer Anhängerin geschrieben und performt wird, sondern von David selbst in der Rolle einer Anhängerin, ist es nicht als Aufforderung an die Künstlerin zu verstehen, sondern vielmehr als Einladung an Rezipient*innen, die Texte als Anstoß zur Gemeinschaftsbildung zu lesen. Vor allem interessant wird der Song somit eigentlich nicht in der Performance von Shirin David selbst, sondern in der Re-Performance der Rezipient*innen, die den Song etwa bei Konzerten, auf Partys oder zuhause mitsingen und so – angeleitet durch David – diese ansprechen und deren Narrative bestätigen. Um die Performance perfekt zu machen, müsste dieser dann in einer anderen, engagierteren Stimmlage vorgetragen werden. Auch David verspricht also eine Gemeinschaft zwischen ihr und den Fans. Darin ähnelt sie Apache 207s Zugang in 2002, dass Fans und Star möglichst nah zusammengehören. Anders als Sido und Apache gibt sie ihren Fans aber die Möglichkeit, allein durch die Rezeption des Songs diese Gemeinschaft bereits heraufzubeschwören. All das ohne, dass David die Kontrolle über das Narrativ und somit über die Gemeinschaft verliert, eine Sorge, die Sido in *Masafaka* ja eingehend beschrieb, weil der Song ja weiterhin von ihr geschrieben und produziert ist.

7. Fazit

In vielen Songs des Deutschraps soll eine Gemeinschaft performativ hervorgebracht werden, die zunächst als Mythos beschworen und dann in der aktiven Rezeption zwischen Rezipient*innen und Künstler*innen konstituiert wird. Ein Paradebeispiel dafür ist Sido, dessen Karriere in den letzten zwanzig Jahren die Deutschrap-Szene entscheidend mitgeprägt hat, vor allem in Bezug auf die Gangstarap-Szene, die sich unter anderem durch ein Verhandeln des Spannungsverhältnisses von Subversion und Teilhabe an einer imaginierten Mehrheitsgesellschaft auszeichnet, etwas, das sich exemplarisch gut an Sidos Karriere und den Grenzziehungen in seinen jeweiligen Songs zeigen lässt. Er kann dabei in drei verschiedene Rollen schlüpfen, die des Prototyps, des Aussteigers und des Auserwählten der Gemeinschaft, sowohl der eigenen als auch einer übergeordneten HipHop-Gemeinschaft als deren Repräsentant er (oft auch durch die Legitimation anderer Künstler*innen) gelten kann. Anders als viele seiner Kollegen wählt er selten die Rolle des Auserwählten, sondern zu Beginn eher die des Prototyps, die sich dann zu der des Aussteigers wandelt. Dabei kann er die Wandlungen seiner Figur im Hinblick auf dieses Spannungsverhältnis fruchtbar machen. Sidos Bedeutung für die Gemeinschaft baut auch auf die Unterstützung anderer Künstler*innen und erlaubt gleichzeitig anderen Künstler*innen seine Figur aufzugreifen und für ihre eigenen Gemeinschaften zu nutzen. Das kann wie im Fall von Apache 207 über Aneignung oder im Fall von Shirin David über Ablehnung passieren.

Literatur

Diskografie

David, Shirin (2021): Schlechtes Vorbild. D: Juicy Money Records. https://genius.com/Shirin-david-schlechtes-vorbild-lyrics (21.01.2023)

Sido (2004): Mein Block. D: Aggro Berlin. https://genius.com/Sido-mein-block-lyrics (21.01.2023)

Sido (2006): Schlechtes Vorbild. D: Universal Urban/Aggro Berlin. https://genius.com/Sido-schlechtes-vorbild-lyrics (21.01.2023)

Sido feat. Haftbefehl (2010): 2010. D: Sony. https://genius.com/Sido-2010-lyrics (21.01.2023)

Sido feat. Olexesh (2015): Löwenzahn. D: Goldzweig Berlin. https://Genius.com/Sido-lowenzahn-lyrics (21.01.2023)

Sido feat. Kool Savas (2016): Masafaka. D: Goldzweig Berlin. https://genius.com/Sido-masafaka-lyrics (21.01.2023)

Sido feat. Apache 207 (2019): 2002. D: Goldzweig Berlin. https://genius.com/Sido-and-apache-207-2002-lyrics (21.01.2023)

Bibliografie

Anderson, Benedict (1983/1996): Die Erfindung der Nation – Zur Karriere eines folgenreichen Konzepts. Frankfurt am Main: Campus.

Baier, Angelika (2012): ‚Ich muss meinen Namen in den Himmel schreiben' – Narration und Selbstkonstitution im deutschsprachigen Rap. Tübingen: Francke

Bortot, David/Wehn, Jan (2019): ‚Könnt ihr uns hören?' – Eine oral History des deutschen Rap. Berlin: Ullstein.

Bourdieu, Pierre (1982/1990): Was heißt sprechen? – Die Ökonomie des sprachlichen Tausches. Wien: Braumüller.

Güler Saied, Ayla (2012): Rap in Deutschland. Bielefeld: transcript.

Kleiner, Marc S./Uschmann, Oliver (2012): Rückenprobleme – Die Narrative der Straße und ihre Krise im deutschsprachigen Gangsta-Rap. In: Rappe, Michael/Wilke, Thomas (Hrsg.): Hip Hop im 21. Jahrhundert – Medialität, Tradierung, Gesellschaftskritik und Bildungsaspekte einer (Jugend-)Kultur. Wiesbaden: Springer VS, S. 25–57.

Loh, Hannes/Verlan, Sascha (2000/2015): 35 Jahre HipHop in Deutschland. Höfen: hannibal.

Wolbring, Fabian (2015): Die Poetik des deutschsprachigen Rap. Göttingen: V&R unipress.

II. Inszenierung

„Kunst soll verdauen dürfen" – Über *Mein Block* und die Anfänge von Aggro Berlin als popkulturelle Zäsur

Ein Gespräch mit Specter Berlin

Raja Möller und Fabian Wolbring

Specter Berlin ist einer der Gründer des Labels Aggro Berlin und war maßgeblich für dessen Design, Image und Inszenierung verantwortlich. Im Gespräch schildert er die Bedeutung von *Mein Block* für die Popularisierung des Labels und den deutschsprachigen Rap in der Folge.

Fabian Wolbring: Wir sind zu Gast bei Specter Berlin, dem Mastermind hinter Aggro Berlin und einem ganz wichtigen Einflussfaktor für die deutschsprachige Populärkultur. Sein Tätigkeitsfeld reicht von Sido, Bushido über Kool Savas, Azad, Nena und Die Atzen, Joachim Witt, Marteria, Katja Krasavice, Kontra K bis hin zu Rammstein und vielen mehr. Also wo man guckt, wo Popkultur irgendwie ballert und präsent ist, steckt meist Specter Berlin als Strippenzieher oder ästhetischer Vordenker dahinter. Wir haben dich heute angefragt oder dich gebeten uns reinzulassen, um mit dir vor allen Dingen auch über Sidos *Mein Block* und die Anfänge Aggro Berlins zu sprechen und wir freuen uns riesig, dass du uns hier die Tür aufgemacht hast.

Specter Berlin: Gern geschehen. Herzlich willkommen.

Raja Möller: Die erste Frage, die natürlich sehr naheliegend ist: Welche Bedeutung hatte Sidos Maske für dich und wie kamst du da drauf? Was habt ihr euch gedacht? Was wolltet ihr damit inszenieren?

Specter Berlin: Die hat so viel gemacht für uns, die Maske, das ist gar nicht leicht zu beantworten. Vor allem könnte ich jetzt gar nicht sagen, was das Wichtigste ist. Die Idee mit der Maske kam ziemlich früh; das war so eine Kopfgeburt von Sido und mir zusammen. Sido hatte das Gefühl, er würde sich gerne vermummen. Da war aber noch nicht weit gedacht worden, also wir haben nicht fünf bis sechs Jahre in die Zukunft geschaut, sondern wir haben da im Moment gelebt und da hatte Sido einfach irgendwie Bock, bei seinem ersten Soloalbum eine Maske zu tragen. Das Album hieß dann auch deswegen *Maske*. Das dürfte verschiedene Gründe gehabt haben, auch persönliche für ihn. Und praktische Gründe gab es auch eine Menge: Es ist einfach geheimnisvoll und interessant. Des Weiteren hatte ich zu diesem Zeitpunkt bereits das Logo für *Alles ist die Sekte* gemacht, halb Mikrofon aus den Sechzigern, halb Totenkopf. Und irgendwann war dann halt die Idee da: Wir machen jetzt eine Maske, basierend auf diesem Logo.

Raja Möller: Wer war denn da euer Vorbild?

Specter Berlin: Ein richtiges Vorbild gab es nicht. Es gab nur MF Doom, ein New Yorker Underground Rapper, der Ende der Neunziger so eine Marvel-Superheldenmaske getragen hat. Nach meinem Kenntnisstand war Sido weltweit der erste Rapper mit seiner ganz eigenen Maske.

Raja Möller: Wir haben uns auch gefragt, ob das nicht so eine Art Comic-Element reinbringt, bei einem eigentlich dokumentarischen Anspruch, den Deutschrap ja ganz viel mit sich bringt. Und da haben wir uns auch gefragt, ob das von vornherein so gedacht war oder ob das eher mit dem Flow entstanden ist.

Specter Berlin: Das ist immer eine Mischung. Es muss auch zum Künstler passen. Man kann so eine Sache ja dem Künstler nicht aufstülpen. Es muss passen. Hätte Sido jetzt keinen Bock gehabt auf eine Maske, dann hätte das nicht funktioniert. Leute denken im Nachhinein immer, das folgt einem Plan. Doch wenn man früh genug darauf achtet, fügt sich vieles einfach. So passt das Freche und der Wortwitz von Sido dann einfach irgendwie zum grotesken Bild der Maske und ist ein geiler Counterpart. Das sind Sachen, die entstehen einfach, wenn man sensibel ist für den Künstler und dem nicht irgendwas anheftet, als wäre der verkleidet worden.

Fabian Wolbring: Trotzdem finde ich es auffällig, dass alle Artists bei Aggro Berlin auch einen visuellen Aspekt haben, der irgendwie ballert. Also das Bushido-B am Hals ist ja eigentlich so eine Art Entsprechung zur Maske oder B-Tights Inszenierung als Afrodeutscher. Ist das ein Gedanke von dir gewesen am Anfang: Wie kriege ich Bilder meiner Artists? Wie kriegt man die aufs Plakat?

Specter Berlin: Das ist ein ganz wichtiger Teil. Tatsächlich haben wir die Künstler so ein bisschen stilisiert, als so eine Art Mischung aus Superhelden und Boygroup.

Raja Möller: Das hören die bestimmt gern (*lacht*).

Specter Berlin: Die haben Humor. Und gerade Sido weiß auch um die Power einer Boyband. Und es war ja so. Du hattest einen Sido, Fler, B-Tight, Tony D, und die haben natürlich alle so einen Archetypen verkörpert und sich nie gedoppelt. Die

Charaktere sind sehr unterschiedlich; physiognomisch wie musikalisch. Fler ist dann der Deutsche mit blauen Augen und Bushido der Araber. Sido und B-Tight waren dabei so die Punker, die Anarchisten bei Aggro Berlin. Und später kam noch Kitty Kat als Superheldin.

Fabian Wolbring: Das ist also immer so eine Art Ensemble-Gedanke gewesen, dass ihr sagt, ihr wollt als Crew durchstarten?

Specter Berlin: Ja, das war uns ganz wichtig! Und deswegen sollte dieser Labelname auch als Crew-Name funktionieren. Nicht blablabla-Records. Aggro Berlin klang mehr nach einer Bewegung.

Raja Möller: War es bei der Maske auch ein Gedanke, offen zu lassen, ob der Artist einen Migrationshintergrund hat oder nicht?

Specter Berlin: Ehrlich gesagt gar nicht. Zu dem Zeitpunkt musste und konnte man noch gar nicht so denken. Es war alles egal. In unserer Berliner Untergrund-Bubble ging es erst mal nur darum, unser Berliner Umfeld zu beeindrucken. Restdeutschland war uns erst mal total egal. In Berlin hat das keinen interessiert, was du für eine Hautfarbe oder Nationalität hast. Gerade in dieser HipHop-Szene. Das war anders als heute, wo man so viel über Ethnien redet.

Fabian Wolbring: Was sind denn deiner Meinung nach die Gründe dafür, dass nun ausgerechnet Sido – vielleicht einmal abgesehen von Bushido – der einzige aus dieser Rapgeneration und vielleicht sogar der einzige Genrevertreter insgesamt ist, der den Schritt zum gesamtdeutschen Popstar geschafft hat und in einer Liga mit Peter Maffay oder Grönemeyer spielt? Hat das vielleicht auch etwas mit dieser Maskengeschichte zu tun?

Specter Berlin: Jein. Die Maske hat Sido sicher nicht geschadet, sondern eher geholfen. Aber wenn Sido heute noch so relevant ist, liegt es daran, dass er eine riesen Entwicklung gemacht hat. Er hat einige Grenzen überschritten und durchbrochen; vom *Arschficksong* bis zu seinen heutigen Radiohits. Das ist schon ein riesen Spagat. Er hat über die Jahre hinweg überzeugen können. Sido liebt die Kultur, er liebt Rap und liebt die Musik. Der konnte schon in den Anfängen von Aggro die ganzen Charts rauf und runter mitsingen und war total offen gegenüber Popmusik.

Raja Möller: Wir haben uns gefragt, ob das nicht gerade durch die Maske bei Sido besser geklappt hat als bei Bushido, weil von Anfang an suggeriert wurde, dass das Ganze nicht so ernst sei? Wie siehst du das?

Specter Berlin: Das stimmt ja nur halb. Es stimmt: Sido war lustiger als Bushido. Sido war immer ironischer. Die ganze Sekte hatte einen viel höheren Humoransatz. Bei Bushido sollte man jetzt nicht unbedingt lachen.

Fabian Wolbring: Es gibt aber doch auch eine Bushido/Fler-Vorgeschichte, die vielleicht auch wichtig war, um diesen Aspekt von Street Credibility und Härte auch in Sidos Image mit aufzurufen, oder?

Specter Berlin: Ich würde sagen, das war die Gruppendynamik von Aggro Berlin. Die Identitätsbildung passierte in der Gruppe. Genauso gut könnte man sagen, Fler und Bushido hätten nicht so eine Musik gemacht, hätten sie nicht mit Sido abgehangen. Das war so eine Wechselwirkung. Sido hat bestimmt Bushido genauso auf den Plan gebracht wie umgekehrt. Beim *Weihnachtssong* war Bushido zum Beispiel dabei. Das war sein erster MTV-Auftritt.

Fabian Wolbring: Das ist interessant. Wir vertreten in dem Band ja auch die These, dass mit *Mein Block* popkulturgeschichtlich in Deutschland was passiert und das hat etwas mit einer Mainstreamfähigkeit von Gangsta- bzw. Straßenrap zu tun und einer neuen Härte. So dass man sagt, das wäre vorher so im Rap nicht möglich gewesen. Da beginnt irgendwas. Wie würdest du diese These einordnen?

Specter Berlin: Ich würde sagen, das ist erstmal richtig. Das war der größte Game Changer in den Medien. *Mein Block* war da ganz geschickt in der Dosierung von diesen verschiedenen Ingredienzien. Das war gut ausbalanciert: nicht zu hart, man konnte auch ein bisschen lachen und der Text ist auch lustig genug, dass man ihn nicht zu ernst nehmen muss. Trotzdem ist es ein stilisiertes Ghetto-Leben und ein gut strukturierter Song mit den Stockwerken. Irgendwie gut zu konsumieren und gut nachzuvollziehen. Und dann haben wir alles auf eine Karte gesetzt. Wir haben früh gemerkt, dass der Song das alles für uns machen kann, das Feld genau absteckt und zeigt: Das hier ist Straßenrap und er ist trotzdem kommerziell und er ist cooler, als das was ihr macht. Es gab interne Diskussionen, denn der Song war gar nicht so neu. Er war schon auf *Aggro Ansage Nr. 3* drauf und dann noch auf einer Juice-CD, also pre-released. Und das war für unser Verständnis schon komisch, als erste Single einen Song zu nehmen, den es schon gibt. Doch ich habe mich mit Sido durchgesetzt, weil wir merkten, dass der Song noch gar nicht die Reichweite hatte, die er braucht. Den muss man einfach nochmal machen. Dann haben Beathoavenz den etwas zeitgemäßer geremixed, damit er nicht genau dasselbe ist. Das Original war ja von Headrush. Dann haben wir ein Video gedreht. Und das war für unsere damaligen Verhältnisse sehr teuer für uns. Da wurde ja noch auf 35 mm gedreht und nicht digital. Wir haben sehr gehofft, dass es klappt und es hat gut funktioniert.

Fabian Wolbring: Wir reden ja jetzt von einer Medienlandschaft, die sehr stark vom Musikfernsehen geprägt war. VIVA und MTV waren die entscheidenden Gatekeeper. Woher wusstet ihr, dass ihr da rein kommt und wie habt ihr das geschafft?

Specter Berlin: Das wusste man nie und wir haben immer geschwitzt bei der Abgabe. Und es wurden auch viele von unseren Singles bei MTV nicht in Rotation genommen. Das war damals brutal. Es gab ja kein YouTube als Alternative. Das kam dann mit der Zeit. Dann warst du schon gefickt, wenn MTV gesagt hat: Nein, danke! Für uns war vor allen Dingen der *Weihnachtssong* entscheidend. Der kam so ein halbes Jahr vorher raus und war unser trojanisches Pferd. So kamen wir überhaupt zu MTV rein. Wir hatten extra eine Zeile mit MTV in den Text eingebaut. Und dann hat uns auch Universal noch geholfen, die damals stark am Label interessiert waren, und dann ging es mit dem *Weihnachtssong* auf Super-Heavy-Rotation. Damals konnte man noch anrufen und voten und dann hieß es alle 15 Minuten *Weihnachtssong, Weihnachtssong, Weihnachtssong*. Den *Weihnachtssong* wollten alle hören.

Raja Möller: Wie lief denn die Planung von dem Musikvideo zu *Mein Block*? Hattet ihr von vornherein die Idee, so unmittelbar im Block zu drehen?

Specter Berlin: Das ist ja sehr naheliegend. Und es ist auch der Block im MV, in dem Sido aufgewachsen ist. Das war jetzt nicht die große kreative Leistung. Wir haben eigentlich ziemlich direkt den Text bebildert. Aber zu dem Zeitpunkt gab es solche Videos eben gar nicht. So ein bisschen die Machart, wie wir es von den Amis kennen, also was Dickes. Das sah fetter aus, war bunter und satter und weitwinkliger. Einfach irgendwie mächtiger. Ordentliche Kameras, ordentliche Linsen. Das hat man schon gesehen. Ein Musikvideo auf amerikanischem Niveau – diesen Standard wollten wir, das hat sonst keiner gemacht. Deshalb musste ich auch selber drehen. Wir haben gesucht, wer könnte das machen und haben keinen gefunden. Es gab coole Sachen für Fanta Vier und auch Katja Kuhl hatte ein cooles Video für Azad. Aber selbst die hatten nicht die Ästhetik, die wir gesucht haben. Wir wollten es amerikanischer, viel brutaler; einfach eine aggressivere Ästhetik. Andere Motive, andere Einblicke in die Welt. Und einfach auch nicht so deutsch.

Fabian Wolbring: Ihr habt euch ja entschieden, beim Video das Lied *Steig ein* als eine Art Intro vorzuschalten. Dadurch ist es ja fast so eine Art Reiseführer durch das MV und auch sehr konkret. War das Absicht?

Specter Berlin: Also zum einen fanden wir diese Medley-Nummer geil. Das haben ja auch schon einige Amis gemacht und auch wir haben es immer wieder gemacht.

Und dann arbeiten die beiden Songs an dieser Stelle tatsächlich narrativ zusammen, wie du sagst. Also erst einmal die Einladung und dann bist du tatsächlich am Block. Du wirst also quasi erstmal da reingefahren. Die Songs haben gut gepasst und dann hat das auch noch einen wirtschaftlichen Faktor. Wenn du schon ein Video drehst und viel Geld in die Hand nimmst, kannst du gleich zwei Songs promoten.

Raja Möller: Du hast ja gesagt, dass Sido für diese Straßenästhetik steht und auch betont, dass er schon eine Kontrastfolie zur Gangsta-Ästhetik von Fler und Bushido darstellt. Worin besteht denn genau der Unterschied und war der auch von Anfang an klar?

Specter Berlin: Das entsteht aus den Typen heraus und daraus, was sie verfolgt haben, was sie cool fanden an Rap-Musik. Der *Strassenjunge* ist auch ein Song von Sido, und es war früh das Bewusstsein ganz klar, dass wir nicht so tun wollten, als wären wir die Übergangster und verkaufen kiloweise Koks und schießen irgendwelche Leute nieder. Wir hatten einen ganz authentischen Ansatz in der Sekte, indem wir gesagt haben, wir sind einfach nur Jungs aus dem Wedding und das waren auch wirklich Straßenjungs. Die haben wirklich mit den geringsten Mitteln an der Existenzgrenze gelebt, als wir die kennengelernt haben. Die waren real as fuck. Bushido und Fler haben den Habitus aufgenommen. Die waren ja auch selber nicht die krassesten Gangster, aber die haben ihr Umfeld widergespiegelt: Tempelhof, mehr in der City und mehr Ausländeranteil in ihrer Umgebung. Es waren jetzt beide keine Mörder und Koksbarone, aber um sie herum war das das Leben. Carlo, Picaldi- und Cordon-Jacken und -Hosen, in den Puff gehen und koksen oder ab und zu mal ein bisschen gewaltbereit sein. Das war auch authentisch. Wir haben es natürlich ein bisschen übertrieben, aber das ist ja legitim und das macht Rap sowieso.

Fabian Wolbring: Ich würde gerne diesen Authentizitätsanspruch nochmal aufgreifen: Würdest du der These recht geben, dass man sagt, ein Teil von Sidos Erfolgsrezept ist, dass er eine Lesart ermöglicht, in der man ihn nicht so ernst nimmt? Eine Art, wie sie Leute wie Kollegah vielleicht noch stärker etabliert haben – dass es bei Sido eben für den wohlerzogenen Gymnasiasten oder so auch eine Möglichkeit gibt, zu sagen, dass das alles nur Quatsch und Spaß ist.

Specter Berlin: Der Kollegah-Vergleich ist zu krass. Bei dem ist es offensichtlich, der hat das ja dann auch so gesagt und das wurde dann Teil davon, wie er sich selbst den Leuten erklärt hat. Das kann man nicht vergleichen. Aber der Humor hilft den Leuten, besser zu schlafen. Dafür waren die Texte von Sido und der Sekte manchmal viel ekliger als die von Fler und Bushido. Der anarchische und der Punker-Ansatz war viel härter bei Sido. Einen *Arschficksong* hat Bushido nicht gemacht und der ist echt dirty und auch geil, aber ohne Humor wäre das auch ein bisschen komisch geworden. Aber die Typen waren so. Die waren auch lustig. Die haben ihr Leben und ihre Jugend aus dem Ghetto heraus einfach mit guter Laune verpackt. Das waren keine frustrierten depressiven Deutschrapper, sondern die haben ihren Block auch irgendwie gefeiert. Ich finde, das ist ein ganz wichtiger Aspekt von HipHop, das soll ja auch Spaß machen. Das ist sonst sehr deutsch: grunddeprimiert. Bushido hat deswegen auch sehr gut funktioniert, denn das war sehr deutsch. Dabei waren Sidos lustige Texte viel raffinierter.

Fabian Wolbring: Ich erinnere mich in dem Zusammenhang an eine Formulierung von Hannes Loh. Der meinte, ihr hättet den Block als place to be verklärt, insofern ihr mit dem Song diese ‚Abgefucktheit' umgedreht und in einen coolen Sehnsuchtsort verwandelt habt. Würdest du da mitgehen?

Specter Berlin: 100 Prozent. Bobby hatte sogar mal ein Mixtape, das hieß *Ghetto Romantik* und das ist wahrscheinlich der beste Begriff dafür. *Sonne und Beton* von Felix Lobrecht ist ein Film, der den Block nicht als Ort zeichnet, wo alles scheiße ist, sondern das ist ein Ort, wo Kinder auch Spaß haben, wenn sie aufwachsen. Die eignen sich einfach ihre Umgebung an und haben auch eine gute Zeit. Das hat die Sekte verkörpert. Die hat nicht das Ghetto verkauft als einen Ort, der schlimm, deprimierend und gefährlich ist. Das wäre ja auch komisch und nicht echt, denn das entspricht nicht der Wahrheit. Das machen die Amerikaner auch nicht. Das Ghetto ist cool.

Raja Möller: Welche Rolle hat speziell das Ghetto der Stadt Berlin gespielt? Du meintest ja, dass es das auch schon vorher beispielsweise in Rödelheim in Frankfurt gab. Wie hat sich das Berliner Ghetto davon unterschieden?

Specter Berlin: Ist nicht genau dasselbe. Es gab auch davor nicht nur so ‚soften' Deutschrap, sondern es gab auch vor uns ein paar Leute, die ein bisschen härter und ein bisschen prolliger und basisdemokratischer in ihrer Musik waren. Dazu gehörten die Frankfurter. Die haben halt auch Blocks und kleinere Ghettos. Das Bahnhofsviertel Frankfurt ist ja wohl wirklich hochgradig asozial. So ein Haftbefehl ist heutzutage immer noch wahrscheinlich der geilste Straßenrapper, den wir je hervorgebracht haben. Er ist der absolute King in dem Bereich und ohne Frankfurt gäbe es das nicht. So ein Olexesh, der zum Beispiel auch gar nicht auf Gangster macht, hat einen riesen Straßenanteil. Man merkt, wie echt das ist und dass die Jungs schon wissen, wovon die reden.

Fabian Wolbring: Ich würde trotzdem nochmal anknüpfen wollen: Grundsätzlich ist ja HipHop ein globales Phänomen, genau wie Straßenrap, und hatte amerikanische Vorbilder beispielsweise in New York. Würdest du trotzdem sagen, dass es an diesem Berliner Ding eine Spezifik gibt, bei der du sagst, das ist nicht einfach dieselbe ‚urban-industrial-Ghetto-Abgefucktheit', die es überall gibt?

Specter Berlin: Vergleiche zwischen Berlin und New York, L.A. und Paris und London zu ziehen, ist müßig, aber die haben alle etwas gemeinsam. Und Berlin ist wenigstens eine Stadt, die da rankommt. Da gibt es Ähnlichkeiten, was an der Größe der Stadt liegt, an der Menge von Leuten, die in der Unterschicht sind, an der Vielzahl unterschiedlicher Kulturen, die aufeinander treffen und der Ballung dieser Menschen. Diese Ballung gibt es nirgendwo in Deutschland so viel, wie es sie hier gibt. Es gibt sie überall verteilt ein bisschen: In Hamburg gibt es das auch, es gibt es ein bisschen in Köln und dann gibt es ein bisschen mehr in Frankfurt und auch im Ruhrgebiet, aber am meisten bei uns, ganz klar. Dazu kommen andere Sachen, wie die Berliner Attitüde, die ist Hardcore. Diese abgekoppelte Insel Westdeutschland zur Zeit der Mauer hat dazu geführt, dass hier ein Paralleluniversum entstanden ist, was mit dem Rest von Deutschland nichts zu tun hatte. Dazu kommt der Berliner Konkurrenzkampf. Hier ist es am schwierigsten, hier ist es am heftigsten.

Fabian Wolbring: Wie kommt es dann, dass Berlin relativ spät beim HipHop am Start war?

Specter Berlin: Das liegt auch an dieser abgekoppelten Insel und dass die Leute hier echte Probleme haben. Das heißt, hier geht es und ging's schon früher ums Überleben. In München und in Düsseldorf und in Hamburg hatten die Abiturienten-Kinder den Luxus, HipHop zu machen. Die Berliner hatten nicht den Luxus, da so mitzumachen. Die Anfänge von HipHop in Deutschland passierten in gut situierten Städten. München war die erste Hall of Fame. Die erste große Welle kam aus München, Hamburg, Heidelberg und auch Stuttgart, wegen der Amis, die in der Nähe waren. In Stuttgart gab es dann viele Clubs und B-Boys und Breaker und so. Das waren keine Leute, denen es schlecht geht. Das ist ja nicht aus einem Klassenkampf heraus entstanden.

Raja Möller: Apropos Klassenkampf: Wie würdest du denn die politische Dimension von Aggro Berlin und dann speziell Sido einschätzen?

Specter Berlin: Rap, wie wir ihn gemacht haben, ist per se politisch, weil es einfach die Sprache oder die Stimme einer gewissen Bevölkerungsschicht repräsentiert hat, die bis dato nicht gehört wurde. Bei einem unserer ersten Interviews, ungefähr zur *Mein Block*-Zeit, kam zum Beispiel einer von der Süddeutschen zu uns ins Büro direkt am Pallas-Gebäude mitten im Viertel, also wirklich hart für jemanden, der Berlin nicht kennt. Und der Typ saß bei uns im ehemaligen Puff im Studio und einer der ersten Sätze war: „Wie meint ihr das? Es gibt in Deutschland kein Ghetto". Er hat uns also gleich die Antithese vor den Latz geknallt. Wir haben uns gefragt, hat der nicht gerade gesehen, wo der ist? Ich konnte das gar nicht fassen. Deutschland hat das wegignoriert. Es gab überhaupt kein Bewusstsein für Ghettos. Die superintellektuellen Redakteure meinten, was für Märchen erzählen die denn. Mit dem sind wir dann erstmal spazieren gegangen. Wir waren locker eine halbe Stunde unterwegs und haben dem gezeigt: Hier war einer tot im Teppich eingerollt und da war eine Schießerei.

Raja Möller: Hat er sich denn dann umstimmen lassen?

Specter Berlin: Das weiß ich nicht mehr. Aber ganz ehrlich, das hat ewig gedauert, bis die Presse das mal akzeptiert hat. Was jetzt ganz normal ist – heute redet die Öffentlichkeit über Problemviertel, Rütli-Schulen etc. – das kam alles nach Aggro. Ohne unsere Deutschrap-Welle hätte das nicht stattgefunden. Das hat dafür überhaupt erstmal ein Bewusstsein geschaffen.

Fabian Wolbring: War euch das wichtig? War das so eine Art Agenda?

Specter Berlin: Es ging auch ums Provozieren, aber das war schon zum Teil bewusst, gerade aufgrund solcher Situationen. Das hat uns natürlich getriggert, weil wir wollten natürlich nicht als irgendwelche Märchenerzähler dastehen. Es gab auch immer Typen, die uns nicht geglaubt haben. Es war auch so ein Tenor, als hätten wir diese Sprache erfunden, dabei hat auf jedem Schulhof ein Neunjähriger zum anderen „Fick deine Mutter" gesagt. Das haben wir doch nicht erfunden. Wir waren auch nicht die, die gerade die Jugend verpesten, wir waren diese Jugend. Wir sind mit diesen Wörtern aufgewachsen, lange bevor wir gerappt haben.

Fabian Wolbring: Welche Rolle spielt Provokation oder spielte Provokation? Habt ihr das so richtig bewusst eingesetzt oder hattet ihr eigentlich viel mehr so einen dokumentatorischen Realitätsabbildungsanspruch?

Specter Berlin: Das musste erstmal uns gefallen. Das passt zu diesem Ding, was ich vorhin meinte: In der Berliner-Rap-Bubble war das einfach der Style. Hätte man anderes Vokabular genommen oder sich irgendwie vornehm ausgedrückt, hätten die Leute gesagt: „Ih, was ist das denn?" Man hat es einfach so gemacht, dass der andere Junge hier das auch cool findet oder es den beeindruckt. Natürlich wurde das hier und da überzogen, aber eben sehr lustig. Das macht dann Spaß. Uns war natürlich schon bewusst, dass sich da jetzt Leute empören, aber das turnt dich ja eher noch an, dann macht es ja noch mehr Spaß. Das ist bei HipHop an sich eine Triebfeder. Wenn du nachts Züge bemalst und schreibst Penis hin, dann ist das lustigste daran, die Typen, die zwei Stunden nach dir zur Arbeit müssen und dann da stehen und dann fährt da ein Penis-Zug rein. Das ist alles immer Provokation. Das ist ja eine Jugendkultur, ein Abgrenzen von den Älteren und das geht eigentlich nur über Provokation.

Fabian Wolbring: Weil du es gerade sagst: Würdest du dir den Vorwurf gefallen lassen, dass ihr schon irgendwie auch Sachen popularisiert habt und dann vielleicht auch das ein oder andere wohl behütete Kind mit irgendwelchen sexuellen Inhalten oder auch mit merkwürdigen Männerbildern konfrontiert habt? Würdest du da eine gewisse Verantwortung annehmen oder sagen, wie du es im Prinzip schon sagtest, das ist schon da?

Specter Berlin: Ja, ich würde sagen, dass Kunst völlig frei von jeder Verantwortung ist und sein muss, sonst funktioniert sie nicht. Es gibt sowas wie Jugendschutz. Mit denen hatten wir auch eine Menge zu tun. Bei der BPJM hatten 99 Prozent unserer Platten ein Verfahren; auch wegen lächerlichen Sachen. Da wurde ganz grob gehobelt: Da gibt es einfach nur legale Musik und quasi illegale Musik und bei der bist du gleich halb im Knast. Das ist dann so Nazi-Mucke oder strafrechtlich relevante Musik, bei der man wirklich gegen Gesetze verstößt. Und dann gibt es die andere Liste, auf der wir immer gelandet sind. Die ist dann ab 18, was richtig kacke war in der Zeit, weil das dein Geschäft extrem limitiert hat. Du kannst dann einfach keine Platten bei Media Markt und Saturn verkaufen und das war damals einfach wichtig. Da gab es auch keine Zwischenstufen. Ich bin grundlegend absolut gegen Zensur. Kunst soll verdauen dürfen.

Ob oder dass Leute aus ‚besserem' Haus unsere Musik gehört haben, war für uns überhaupt kein Thema. Das passierte als wir breiter aufgestellt waren und mehr Leute die Musik gehört haben. Für die war das eher wie ein Gang in den Zoo oder ein Abenteuerurlaub.

Raja Möller: Sind Abnutzungseffekte aufgetreten? Dass beispielsweise die Beleidigungen ab einem gewissen Punkt normalisiert wurden und man dann eine krassere Alternative nutzen musste?

Specter Berlin: Ja, absolut, da konnte man sich dann reinsteigern.

Fabian Wolbring: Der *Arschficksong* ist schon ziemlich am Limit, oder?

Specter Berlin: Aber nur wegen des Themas, weil das Arschficken halt so präsent ist. Das macht es ein bisschen hart, ansonsten geht das aber. Davor zum Beispiel Taktloss und Savas mit ihrem Westberlin Maskulin, also das war die Krönung, Hardcore. Taktloss hat auf jeden Fall die härtesten Texte gemacht. Die waren kinskihaft, die waren surreal, so hart waren die. Und das fanden wir lustig. Die Texte haben zum Entertainment gedient und nicht, um Leute zu terrorisieren. Es kam ja auch aus dieser Rap-Bubble. Das konnten außenstehende Leute wahrscheinlich nicht richtig deuten. Es ist uns ganz oft passiert, dass sie die Texte viel zu ernst genommen oder falsch verstanden haben.

Fabian Wolbring: Ich würde gerne nochmal bezüglich deines Kunstbegriffs nachhaken. Auf der einen Seite hältst du Authentizität hoch, wovon eure Sachen ja auch profitiert haben, und auf der anderen Seite steht die Kunstfreiheit. Würdest du sagen, dass das zusammen geht?

Specter Berlin: Ja, natürlich. Das Authentische ist nur ein Anteil, einfach ein super geiles Ingrediens für Rap. Du kochst da eine Suppe und Übertreibungen und Sachen mal dazu dichten ist auch total legitim. Es geht nicht darum, dass das alles die trockene Wahrheit ist. Das wäre wahrscheinlich auch voll langweilig. Rap macht natürlich mehr: Das ist Entertainment und Kunst und persönliche Entfaltung und ‚Freakness'.

Fabian Wolbring: Eigentlich habe ich direkt noch 20 weitere Fragen (*lacht*). Bei Rap geht es ja viel um Rapper und auch um deren Images. Du jetzt bist ja wirklich auch ein Kunstschaffender, der sozusagen in der zweiten Reihe steht. Stört dich das? Würdest du das eher kollektiver sehen? Was ist denn eigentlich das Wichtigste? Sind es die Texte, sind es die Raps, sind es die Leute? Du stehst ja für eine visuelle Inszenierung dieser Kunst. Wie wichtig ist die? Sollte die mehr auf dich zurückverweisen? Wie siehst du das?

Specter Berlin: Wir waren eine Gruppe. Hinter der Kamera oder vor der Kamera – das war wie eine Einheit, wie eine Crew. Da hat man jetzt nicht das Gefühl, irgendwie zu kurz zu kommen oder so. Im Gegenteil – wie oft haben die Rapper meinen Namen genannt in ihren Songs und so? Die haben ja ‚represented' ohne Ende. Wenn die Aggro repräsentiert haben, haben die uns alle repräsentiert. Dieses Gefüge gab es gar nicht bei uns. Im Gegenteil – das war bei uns super.

Ich hatte gar keinen Bock vor der Kamera zu sein, sonst wäre ich ja Rapper geworden. Als wir den Echo mit Sido und Bushido abgeholt haben, das war das Schlimmste für mich (*lacht*). Ich hasse das wie die Pest vor dem Publikum und deswegen würde ich sagen, das ist gar kein Problem. Die Wertschätzung innerhalb unserer Bande war enorm. Den visuellen Anteil unserer Marke haben die alle total respektiert und unterstützt. Die müssen ja auch mitmachen. Also ein ganz banales Beispiel dazu: Das ist für einen Sido nicht unanstrengend so ein 12-Stunden-Video zu drehen. Die ganze Zeit rumsitzen und warten und frieren und dann morgens um drei Uhr nochmal voll performen und am Start sein und nochmal und nochmal dieselbe Strophe zum 100. Mal am dritten Tag. Fler ist da zum Beispiel ein richtiger Soldat. Der weiß sehr genau, wie wichtig Optik ist. Ich würde sagen, das ist der von Aggro, der es am meisten weiß und die professionellste Einstellung zu diesem Gesamtprodukt hat, das voll wichtig findet und auch liebt. Ich kann also gar nicht sagen, dass ich da zu kurz kam. Im Gegenteil: Dafür, dass wir uns, meine Partner Spaiche, Halil, und Ich, im Schatten bewegt haben – wir haben ja gar keine Interviews gegeben, haben uns nicht als Labelchefs profiliert –, haben wir trotzdem ganz viel Notorietät genossen. Es war ja auch kein Geheimnis, dass ich bei Aggro Berlin war, auch wenn wir nicht die ganze Zeit da rumgehüpft sind. Es gab zwar Vorbilder wie Puff Daddy und so, die das gemacht haben, aber das wäre auch so ein bisschen komisch gewesen. Was gibt das denn für ein Bild, wenn du einen eigenständigen Künstler wie Sido, Fler und Bushido hast und dann hüpfen immer im Bild noch die Label-Bosse rum? Das hat doch etwas Zuhältermäßiges und nimmt dem Künstler seine Eigenständigkeit.

Fabian Wolbring: Noch eine letzte Frage: Ihr habt Geld verdienen sexy gemacht. Das war ja in der Generation vorher noch verschrien. Interessanterweise auch zum Dome gehen, Bravo oder co habt ihr einfach gemacht. Fettes Brot und so haben das ja nicht gemacht.

Specter Berlin: Ja, die waren auch eher Bürgertum und hatten wahrscheinlich links-orientierte, intellektuelle Eltern. Die waren anders konditioniert – wir machen hier Kunst und keinen Ausverkauf, kein Sell-out, und bei uns war es genau andersrum. Wir wollten erfolgreich sein. Das war wie auf unser Recht bestehen, das müssen jetzt alle geil finden. Und dann hatten wir eine ganz gesunde Einstellung, dass das kein Widerspruch ist, Kohle zu machen. Das ist zum Beispiel bei 187, die auch am meisten in der Aggro-Tradition stehen, am geilsten. Die sind am unkommerziellsten und trotzdem super erfolgreich, machen voll viel Geld und machen trotzdem, was die wollen: Fickt-Euch-Raps. Das ist geil. So haben wir uns auch gefühlt. Also du machst, was du willst und was du gut findest und du willst das durchsetzen, dich nicht unterordnen, dich nicht anpassen müssen. Das hat Rap jetzt nicht mehr so. Jetzt regiert der Algorithmus und Rapper bedienen jetzt vielmehr die Plattformen.

Raja Möller: Jetzt finden wir mal den Absprung – vielen, vielen Dank! Das war ein tolles Gespräch und wir hätten sicherlich noch Stunden weiterreden können.

Specter Berlin: Total gerne. Jetzt könnt ihr das alles noch niederschreiben – viel Spaß (*lacht*).

Die ungeschnittene Aufnahme des Interviews mit Specter Berlin ist unter folgendem Link aufrufbar:
www.youtube.com/playlist?list=PLLmr_XhQwwKNRduaQcnXGQXTtRjKxHdy_

750 Gramm Geld, Sex, Gewalt und Drogen – Wie Sidos Maske in *Mein Block* real wurde

Sebastian Berlich

Ein oberstes Parkdeck mitten in einer Plattenbausiedlung. Zwei Personen schreiten in Zeitlupe über das Dach, blicken sich um, dann knackt die vordere Person mit einem Werkzeug das Schloss eines BMW mit Berliner Kennzeichen – in den ersten 13 Sekunden eröffnet das Video zu *Mein Block* eine ganze Welt der Kleinkriminalität, in der es eigentlich nicht weiter erstaunt, dass eine der Figuren eine Maske trägt. Schon eher irritiert, dass die Handlungen der Figuren Beiläufigkeit suggerieren – ein Effekt, den Masken eher selten auslösen. Zumal es sich hier nicht um eine in Darstellungen von Kriminalität zu erwartende Strumpfmaske, sondern einen silbrigen Totenschädel handelt, der unter einer Kapuze hervorschimmert. Und doch erscheint die Maske irgendwie beiläufig – ihr Träger geht hinter der anderen Person, die Maske selbst wird weder in der Inszenierung betont noch durch andere Figuren thematisiert. Obwohl niemand sonst eine Maske trägt, scheint diese spezifische Maske zur Normalität dieser Diegese zu gehören.

Das bleibt auch so, als die beiden Personen mit dem gestohlenen BMW durch Berlin fahren, diesen vor einem Plattenbau parken, in dessen Richtung laufen und sogar als nach einer Einblendung des Titels *Mein Block* Musik und Szenerie wechseln. Die noch immer maskierte Person wacht morgens allein auf einer Couch auf – in einer Situation ohne andere Personen, für die diese Inszenierung lohnen würde. Die Maske zeigt sich hier erstmals unverhüllt: Sie verdeckt den Kopf vom Oberkiefer bis zum Hinterkopf, hat Aussparungen an der Augenpartie und je vier längliche Einkerbungen an den Schläfen. Die natürliche Inszenierung lässt nur einen Schluss zu: Es handelt sich hierbei um das Gesicht dieser Person, selbst wenn unter der Maske vereinzelt ein weiteres Gesicht aufscheint.

Diese Inszenierung des frühen Sido müsste eigentlich mit dem weitgehend naturalistischen Anspruch, der proklamierten Alltagsdokumentation des restlichen Videos brechen. Und selbst wenn man innerhalb der Konventionen des Genres Musikvideo damit rechnet, dass Personen Rollen spielen und dabei Kostüme zum Einsatz kommen, erklärt das nicht Sidos maskierte Auftritte in Zeitungen oder der Call-In-Show *MTV Select*, in der Musiker*innen in der Regel ‚als sie selbst' erscheinen. Er ist hier nur einen Anruf von der außermedialen Welt entfernt und bricht doch mit deren Konventionen. Das sollte ein Problem sein.

Ist es aber nicht, denn die Inszenierung funktioniert offensichtlich. 20 Jahre später ist Sido nicht nur immer noch ein Star – auch die Maske ist in seiner

Inszenierung noch immer präsent. Selbst wenn sie nicht mehr dauerhaft als Gesicht fungiert, hat er sie nicht als Jugendsünde abgehakt oder zum Insiderwitz degradiert, sondern performt sie. Wie konnte es dazu kommen, dass sich dieses so offensichtlich störende Zeichen so nachhaltig etablieren konnte?

I

Formulieren wir das intuitive Problem semiotisch bzw. hermeneutisch: Was soll diese Maske dort, wie und was bedeutet sie? Stört sie nicht den naturalistischen Effekt des Videos, das zugleich so wenig direkt zu ihrer Erklärung beiträgt? Wo es immanent nicht weitergeht, hilft bisweilen der Griff zur Theorie. Die Verweisstruktur der (performten) Maske lässt sich dort basal auf eine einfache Formel bringen: Person (A) setzt Maske (B) auf und repräsentiert nun (X) (vgl. Assmann 2002, S. 168; Fischer-Lichte 2007, S. 108–109; Weihe 2004, S. 60). Der Buchstabe X ist bewusst abweichend gesetzt – im Gegensatz zu den beiden anderen Variablen ist diese dritte in der konkreten Maskierung nicht materiell anwesend. Die Repräsentation von X kann konventionell, indexikalisch (etwa über gemeinsamen Kontext) und/oder ikonisch (über Ähnlichkeit, etwa mit einem anderen Gesicht oder Gegenstand) erfolgen (vgl. Peirce 1983, S. 65–66), ist aber selten eindeutig. Das liegt auch an dem triadischen Geflecht selbst: Die Variablen lösen sich nicht einfach auf, sondern ergeben einen Zeichenkomplex, in dem die Maske mit ihrer eigenen Materialität immer auch auf sich selbst und den Umstand, dass gerade ein Gesicht verborgen wird, verweist – beides arbeitet an der Bedeutung mit.

In Sidos Fall bleibt das X vage, verweist formal vor allem auf einen Totenschädel, also ein Symbol mit langer Tradition und reichhaltiger Semantik; mittels der Einkerbungen an der Schläfe aber auch auf das vor allem für seinen Einsatz im Showgeschäft Mitte des 20. Jahrhunderts bekannte Shure-55SH-Mikrofon. Diesen Verweis stärkt das Material, das zudem ebenfalls Assoziationen wie Härte, Kühle oder Glanz zulässt. Schon dieses Konglomerat verhindert eine eindeutige Lesart; weder die semiotische noch die performative Dimension der Maskierung sind damit jedoch erschöpft. Neben der konkreten Inszenierung (mit ihren jeweiligen medialen und Genre-Konventionen) wirken auch das Publikum in (verzögerten) Feedbackschleifen und „andere, reale oder mögliche Masken" (Lévi-Strauss 1977, S. 132) bzw. Gesichter als ‚fehlende' Masken an der Bedeutungsproduktion mit.

Es gibt Fälle, in denen diese weiteren Faktoren das labile triadische Gefüge stabilisieren. Das geübte italienische Publikum des 17. Jahrhunderts kann den klar codierten, systematisch abgesteckten (Halb-)Masken der Commedia dell'Arte in den jeweils konventionalisierten Aufführungen etwa recht mühelos die jeweils verkörperten Rollen zuordnen. Die Masken wirken hier an der Immersion mit, sollen gerade nicht irritieren – im 20. Jahrhundert gilt dies eher für Schminkmasken (vgl. Augustin 2018, S. 113–114), auch starre Masken können jedoch innerhalb eines Genres oder einer Reihe (mehr oder weniger verbindlich) konventionalisiert werden und im Gegenzug als Logo dienen. Horror-Aficionados, die 2018 den elften *Halloween*-Film im Kino sehen, brauchen sicher keine Lektürehilfe um zu begreifen, welche Figur der Schauspieler mit der bleichen Maske verkörpert, welchen diegetischen Status sie hat und was sie bedeutet. Ähnliches gilt in unserer Lebenswelt für zweckgebundene Masken (FFP-2, Schlafmaske ...) im je passenden Kontext.

Gerade ob ihres Verweises auf die eigene ‚Uneigentlichkeit' evozieren starre Masken jedoch auch rasch Verfremdungseffekte. Im Brecht'schen Theater sollen genau diese Effekte erzielt werden – in anderen Sparten, die ihren fiktionalen Status weniger klar markieren wollen, kann das die bereits antizipierten Probleme bereiten. So finden sich in der Pop-Musik zu Beginn der 2000er Jahre nicht nur recht selten Masken (vgl. Berlich 2022, S. 8), was Konventionen weniger wahrscheinlich macht – die Maske mit ihrem Verweis auf die Inszenierung scheint sogar gegen die „entscheidende Spielregel" der Pop-Musik zu verstoßen: „Es ist konstitutiv für alle Pop-Musik, dass in keinem Moment klar sein darf, ob eine Rolle oder eine reale Person spricht" (Diederichsen 2014, S. XXIV). ‚Zwischen' Rolle und Person entsteht so die Persona, eine dritte Größe, ein ‚öffentliches' Gesicht (vgl. Moore 2012, S. 180–181). Die Persona entwickelt eine eigene „Medienbiographie" (Jost 2012, S. 111), die sich aus einzelnen Auftritten auf „medialen Bühnen" (Schulze 2013) speist – die wiederum eigenen Konventionen folgen können. Mal überwiegt dabei die Rolle (etwa in einem Film oder Musikvideo, also klar fiktionalen Werken), mal die Person (etwa in einem Interview), gemäß der Spielregel darf das Verhältnis aber nie ganz kippen.

Wo die Rolle überwiegt, ist die Maske zunächst nicht weiter erklärungsbedürftig[1]; schwierig wird es bei dauerhafter Nutzung, gerade zu Beginn von Karrieren. Hier setzt die Persona nicht eine Maske als Teil einer Rolle auf, die Persona entsteht erst durch das Aufsetzen der Maske. Ein weiterer Faktor ist der Rang bzw. die Auslegung des für Pop-Musik zentralen Werts der ‚Authentizität' (vgl. Diederichsen 2014, S. 133–141) im jeweiligen Genre. Zwar haben sich zu Beginn der 2000er nicht nur einige insulare, an der Schwelle zu Kunst oder Cartoon stehende maskierte Personae etabliert, sondern auch innerhalb von Stilen wie EDM oder Nu Metal erste Cluster und Muster gebildet – im HipHop sieht es zu dieser Zeit aber noch anders aus. Blättert man durch HipHop-Zeitschriften dieser Jahre, stößt man nur sehr sporadisch auf Masken. Die insulare Figur ist hier MF Doom, der in Konsequenz und Abstraktionsgrad der Maske, weniger jedoch mit Blick auf die konkrete biografische Wechselwirkung und das popkulturelle Zitat mit Sido

---

1 Zu denken ist etwa an Musikvideos wie David Bowies *Ashes To Ashes* und Lady Gagas *Bad Romance* oder Albumcover wie Steve Millers *The Joker* oder Ariana Grandes *Dangerous Woman*. Wechselwirkungen zwischen Rolle und Person gibt es hier freilich dennoch.

vergleichbar ist. Der Vergleich bleibt dann auch im Diskurs mehrheitlich aus (vgl. Berlich 2022, S 47–56, 64).

Tatsächlich gibt es auch im deutschsprachigen Gangster- und Straßenrap damals jedoch sehr vereinzelt Nutzungen von Sturmhauben – also Masken, die mit einem Kriminalitätsparadigma vereinbar sind, kein Fantasiegesicht entwerfen.[2] Ein mögliches Vorbild für eine solche mit Kriminalität verknüpfte, kurzzeitige Maskierung ist der Rapper Ghostface Killah, der in einigen ersten Videos (*Da Mystery Of Chessboxin'*, *Method Man*) und auf frühen Fotografien seiner Crew Wu-Tang Clan eine Strumpfmaske trägt. Sido beruft sich später auf dieses Beispiel – nicht nur in einer Logik der Überbietung,[3] sondern auch mit Verweis darauf, dass ihn dieses Beispiel früh begeistert, sich jedoch zunächst nicht mit seinem Underground-Status vertragen habe.[4]

Nicht nur sind also die meisten anderen Optionen, vor denen Sidos Maske im Genre gelesen werden muss, Gesichter – es scheint auch eine Konvention zu geben, an der sich die Maske reibt. Im Rap spielt Authentizität, oft kodifiziert als ‚Realness', eine besonders zentrale Rolle, ist stark identitär definiert (vgl. McLeod 1999, S. 139) und wird etwa in Lyrics konkreter ausgehandelt als in vielen anderen Genres. Es geht dabei noch immer um ein referenzielles Verhältnis, um authentische Verkörperung, die Übertreibung etwa explizit einschließt (vgl. Gruber 2017, S. 245–246), und über deren Gelingen „innerhalb von Aufführungen entschieden" (Klein / Friedrich 2003, S. 160) wird – deren zentraler Maßstab aber eben Entsprechungen in der Realität und die Aktualisierung des Ursprungsmythos von HipHop (vgl. Friedrich / Klein 2003, S. 62) sind. Kategorien wie ‚Underground', ‚Maskulinität', ‚Blackness' oder die Herkunft aus ‚prekären Milieus'[5] sind dabei oft entscheidend.

Masken sind davon nicht grundsätzlich ausgeschlossen, gerade, da Realness situativ ausgehandelt wird und so in ihrer Bedeutung potenziell verändert werden kann; weder die Semantik der Maske noch ihre potenzielle Störung eines im Genre zumindest naheliegenden realistischen Programms empfehlen sie aber für einen Einsatz im HipHop. Wie gezeigt bedeutet das aber nicht, dass die Maske

2 Zu nennen sind hier vor allem die Berliner Crew Dissput und Azad, der im Video zu seiner ersten Single *Napalm* maskiert auftrat – zumindest bis zum Ende. Die Demaskierung, zu der er damals gedrängt wurde, schätzt er retrospektiv als Fehler ein (vgl. Wehn / Bortot 2019, S. 203). International ist die britische Gruppe Hijack gut zehn Jahre früher als Beispiel zu nennen.

3 „Seit ich anfing zu rappen, fand ich diese Idee, von Ghostface Killah zum Beispiel, killer. Ich fand es traurig, dass er nach den ersten zwei Videos schon wieder ohne Maske auftrat" (Marquart 2004, S. 77).

4 „Doch damals war ich ein Underground-Rapper. Wie sollte sich das mit einer Maske vertragen? Das war absurd" (Feige 2009, S. 44). Auch Azads Demaskierung deutet auf eine Konvention hin, gemäß der die Maske ein Risiko darstellt.

5 Aggro-Berlin-Gründer Specter stellt diesen Konnex etwa in der Frühphase von Aggro Berlin her: „Dort [in ‚sozialen Brennpunkten'] kann man die besten Rapper finden. Sie sind authentisch" (Köhler 2003, S. 66).

keine Option ist, sondern sich um 2000 viel eher erste Vorstöße finden – einen von ihnen leistet zwar zeitlich äußerst begrenzt, aber umso populärer Eminem, der die Auftritte seiner *Anger-Management*-Tour 2000 mit Hockeymaske und Kettensäge eröffnet.[6] Das ist eine sehr deutliche Verkleidung, durch die Eminem aber weniger eine Rolle verkörpert als viel eher eine Affinität zum extrem hyperbolischen Genre Horrorcore ausdrückt, dessen Stilmittel er wiederum in autofiktionalen Songs wie *Kim* nutzt – eine Gemengelage, die dafür sorgt, das die immer wieder proklamierte ‚Rolle' Slim Shady und ‚Person' Marshall Mathers sich doch miteinander vermischen und so nicht mit der Spielregel brechen.

Zu überprüfen ist die Maske also unter Berücksichtigung aller Faktoren in der jeweiligen Inszenierung, gerade, wenn die Nutzung kaum oder gar nicht konventionalisiert ist. Die bisherigen Ausführungen lassen sich allerdings noch um drei Punkte ergänzen, die Potenziale der Maske in Realness-Inszenierungen aufzeigen. Erstens gleicht die Maske, die gestalte Außenseite und anonyme Innenseite sowohl verbindet als auch trennt, strukturell sehr deutlich der Persona, die zwischen Rolle und Person liegt – sie ist also keineswegs klar mit der Rolle verbunden, sondern bietet viel eher die Chance, eine Rolle zu markieren und zugleich auf die Person dahinter zu verweisen, also beide Größen ins Spiel zu bringen bzw. auf die ja auch in der Pop-Musik permanent stattfindende Inszenierung hinzuweisen und so – zweitens – eine Authentizität zweiter Ordnung zu inszenieren (vgl. Düllo 2011, S. 445). Gerade da die Inszenierung von Authentizität stets einen prekären Status hat und droht, zum Klischee zu gerinnen, entwickeln sich in der Pop-Musik ab den 1980ern derartige Strategien.

Drittens muss der Verweis der Inszenierung auf sich selbst zugleich nicht in einem emphatisch-modernen Sinn verfremden, sondern kann sich auch in die von Jochen Venus beschriebene Bildlogik „spektakulärer Selbstreferenz" (Venus 2013, S. 65) fügen. Die Maske ist dann durchaus referenziell, aber auf Prägnanz und maximalen Effekt ausgelegt – das knüpft an die hyperbolische Dynamik von Rap an, zumal das Spektakel ein ‚authentisches' Verhältnis zur Welt nicht ausschließen muss, es jedenfalls weniger sabotiert als die Verfremdung. Zumal über Authentizität ja ohnehin nicht abstrakt, sondern, auch unter Berücksichtigung des Verhältnisses zur Welt, in der Aufführung entschieden wird.

6 Beides verweist auf die *Friday-The-13th*-Reihe und knüpft damit an die Masken-Konvention im Slasher an. Diese Inszenierung zitiert später ein mehrfach genutztes Foto Sidos mit Kettensäge in der Juice (vgl. Leopolseder 2004, S. 46, S. 49 f., S. 52). Sido selbst beruft sich nicht auf Eminem als, wie noch auszuführen sein wird, recht klares Vorbild.

II

In welchen Kontexten wird nun Sidos Maske aufgeführt? Ihr erstes Erscheinen liegt vor *Mein Block*, aber nach Sidos ersten Veröffentlichungen – in den Inlays von Tapes des Duos Royal TS (*Back In Dissniss*, 2000) und der Crew Die Sekte (*Sintflows*, 1999) ist er noch ohne Maske zu sehen. Das ändert sich sukzessive mit dem Wechsel beider Gruppen zum 2001 gegründeten Label Aggro Berlin. Die nun in ‚Alles ist die Sekte' umbenannten, aus Sido und B-Tight bestehenden Royal TS veröffentlichen dort ebenfalls 2001 die Single *Das Mic & Ich*, auf deren Cover passend zur Namensänderung ein neues Logo platziert ist – das sich aus dem Akronym ‚A.i.d.S.' und einer Kombination aus Totenschädel und Mikrofon zusammensetzt. Das Zeichen ist damit etabliert, ebenso die Nutzung von Masken: Unter der Titelzeile tummeln sich mehrere, teils ineinander verschlungene Körper in schwarzroten Trainingsanzügen, die Gesichter von Durags verhüllt.

Dabei handelt es sich (vermutlich) um einen vervielfachten B-Tight (vgl. Wehn 2015), der auch im Booklet zur *Aggro-Ansage Nr. 2* (2003) ein Durag im Gesicht und im damals unveröffentlichten (vgl. Feige 2009, S. 73) Video zum Die-Sekte-Song *Hältst du es aus?* eine Art abgeschnittener Sturmhaube trägt.[7] In diesem Video sind auch die beiden anderen Sekte-Mitglieder Vokalmatador und Rhymin' Simon maskiert, Sido ist der einzige, der sein Gesicht lediglich mit einer Sonnenbrille verdeckt. Die Maske kursiert in diesen ersten Jahren des Labels also als Option, ebenso das Schädel-Mikrofon-Motiv, das sich auf dem Cover von *Alles ist die Sekte – Album Nr. 3* (2002) erneut materialisiert – Sido und B-Tight zeigen sich damals in repräsentativeren Formaten wie dem Pressefoto aber eher unmaskiert (vgl. Siepert 2002, S. 19).

Zur Maske wird das Motiv erst 2003: Ebenfalls im *Aggro-Ansage-Nr.-2*-Booklet, im Video zu *Aggro Teil 2*, in der *Juice* (Köhler 2003, S. 66) und auf dem Cover des Mixtapes *Gar nich so schlimm* ist Sido mit Totenkopfmaske zu sehen, auf Letzterem steht er zudem mit Spritzenhänden auf einer Blutspur. Überzogene Gewalt und Anklang an Horror-Ikonografie lassen Sido hier eher als Comicfigur erscheinen, die im Video zu *Weihnachtssong* (2003) auch in das Kostüm eines rüpelhaften Weihnachtsmanns schlüpfen kann – Johannes Gruber vergleicht die Maske in dieser Inszenierung mit einer „Clownsnase" (Gruber 2017, S. 265). Gerade zusammen mit der zu dieser Zeit inkonsequenten Nutzung[8] steht die Maske noch sehr stark für Uneigentlichkeit und Übertreibung, wobei die Verortung in Berlin

---

7 Zeitgleich experimentiert B-Tight mit Blackfacing, konzipiert dabei ebenfalls eine ‚duale', wenn auch stärker an Identität geknüpfte Persona und fügt sich durch die Nutzung kolonialer Praktiken zugleich in das Provokationsprogramm des Labels (vgl. Hagen-Jeske 2016, S. 229–244 und 252–262).

8 Auf Fotos in der *Juice* (Köhler 2003, S. 64), live auf dem *Splash!* oder in einem Bericht des Arte-Magazins *Tracks* ist Sido 2003 etwa ohne Maske zu sehen.

bereits eine referentielle Dimension eröffnet – zu denken ist an das Kaufhaus im Video zu *Weihnachtssong* und das von Kampfjets angegriffene Berlin im Video zu *Aggro Teil 2*.

Ähnlich, wie in Letzterem der Gefahrenraum ‚Berlin' stark übertrieben, im Sinn der Metapher aber doch ‚authentisch' dargestellt wird, fungiert auch die Maske laut Specter als „Verstärkung" (Feige 2009, S. 74). Was genau die Maske wie verstärkt, entfalten die Inszenierungen zu dieser Zeit noch sehr tentativ. Dass die Maske die Referenz nicht ganz kappt und reine Uneigentlichkeit, Provokation und Spektakel anzeigt, lässt sich mit Blick auf das ästhetische Programm Aggro Berlins zu dieser Zeit vermuten. Beschreiben lässt sich dieses Programm als (Versuch der) Professionalisierung und Popularisierung des (härteren, provokanten) Berliner Rap-Stils, in dessen Rahmen der zentrale Wert ‚real' nicht in seiner Position, aber Auslegung neu ausgehandelt wird. Wo in den 1990ern eine dogmatische Übersetzung des frühen US-Rap im Bewusstsein über die identitäre und sozio-kulturelle Differenz dominiert, wagt Aggro Berlin direktere Analogien, etwa zwischen prekären Milieus in den USA und Deutschland, aus denen heraus ähnlich authentischer Rap entstehen soll. Das stellt auch ganz direkt die vorherige Übereinkunft infrage, es gäbe in Deutschland keine ‚Ghettos'.[9]

Eine Notwendigkeit zur Maskierung lässt sich daraus nicht ableiten, wohl aber ein Bedarf an neuen ästhetischen Lösungen, die etwa mit den expliziten Texten korrespondieren. Die Maske ist eine solche neue Lösung. Und nach den ersten Versuchen wird sie, popularisiert durch das Video zum *Weihnachtssong*, von der gelegentlichen Option zu Sidos öffentlichem Gesicht. Ablesen lässt sich das auch daran, dass Sidos Soloalbum sie im folgenden Jahr nicht nur im Namen trägt, sondern die Maske in Werbeanzeigen und auf dem Cover an jene zentrale Stelle rutscht, die Aggro Berlin zumindest bei Solo-Releases eigentlich für das Gesicht des jeweiligen Rappers reserviert. Zugleich entsteht, was bei der vorherigen sporadischen, meist eher emblematischen Nutzung fehlt: eine Diegese.

III

Mein Block trägt diese Diegese bereits im Titel. Der Song liegt im vorderen Drittel des Albums *Maske*, das – wertet man die Songs hinsichtlich ihrer Funktion

9 Zu dieser Übereinkunft vgl. Wehn und Bortot (2019, S. 88). Den Anspruch auf Deutungshoheit über Realness formuliert Specter so: „Wenn ein Prolet von der Straße kommt, hat der in Sachen HipHop einfach mehr zu sagen als ein Typ, der da von oben draufguckt und sich da reindenkt. Der eine hat die Energie, der andere muss sie sich suchen. Es geht um Leute, die HipHop sind, ohne zu wissen, dass es so ist" (Feige 2009, S. 79). Bei der Aushandlung des Werts entsteht der – zwischenzeitlich durchaus berechtigte – Eindruck eines Paradigmenwechsels (vgl. Wehn/Bortot 2019, S. 282–290 und 304 f.), der sich langfristig eher als Erweiterung des Realness-Konzepts beschreiben lässt.

aus – etablierenden Charakter hat: der Protagonist (*Interview*, enzyklopädisch in *Aus'm Weg*) wird mitsamt seines besonderen Merkmals (*Maske*) vorgestellt, ein Anspruch formuliert (*Aus'm Weg*), ein Publikum adressiert (*Steig ein!*, erste Strophe *Mein Block*) und ein Raum entfaltet (*Steig ein!*, *Mein Block*), in dem sich dann die Geschichten im weiteren Verlauf des Albums ereignen können. *Steig ein!* hat dabei programmatischen Charakter – der Song verortet sein Publikum nicht in der Diegese, sondern führt es dort hin. Passend zur suggerierten Fahrbewegung gleicht der Song gemeinsam mit dem folgenden *Mein Block* einem Zoom: vom großen Berlin ins Märkische Viertel, in Sidos Plattenbau.

Das Musikvideo greift die Struktur des Albums auf und unterlegt die bereits geschilderte Fahrt im gestohlenen BMW mit der dritten Strophe aus *Steig Ein!*, die gemeinsam mit dem Stopp vor dem Plattenbau endet. Im folgenden *Mein Block* positioniert Sido in der ersten Strophe den titelgebenden Ort in Abgrenzung zum bürgerlichen Einfamilienhaus und unterstreicht die identifikatorische Geste des Titels. In den beiden folgenden Strophen stellt er das Gebäude detailliert vor, mit Fokus auf die Bewohner*innen der 16 Stockwerke und ihre von Verbrechen, Warenaustausch, Sex und Gewalt gezeichneten Verflechtungen. Sido verortet sich selbst in dieser Struktur (sechster Stock), erfüllt als Erzähler und Figur jedoch zwangsläufig eine Doppelrolle: Er ist Teil der Erzählung, steht jedoch auch ‚über den Dingen'. Die Maske markiert diese exponierte Position, während Habitus und Kleidung sowie die eingangs skizzierte ausbleibende Reaktion der Nachbar*innen auf die Maske Sidos Zugehörigkeit zu ihnen nahelegen.

Als Conférencier führt er zugleich ein Mittelschichtspublikum durch den Block und steht so auch zwischen sozialen Schichten – noch deutlicher weist die Maske jedoch auf Sidos medialisierten Status hin, der sich gewissermaßen gesteigert noch im Star-Diskurs des Songs findet. Die Zeile „In meinem Block weiß es jeder: Wir sind Stars" führt ein zweiter Einschub im Video aus: Zwischen zweiten Refrain und dritte Strophe ist der Refrain des Album-Closer *Sido aus'm Block* montiert, der Sidos Starwerdung antizipiert.[10] Er sitzt auch in diesem Segment zwischen anderen Bewohnern, stellt die Bedeutung der Herkunft[11] über die des Erreichten, erkennt damit jedoch eine bereits bestehende Differenz und mögliche Gefahr an, die sich wiederum in der Maske spiegelt: das Scheitern der Realness als ‚Fakeness'.

Diese droht mit dem aufkommenden Erfolg, allerdings nicht nur als Entfremdung, die von der ‚Straße' wegführen kann (vgl. McLeod 1999, S. 142–143),

10 Und das nicht nur textlich: Die (freie) Interpretation von Jennifer Lopez' *Jenny from the Block* (2002) platziert Sido auf der Position des internationalen Stars und signifiziert ob der Musik zugleich selbst ‚Popularität'.

11 Die Herkunft aus dem Block inszeniert auch das Cover der Single, auf dem ein Kind mit Sidos Maske (und Sido-Namebelt) vor dem Plattenbau steht; der Schlüsselbund in seinen Händen verweist in dieser Inszenierung auf den Zugang, den Sido als Erzähler, der den Block von klein auf kennt, zu allen Wohnungen hat.

sondern hier auch schon bei der Behauptung eines ‚Ghettos' in Deutschland, in einem populären Kontext. Ein soziopolitisches Problem (Gibt es ‚Ghettos' in Deutschland?) verschärft sich dabei als medial-semiotisches: Wie lassen sich ‚Ghettos' oder zumindest ‚soziale Brennpunkte' glaubwürdig inszenieren? Das Video stellt Anspruch auf solche Überprüfbarkeit, macht sich mit der Skulptur vor dem Plattenbau oder der Darstellung von Straßen, etwa der Ecke Finsterwalder Straße/Calauer Straße, identifizierbar. Das in dokumentarisch-anmutenden Bildern eingefangene Berlin ist teils übertrieben, bricht gerade in der Darstellung von Sexualität mit dem dokumentarischen Stil – dennoch bezieht es sich direkter auf das reale Berlin als die Stadt im Video zu *Aggro Teil 2*.

Offensichtlich stört die Maske diese Inszenierung nicht, sie erscheint als natürlicher Teil des porträtierten Zusammenhangs, was diesen wiederum als künstlich ausweist – Referenz auf Realität muss das nicht sabotieren. Im Gegenteil: In diesem Bekenntnis zur eigenen Inszeniertheit liegt die Chance, den Authentizitäts-Anspruch der Dokumentarästhetik um eine eher künstlerische ‚Authentizität zweiter Ordnung' zu ergänzen. Die Maske verweist auf die Person dahinter, die sich der Unmöglichkeit eines unvermittelten Ausdrucks bewusst ist und doch für die Realness des Gezeigten bürgt. Dass sie gemeinsam mit der Darstellung des Plattenbaus spektakulär selbstreferenziell verfährt, birgt absurdes Potenzial;[12] die konsequente Inszenierung der Maske ist jedoch Voraussetzung dafür, dass sie Teil eines Spektakels und zugleich ‚authentischen' Ausdrucks sein kann, der seine Authentizität durch das Bekenntnis zur Medialität noch verstärkt.

Das führt auch zu einem reziproken Verhältnis von Maske und Block: Bringt die Maske ein wenig Uneigentlichkeit[13] in die diskursiv vorbelastete Darstellung des Blocks und moderiert das Übersetzungsprojekt[14], lässt der Block mit seiner entsättigten Tristesse und der Beglaubigung durch die Bewohner*innen die zuvor clowneske Maske hier – gemeinsam mit Sidos weniger clownesker Performance – authentischer erscheinen. Die Maske mag eine Rolle nahelegen, die Inszenierung gleicht mit ‚Authentizität' aus.

Eine solche Doppelcodierung zeichnet auch die Rolle der Maske bei der Inszenierung von Coolness aus. Dieser in sich bereits vieldeutige (vgl. Wolbring 2015, S. 435–438), Rap-typische Wert scheint zunächst sowohl in seiner Wortbedeutung

---

12 Gruber macht eine ähnliche Dualität an der Couch-Szene fest (vgl. Gruber 2017, S. 271).

13 „[E]s ist eine zweite Identität, du kannst dir ganz andere Sachen erlauben. Die Leute nehmen dir nicht so übel, was der Kerl mit der Maske gesagt hat" (Marquart 2004, S. 77).

14 Auch paratextuell verhandelt Sido diese Übersetzung und geht dabei auf Unterschiede in den Details bei gleichzeitiger Ähnlichkeit der Orte ein: „Ich rede viel über die soziale Struktur, aus der ich komme, dem Märkischen Viertel. Viele Leute sagen immer noch, es gibt kein Ghetto in Deutschland. Mann, hundert Prozent komme ich aus dem Ghetto. Es ist kein Ghetto wie in Amerika, peng-peng, hier wird einer abgeknallt, da wird einer abgeknallt. […] Eher wird einer abgestochen" (Marquart 2004, S. 78). Eine ähnliche, wenn auch stärker spielerische Äquivalenz zwischen den USA und Deutschland wird über den Begriff ‚Block' in *Sido aus'm Block* geleistet.

als auch der Auslegung als „Affektbeherrschung" (Zill 2010, S. 47) in der Form dieser Maske angelegt. Ihr fehlt jegliche Regung, sie lässt sich als Identifikation mit dem Tod als ultimativer Gefahr begreifen – und funktioniert also ähnlich wie der betont ruchlose Bericht über Tod und Ausbeutung innerhalb des Blocks (vgl. Baier 2012, S. 275). Nun sind Affekte in *Mein Block* nicht vollkommen abwesend, Baier klassifiziert Sidos Beschreibung gar als lustvoll – gerade diese mangelnde Empathie und Unangemessenheit lässt sich jedoch als Coolness-Variante beschreiben (vgl. Wolbring 2015, S. 445–446) und passt zu Sidos Überblick-Position.

Der Genuss der Situation kann dabei erneut infrage stellen, ob Sido Teil des Blocks ist oder sich über ihn erhebt (vgl. Baier 2012, S. 282). Zur gängigen Auffassung von Coolness gehören aber auch Emotionen oder Affekte, die es gerade zu verdecken gilt (vgl. Zill 2010, S. 47) – Sido zeigt solche auf anderen Songs des Albums (etwa *3 Leben* oder der Refrain von *Ghettoloch*). Die Maske steht zwar nicht für Empathie – sie verweist jedoch eben auf ein ‚Dahinter', das verdeckt und so kontrolliert werden muss. Die Maske inszeniert beides: Sie ist spektakuläres Zeichen einer „Panzerung" (Lethen 1994, S. 70) in feindlicher Umgebung, steht für den Überblick und übersteigt jede mimisch mögliche Inszenierung von Coolness, verweist jedoch auch ganz diskret und implizit auf ein Ich, das sich hier gerade schützt.

Ähnlich paradox ist die Anonymität, die die Maske signifiziert. Zunächst ermöglicht die Maske keine tatsächliche Anonymität, wie sie teils zumindest den Diskurs über das Leben in der Großstadt auszeichnet und sich hier textlich in einigen Figuren, etwa dem Toten im 16. Stock, spiegelt. Sidos ‚Anonymität' wird zwar in Interviews als tatsächlicher Schutz seiner Person geframt,[15] gilt zugleich jedoch höchstens für das Gesicht, an dessen Stelle eine überbekannte, gerade als ehemaliges Logo auf Wiedererkennbarkeit ausgelegte Maske steht (vgl. Ebersbach 2006, S. 22). Diese Paradoxie ermöglicht eine Dynamik, die dem Verweis der Maske auf ein ‚Dahinter' folgt und die Demaskierung des Gesichts anstrebt.[16]

Diese Werte folgen sowohl aus der Semantik der Maske als auch aus der Performance, woraus sich eine Spiralbewegung ergibt: Die Maske birgt ein vages semantisches Angebot, das in der Performance verkörpert und bestätigt werden muss, zugleich jedoch weiter angereichert wird – diese Anreicherung muss zur bisherigen Semantik passen und bestätigt werden. Gelingt dies, steht sie bei weiteren Performances zur Verfügung, muss dort dann aber wiederum glaubhaft verkörpert und durch ein Publikum bestätigt werden usw.

---

15 „Ja genau, ich trage oft eine Maske und versuch so unentdeckt wie möglich zu bleiben. [...] Ich war heute zum Beispiel bei MTV Select, und ich weiss ja nicht wie viele Leute so eine Sendung sehen, aber ich kann trotzdem ganz normal ohne Maske durch die Straße laufen und keiner erkennt mich" (Mzee.com 2004).

16 Sido antizipiert diese Dynamik durch ein wiederholtes Sample der Frage „Wer ist es" im Song *Interview*.

Semantik stabilisiert sich also durch die „stilisierte Wiederholung von Akten“ (Butler 2002, S. 302) – angereichert wird sie zudem diskursiv, im Gegensatz zu *Mein Block*, wo die Inszenierung von Realness gerade auf den mangelnden Diskurs um die Maske baut. Andere Songs des Albums greifen die Maske hingegen auch in den Lyrics auf, bringen sie mit Kriminalität (*Taxi*[17]), Reichtum (*Fuffies im Club*[18]) und Attraktivität (*Ghettoloch*[19]) in Verbindung. Mehrfach verweist zudem die Formel „Ich setz die Maske auf“[20] auf die Differenz von Maske und Gesicht und kontrastiert so das visuell konsequent inszenierte Tragen der Maske. So heißt es etwa im programmatischen Refrain des Titeltracks: „Ich setz die Maske auf und schock die Welt / Ich geb'n Fick ob's euch gefällt / Geld, Sex, Gewalt und Drogen / Ich bin geboren für das Leben ganz oben“.

Nicht nur wird die Maske an einen Effekt gekoppelt und, in Anlehnung an den Star-Diskurs, mit sozialem Aufstieg assoziiert, sondern auch ganz direkt mit vier Werten in Verbindung gebracht. Diese sind auch in einer zweiseitigen Werbeanzeige zum Album neben einer Fotografie der Maske abgedruckt, ebenso auf Seite drei des Booklets zu *Maske* – also hinter der auf dem Cover abgebildeten Maske.[21] Sie ist diesen Werten also auf- bzw. vorgesetzt, die damit an Sidos Stelle stehen – das evoziert Äquivalenz. Und nicht nur mit Sido: Die mal mehr (Gewalt), mal weniger (Sex[22]) in der Form angelegten Werte lassen sich auch auf den Block beziehen; sie prägen die innerhalb der Lyrics geschilderten Beziehungen, spiegeln also als Liste jenes Paradigma, das die 16 Stockwerke des Plattenbaus ergeben.

Neben der Authentisierung der Maske ergibt sich so auch eine – zunächst nicht ersichtliche – Ähnlichkeit zwischen Maske und Block, die sich in der Nähe

17 Olli Banjo rappt hier: „Ich scheiß mich nicht ein, wenn du 'ne Knarre hast! Zieh die Maske ab!“ Unklar bleibt, ob damit die Totenkopfmaske oder eine für einen Überfall üblichere, womöglich sogar über die Totenkopfmaske gezogene zweite Maske gemeint ist.

18 „Ich trag im Club meine Maske keine Krone“.

19 „Die Männer fragen: Wo krieg Ich so ne Maske her? / Und die Frauen sagen: Mein Freund ist nicht so krass wie der“.

20 Etwa: „Ich setz die Maske auf, euch bleibt die Luft weg wie Asthma“ (*Ghettoloch*) oder „Ich setz' die Maske auf und alles ist perfekt / Ich hab Eine für die Küche und fünfzehn fürs Bett“ (im zur Zeit von *Maske* veröffentlichten Remix von Ushers *Yeah!*).

21 Das Booklet illustriert diese vier Werte zudem auf den folgenden Seiten und platziert die Maske auf oder neben symbolischen Repräsentation von Geld, Sex, Gewalt und Drogen.

22 Mag man Masken mit Fetisch und ob der Härte (des Materials) vage mit Männlichkeit assoziieren, bietet Sidos Maske keine phallische Interpretation an. Vielleicht inszenieren die das Album umgebenden Bilder die Maske gerade daher vehement als Substitut für den Phallus im Schoß nackter Frauen; im Booklet des Albums, auf Pressefotos (vgl. Marquart 2004, S. 77) und im Werbespot zu Sidos Teilnahme am Bundesvision Song Contest sogar audiovisuell expliziert. Hinzu kommt eine Sexualisierung der Maske in Interviews: „Mädchen bitten mich, zum Ficken die Maske mitzunehmen“ (Leopolseder 2004, S. 50); „Ich kriege Anrufe von Bräuten, die wollen, dass ich vorbeikomme und sie mit der Maske bumse“ (Marquart 2004, S. 77); „Die Mädchen, sie flehen mich an, auch beim Sex die Maske aufzusetzen“ (Tittel 2004, S. 15). Abweichend: „Sogar Jeanette steht mittlerweile auf mich. Aber nur ohne Maske“ (Bravo 2004j, S. 15). Als überdurchschnittlich begehrenswert weist Sido auch das Video zu *Mein Block* aus.

der beiden Songs auf dem Album ebenso wie der konsequenten Maskierung und damit räumlichen Nähe zum Block innerhalb des Videos wiederholt. Durch metonymische wie metaphorische Annäherung werden beide Teil eines ikonischen Zusammenhangs, der den frühen (und den der frühe) Sido repräsentiert.

IV

Dieser ikonische Zusammenhang muss in seiner Legitimität bestätigt werden – es braucht ein Publikum, eine Szene, die die repräsentierten Werte (etwa Authentizität und Coolness; vgl. Knaller 2006, S. 32 und Klein / Friedrich 2003, S. 43) beimisst, sonst bleiben sie in den Feedbackschleifen des Pop, den Spiralen der Semantisierung bloße Behauptung. Diese im Pop zeitversetzt und über verschiedene mediale Kanäle erfolgenden Schleifen sind kaum vollständig auszuwerten, zumal Rezeption oft privat, nicht zwingend artikuliert abläuft. Publizierte Reaktionen haben jedoch zudem besonderen Anteil an der Medienbiografie sowie der Semantik der Maske, die hier nicht ‚bloß' bestätigt, sondern in exemplarischen Lektüren (deren Spezifik etwa als Rezension, Frage in einem Interview oder Schrei auf einem Konzert selbst bedeutend ist) präsentiert, fortgeschrieben, akzentuiert oder auch verworfen wird.

Folgt man der – ja auch produktionsseitig artikulierten – Hypothese, dass die Maske ein Problem für den Wert Realness darstellen kann, erstaunt, dass sich Rap-Medien in ihrer Wertung kaum direkt auf die Maske beziehen. Sie interessiert eher hermeneutisch: In Interviews wird Sido regelmäßig nach ihrer Bedeutung bzw. ihrem Zweck gefragt.[23] Rezensionen zu *Maske* in den damals maßgeblichen HipHop-Magazinen *Backspin* und *Juice* ziehen das ästhetische Projekt hingegen nicht von Grund auf in Zweifel. So bewertet Sebastian Winkler das Album für *Backspin* zunächst musikalisch positiv, kritisiert dann Sido als Rapper und weist seine Persona bzw. deren Inszenierung als Grund für den Erfolg des Albums aus: „Ich denke, dass dieses Album ohne das ganz auf die Person Sido setzende Konzept nur wenig Aufmerksamkeit erhalten würde, da *Maske* zwar gute Song-Ideen beinhaltet – aufgrund mittelmäßiger Raps und Beats jedoch ist die Platte trotz Top-10-Platzierung nur durchschnittlich" (Winkler 2004, S. 103). Realness wird hier nicht abgesprochen, aber zumindest nahegelegt, dass der Erfolg nicht durch zentrale HipHop-Qualitäten, sondern Sidos Image zu erklären ist – zu dem auch die Maske gehört. Der Erfolg steht nicht in Relation zur Qualität der Musik; ausgehandelt werden auch die Qualitäten der Persona, die nicht in Rap-Skills, sondern ihrem Image liegen. Realness wird so zumindest latent angezweifelt.

---

23 Häufig gibt Sido Anonymität an, aber auch den Reiz des Geheimnisvollen, ästhetischen Genuss, Signifikanz für das Image, Analogien zu Superhelden sowie eine größere Freiheit durch Uneigentlichkeit (vgl. Leopolseder 2004; Marquart 2004; Mzee.com 2004).

Direkter wird die Maske in der *Juice* adressiert: „Ich weiß jetzt, warum Sido immer diese Maske trägt. Wir sollen sein verschmitztes Grinsen nicht sehen, der Schalk in seinen Augen, der den durchaus ernst gemeinten Ghetto-Kram zumindest teilweise relativiert. Auch wenn mir diese Einschätzung sicher eine Prügelandrohung einbringt. Aber bitte nicht hauen! Schließlich finde ich ‚Maske' als erklärter Aggro-Skeptiker ausgesprochen gelungen, witzig, musikalisch ansprechend und – Aggro Ansage No. 1 – poppig" (cb 2004, S. 94). Das Album wird in Bezug zu anderen Veröffentlichungen des Labels gesetzt und die Maske mit Uneigentlichkeit und Witz konnotiert, was den Eindruck von Realness nicht verhindert – in Rap-Maßstäben ist das Album „ausgesprochen gelungen"[24], der „Ghetto-Kram" „ernst gemeint[]". Hinzu kommt eine Verknüpfung mit Pop, konzipiert oft als Gegenteil von Stilen wie Rock oder Rap. In dieser Rezension wird das Attribut „poppig" als riskant markiert, verhindert jedoch nicht die positive Einschätzung als Rap. Wie in *Backspin* rückt zudem die Persona ins Zentrum, auch sie wird jedoch positiv bewertet. Die Maske erscheint nicht als Ablenkung vom ‚Wesentlichen', sondern steht für Spiel und Raffinesse.

In der gleichen Ausgabe wird die Maske allerdings zugleich sehr direkt mit ‚Lüge' verknüpft und als Zeichen der Schwäche ausgewiesen, nämlich in einem Leserbrief von Marcus Staiger. Der damalige Betreiber des Labels Royal Bunker, bei dem Sido vor Aggro Berlin unter Vertrag stand, reagiert darin auf Sidos Aussagen in der vorherigen Ausgabe der *Juice*. Am Ende steht eine Demaskierung: „Nimm die Maske ab, damit jeder sehen kann, was für ein Lappen du bist, und dann kümmer dich um dein Kind. Du Opfer" (Staiger 2004, S. 124).[25] Die Konnotation ist klar: Spiel keine Rolle, steh dazu, wer du bist. Die negative Wertung der Maske besteht also nicht nur hypothetisch, sondern steht in der Szene zur Verfügung – dass Sido dennoch nachhaltig in HipHop-Kontexten stattfindet deutet darauf hin, dass diese Wertung nicht überwiegt, zumal er in ersten Rezensionen zu *Maske* HipHop zugeschlagen wird; ein Urteil, das erst revidiert werden müsste.[26]

Nicht jede Wertung ist nun so klar artikuliert,[27] trifft oft zudem undifferenziert den ästhetischen Komplex, dessen Teil die Maske ist – oder war. Welche

---

24 Im weiteren Verlauf ist zudem, anders als in *Backspin*, explizit von „dicken Skills" (cb 2004, S. 95) die Rede.

25 Sido wird diese Kopplung von ‚Maske absetzen' und ‚Bekenntnis zum Kind' zwei Jahre später selbst in den Bildern zur Single *Ein Teil von mir* (2007) nutzen.

26 Diese (angenommene) allgemeine Zustimmung bilanziert Philipp Gässlein in seiner Rezension für das Online-Musikmagazin *laut.de*: „Egal, die Gangsta-Rap-Mode hat ihren neuen Messias gefunden, aus dessen Mund selbst Zeilen wie ‚Auch wenn ich jetzt das Land rock, ich bin immer noch sido aus'm Block' credibel klingen" (Gässlein 2004). Auffallend ist, dass Kredibilität hier gerade gegen lyrische Qualität attestiert wird.

27 So fordert Moderator Patrice Sido bei dessen erstem Auftritt in der Sendung *MTV Select* auf, „doch mal den Helm" abzunehmen. Situativ wird die Maske hier abgelehnt, irritiert offensichtlich im Pop-Kontext, wird auch despektierlich bezeichnet – ob es jedoch um eine ästhetische

Reichweite etwa Sidos Auftritt als Teil des Duos Deine Lieblingsrapper auf dem Splash! 2005 hat, im Rahmen dessen das Publikum ‚Scheiß Sido' skandiert und den Rapper mit Gegenständen bewirft, ist unklar. Ein HipHop-Publikum lehnt Sido dezidiert ab, die Maske trägt er dabei nicht mehr – denkbar wäre, das gerade die fehlende Maske und die stattdessen performte ‚Pimp'-Verkleidung abgelehnt wird, ebenso, dass sich die Kritik gegen Sidos Erfolg richtet oder einfach gegen das Image, an dem die Maske maßgeblich mitgewirkt hat.[28] Um das zu entscheiden, ist das Urteil ‚Scheiß Sido' nicht detailliert genug.

Das (situative) Scheitern der Inszenierung in dieser Szene muss jedoch nicht bedeuten, dass eine authentische Inszenierung nirgends gelingen kann. Die Ablehnung im HipHop-Kontext deutet vielmehr potenziell auf eine gelingende Inszenierung in anderen Kontexten; und so steht etwa Sidos Auftritt bei The Dome 2004 in Kontrast zum Splash!-Auftritt im folgenden Jahr. Sido performt hier *Mein Block*, das Publikum wippt flächendeckend mit den Armen, kreischt, bestätigt – hier glückt die Inszenierung, die Maske und der ikonische Zusammenhang sind kein Problem. Sido bewegt sich dabei in einem Kontext, in den er durch Chartplatzierungen sowie entsprechendes Airplay und die ausführliche Berichterstattung des Jugend-Magazins Bravo gut eingeführt ist. Ersteres bedingt dabei Zweiteres; Bravo berichtet erstmalig über Sido in der Ausgabe nach seinem Einstieg in die ebenfalls regelmäßig in Bravo veröffentlichten Top-20-Single-Charts (Bravo 2004a, S. 74). Sido ist ab diesem Zeitpunkt Teil der ‚Bravo-Diegese' – populäre Namen tauchen im Heft (nahezu) wöchentlich mit kleinen News, Aktionen, Porträts, Reportagen oder Ähnlichem auf.

Dabei greift das Magazin ab dem ersten Artikel auf das metaphorische Angebot der Maske zurück, inszeniert sie nicht nur spektakulär, sondern folgt ihrem Verweis auf ein Dahinter: „Wer steckt hinter dem Rapper mit der Maske" (Bravo 2004b, S. 3), heißt es bereits in der Ankündigung des ersten Texts, „Wer ist der Mann hinter der Maske?" (Bravo 2004c, S. 12) in einem Steckbrief-artigen Porträt, im Rahmen dessen auch das Gewicht der Maske (650, einige Ausgaben später korrigiert auf 750 Gramm) taxiert wird. Geht es hier eher um den Wert des Objekts, steht an anderer Stelle die Exklusivität des verdeckten Gesichts im Zentrum: „Heiß: In Chemnitz beim ‚Splash!' lüftete Sido kurz die Maske und führte exklusiv für Bravo Tourtagebuch" (Bravo 2004g, S. 14). Diese Berichterstattung semantisiert die Maske weiter, nutzt sie im Storytelling und bestätigt sie so, bewertet sie jedoch kaum direkt. Sido selbst wird derweil durch unkritische Berichterstat-

Wertung oder den Wunsch nach Beseitigung eines die Sendung störenden Details geht, lässt sich schwer entscheiden.

28 Das ambivalente Verhältnis zur Szene bilanziert er in Anlehnung an diesen Auftritt: „Ich habe nicht den Anspruch, in der HipHop-Szene anerkannt zu werden. Das war ich doch auch noch nie. Seit meinem ersten Album war ich von der Szene verpönt und der Großteil meines Klientels hat mit der Szene auch gar nichts zu tun. Das ärgert mich heute aber nicht mehr. Ich kann sagen, dass ich – egal wo ich war – die Fahne für HipHop hochgehalten habe" (Wehn 2015).

tung und vereinzelte Rezensionen (vgl. Bravo 2004d, S. 72) positiv bewertet, was in Form von Leser*innen-Votings (vgl. Bravo 2004f, S. 73; Bravo 2004h, S. 77) und Charts immer wieder als Bestätigung in den Feedbackschleifen der Zeitschrift inszeniert wird.

Dieser Einstieg in die Diegese, in der Sido auch mit anderen Chartfiguren interagiert, etwa verlautbart, welche populären Sängerinnen er attraktiv findet, ist nicht unproblematisch – er stellt, zusammen mit Erfolg und poppigem Sound, Sidos oben erwähnte Zugehörigkeit zur HipHop-Szene infrage.[29] Angeboten wird hier aber, wie bei den bereits diskutierten Doppelrollen, eine Mehrfachadressierung: Die anvisierte Position im Chart-Paradigma speist sich daraus, innerhalb dessen eine dissidente, ‚authentische' Position gegenüber den als künstlich bzw. unmännlich (vgl. McLeod 1999, S. 142 f.; Wald 2002; sowie programmatisch Feige 2009, S. 23) ausgewiesenen ‚Pop'-Alternativen zu beziehen.[30] Deutlich zeigt sich das (neben teils homophoben Kommentaren zu US5; vgl. Feige 2009, S. 40, 47, 56) etwa, als Sido die etwa von der Juice-CD bekannte *Mein Block*-Eröffnung bei The Dome variiert: Neben den ebenfalls populären Blumentopf wird nun auch proklamiert, es gehe nicht um „Yvonne Catterfeld ihr Block" – Catterfeld moderiert die Sendung zwischen 2002 und 2005. Sido beansprucht mit dieser Strategie eine Position, die in den USA, aber auch in der Berichterstattung der Bravo der eingangs erwähnte Eminem besetzt – und die so bereits bewährt, in Deutschland aber noch frei ist.

Inwiefern die Maske im Einzelnen an dieser Position mitwirkt, lässt sich kaum prüfen – sie markiert jedoch eine klare Differenz zu anderen Pop-Gesichtern, zudem moderiert sie wie dargestellt auch andere Doppelrollen Sidos. Und auch diese gelingt, er etabliert sich in HipHop- ebenso wie Chart-Kontexten, steigt parallel sogar in ein Pop-Feuilleton ein.

V

In diesem Verhältnis kommt es im Lauf der Jahre zu verschiedenen Gewichtungen. Der Begriff Medienbiografie impliziert die zeitliche Dimension bereits – situativ bestätigte Werte können in den Feedbackschleifen stets neu verhandelt, Inszenierungen müssen teils gerade mit Blick auf den Anschluss an einzelne Sze-

29 Sido beteuert 2004 noch in Backspin: „Ich bin 26 Tage am Stück auf Tour, bin immer noch hiphop und in der Szene". Und beschreibt diese Existenz in der Bravo: „Ich war jetzt vier Monate in der ‚Bravo', und langsam wird es für mich auch schwierig, denen noch was Neues zu erzählen. Ich erzähle denen ja, was für 13-Jährige interessant ist, zum Beispiel, dass ich Yvonne Catterfeld bumsen möchte. Mit denen kann man ja nicht über die Szene reden" (Schaper/Göttner 2004, S. 43).

30 Es ist jene komplexe Position, jene bestimmte Art von Star, die Angelika Baier in ihrer Analyse nicht mit einem monolithischen Star-Begriff vereinen kann (vgl. Baier 2012, S. 275).

nen neu kalibriert werden. Heikel ist für die als authentisches ‚Gesicht' bestätigte Maske zunächst die stets als Option schwelende Demaskierung, die grundsätzlich auch Vorteile bietet: Wo die Maske als Logo brilliert, kann das plötzlich erscheinende Gesicht gerade in Abgrenzung zur klar inszenierten Maske „Wahrheit" im Sinn des „Punctum" (Diederichsen 2014, S. 137) inszenieren. Sido aktiviert dieses Potenzial tatsächlich mehrfach, um sich als Person zu offenbaren (*Mama ist stolz*, 2005) oder persönliche Bekenntnisse zu leisten: zur geleugneten Vaterschaft (*Ein Teil von mir*, 2007), zur verheimlichten Herkunft aus Ostberlin (*Hey Du!*, 2009), zur Drogensucht (*Paul*, 2022). Zunächst wird das Ablegen der Maske als Bild noch wirklich inszeniert (*Ein Teil von mir*), später reicht schon das – in der seriellen Abfolge der Alben als Abweichung erscheinende – Fehlen der Maske (*Hey Du!*, *Paul*). In den Fällen, in denen es um Verfehlungen Sidos geht (geleugnete Vaterschaft, Drogensucht und zerbrochene Ehe), symbolisiert die Maske zudem in einzelnen Aufnahmen Sidos schlechte Seite.[31]

Die Maske wird dadurch nicht unbrauchbar – Sido greift auch affirmativ immer wieder auf sie zurück, sonst wäre die wiederholte ‚Demaskierung' gar nicht denkbar. Es ist gerade die erfolgreiche Semantisierung der Maske, die es ermöglicht, ihre Attribute in bestimmten Inszenierungen negativ zu bewerten – der gedankenlose Sex in *Ein Teil von mir*, die Drogen (und Sex-Partys) auf und in Paratexten zu *Paul*. Die Maske verliert dabei (produktionsseitig) nicht ihre Authentizität, sie kontrastiert lediglich in gewissen Inszenierungen das Gesicht und verstärkt dabei, so Specter, „die Dualität von Sidos Persönlichkeit" (Feige 2009, S. 74).[32] Die Optionen müssen sich also nicht falsifizieren, können je nach Inszenierung verschiedenes semantisches Potenzial bergen. Vor allem können sie als prägnante Zeichen die Medienbiografie moderieren, gemäß der seriellen „Dialektik zwischen Ordnung und Neuheit oder Schema und Innovation" (Eco 1988, S. 167). Was jeweils ‚neu' ist, variiert; tendenziell stiftet die Maske in ihrer Logo-Funktion Kohärenz, während das Gesicht gerade in der frühen Nutzung meist eine Neuheit, teils gar einen ‚Neubeginn' darstellt.

Einen solchen visiert *Aggro Berlin* an, Sidos viertes Album und womöglich deutlichstes Re-Modeling: Die Auflösung des titelgebenden, ästhetisch prägenden Labels markiert eine kontextuelle Zäsur, die bereits erwähnte Leadsingle

---

31 Diese bereits im Video zu *Ein Teil von mir* entworfene Möglichkeit nutzt vor allem Sidos jüngstes Album *Paul* (2022). Bereits der Titel verweist deutlich auf die Person, die zugleich mit der Persona hadert. Diese innere Zerrissenheit symbolisiert die Maske auf dem Cover sowie in den Videos zu *Sterne* und *Versager* – hier wie im Video zu *Ein Teil von mir* als ‚Gesicht' des Spiegelbilds des unmaskierten Sidos. Die Maske verliert dabei ihre Funktion als Logo nicht, wie spätestens die Nutzung auf Merchandise zum Album zeigt.

32 Diese Dualität ist unter Verweis auf Eminem bereits angesprochen worden; auch die Struktur, zuerst der Rolle, dann der Person ein Album zu widmen und die mittlere Persona schließlich auf einem dritten Album zu konsolidieren, erinnert an Eminem. Benannt hat diese Analogie etwa Marcus Staiger (vgl. Staiger 2013, S. 112).

Hey Du! liefert ein weiteres biografisches Bekenntnis, das den Westberliner Sido als Behauptung entlarvt, die Bilder erinnern vage an ein Berlin der Goldenen Zwanziger – und verzichten konsequent auf die Maske. Ihr visuelles Fehlen wird im *Intro* moderiert und erhält dadurch programmatischen Charakter: Sido sperrt die Maske, gesprochen von sich selbst, in einen Schrank, weil er „jetzt so was wie ein' Neubeginn" will. Die Maske erscheint hier weniger wie der Teil einer dualen Persönlichkeit, eher wie eine fremde Macht, die Besitz von ihrem Träger ergreift.[33] Das etabliert eine Distanz, deren Notwendigkeit auch als Eingeständnis, dass die Maske immer Teil von Sidos Image sein wird, gesehen werden kann.

Bereits das nächste Studioalbum *30–11-80* (2013) erlöst die Maske aus der Latenz; sie steht als Option zur Verfügung, die relativ flexibel eingesetzt werden kann. Grundsätzlich verweist sie auf das mit *Maske* und *Mein Block* etablierte Paradigma, das nun entweder affirmativ aktualisiert oder, wie dargestellt, als Zerrbild kritisiert wird. Auffallend ist dabei weiterhin die enge Kopplung von ‚Maske' und ‚Block', die nicht nur in mehreren Fällen implizit aufgerufen, sondern inszeniert wird – auch in Abgrenzung. So präsentieren gleich zwei von drei Videos aus dem *Aggro Berlin*-Zyklus (*Geburtstag* und *Sie bleibt*) eine geräumige Berliner Altbauwohnung als Diegese des ‚neuen' Sidos. Kontrastiert wird das Idyll in beiden Videos durch Schockmomente, die Kohärenz stiften sollen – die neue Persona mit neuem Gesicht und neuem Raum bleibt jedoch dominant, zumindest für dieses Album.[34]

Das Gesicht bleibt in der Folge nicht an bestimmte Orte geknüpft, wohl aber die Maske an den Block. Das zeigt sich schon im Video zum Song *Maskerade* (2013): Gleich die erste Einstellung zeigt einen Plattenbau, vor dem der maskierte Sido später auch seinen Part performt.[35] Was hier noch auf einen Song begrenzt ist, weitet sich im übernächsten Zyklus zu *Das Goldene Album* (2016) auf Pressefotos und Albumcover aus. Auch in diesem Fall ist Sidos erster maskierter Auftritt im Video zur Leadsingle *Hamdullah* (2016) mit einem urbanen Setting assoziiert; Sido performt die dritte Strophe teils auf einem Basketballplatz bei Nacht, im Hintergrund sind beleuchtete Fenster auch in höheren Stockwerken zu erkennen, ein Plattenbau wird also zumindest angedeutet. Gerade weil die Maske hier nicht dauerhaft getragen wird und sich über die goldene Farbe[36] von der ursprünglichen Form unterscheidet, übersteigt sie hier die eher einem Zitat gleichende Maske in *Maskerade*. Parallel dazu aktualisiert Sido auf *Hamdullah* und dem im Video ebenfalls teils mit Maske performten *Masafaka* mit Sample-Beat und Battle-Lines eine Rap-Ästhetik, die das bereits geprägte ‚X' der Maske weiter anreichert.

---

33 Diese narrative Konstellation etabliert der Song *Ich und meine Maske* bereits im Jahr zuvor.

34 Andeutungsweise stellen zwei Videos des nächsten Zyklus (zu *30–11-80* und *Liebe*) auch Sidos neues Leben im Speckgürtel aus.

35 Indem er das Aufsetzen der Maske als Ventil für Aggression zeichnet und so den Wert ‚Gewalt' aktiviert.

36 Vermittelt über den ökonomischen Wert von Gold, knüpft diese Maske noch stärker an den Wert ‚Geld' an.

Diese Strategie setzt sich auf dem gemeinsam mit Kool Savas aufgenommenen Album *Royal Bunker* (2017) fort, auch wenn gerade auf der gleichnamigen Leadsingle Erinnerungen im Vordergrund stehen. Lyrisch handelt Sido dabei die (nicht zuletzt monetäre) Differenz zu seinem früheren Ich aus, argumentiert gegen eine Ableitung von Fakeness aus seinem Erfolg und behauptet sich mit Battle-Lines in der Gegenwart (vgl. Berlich / Grevenbrock 2021, S. 47 f.) – auch hier geht es also nicht um bloßen Rückbezug, sondern eine Aktualisierung als Rapper. Im zugehörigen Video werden die meisten der mit Vergangenheit assoziierten Orte (düstere, karge Wohnungen, die U-Bahn-Station Hermannplatz) nun von anderen, jungen Menschen bewohnt, während Sido (ohne Maske) und Savas in einem Auto durch Berlin fahren und in einem lichtlosen, ambiguen (Keller-)Raum rappen. Sido ist hier maskiert, ebenso in den Einstellungen, in denen er allein in einem Laubengang rappt, der jenem aus dem Video zu *Mein Block* gleicht – an diesem eröffnet er seine Strophe und ist erstmalig im Video zu *Royal Bunker* maskiert zu sehen.

Diese Bilder bestätigen einen Konnex, der heute im Rap konventionalisiert ist – den Sido jedoch als Pionierleistung im Portfolio seiner Persona mitführt, als Ergebnis der radikal-naturalisierenden Inszenierung in *Mein Block*.

Literatur

Assmann, Jan (2002): Du siehst mit dem Kopf eines Gottes. Gesicht und Maske im ägyptischen Kult. In: Schabert, Tilo (Hrsg.): Die Sprache der Masken. Würzburg: Königshausen und Neumann, S. 149–171.

Augustin, Yvonne (2018): Clownsmasken im Film. Wie Maskierungen kulturelle Ängste enthüllen. Bielefeld: transcript.

Baier, Angelika (2012): „Ich muss meinen Namen in den Himmel schreiben“. Narration und Selbstkonstitution im deutschsprachigen Rap. Tübingen: Francke.

Berlich, Sebastian (2022): Who You Think I Am? Masken in der Pop-Musik. Berlin: Metzler.

Berlich, Sebastian / Grevenbrock, Holger (2021): Authentisch aus Tradition. ‚Realness‘-Inszenierungen auf Royal Bunker von Savas & Sido. In: Busch, Nicolai / Süß, Heidi (Hrsg.): Rap. Politisch. Rechts? Ästhetische Konservatismen im Deutschrap. Weinheim / Basel: Beltz Juventa, S. 36–53.

Bravo (2004a): Deutsche Single-Charts. In: Bravo 49, H. 19, S. 74.

Bravo (2004b): [Inhalt]. In: Bravo 49, H. 20, S. 3.

Bravo (2004c): Wer ist der Mann hinter der Maske? In: Bravo 49, H. 22, S. 12.

Bravo (2004d): [Rezension zu Sido: Maske]. In: Bravo 49, H. 23, S. 72.

Bravo (2004e): Sido macht den Promi-Bräute-Check. In: Bravo 49, H. 27, S. 17.

Bravo (2004f): [Songbook]. In: Bravo 49, H. 27, S. 73.

Bravo (2004g): Sidos crazy Camp-Tagebuch. In: Bravo 49, H. 34, S. 14.

Bravo (2004h): [Songbook]. In: Bravo 49, H. 35, S. 77.

Bravo (2004i): [StarLifestyle]. In: Bravo 49, H. 38, S. 76–77.

Bravo (2004j): „Bei uns stehen die Bräute Schlange“. In: Bravo 49, H. 48, S. 14–15.

Butler, Judith (2002): Performative Akte und Geschlechterkonstitution. Phänomenologie und feministische Theorie. In: Wirth, Uwe (Hrsg.): Performanz. Zwischen Sprachphilosophie und Kulturwissenschaften. Frankfurt am Main: Suhrkamp, S. 301–320.

cb (2004): [Rezension zu Sido: Maske]. In: Juice 8, H. 6, S. 94–95.

Diederichsen, Diedrich (2014): Über Pop-Musik. Köln: Kiepenheuer und Witsch.

Düllo, Thomas (2011): Kultur als Transformation. Bielefeld: transcript.

Ebersbach, Bruno (2006): Sido, die Maske und der Block. Nürnberg: a42.org / AdbK.

Eco, Umberto (1988): Die Innovation im Seriellen. In: Eco, Umberto (Hrsg.): Über Spiegel und andere Phänomene. München: Hanser, S. 155–180.

Feige, Marcel / Sido (2009): Sido. Ich will mein Lied zurück. Aktualisierte Taschenbuchausgabe. Berlin: Schwarzkopf & Schwarzkopf.

Fischer-Lichte, Erika (2007): Semiotik des Theaters. Das System der theatralischen Zeichen. Bd. 1. Tübingen: Günter Narr.

Gässlein, Philipp (2004): Teutonischer Gangsta-Rap hat einen neuen Messias. www.laut.de/Sido/Alben/Maske-6746 (06.09.2023).

Gruber, Johannes (2017): Performative Lyrik und lyrische Performance. Profilbildung im deutschen Rap. Bielefeld: transcript.

Hagen-Jeske, Ina (2016): „Zu weiß für die Schwarzen und zu schwarz für die Weißen". Der künstlerische Umgang mit Identität, Rassismus und Hybridität bei Samy Deluxe und B-Tight. Marburg: Tectum.

Jost, Christofer (2012): Musik, Medien und Verkörperung. Transdisziplinäre Analyse populärer Musik. Baden-Baden: Nomos.

Klein, Gabriele / Friedrich, Malte (2003): Is this real? Die Kultur des HipHop. Frankfurt am Main: Suhrkamp.

Knaller, Susanne (2006): Genealogie des ästhetischen Authentizitätsbegriffs. In: Knaller, Susanne / Müller, Harro (Hrsg.): Authentizität. Diskussion eines ästhetischen Begriffs. München: Wilhelm Fink, S. 17–35.

Köhler, Daniel (2003): Die Berliner Mauer. In: Juice 7, H. 11, S. 64–66.

Leopolseder, Marc (2004): From MV to MTV. In: Juice 8, H. 5, S. 46–52.

Lethen, Helmut (1994): Verhaltenslehren der Kälte. Lebensversuche zwischen den Kriegen. Frankfurt am Main: Suhrkamp.

Lévi-Strauss, Claude (1977): Der Weg der Masken. Frankfurt am Main: Insel.

Marquart, Oliver (2004): Sido. Der Junge aus dem Block. In: Backspin 11, H. 5–6, S. 76–79.

McLeod, Kembrew (1999): Authenticity within Hip-Hop and Other Cultures Threatened with Assimilation. In: Journal of Communication 49, H. 4, S. 134–150.

Moore, Allan F. (2012): Songs Means. Analysing and Interpreting Recorded Popular Song. Burlington / Farnham: Ashgate.

Mzee.com (2004): Sido im Interview – Mein Block. www.mzee.com/forum/threads/sido-im-interview-mein-block.230185 (06.09.2023).

Peirce, Charles S. (1983): Spekulative Grammatik. In: Peirce, Charles S. (Hrsg.): Phänomen und Logik der Zeichen. Hrsg. von Helmut Pape. Frankfurt am Main: Suhrkamp, S. 64–98.

Schaper, Toby / Göttner, Christian (2004): „Wir sind das Echte!" Aggro Berlin: Aus der Hauptstadt des Neids gegen den Rest der Hip-Hop-Welt. In: Backspin 11, H. 12, S. 42–44.

Schulze, Holger (2013): Personae des Pop: Ein mediales Dispositiv popkultureller Analyse. https://pop-zeitschrift.de/2013/02/14/personae-des-popein-mediales-dispositivpopkultureller-analysevon-holger-schulze14-2-2013 (06.09.2023).

Siepert, Florian (2002): Zu weit um aufzuhören. In: Juice 6, H. 3, S. 19.

Staiger, Marcus (2004): Lieber Paul aka Scheisse in dein Ohr aka Sido [Leserbrief]. In: Juice 8, H. 6, S. 124.

Staiger, Marcus (2013): Punchzeilen. Rap mit Marcus Staiger. In: Spex 34, H. 11–12, S. 112.

Tittel, Cornelius (2004): Sido mit den Spritzenhänden. In: taz vom 19. 5. 2004, S. 15.

Venus, Jochen (2013): Die Erfahrung des Populären. Perspektiven einer kritischen Phänomenologie. In: Kleiner, Marcus S. / Wilke, Thomas (Hrsg.): Performativität und Medialität Populärer Kulturen. Theorien, Ästhetiken, Praktiken. Wiesbaden: Springer, S. 49–73.

Wald, Gayle (2002): „I Want It That Way“. Teenybopper Music and the Girling of Boy Bands. www.colorado.edu/gendersarchive1998-2013/2002/03/01/i-want-it-way-teenybopper-music-and-girling-boy-bands (06.09.2023).
Wehn, Jan (2015): „Ich wusste schon immer, dass ich einer der besten Texter Deutschlands werden kann“. https://allgood.de/features/interviews/ich-wusste-schon-immer-dass-ich-einer-der-besten-texter-deutschlands-werden-kann (06.09.2023).
Wehn, Jan / Bortot, Davide (2019): Könnt ihr uns hören? Eine Oral History des deutschen Rap. Berlin: Ullstein.
Weihe, Richard (2004): Die Paradoxie der Maske. Geschichte einer Form. München: Wilhelm Fink.
Winkler, Sebastian (2004): [Rezension zu Sido: Maske]. In: Backspin 11, H. 7, S. 103.
Wolbring, Fabian (2015): Die Poetik des deutschsprachigen Rap. Göttingen: V&R Unipress.
Zill, Rüdiger (2010): Coole Typen. Eine Familienaufstellung. In: Geiger, Anette / Schröder, Gerald / Söll, Änne (Hrsg.): Coolness. Zur Ästhetik einer kulturellen Strategie und Attitüde. Bielefeld: transcript, S. 39–52.

Innen- und Außenansichten in Sidos Video *Mein Block* – Lokalität in der globalen Bilderwelt der Popkultur

Lothar Mikos

Sidos *Mein Block* aus dem Jahr 2004 ist sicher einer der bekanntesten deutschen Rapsongs. Der Berliner Rapper startete mit dem Song seine Karriere. Mit dem Album *Maske* begann auch der Aufstieg des HipHop-Labels Aggro Berlin, das ein Jahr zuvor bereits das Debütalbum von Bushido, *Vom Bordstein bis zur Skyline* herausgebracht hatte. *Mein Block* „wurde samt seinem ikonischen Video zu einer der stilprägendsten Songs der deutschen HipHop-Geschichte" (Szillus 2012, S. 54). Sido versinnbildlichte mit *Mein Block* das Diktum „The ‚hood comes first'", welches im HipHop eine wichtige Rolle spielt (vgl. Forman 2002). Darin scheint bereits das Element des Lokalen durch, das mehr als nur ein geografischer Ort ist, sondern dem auch eine Bedeutung als Lebensweise, als Lebensstil zukommt. *Mein Block* ist verschiedentlich auch Gegenstand akademischer Betrachtungen gewesen (vgl. exemplarisch Gruber 2017, S. 266 ff.; Seeliger 2022, S. 115 ff.; Seeliger 2023). Dabei wurde vom Text des Songs oder vom Flow ausgegangen. Gegenstand meiner Betrachtungen ist das Video zu *Mein Block*, das als Official HD Version Aggro Berlin auf YouTube zu finden ist.[1] Als Intro wird die dritte Strophe von *Steig ein* verwendet, einem anderen Song vom *Maske*-Album. Das Video visualisiert Sidos Block, das Märkische Viertel in Berlin. Es zeigt Innen- und Außenansichten, die im Wesentlichen den Text des Songs illustrieren. Die Analyse des Videos erfolgt nach der ästhetisch-dramaturgischen Analyse, die ich an anderer Stelle dargelegt habe (vgl. Mikos 2023). Kontextualisiert wird die Analyse durch Ansätze zur Glokalisierungsforschung (vgl. Robertson 2012; Roudometof 2016) sowie der Rolle von Raum (space) und Orten (place) im Kontext der globalen HipHop-Kultur (vgl. Forman 2002) und ihrer Bilderwelten (vgl. Klein / Friedrich 2003), die in den folgenden Abschnitten dargestellt werden. Das Video von *Mein Block* ist an der Schnittstelle von Lokalität und Globalität angesiedelt, indem es sich als Ausdruck von Räumen und Orten in einer globalen Popkultur verortet.

---

1 www.youtube.com/watch?v=H4odG4d_88g (17.08.2023).

1. Global – Lokal – Glokal

Seit den 1990er Jahren gibt es eine Vielzahl an Publikationen, die das Phänomen der Globalisierung thematisieren (vgl. als Überblick Beck 1997; Robertson 1992 sowie die Beiträge in Featherstone 1990; Featherstone / Lash / Robertson 1995; Wilson / Dissanayake 1996a). Stand zunächst die ökonomische Globalisierung im Mittelpunkt, verschob sich bald der Fokus auf die kulturelle Globalisierung (vgl. exemplarisch Appadurai 1996). Das Lokale wurde als Gegensatz bzw. aus der Perspektive des Globalen gesehen. Der globale Kapitalismus durchdringe die lokalen Gesellschaften, daher müsse man von einem globalen Lokalismus ausgehen (vgl. Dirlik 1996, S. 28). Berking (2006, S. 10) merkt dazu kritisch an: „Globalisierungstheorien lassen sich von der Annahme leiten, dass das ‚Globale' die entscheidende Bezugsgröße für die Analyse der sozialräumlichen Formen der Vergesellschaftung darstellt". Die vermeintliche Eindeutigkeit des Gegensatzes von global und lokal ist jedoch nicht gegeben. Daher kommen viele globale Analysen an ihre Grenzen, weil sie Komplexität der relationalen Beziehungen zwischen dem Globalen und dem Lokalen unterschätzen (vgl. Urry 2003, S. 39 ff.). Stattdessen muss von einem „global/local nexus" ausgegangen werden (Wilson / Dissanayake 1996b, S. 3). Diese Verbindung ist dem Konzept der Glokalisierung inhärent.

Der Begriff stammt ursprünglich aus dem japanischen Marketing und ist eine Form des Mikro-Marketing (vgl. Robertson 1992, S. 173 f.; Robertson 2012, S. 194). Dabei geht es darum, globale Produkte an lokale Gegebenheiten und Kulturen anzupassen. Das hat zweierlei Konsequenzen: Erstens muss man von der Vorstellung einer globalen Homogenisierung des Lokalen Abstand nehmen, zweitens muss Lokalität als relativer Begriff gesehen werden, denn in Bezug auf Globalität kann alles, von Nachbarschaften über Dörfer und Regionen bis hin zu Nationalstaaten, als lokal gesehen werden. Wenn Globalisierung „die grundlegende Veränderung der Kategorien von Raum und Zeit" bedeutet (Osterhammel / Petersson 2004, S. 12), dann verändert sich damit auch das Lokale, zum Glokalen (vgl. Roudometof 2016, S. 65 f.). Da globale Produkte und Medien nur im Lokalen angeeignet werden können, entstehen Differenzierungen und Fragmentierungen, die einer Homogenisierung entgegenstehen.

Neben Fernreisen und global nachgefragten Konsumgütern sind Massenmedien wie Film und Fernsehen wichtig für die Glokalisierung (vgl. Osterhammel / Petersson 2004, S. 12; Robertson 2012, S. 2004 f.). Appadurai (1996, S. 33 ff.) entwirft fünf Dimensionen der globalen Verbreitung von Kultur, sogenannte Landschaften (scapes):

- *Ethnoscapes* – die globale Bewegung von Menschen zum Beispiel durch Migration, Tourismus etc.,
- *Technoscapes* – die globale Verbreitung von Technologien, zum Beispiel Breitbandkommunikation oder das Internet als technische Infrastruktur,

- *Financescapes* – der globale Fluss von Kapital, zum Beispiel die weltweiten Finanzmärkte,
- *Mediascapes* – die globale Verbreitung elektronischer Medien für Information und Unterhaltung,
- *Ideoscapes* – die globale Verbreitung von Ideologien und Ideen.

Sie alle tragen zur Glokalisierung bei, weil sie nicht nur das Globale, sondern auch das Lokale durchdringen. Auf diese Weise werden mögliche Welten zur globalen Ressource für lokale Lebensstile und -formen. Wenn Beck (1997, S. 99) feststellt, dass die so entstandenen glokalen Kulturen „kontextlos" sind, übersieht er, dass gerade Appadurai (1996, S. 182) auf die Kontextualisierung von Lokalität hinweist, da sie immer historisch fundiert ist. Sie wird immer wieder neu produziert, indem globale Güter und Kulturprodukte lokal angeeignet und „mit neuen Bedeutungen versehen" (Berking 2006, S. 14) werden. Auf diese Weise wird Lokalität immer wieder neu produziert, und damit zur Glokalität.

Bereits 1990 hatten die Kommunikationswissenschaftler*innen Tamar Liebes und Elihu Katz (1993) in einer bahnbrechenden Studie gezeigt, dass unterschiedliche ethnische Gruppen, die gleiche global verbreitete Fernsehserie – in diesem Fall die US-amerikanische Serie *Dallas* – unterschiedlich ‚lesen' und ihr verschiedene Bedeutungen zuweisen. Die ethnischen Gruppen haben gewissermaßen eine globale Fernsehserie genutzt, um sich in der Aneignung ihrer Lokalität zu versichern bzw. zu produzieren. Globalität und Lokalität sind eng miteinander verbunden, denn „globale Prozesse geschehen nicht gegen oder außerhalb lokaler Kräfte" (Roudometof 2016, S. 12.). Raum und Ort (space and place) sind im Rahmen von Prozessen der Glokalisierung als komplexe Entitäten zu sehen, die nicht ohne Kontexte verstanden werden können. In diesem Sinn müssen Orte nicht nur „als Produkt externer Beziehungen" gedacht werden (Berking 2006, S. 13), sondern immer auch in ihren historischen und sozialen Kontexten. Es sind diese Strukturen, in denen die Menschen ihre Handlungsmacht entfalten können, um Orte lebendig werden zu lassen und Lokalität zu produzieren. Orte und Lokalität bekommen im globalen Raum der HipHop-Kultur eine besondere Bedeutung.

2. Space und Place im HipHop

Der Mythos will, dass HipHop einem spezifischen Ort entspringt, der Bronx, einem ghettoisierten Stadtteil New Yorks (vgl. exemplarisch Menrath 2001, S. 52 ff.; Mikos 2003, S. 65 ff.; Toop 1992, S. 85 ff.). Die Geschichte ist bekannt, sie muss hier nicht wiederholt werden. „Kein Stil der populären Musik wird in derart enge Verbindung mit der Stadt gebracht wie Rapmusik" (Friedrich 2010, S. 140). Hier interessiert dieser Aspekt der Lokalität, der schon in die Gründung dieser Musikrichtung eingeschrieben ist, die sich zu einer globalen Kultur entwickelt hat.

Diese globale Kultur stellt den Raum (space) dar, in dem sich der HipHop entlang der Linien von Hegemonie und Subordination entwickelt. Die globale massenmediale Verbreitung des in den USA entstanden Rap und HipHop hat zu zahlreichen lokalen Aneignungen geführt (vgl. exemplarisch Kaya 2001; Krims 2000, S. 152 ff.; Weller 2003 sowie die Beiträge von Heinrich 2007; Kimminich 2007; Mitchell 2007; Stanković 2007; Waibel 2007 und Wergin 2007 in Bock/Meier/Süss 2007 und die Beiträge in Mitchell 2001). Lokalität wird hier in der Regel mit Nationen oder Städten verbunden. Das zeigt einerseits den relationalen Charakter und andererseits die besondere Bedeutung von Räumen und Orten für die kulturelle Praxis des HipHop. Die Stadt ist im Kontext der Globalisierung ein Raum, in dem Lokalität verortet wird. Dabei bewegt sich HipHop „von generalisierenden Räumen der Stadt zu Repräsentationen von besonders benannten Städten, einzelnen *(neighbor)hoods* oder gar detailliert beschriebenen kleinräumigen Zusammenhängen [...]: von Stadt zu ‚*hood*', von Ghetto zu Ghettos" (Mager 2007, S. 238, Herv. i. O.). Es geht um einen spezifischen Stadtteil, eine Straße, eine Nachbarschaft oder eben einen Block. Im HipHop wird durch „diskursive und rhetorische Figuren" der Lokalität Ausdruck verliehen (vgl. ebd., S. 249) oder mit anderen Worten: Es wird Lokalität produziert (vgl. Appadurai 1996, S. 178 ff.). In Rap und HipHop werden Orte produziert, repräsentiert, reproduziert sowie angeeignet und rezipiert. Darin liegt auch ein Authentizitätsversprechen.

Der Fokus auf die ‚hood' schafft ein Innen und Außen. Sie steht für eine Opposition zu fremden Dingen, Menschen und manchmal auch der Stadt. Während sie nach innen die Besonderheiten des Ortes hervorhebt, „konstituiert sie gleichzeitig ein Konzept, das ein reales oder imaginiertes ‚hier' von anderen Plätzen, vom ‚dort' isoliert" (Forman 2002, S. 65). Wer in der ‚hood' lebt, ist drinnen, wer nicht, draußen. Eine „Abgrenzung gegen andere soziale Gruppen" (Janitzki 2012, S. 293) ist ihr immanent und wird in den Texten der Rapper kommuniziert, wie das Beispiel von Sidos *Mein Block* noch zeigen wird. Die Produktion der Nachbarschaft, der ‚hood', ist historisch grundiert und deshalb kontextuell (vgl. Appardurai 1996, S. 182). Als Ort fängt sie „ethnische, historische, soziale, ökonomische, psychologische, architektonische, klangliche oder klimatische Spezifitäten eines Ortes ein, die im Falle von Compton, Los Angeles rhythmisch ganz anders ausfallen als etwa im Falle von East Orange, New Jersey" (Mager 2007, S. 241) oder im niederländischen HipHop und dem der Cree, den indigenen Ureinwohnern im kanadischen Alberta (Krims 2000, S. 156 ff.) oder im Fall des Märkischen Viertels, Sidos Block, in Berlin.

Nach Forman (2002, S. 183 ff.) haben sich zwei Subgenres im HipHop gebildet, der Message-Rap und der Gangsta-Rap – Seeliger (2012) unterscheidet Polit-Rap und Gangsta-Rap. Krims (2000, S. 54 ff.) nennt dagegen noch Party Rap, Mack Rap, Jazz/Bohemian Rap und Reality Rap, wobei Gangsta-Rap als Teil des Reality Rap eingeordnet wird. Während Message- oder Polit-Rap durch die Thematisierung von Ethnie, Klasse und kultureller Identität nach einer sozialen Transformation strebt, porträtiert der Gangsta-Rap das Leben und den Lebensstil in der ‚hood' mit teils gewalthaltigen Bildern von deren dunkler Seite. „Rap-Musik dient als eine Möglichkeit, die eigenen Lebensumstände am unteren Ende der Skala von Ungleichheit zu artikulieren und die soziale Krise unmittelbar zu dokumentieren" (Mager 2007, S. 246; siehe auch Seeliger 2023). Gerade die Bildwelten der Videos sorgen für die globale Verbreitung von HipHop als kultureller Praxis. Die ‚hood' liegt meist in einer Großstadt, sodass Bilder des Städtischen, des Urbanen in Hip-Hop-Videos dominieren. Wie Gabriele Klein und Malte Friedrich betonen, ist das Urbane im HipHop „vor allem ein Ausstattungsmerkmal, ein theatrales Mittel, um lokale Identität herzustellen und den Glauben an Authentizität zu fördern" (Klein / Friedrich 2003, S. 87). Lokale HipHop-Kulturen stellen „sich über die Performanz des global zirkulierenden Bildes des Städtischen" dar (ebd., S. 97). Die Bilderwelt der lokalen HipHop-Videos ist der Bilderwelt der globalen ähnlich. Die Besonderheit der ‚hood' liegt in den lokalen Akteur*innen, den Rapper*innen und ihrer sozialen Gemeinschaft sowie ihren sozialen Handlungen. In den Videos bedienen sie sich urbaner Orte wie Straßen, Hochhäusern, Parkdecks, Basketballplätzen etc. (ebd., S. 94). Neben den Bildern der Videos sind es die Beats und Samples, die den lokalen HipHop in der globalen Popkultur verorten. Die ‚hood' dient als Symbol des Lokalen, als Ort, an dem die Rapper*innen leben und handeln und in dem sie sich der Unterstützung und Solidarität der anderen Bewohner*innen sicher sein können. Songtexte, Rhythmik und Videos sind gleichzeitig global und lokal, wie es Krims (2000, S. 186) für den Cree-Rap festgestellt hat. Das trifft auch auf *Mein Block* zu.

3. Sidos Straßenrap und die Bilderwelten von *Mein Block*

Hier soll nicht erörtert werden, ob Sidos Song *Mein Block* als Gangsta-Rap gilt (vgl. zum Gangsta Rap Mikos 2000 sowie die Beiträge in Dietrich / Seeliger 2012). Die Frage ist von Sido selbst auf seinem zweiten Album entschieden worden. Dort heißt es im Song *Strassenjunge*: „Ich bin kein Gangster, kein Killer, ich bin kein Dieb. Ich bin nur ein Junge von der Straße". Er wolle „auf keinen Fall ein Gangsta-Rapper sein, sondern lediglich der Straße, also dem heimatlichen Viertel und der Unterschicht, seine Stimme leihen" (Szillus 2012, S. 54). Wenn man jedoch die Definition von Forman (2002, S. 184) in Anschlag bringt, dann kann *Mein Block* durchaus als Gangsta-Rap gelten, denn er erzählt vom Leben in der ‚hood', seiner ‚hood', dem Märkischen Viertel (vgl. auch Seeliger 2022, S. 118 ff.). Es bleibt also unentschieden.

Hier soll es um die bildliche Gestaltung des Videos gehen, das den Text des Songs illustriert. Das Video zu *Mein Block* hat eine Länge von 4:05 Minuten. Es beginnt mit der dritten Strophe von Sidos Song *Steig ein* als Intro. Sido rappt:

„Steig ein, ich will dir was zeigen
Den Platz an dem sich meine Leute rumtreiben
Hohe Häuser, dicke Luft ein paar Bäume
Menschen auf Drogen, hier platzen Träume
Wir hier im Viertel kommen klar mit diesem Leben
Ich hab' alle meine Freunde aus dieser Gegend
Hab' doch keine Angst vor dem Typ mit dem Schlagring
Er ist zwar ein bisschen verrückt, doch ich mag ihn
Ich kann verstehen, dass du dich hier nicht so wohl fühlst
Dass du viel lieber zuhause im Kohl wühlst
Du sitzt lieber an 'nem gut gedeckten Tisch
Dann merkst du schnell, Berlin is nix für dich".

Im Bild ist zunächst ein sogenannter Establishing Shot zu sehen, der eine Übersicht über den Ort der Handlung markiert. In diesem Fall eine Sicht von schräg oben auf ein Parkdeck, auf dem nur drei Autos stehen. Im Hintergrund sind ein paar hohe Wohnblocks zu sehen. Ein symbolhaftes Bild des Urbanen aus der globalen Welt der HipHip-Videos (vgl. Klein / Friedrich 2003). In einem kurzen Zwischenschnitt sieht man zwei Autos von hinten, die direkt nebeneinanderstehen. Diese beiden Autos waren zuvor in der Sicht auf das Parkdeck nicht zu sehen. Anschließend sieht man zwei Männer, einer mit Basecap und einer mit einer Kapuzenjacke und einer mit einer silbernen Totenkopf-Maske auf dem Parkdeck. Das Kontextwissen der Zuschauenden sagt ihnen, dass der Mann mit der Maske Sido sein wird. Die beiden laufen scheinbar auf uns zu. Mit zwei Schnitten wird die Zeit gerafft, und die beiden kommen bildlich mehr in den Vordergrund, bis man ihre Oberkörper und Gesichter bzw. Maske deutlich erkennen kann. Am rechten Bildrand im Vordergrund ist ein silbernes Auto zu sehen, allerdings nur ein kleiner Teil der Motorhaube und ein Seitenspiegel. Als sie den Pkw erreichen, schauen sich beide um. Im nächsten Bild spiegelt sich Sidos Maske im Seitenfenster des Wagens. Beim Blick über das Wagendach sieht man den Mann mit Basecap, der sich offenbar an der Fahrertür zu schaffen macht. Im nächsten kurzen Bild sieht man, wie er den Türgriff öffnet, bevor gezeigt wird, wie Sido auf der Beifahrerseite einsteigt. In zwei weiteren Nahaufnahmen sieht man, wie der Fahrer einsteigt und anschließend Sido als Beifahrer im Wagen verschwindet. Diese Bilder sind aus der Froschperspektive bzw. Untersicht aufgenommen. Diese Perspektive dient in audiovisuellen Medienprodukten dazu, „die gezeigten Dinge und Figuren als bedeutend und mächtig erscheinen zu lassen" (Mikos 2023, S. 241). Somit ist klar, wer hier das Heft in der Hand hält. Zu diesen Aufnahmen ist noch nicht die Stimme Sidos zu hören, sondern lediglich Synthesizer-Klänge.

Anschließend sieht man den Wagen, einen 5er BMW, wegfahren, ebenfalls aus der Untersicht. Hier setzt auch der Text ein mit „Steig ein, ich will dir was zeigen, den Platz, an dem sich meine Leute rumtreiben". Man sieht zunächst in Normalsicht aus dem fahrenden Auto auf eine Straße, an deren Rand Autos vor Wohnblocks parken, dann sieht man die beiden im Wagen, bevor man den BMW von vorne sieht, wie er auf uns zufährt. Danach sind Wohnblocks zu sehen, an denen der Wagen offenbar vorbeifährt. An diesem Punkt sind gerade einmal 16 Sekunden vergangen. In der Bildinszenierung wechselt auch die Atmosphäre und das Licht. Während das Parkdeck noch im gleißenden Sonnenlicht liegt, werfen die Hochhäuser Schatten. Im Folgenden wechseln sich Bilder von Wohnblocks, den beiden im Auto und dem BMW von vorne ab. Einige dieser Bilder sind wieder in Untersicht gestaltet, sodass die Wohnblöcke noch mächtiger wirken und der BMW als bedeutender Fahruntersatz erscheint. Zugleich wird der konkrete Ort markiert, in dem der Wagen an einem Straßenschild, auf dem Senftenberger Ring steht, vorbeifährt. Die Straße liegt im Märkischen Viertel im Berliner Norden, das in den 1960er und 1970er Jahren angelegt wurde, um bis zu 50.000 Menschen zu beherbergen. Wenn Sido dann von seinen Freunden rappt, sind diese in der Gruppe so wie auch einzeln zu sehen, ebenso wie der „Typ mit dem Schlagring". Im Text des Songs erklärt er, sich mit den Leuten im Viertel zu verstehen, weil auch seine Freunde „aus dieser Gegend" kommen. Er inszeniert damit „einerseits Solidarität, gleichzeitig ist es aber auch ein offenes Bekunden der Zugehörigkeit des Rappers, womit er die Legitimation schafft, über dieses Milieu authentisch zu berichten" (Gruber 2017, S. 268 f.). In der bildlichen Inszenierung ist Sido jedoch der Beobachter, der hier seine Freunde und den Typen mit Schlagring aus dem Auto heraus beobachtet. Auch wenn der Text Nähe suggeriert, herrscht in der Bildinszenierung zunächst die Distanz des Beobachters. Die Freunde und der Typ sind zunächst in einer Halbtotalen und anschließend in einer Nahaufnahme zu sehen (zu den verschiedenen Einstellungsgrößen siehe Mikos 2023, S. 234 ff.). Hier ist ein Prinzip der Bildgestaltung im Video zu erkennen, wenn Dinge wie Autos oder Häuser und Menschen erwähnt werden, sind sie erst etwas distanziert zu sehen, bevor die Kamera sie den Zuschauenden näherbringt. So kommen nicht nur die beiden im Wagen im Viertel, in der ‚hood' an, sondern auch diejenigen, die sich das Video ansehen. Zu den letzten vier Zeilen der Strophe von *Steig ein* biegt der BMW auf einen Bürgersteig ab, und die beiden Insassen verlassen das Fahrzeug und gehen in das Viertel mit den Wohnblöcken hinein. Auch hier wechseln wieder Atmosphäre und Licht, denn mittlerweile ist es dunkel geworden. Die Nacht hat begonnen, in der gar manche Aktivität im menschlichen Zusammenleben im Dunkeln bleibt oder hinter den Türen, die zu den Wohnungen führen, deren Licht man in den Wohnblocks sieht. Aber Sido wird alles ans Licht bringen, zumindest in seinem Block – und er fordert die Zuhörenden und Zusehenden mit einem letzten „Steig ein" ihm zu folgen, sich auf ihn einzulassen. Daher wird nun der Schriftzug *Mein Block* in weißer Schrift vor schwarzem Hintergrund eingeblendet (0:43). Die Schriftart erinnert „an die kantigen Schriftzüge [...], welche durch das Einritzen mit einem scharfen Gegenstand auf glatten Oberflächen entstehen" (Gruber

2017, S. 278). Der Rapper und die Zuschauenden sind nun endlich in Sidos Block angekommen.

In den folgenden Sekunden werden zu rhythmischen Synthesizer-Klängen die Hauptdarsteller des Videos vorgestellt: Sido und das Märkische Viertel. Zunächst wird das Viertel gezeigt, in einer Totalen über einen Schrebergarten im Vordergrund hinweg (0:45, vgl. Abb. 1). Zwischen den grünen Gärten und dem MV sind noch Einfamilienhäuser zu sehen. Hier wird symbolisiert, dass (klein-)bürgerliches Leben in der Gesellschaft im Vordergrund steht, von dem sich die Hochhäuser des Viertels im Hintergrund abheben. In den folgenden Sekunden rückt die Kamera näher an die Häuser im Block heran. Hier werden vier verschiedene Ansichten kurz hintereinander gezeigt (0:46–0:48). Anschließend sehen wir Sido mit seiner typischen Maske offenbar in seiner eigenen Wohnung auf einem Sofa, das vor einem Fenster steht, bei dem die Jalousien heruntergelassen sind (0:49). Anschließend ist erst das Fenster in Nahaufnahme zu sehen (0:49), bevor wir Sidos Kopf zunächst in einer Großaufnahme und anschließend in einer Nahaufnahme, während Rauch unter der Maske hervorquillt, und anschließend wieder die Großaufnahme des Kopfes, wobei im Hintergrund das Fenster zu erkennen ist (0:50–0:53). In den Bildern selbst ist keine Bewegung (außer dem Rauch). Es werden Standbilder in schneller Folge aneinandergeschnitten. Sie weisen den Zuschauenden jedoch den Weg von der Gesamtansicht der Wohnblöcke hinter dem Schrebergarten über Einzelansichten von Wohnblöcken von außen bis in die Wohnung von Sido hinein, bis die Kamera schließlich ganz nah bei ihm bzw. auf seinem Maskengesicht ist. Hier zeigt sich bereits ein wesentliches Gestaltungsmittel des Videos: Ein Thema, eine Sequenz, wird außen im Block aufgenommen, um anschließend in Innenansichten vertieft zu werden, in denen die Kamera die Zuschauenden ganz nah an das Geschehen oder die Personen heranführt. Dieses visuelle Intro in den ersten zehn Sekunden von *Mein Block*, allerdings noch ohne Songtext. Erst danach beginnt die erste Strophe.

Jetzt kommt Bewegung in die Sache. Sido ist in halbnaher Einstellung zu sehen, während er rappt, und dabei die typischen Handgesten macht. Im Hintergrund sind die Hochhäuser seines Blocks zu sehen. Sie sind hinter ihm, links und rechts neben ihm (vgl. Abb. 2). Damit wird symbolisiert, dass Sido mitten in seinem Block agiert. Der Text der Strophe lautet folgendermaßen (zitiert nach Seeliger 2022, S. 116):

> „Du in deinem Einfamilienhaus lachst mich aus
> Weil du denkst du hast alles, was du brauchst
> Doch im MV scheint dir die Sonne aus'm Arsch
> In meinem Block weiß es jeder, wir sind Stars
> Hier bekomm' ich alles, ich muss hier nicht mal weg
> Hier hab' ich Drogen, Freunde und Sex
> Die Bullen können kommen, doch jeder weiß hier bescheid

Abb. 1: MV hinter Schrebergärten

Aber keiner hat was gesehen, also könnt ihr wieder gehen
Ok, ich muss gestehen: Hier ist es dreckig wie 'ne Nutte
Doch ich glaub', das wird schon wieder mit'n bisschen Spucke
Mein schöner weißer Plattenbau wird langsam grau
Drauf geschissen! Ich wird' auch alt und grau im MV".

Abb. 2: Sido vor Block

Man sieht, wie Sido sich allein durch den Block bewegt, während er rappt. Diese Bilder wechseln mit Bildern, in denen er mit Freunden offenbar auf einem Dach steht. Dann geht es wieder in Sidos Wohnung, wo er durch die gespreizte Jalousie hinunter auf den geklauten BMW an der Straße guckt (0:59, vgl. Abb. 3). Dieses Bild zeigt, dass es auch ein Außen gibt, auf das man aus dem Block blicken kann – aber nur, wenn man darauf herabschaut. Das trifft nicht nur auf den gezeigten Blick zu, sondern auch auf die Polizei, die im Block kein Ansehen genießt, ebenso wie auf die Spießer in den Einfamilienhäusern und Schrebergärten. Der Wagen wird von der Polizei durchsucht. In schnellem Wechsel folgen Bilder des rappenden Sido, allein im Block, mit Freunden an seiner Seite, die teils auch in Großaufnahme gezeigt werden (1:00–1:08). Anschließend wird wieder die Polizei in halbnahen Einstellungen gezeigt, wie sie Bewohner befragt, die aber nicht antworten. Zu den Textzeilen „Aber keiner hat was gesehen, also könnt ihr wieder gehen“ sieht man Sido eine Handbewegung machen, die versinnbildlicht, dass er die Polizei aus dem Block schmeißt (1:12). Das Grau des Märkischen Viertels wird durch Bilder von grauen Hausfassaden betont. Zum Abschluss der Strophe sieht man Sido am Müllschlucker (1:22). Übergangslos geht es zum Refrain über, der nach jeder der drei Strophen wiederholt wird (vgl. Seeliger 2022, S. 116):

> „Meine Stadt, mein Bezirk, mein Viertel, meine Gegend
> Meine Straße, mein Zuhause, mein Block
> Meine Gedanken, mein Herz, mein Leben, meine Welt
> Reicht vom ersten bis zum sechzehnten Stock
> Meine Stadt, mein Bezirk, mein Viertel, meine Gegend
> Meine Straße, mein Zuhause, mein Block
> Meine Gedanken, mein Herz, mein Leben, meine Welt
> Reicht vom ersten bis zum sechzehnten Stock“

Zu Beginn des Refrains ist Sidos Kopf in Nahaufnahme zu sehen, im Hintergrund die Häuser des Blocks. Jedes Wort des Refrains wird von eigenen Bildern begleitet, Freunde im Hintergrund, eine Straßenkreuzung vor einem Wohnblock mit dem Straßenschild (Calauer Straße / Finsterwalder Straße; 1:25), Sido rappend im Anschnitt mit Häuserfassaden im Hintergrund, Sido mit Freunden, ein Berlin-Schriftzug aus Beton unter einer Bahnbrücke (zu den Worten ‚meine Stadt“, um schließlich, wenn es um den sechzehnten Stock geht, mehrere Wohnblocks in Untersicht bis zu den Dächern mit dem blauen Himmel zu zeigen, und einer Straßenlampe am Rand. Durch die Lampe werden die Größenverhältnisse deutlich (1:31). Das Straßenschild (vgl. Abb. 4) dient hier aus Authentizitätsmarker, weil es auf einen realen Ort im Märkischen Viertel verweist.

Die Bilder des rappenden Sido wechseln von Aufnahmen aus einem Innenhof, zu Aufnahmen vor einer Art Wendeltreppe, auf der die Freunde sitzen, zu solchen

Abb. 3: Blick auf BMW

Abb. 4: Calauerstraße/Finsterwaldstraße

von Balkonen und Dächern. All diese Bilder eröffnen andere Blickwinkel auf den Block. Sido – wie auch seine Freunde – werden ebenfalls in Untersicht gezeigt, selbst die Nahaufnahmen von Sidos Gesicht. Diese Perspektive verzerrt die realen Größenverhältnisse. Sie lässt die Personen im Verhältnis zu den Hochhäusern im Hintergrund größer und bedeutsamer erscheinen. Das wird besonders bei den Bildern vom Dach deutlich, wenn die Hochhäuser im Hintergrund klein erscheinen. Der Block, das sind eben nicht nur die Wohnblöcke mit ihren Fassaden. Es sind die Menschen, die das Leben im Block ausmachen. Während im Text des Refrains das Possessivpronomen „mein“ dominiert, machen die Bilder gleichzeitig deutlich, dass es um ein „wir“ geht, da Sido immer wieder mit seinen ‚Homies‘ gezeigt wird.

In den folgenden beiden Strophen stehen die Bewohner*innen der einzelnen Stockwerke im Mittelpunkt. Auf die einzelnen Textzeilen und die entsprechenden bildlichen Darstellungen kann hier nicht im Detail eingegangen werden. Es sollen jedoch allgemeine Muster beschrieben werden. Die im Text angesprochenen Personen aus den einzelnen Stockwerken werden den Zuschauenden mit halbnahen und nahen Einstellungen nähergebracht. Auch im Refrain werden Bilder aus den Wohnungen mit ihren Bewohner*innen, aber auch von Freunden vor den Häusern aufgegriffen, um das Zuhause von Sido in seinem Block zu bebildern, dass eben nicht nur aus den Wohnblöcken, sondern auch aus deren Bewohner*innen mit ihren alltäglichen Handlungen besteht – auch wenn diese Handlungen dem bürgerlichen Normalitätsverständnis zuwiderlaufen, denn es geht in den Stockwerken um verschiedene Sexpraktiken, um Alkoholismus, Drogenkonsum, Suizid, Falschgeld und illegalen Handel. Und Sido ist mittendrin, wie die Bilder zum Refrain zeigen.

Dabei wechselt manchmal auch eine halbnahe Einstellung zu einer Großaufnahme, wenn dadurch Charakterisierungen hervorgehoben werden sollen. Zunächst ist Sido zwischen zwei Frauen in sexy Outfits zu sehen (3:33, vgl. Abb. 5). Nach einem Zwischenbild mit der Gruppe von Freunden mit ihren Hunden werden Details der Frauenkörper gezeigt (3:35, vgl. Abb. 6). Anschließend folgen weitere Bilder der Szene mit den Frauen, in halbnahen und nahen Einstellungen sowie in Groß- und Detailaufnahmen. Diese drei Sekunden machen die generellen Inszenierungsmuster des Videos deutlich. Es findet einerseits ein permanenter Wechsel vom Außen des Blocks in die Innenräume der Wohnungen statt. Dabei wird von Sidos Beobachter- und Erzählerposition zu Szenen gewechselt, in denen Sido beteiligt ist. Die Zuschauenden folgen also nicht nur Sidos Blick in die Wohnungen, den die Kamera stellvertretend für ihn einnimmt, sondern sie werden selbst zu Beobachtern, wenn sie Sido bei seinen Aktivitäten zuschauen können. Dabei schließen statische Bilder an Bewegungsbilder an. Die Zuschauenden werden durch die Kamera von außen nach innen geführt, bis sie ganz nah an den Personen in den Wohnungen ist und sogar auf Details aufmerksam macht. Wir werden gewissermaßen immer mehr in den Block hineingezogen. Dieses Muster findet sich auch in der Abfolge der Refrains wieder. Während beim ersten Refrain nur Bilder außerhalb der Hochhäuser des Blocks gezeigt werden, bleiben sie beim zweiten Mal zwar auch noch vorwiegend außen, zeigen aber auch Bilder aus Zwischenräumen im Block, die die einzelnen Häuser verbinden. In diesen Räumen wird dem Glücksspiel gefrönt. Beim dritten Mal kommen auch Bilder aus den Innenräumen, den Wohnungen zur Geltung. So bewegt sich auch die Wiederholung des Refrains von außen nach innen.

Abb. 5: Sido mit Frauen

Andererseits ist der schnelle Wechsel der Bilder, dem Rhythmus und dem Flow der Raps angepasst. Der Rap gleicht einer „Aufzählung im ‚Staccato-Stil'" (Gruber 2017, S. 273). Diesen übernimmt der Schnitt der Bilder. Über Sidos Rapstil heißt es: „Seine Rhythmisierung ist – wie seine Sprache – sehr schlicht und intuitiv gehalten. Die Wortschwerpunkte stimmen überwiegend mit den musikalischen Betonungen überein, wodurch ein homogener Flow entsteht, der sehr natürlich und ungekünstelt wirkt" (ebd.). Die Bilder, die dies illustrieren, greifen dabei auf die stereotypen Muster der Darstellung von Urbanität im globalen HipHop zurück (vgl. Klein/Friedrich 2003), und auf einfache deutliche Bilder, wie die Straßenschilder, die mehrfach vorkommen.

Zwei der Straßenschilder, das vom Senftenberger Ring und das von der Kreuzung Calauer-Ecke/Finsterwalder Straße (vgl. Abb. 4) steigern den Authentizitätseindruck, da sie auf reale, konkrete Orte verweisen. Das Straßenschild kann aber darüber hinaus auch symbolische Bedeutung haben. Wenn es im Text um den Hausmeister geht, der „aus dem Knast ist", wird kurz das Straßenschild Alt-Moabit gezeigt, gefolgt einer Ansicht der Justizvollzugsanstalt (JVA) Moabit. Die beiden Bilder zeigen zwar konkrete, reale Orte, haben aber zudem eine symbolische Bedeutung, indem sie die Knastzeit des Hausmeisters bebildern sollen. Eine ähnliche Funktion hat die Einblendung des Straßenschilder Bülow- Ecke Steinmetzstraße, zu den Worten „meine Straße, mein Zuhause mein Block" im letzten Refrain (3:42). Diese Straßenecke liegt nicht im Märkischen Viertel, sondern in Schöneberg. Das mag darauf verweisen, dass Sido den Block gewechselt hat. Zur Zeit der Veröffentlichung des Songs wohnte Sido längst nicht mehr im MV (vgl. Munderloh 2017, S. 203). Außerdem hatte das Label Aggro Berlin seinen Sitz ganz in der Nähe, ebenfalls in Schöneberg. Auf das Straßenschild folgt ein Standbild

Abb. 6: Frauenhand auf Schenkel

mit einer Gruppe von ‚Homies', die vor einem blauen Mercedes-Cabrio posieren. Die Kampfhunde wurden gegen einen Mercedes getauscht. Möglicherweise ist das ein Ausblick, der zeigt, dass man den Weg aus den grauen Häusern des Märkischen Viertels finden kann, obwohl Sido am Ende der ersten Strophe reimt: „Mein schöner weißer Plattenbau wird langsam grau. Drauf geschissen! Ich wird' auch alt und grau im MV". Offenbar reicht die Identifikation mit seinem Block doch nicht so weit. Allein aus dem Text im Refrain ist der Wechsel des Blocks nicht zu erkennen, er kann nur über die Bilder aus Schöneberg gesehen werden. Allerdings kehren die Bilder im Rest des Refrains wieder in das Märkische Viertel zurück. So wird der Kreis geschlossen, auch wenn die Möglichkeit des Aufbruchs kurz aufscheinen durfte. Das Video endet mit einem audiovisuellen Abspann, dessen Text lautet: „Yeah, jetzt könnt ihr euch entscheiden. Wer hat den geilsten Block in Deutschland, Alter? Yeah, Beathoavenz Remix. Sido, Aggro Berlin" (3:50–4:03). Zu den ersten Worten werden Bilder aus den Refrains wiederholt. Beim Thema „geil" ist Sido wieder mit den Frauen zu sehen, die sich küssen, während er zuschaut. Zu den Worten „Beathoavenz Remix" wird Sido von dem Produzentenduo eingerahmt. Die Ansage „Sido, Aggro Berlin" erfolgt, indem Sido die Zuschauenden direkt anspricht (vgl. Abb. 7), wobei im Hintergrund noch einmal die Hochhäuser des Märkischen Viertels zu sehen sind. Hinter Sido werden die Häuser durch eine Art Sichtfenster in einem oberen Stockwerk gerahmt. Diese Rahmung fokussiert die Aufmerksamkeit der Zuschauenden noch einmal auf die Wohnblöcke im Märkischen Viertel.

Abb. 7: Sido vor gerahmten Häusern

4. Schlussbemerkungen

Das Video zu *Mein Block* taucht in die ‚hood' von Sido ein, indem es das Viertel sowohl von außen als auch von innen zeigt – nicht nur einzelne Häuser, sondern auch einzelne, spezifische Wohnungen und deren Bewohner*innen. Sido selbst ist häufig von seinen ‚Homies' umgeben. Damit wird eine Gemeinschaft zelebriert, die sich von der in Einfamilienhäusern oder Schrebergärten abgrenzt. Wenn nach dem Intro mit „Steig ein" die Handlung zu *Mein Block* beginnt, wird die ‚hood' nicht mehr verlassen. Das Außen kann man aus den Fenstern sehen, aber da lauert nur die Polizei – und das Innen ist viel interessanter mit den verschiedenen Lebensstilen der Menschen, denen eine bürgerliche Normalbiografie fremd ist. Die ‚hood' ist funktional nach Stockwerken differenziert (vgl. Janitzki 2012, S. 298), ihre Bewohner*innen produzieren mit ihren sozialen Aktivitäten Lokalität und schaffen so Kontexte, die die „existierenden materiellen und konzeptuellen Grenzen der Nachbarschaft" erweitern (Appadurai 1992, S. 185). Für Seeliger (2023, S. 16) changiert *Mein Block* zwischen Affirmation und Empowerment. „Sidos Inszenierung bedient die Vorstellung einer leistungsverweigernden Gruppe sozial Exkludierter, die den fleißigen Angehörigen der integren Mehrheitsgesellschaft zur Last fallen" (ebd.). Diese Lesart verkennt, dass die Menschen dieses Blocks im Märkischen Viertel niemandem zur Last fallen, weil sie eine eigene Gegenökonomie entwickelt haben, die unter anderem auf Tausch basiert. Zumal die Bewohnenden auch mit denen da draußen nichts zu tun haben wollen. Daher ist meines Erachtens die Lesart des Empowerment zutreffender, bei der die „Etablierung einer Gegenidentität der Bewohner*innen" zentral ist (ebd.). Sidos Block ist ein Gegenentwurf zu den singularistischen Lebensformen der neuen Mittelschicht (vgl. dazu Reckwitz 2020, S. 273 ff.). In der Nachbarschaft herrscht das Wir-Gefühl, denn bei allen kleinen Gaunereien bleibt doch der Zusammenhalt wichtig, besonders der gegen die Staatsmacht in Form der Polizei. Weil mit denen erst gar nicht geredet wird (1:10), kann auch niemand verpfiffen werden. Die Zuschauenden können sehen, dass die ‚hood' einen „unmittelbaren lokalen Rahmen der Referenz und der Relevanz" bietet (Forman 2002, S. 63). Sidos Wohnort im Märkischen Viertel wird zum starken „Exklusions- und Inklusionskriterium" (vgl. Janitzki 2012, S. 293). Die Zuschauenden werden durch Bildinszenierungen des Videos tief in das Innen des Blocks hineingezogen, wenn auch nur als Beobachtende.

Bereits Rose (1994, S. 10) hat festgestellt, dass die Themen der Rap-Videos wiederholt um die „lokale Nachbarschaft und die lokale Posse, Crew oder dem Unterstützungssystem" kreisen. Den Rapper in seiner ‚hood' und mit seinen ‚Homies' zu zeigen ist nach Rose (ebd.) ein zentrales Element der Narration von Rap-Videos. Wie in Sidos *Mein Block* handelt es sich vorwiegend um städtische Nachbarschaften, die einen spezifischen Stadtteil, eine spezifische Straße oder einen Block verkörpern. Es ist dieses städtische Umfeld, dass die Mehrheit der Raumartikulationen im HipHop ausmacht (vgl. Forman 2002, S. 26). Diese Muster der amerikanischen Rap-Videos werden in *Mein Block* übernommen. In den Bildern sind „symbolträchtige urbane Orte" zu sehen (vgl. Klein/Friedrich 2003, S. 86), das Märkische Viertel, Hochhäuser, Parkdecks, Straßenschilder, Brücken etc. Auf diese Weise wird visuell Lokalität produziert. Die stereotypen Inszenierungsweisen der global zirkulierenden HipHop-Videos werden in Sidos Video zwar übernommen, aber auch neu kontextualisiert. *Mein Block* ist nicht einfach eine Kopie von amerikanischen Gangsta-Rap-Videos, sondern eine Neukreation, „die neue Bilder, Vorstellungswelten, und lokale Praxisfelder" entstehen lässt (ebd., S. 98). Die Originale werden „zum Teil mit eigenen Narrativen, Symbolen und Idealen aufgeladen" (Dietrich 2012, S. 227). In diesem Sinne ist ein Video wie *Mein Block* glokal, da es die globale Bilderkultur des HipHop mit den Bildern einer spezifischen, lokalen Nachbarschaft verbindet. Nicht nur die Bewohnenden des Blocks produzieren Lokalität, sondern auch das Video selbst.

Der Block im Märkischen Viertel ist neben Sido Hauptdarsteller des Videos. Außen- und Innenansichten der Hochhäuser sind in der Bilderwelt allgegenwärtig. Die Innenräume werden durch die Bewohner*innen zum Leben erweckt. In schneller Folge werden Standbilder und Bilder, in denen Bewegung stattfindet, miteinander verbunden. Im Durchschnitt ist pro Sekunde ein Bild zu sehen. Manche Bilder stehen aber auch nur eine halbe Sekunde, andere vielleicht zwei oder drei Sekunden. Dadurch erhält das Video eine große Dynamik, obwohl es hauptsächlich nur im Block spielt. Im Stil des Gangsta-Rap erzählt Sido nicht nur im Text des Songs von den Lebensverhältnissen dieser speziellen Nachbarschaft, sondern die Bilder weisen über das lyrische Ich des Rappers hinaus, indem sie den Nachbar*innen ein Gesicht geben, und das Wir der ‚hood' mit dem Ich von

Sido zusammenbringen. Im Song erfolgt eine doppelte Adressierung, die neben denjenigen im Einfamilienhaus auch die Zuhörenden meint. Im Video werden darüber hinaus die Zuschauenden adressiert. Die Kamera zeigt ihnen den Block, nicht nur von außen, sondern auch von innen. Sie kommen in eine ähnliche Position wie der allwissende Erzähler Sido, indem sie durch den Blick der Kamera auf und in das Hochhaus blicken können. Ihnen werden auch die Bewohner*innen vorgeführt, von denen ihnen Sido berichtet. Der Rapper hat drei Funktionen inne, die des Erzählers, des Beobachters und des Bewohners, der nicht nur mit den anderen im Haus interagiert, sondern auch mit seinen ‚Homies', die oft im Hintergrund oder neben dem Hauptdarsteller zu sehen sind. Das Video illustriert nicht nur den Text des Songs, sondern erzählt darüber hinaus Sidos eigene Geschichte. Das wird zum Beispiel deutlich, wenn die Hochhäuser des Märkischen Viertels mit den davor liegenden Einfamilienhäusern und Schrebergärten kontrastiert werden (0:45, vgl. Abb. 1). Song und Video produzieren im Text und mit den Bildern Differenz, die wiederum identitätsstiftend wirkt. Auch wenn Lebensformen abseits des bürgerlichen Mainstream-Lebens dargestellt werden, erlaubt insbesondere der Refrain mit seiner schnellen Bildfolge Identifikation und Identität. Sido steht nicht nur zu „seinem" Block, seiner Welt, seinem Zuhause, nein, er ist mittendrin. Wir als Zuschauende werden durch die Kamera in diese Nachbarschaft hineingezogen, dürfen ihre Bewohner*innen kennenlernen, bleiben aber auf unserer Beobachterposition. Die Bilder des Videos verknüpfen so das Außen des Märkischen Viertels mit dem Innen, mit den Menschen, deren Handlungen die spezifische Lokalität dieses Ortes produzieren – und diese für die Zuschauenden sichtbar macht.

Literatur

Appadurai, Arjun (1996): Modernity at Large. Cultural Dimensions of Globalization. Minneapolis: University of Minnesota Press.

Beck, Ulrich (1997): Was ist Globalisierung? Irrtümer des Globalismus – Antworten auf die Globalisierung. Frankfurt am Main: Suhrkamp.

Berking, Helmuth (2006): Raumtheoretische Paradoxien im Globalisierungsdiskurs. In: Berking, Helmuth (Hrsg.): Die Macht des Lokalen in einer Welt ohne Grenzen. Frankfurt am Main: Campus, S. 7–22.

Bock, Karin/Meier, Stefan/Süss, Gunter (Hrsg.) (2007): HipHop meets Academia. Globale Spuren eines lokalen Kulturphänomens. Bielefeld: transcript.

Dietrich, Marc (2012): Von Miami zum Ruhrpott. Analyse von Gangsta-Rap-Performances in den USA und Deutschland. In: Dietrich, Marc/Seeliger, Martin (Hrsg.) (2012): Deutscher Gangsta-Rap. Sozial- und kulturwissenschaftliche Beiträge zu einem Pop-Phänomen. Bielefeld: transcript, S. 187–229.

Dietrich, Marc/Seeliger, Martin (Hrsg.) (2012): Deutscher Gangsta-Rap. Sozial- und kulturwissenschaftliche Beiträge zu einem Pop-Phänomen. Bielefeld: transcript.

Dirlik, Arif (1996): The Global in the Local. In: Wilson, Rob / Dissanayake, Wimal (Hrsg.): Global / Local. Cultural Production and the Transnational Imaginary. Durham und London: Duke University Press, S. 21–45.

Featherstone, Mike (Hrsg.) (1990): Global Culture: Nationalism, Globalization and Modernity. London, Thousand Oaks und New Delhi: Sage.

Featherstone, Mike / Lash, Scott / Robertson, Roland (Hrsg.) (1995): Global Modernities. London, Thousand Oaks und New Delhi: Sage.

Forman, Murry (2002): The 'Hood Comes First. Race, Space, and Place in Rap and Hip-Hop. Middletown: Wesleyan University Press.

Friedrich, Malte (2010): Urbane Klänge. Popmusik und Imagination der Stadt. Bielefeld: transcript.

Gruber, Johannes (2017): Performative Lyrik und lyrische Performance. Profilbildung im deutschen Rap. Bielefeld: transcript.

Heinrich, Hans-Jörg (2007): Rapper im Senegal: Die Botschaft der Straße. In: Bock, Karin / Meier, Stefan / Süss, Gunter (Hrsg.): HipHop meets Academia. Globale Spuren eines lokalen Kulturphänomens. Bielefeld: transcript, S. 117–136.

Janitzki, Lena (2012): Sozialraumkonzeptionen im Berliner Gangsta-Rap. Eine stadtsoziologische Perspektive. In: Dietrich, Marc / Seeliger, Martin (Hrsg.): Deutscher Gangsta-Rap. Sozial- und kulturwissenschaftliche Beiträge zu einem Pop-Phänomen. Bielefeld: transcript, S. 285–308.

Kaya, Ayhan (2001): „Sicher in Kreuzberg". Constructing Diasporas: Turkish Hip-Hop Youth in Berlin. Bielefeld: transcript.

Kimminich, Eva (2007): Rassismus und Publikanismus – Islamismus oder Welt‚bürger'tum? Geschichte, Wahrnehmung und Funktionsmechanismus des französischen Rap. In: Bock, Karin / Meier, Stefan / Süss, Gunter (Hrsg.): HipHop meets Academia. Globale Spuren eines lokalen Kulturphänomens. Bielefeld: transcript, S. 59–74.

Klein, Gabriele / Friedrich, Malte (2003): Populäre Stadtansichten. Bildinszenierungen des Urbanen im HipHop. In: Androutsopoulos, Jannis (Hrsg.): HipHop. Globale Kultur – lokale Praktiken. Bielefeld: transcript, S. 85–101.

Krims, Adam (2000): Rap Music and the Poetics of Identity. Cambridge, New York und Melbourne: Cambridge University Press.

Liebes, Tamar / Katz, Elihu (1993): The Export of Meaning. Cross-Cultural Readings of Dallas. Oxford und Cambridge: Polity (2. Auflage).

Mager, Christoph (2007): HipHop, Musik und die Artikulation von Geographie. Stuttgart: Franz Steiner.

Menrath, Stefanie (2001): represent what ... Performativität von Identitäten im HipHop. Hamburg: Argument.

Mikos, Lothar (2000): Vergnügen und Widerstand. Aneignungsformen von HipHop und Gangsta Rap. In: Göttlich, Udo / Winter, Rainer (Hrsg.): Politik des Vergnügens. Zur Diskussion der Populärkultur in den Cultural Studies. Köln: Herbert von Halem, S. 103–123.

Mikos, Lothar (2003): „Interpolation and sampling": Kulturelles Gedächtnis und Intertextualität im HipHop. In: Androutsopoulos, Jannis (Hrsg.): HipHop. Globale Kultur – lokale Praktiken. Bielefeld: transcript, S. 64–84.

Mikos, Lothar (2023): Film- und Fernsehanalyse. Konstanz und München: UVK/utb (4., überarbeitete und erweiterte Auflage).

Mitchell, Tony (2007): HipHop und die Aborigines: Die moderne Corroboree. In: Bock, Karin / Meier, Stefan / Süss, Gunter (Hrsg.): HipHop meets Academia. Globale Spuren eines lokalen Kulturphänomens. Bielefeld: transcript, S. 39–57.

Mitchell, Tony (Hrsg.) (2001): Global Noise. Rap and Hip-Hop Outside the USA. Middletown: Wesleyan University Press.

Munderloh, Marissa Kristina (2017): Rap in Germany – Multicultural Narratives of the Berlin Republic. In: Schütte, Uwe (Hrsg.): German Pop Music. A Companion. Berlin und Boston: Walter de Gruyter, S. 189–210.

Osterhammel, Jürgen/Petersson, Niels P. (2004): Geschichte der Globalisierung. Dimensionen, Prozesse, Epochen. München: C. H. Beck (2., durchgesehene Auflage).

Reckwitz, Andreas (2020): Die Gesellschaft der Singularitäten. Zum Strukturwandel der Moderne. Frankfurt am Main: Suhrkamp (3. Auflage).

Robertson, Roland (1992): Globalization. Social Theory and Global Culture. London, Thousand Oaks und New Delhi: Sage.

Robertson, Roland (2012): Globalisation or glocalisation? In: Journal of International Communication, 18, 2, S. 191–208. DOI: 10.1080/13216597.2012.709925.

Rose, Tricia (1994): Black Noise. Rap Music and Black Culture in Contemporary America. Hanover und London: Wesleyan University Press.

Roudometof, Victor (2016): Glocalization. A Critical Introduction. London und New York: Routledge.

Seeliger, Martin (2012): Kulturelle Repräsentation sozialer Ungleichheiten. Eine vergleichende Betrachtung von Polit- und Gangsta-Rap. In: Dietrich, Marc/Seeliger, Martin (Hrsg.): Deutscher Gangsta-Rap. Sozial- und kulturwissenschaftliche Beiträge zu einem Pop-Phänomen. Bielefeld: transcript, S. 163–185.

Seeliger, Martin (2022): Soziologie des Gangstarap. Popkultur als Ausdruck sozialer Konflikte. Weinheim/Basel: Beltz Juventa (2., durchgesehene Auflage).

Seeliger, Martin (2023): „Mein Block“. Eine politökonomische Rahmenerzählung. In: Pop-Zeitschrift, 22, S. 25. https://pop-zeitschrift.de/2023/04/04/mein-block-eine-politoekonomische-rahmenerzaehlungautorvon-martin-seeliger-autordatum4-4-2023 (25.07.2023).

Stanković, Peter (2007): HipHop in Slovenien: Gibt es Muster lokaler Aneignung eines globalen Genres? In: Bock, Karin/Meier, Stefan/Süss, Gunter (Hrsg.): HipHop meets Academia. Globale Spuren eines lokalen Kulturphänomens. Bielefeld: transcript, S. 89–103.

Szillus, Stephan (2012): Unser Leben – Gangsta-Rap in Deutschland. Ein popkulturell-historischer Abriss. In: Dietrich, Marc/Seeliger, Martin (Hrsg.): Deutscher Gangsta-Rap. Sozial- und kulturwissenschaftliche Beiträge zu einem Pop-Phänomen. Bielefeld: transcript, S. 41–63.

Toop, David (1992): Rap Attack. African Jive bis Global HipHop. München: Wilhelm Heyne.

Urry, John (2003): Global Complexity. Cambridge: Polity.

Waibel, Saskia (2007): Szenetypische Sprache in der Schweizer HipHop-Chat-Kommunikation. In: Bock, Karin/Meier, Stefan/Süss, Gunter (Hrsg.): HipHop meets Academia. Globale Spuren eines lokalen Kulturphänomens. Bielefeld: transcript, S. 105–115.

Weller, Wivian (2003): HipHop in São Paulo und Berlin. Ästhetische Praxis und Ausgrenzungserfahrungen junger Schwarzer und Migranten. Opladen: Leske+Budrich.

Wilson, Rob/Dissanayake, Wimal (1996b): Introduction: Tracking the Global/Local. In: Wilson, Rob/Dissanayake, Wimal (Hrsg.): Global/Local. Cultural Production and the Transnational Imaginary. Durham und London: Duke University Press, S. 1–18.

Wilson, Rob/Dissanayake, Wimal (Hrsg.) (1996a): Global | Local. Cultural Production and the Transnational Imaginary. Durham und London: Duke University Press.

„Alles ein bisschen grauer“ – Zur Bildästhetik des deutschen urbanen Straßen- und Gangsta-Raps

Ein Gespräch mit Katja Kuhl

Raja Möller und Fabian Wolbring

Im Rahmen der Konzeption vorliegender Anthologie entstand die Idee, transdisziplinäre Interviews mit Protagonist*innen der deutschsprachigen Rap-Kultur zu initiieren. Besondere Bedeutung kommt hierbei der Regisseurin und Fotografin Katja Kuhl zu, deren Beitrag zur Bildästhetik der HipHop-Szene äußerst prägnant ist.

Am 29. März 2023 trafen Fabian Wolbring und Raja Möller Katja Kuhl, um sie bezüglich wechselseitiger Auswirkungen visueller Inszenierungen und künstlerischer Ausdrucksformen des Straßen- und Gangsta-Raps zu befragen.

Fabian Wolbring: Katja Kuhl ist sicherlich für die Bildgebung des deutschsprachigen Rap insgesamt eine der einflussreichsten Personen, die man da überhaupt befragen kann. Deshalb freuen wir uns sehr, dass Katja heute Zeit für uns hat.

Raja Möller: Was würdest du sagen, zeichnet die Ästhetik des deutschen urbanen Gangsta-Rap aus?

Katja Kuhl: Naja, das ist ganz schön schwierig, in einfache Sätze herunterzubrechen. Aber ich glaube, was sich als ein immer wiederkehrendes Visual durchzieht, ist natürlich die Betonästhetik, das Urbane, die Hochhäuser, diese Romantik, die da drinsteckt.

Raja Möller: Würdest du sagen, dass sich auch noch eine spezielle Ästhetik der Straße herausbildet oder geht das alles miteinander einher?

Katja Kuhl: Da gibt es dann verschiedene Unterkategorien. Ich weiß jetzt nicht genau, was mit Straße gemeint ist. Meinst du Ansammlung von vielen Menschen, die im Hintergrund die Straße repräsentieren? Da gibt es halt viele verschiedene immer wiederkehrende Motive. Wenn man es verallgemeinern will, ist das stärkste Motiv für mich eben dieses Beton-Ding – auch in meiner eigenen Visualität. Ich finde die Gradlinigkeit, die in Gebäuden steckt, auch in großen Gebäuden, und wie das dann formal aussieht, spannend. Deswegen ist es ein Teil meiner Ästhetik.

Fabian Wolbring: Also letztlich ist Gangsta-Rap ein globales Phänomen, das ursprünglich vor allen Dingen eben aus Amerika stammt. Ist dieses Moment des Betons etwas, was da auch schon vorgeprägt ist, oder ist das an bestimmte urbane Räume mit Betonlook gebunden?

Katja Kuhl: Natürlich ist im Deutschrap auch das Visuelle von Amerika geprägt, denn die coolen Sachen hat man da gesehen, und ich wollte nicht, dass meine Bilder schlechter aussehen. Also von daher war es weniger so, dass ich etwas kopieren wollte, aber ich wollte, dass meine Bilder ein internationales Qualitätslevel haben. Selbstverständlich habe ich mich mit denen verglichen und habe mir auch immer vorgestellt, wie es aussehen würde, wenn ich jetzt Ice Cube fotografiere. Natürlich sehen in Kalifornien die Motive, die Hintergründe, die Locations ganz anders aus. Wir haben nicht diese Sonne in der Form, deshalb ist alles ein bisschen grauer. Ich kann nur für mich sprechen; auf mich hat alles, was eine gewisse Klarheit hat – und das haben zum Beispiel Gebäude, wenn man keine Bäume sieht – als Hintergrundmotiv eine hohe Anziehungskraft. Deswegen habe ich so etwas immer sehr gerne gewählt. Ein ähnliches Gefühl transportiert zum Beispiel eine texturierte Wand.

Raja Möller: Ice Cube wurde bereits erwähnt. Gibt es noch weitere Vorbilder?

Katja Kuhl: Ice Cube war kein Vorbild. Ganz konkrete Vorbilder im HipHop-Bereich habe ich nicht. Natürlich habe ich mir diese ganzen Cover angeguckt und was mich beeinflusst hat, war eher das Grundgefühl, das dort transportiert wird: Weitwinkeloptik, Farben und wie die Leute so drauf gucken und wie sie so wirken. Mich inspirieren Emotionen vielmehr als klare konkrete Bilder. Die Bilder finde ich schon selbst. Die finde ich in mir und in meiner Wahrnehmung. Den Input, den ich von der Person durch die Musik oder auch durch deren Erscheinung bekomme, übersetze ich dann in meine Wahrnehmungswelt.

Wie gesagt, ich habe da keine konkreten Vorbilder. Es gibt einen Fotografen, den ich visuell immer wahnsinnig spannend fand, aber er hat mit Rap nichts zu tun. Das ist Anton Corbijn. Ich weiß gar nicht, ob er überhaupt Rapper fotografiert hat; vielleicht mal. Aber eigentlich hat er U2 und Depeche Mode und solche Bands fotografiert und dabei ganz harte schwarzweiß Bilder gemacht, die ich einfach wahnsinnig toll fand.

Fabian Wolbring: Ich habe danach noch nicht mal eine richtige Frage: Ich finde es so cool, dass du letztlich über eine Stofflichkeit kommst. Beton, so wie du es beschreibst, hat tatsächlich mehr etwas mit Sinnlichkeit zu tun, die sich eigentlich dann im Endprodukt gar nicht abbildet. Wir verschenken ja keine Betonplatten, sondern eben Cover, die das irgendwie aufrufen. Ist das so die Mechanik dahinter?

Katja Kuhl: Also bei mir ist es auf jeden Fall so, dass ich ein sehr fühlender und assoziativer Mensch bin. Ich versuche eine Person zu fühlen, wenn ich sie sehe. Was ich so empfinde, wie ich das transportieren will und wie ich gerne zeigen möchte, was ich sehe. Und das, was ich sehe, ist natürlich jenseits der für andere sichtbaren Realität. Ich möchte aber gerne, dass die anderen das auch sehen, was ich dazu assoziiere. Letztendlich suche ich dann konkrete Locations aus. Ich fahre herum und gucke, was so passt. Aber erstmal ist es ein Gefühl, das mehr so mit einfachen Sachen, mit Texturen verbunden ist. Beton ist jetzt wirklich ein Schlagwort gewesen, weil das Schlagwort natürlich auch in der Sprache im Hip-Hop häufig erwähnt wird. Ich mag Beton auch als Hintergrundwand. Beton steht natürlich auch für Hochhäuser.

Raja Möller: Ich habe gleich zwei Anschlussfragen: Erstens, außer Beton, welche Motive findest du insbesondere mit Blick auf deren Stofflichkeit noch interessant? Zweitens, du hast mehrfach über das Vermitteln von Emotionen gesprochen. Welche Emotionen möchtest du genau vermitteln?

Katja Kuhl: Weitere Stofflichkeit, außer Beton, würde ich jetzt gar nicht nennen, sondern es sind dann eher so andere Sachen wie Texturen, die ich interessant finde, und es kann eine rostige Wand sein, oder irgendetwas, was gelebt hat, womit etwas im Laufe der Zeit passiert ist, sodass man eine Geschichte assoziieren kann. Licht finde ich auch toll. Es gibt Licht für jede Stimmung. Es ist alles individuell. Ich nehme die Person individuell wahr. Klar, man sieht vielleicht so eine Bildsprache bei mir, an der man erkennt, das Bild hat Katja Kuhl gemacht, weil sich da bestimmt einige wiedererkennbare Elemente auf eine gewisse Art und Weise wiederholen, aber nichtsdestotrotz ist es für mich immer eine neue Interpretation der Person, die ich gerade fotografiere. Ich mag bestimmte Arten von Hintergründen, und Farben sind auch noch ein wichtiger Aspekt gewesen. Heute nicht mehr so wichtig wie früher, aber damals habe ich oft nach farbigen Wänden Ausschau gehalten, weil die so eine gewisse Plakativität haben. Was ich immer sehr gerne mag, ist, etwas Komplexes in was Einfaches zu packen. Also das, was ich so drin sehe, ist relativ komplex, ich versuche es aber möglichst plakativ darzustellen, indem ich versuche, es bildlich zu reduzieren, zu abstrahieren. Beispielsweise ist der Hintergrund ein bisschen unscharf und dadurch lässt sich viel stärker ein Gefühl transportieren, als wenn man alles scharf abbildet.

Fabian Wolbring: Ich würde an deine Frage anknüpfen, bezogen auf Beton. Es ruft in Sekundenschnelle vieles von der urbanen Ästhetik hervor. Das leuchtet ein.

Katja Kuhl: Ja, es hat auch dieses Karge und viel Projektionsspielraum. Da steckt so viel Tristesse drin. Bei dieser Musik spielt eine gewisse Tristesse eine Rolle. Etwas, aus dem man vielleicht ausbrechen möchte oder etwas, was man romantisiert. Das ist schon ein wiederkehrendes Motiv, dessen ich mich bedient habe – ja, nicht nur ich, sondern wahrscheinlich fast jeder Künstler, jeder Regisseur, jeder Fotograf hat das benutzt.

Fabian Wolbring: Eigentlich steht das ja schon so ein bisschen im Widerspruch zu dieser völligen Individualität. Das ist ja schon ein Topos. Na klar, wirkt das auf jeden anders, aber es hat eine gewisse Verbindlichkeit, dass man über so einen Stoff direkt solche Assoziationsketten, wie du sie da gerade anführst, machen kann. Tristesse ist auch ein super Begriff und auch ökonomische Faktoren spielen eine Rolle. Deswegen möchte ich auch über Gefühle sprechen, weil du sagst, du kommst ja auch von dem Gefühl. Man könnte auch sagen, man kommt von einer Wirkung, aber mehr eine, wenn man so will, sensorische Wirkung, keine konkrete intellektuelle und reflektierte.

Katja Kuhl: Ich versuche aber mehr aus der Quelle zu kommen, als dass ich das Endprodukt am Reißbrett entwerfe. Ich möchte einfach gerne erst fühlen und dann denken.

Fabian Wolbring: Aber wenn du jetzt einen Künstler oder einen Song oder, wenn man so böse sprechen würde, ein Kunstprodukt bebildern solltest, dann hast du ja im Prinzip jetzt ein Set an Emotionen, die aufgerufen werden sollen. Wie soll ich mir das genau vorstellen?

Katja Kuhl: In meiner idealistischen Vorstellung ist es natürlich kein Kunstprodukt, sondern es ist mit Herzblut geschrieben. Dass das nicht immer die Realität ist, weiß ich natürlich auch wieder. Ich habe ja auch viele Pop-Videos gemacht und diese sind häufiger Kunstprodukt gewesen. Bei diesen Rap-Videos war es eigentlich so, dass ich schon auch immer glauben konnte, dass es eben kein Kunstprodukt ist. Ich suche inspiriert von der Musik nach den passenden Bildern – und klar, der Künstler hat ja manchmal auch eigene Vorstellungen. Die fließen da auch mit ein. Aber ich überlege, wie das Ding aussehen und wie es sich anfühlen soll. Klar, skizziere ich meine Idee. Ich kann ja nur was beschreiben, wovon ich schon eine Vision habe. Das heißt, die Quelle ist das Gefühl, das ich habe, wenn ich den Song höre, oder wenn ich den Künstler vor mir sitzen habe, ihn kenne und seinen Vibe spüre. Und ich überlege, wie ich den Menschen dann am besten zeigen kann.

Raja Möller: Das ist sehr interessant, denn Fabian stellt die These auf, dass bei Deutschrap eben auch immer ein gewisser dokumentarischer Gehalt ausgegeben werden soll. Dass es eben nicht, wie bei anderer Kunst, rein artifiziell und auch ausgestellt artifiziell ist, sondern dass es auch eine Realität abbildet, auch wenn es offensichtlich, indem es eben in Liedform erscheint, künstlerisch ist.

Fabian Wolbring: Mich würde deine Aufgabe als Künstlerin interessieren. Katja Kuhl ist die bekannteste, würde ich sagen, Deutschrap-Fotografin, als auch eine renommierte Regisseurin für Videoclips. Was würdest du sagen, was ist eigentlich deine Aufgabe gegenüber diesen Rappern und diesen Raps? Wie würdest du sie selbst definieren? Ist das sozusagen deren Kunst bebildern, denen etwas hinzufügen, sie popularisieren, sie verkaufsfähig machen – das wahrscheinlich nicht –, aber wie würdest du deine Aufgabe definieren? Wie müssen wir uns das vorstellen?

Katja Kuhl: Ich habe nie wirklich darüber nachgedacht, was da meine Aufgabe ist, außer natürlich Fotos und Videos zu machen. Es sind tatsächlich zwei verschiedene Sachen. Ein Musikvideo ist schwieriger zu kreieren, weil viel mehr Menschen dafür nötig sind, weil es viel teurer ist und weil es viel mehr Vorbereitung und auch Geduld benötigt. Das heißt, es muss auch besser geplant werden. Man muss dann auch besser erklären, was man da vorhat. Ich möchte natürlich ein tolles Video machen. Eins, was man fühlen kann. Und ich möchte gerne den Song etwas erhöhen, also ihn auf eine anders begreifbare Ebene stellen. Im Idealfall hilft das dabei, den Song noch besser auf einer emotionalen Ebene zu verstehen. Das gelingt manchmal besonders gut. Zum Beispiel beim *Napalm*-Video für Azad hat es wirklich sehr, sehr gut funktioniert. Ich habe selbst Angst bekommen als ich im Schnitt saß. Diese Emotionalität, dieses Düstere – das war so brutal. Beim Drehen wusste ich noch nicht, dass sich die Bilder so stark reduzieren lassen, dass die Wirkung so brutal wird. Das war das erste Mal, dass ich gemerkt habe, das klappt mit diesen Emotionen. Und ich glaube auch, dass das Video, also diese Bebilderung, sehr dabei geholfen hat, den Song zu verstehen, Azad zu verstehen und das gesamte Thema von dem Straßen-Rap-Ding zu verstehen.

Bei den Fotos ist es alles ein bisschen einfacher, weil ich mit ganz wenig Personal gute Fotos machen kann. Das funktioniert sogar auch, wenn nur der Künstler und ich losziehen. Ein Fotoshooting ist unmittelbarer. Man kann sofort das Bild zeigen. Früher haben wir noch analog fotografiert. Da konnte ich während des Shootings noch nichts zeigen. Aber seit Mitte der 2000er ist es ja ein ganz einfacher Workflow. Ich sage so „guck mal das" und zeige ein paar Bilder, die wir eben gemacht haben. So können wir gut miteinander kommunizieren. Bei einem Foto geht es mir darum, möglichst meinen Gesamteindruck des Künstlers in einem Bild darzustellen. Da versuche ich schon auch etwas Ikonenhaftes zu schaffen. Der Betrachter soll etwas fühlen. Ich versuche, etwas Abstraktes darzustellen, es so weit zu stilisieren, dass man etwas darauf projizieren kann, das ein bisschen größer ist als die einzelnen Teile, die wir vorher auf dem Tisch liegen hatten.

Raja Möller: Darf ich direkt mal nachfragen, wie der Ablauf ist? Du bekommst ein Lied zugeschickt und denkst dir dazu was aus, oder gibt es dann noch ein Vorgespräch, oder wie genau läuft das in der Planung?

Katja Kuhl: Es gibt solche Fälle und solche Fälle. Oftmals bekomme ich den Song zugeschickt und wenn ich den Künstler kenne, spreche ich mit ihm direkt und wir überlegen gemeinsam, was wir machen. Für Moses Pelham habe ich seit Anfang der Zweitausender fast alle seine Musikvideos gedreht. Er schickt mir dann einen Song und sagt: „Guck mal, hier will ich ein Video zu drehen". Manchmal hat er eine konkrete Vorstellung, manchmal hat er auch keine visuelle Idee. Wir reden dann darüber und ich sage ihm, was ich mir darunter vorstellen kann usw. Bei Olli Banjo ist es genauso. Er hat auch sehr viele eigene konkrete Vorstellungen. Wir werfen unsere Ideen zusammen und machen dann gemeinsam etwas daraus.

Es gibt aber natürlich auch Projekte, wo ich den Song bekomme und dann selbstständig meine Idee skizziere ohne Input vom Künstler oder auch ohne Input auch von der Plattenfirma. Das sind dann oftmals Pitches. Da werden verschiedene Regisseure angefragt und dann muss jeder Regisseur ein Konzept schreiben. Da hat man dann leider nicht die Möglichkeit, sich mit dem Künstler vorher zu besprechen, sondern hat dann ein kurzes Briefing bekommen, worin steht: „Wir haben so viel Geld und wir wollen ein geiles Video". Und dann schreibt jeder, der angefragt wurde und Lust auf das Projekt hat, ein Konzept. Anschließend entscheidet die Plattenfirma oder/und der Künstler, welches Konzept gedreht wird.

Fabian Wolbring: Ich hätte eine medienhistorische Frage dazu, weil du es gerade auch mit Leuten wie Azad und so sagst. Diese Szene muss man ja quasi vor dem Musikfernsehen sehen. Da waren eigentlich ja VIVA und MTV ein bisschen die Orte, um Musik zu popularisieren. Das Musikvideo hat dann auch eine andere bzw. eine sehr große Bedeutung, um überhaupt eine Single zu platzieren und sich bekannt zu machen in diesen Musikfernsehstrukturen. Und dann ändert sich ja doch manches hier und da. Musikfernsehen ist durch, YouTube auf der anderen Seite ist sehr populär und es gibt die Möglichkeit für jeden, Musikvideos zu drehen. Das macht anscheinend auch jeder. Film ist billig geworden, klingt so böse, aber zugänglich. Es ist entprofessionalisiert. Kannst du einschätzen, ob das Musikvideo für den deutschsprachigen Rap an Bedeutung verloren hat? Hat sich da was verändert?

Katja Kuhl: Das Visuelle hat nicht an Bedeutung verloren, im Gegenteil. Ich glaube, das Visuelle ist so wichtig wie noch nie. Mit diesen ganzen sozialen Medien habe ich den Eindruck, dass das Musikvideo selbst so wie wir es jetzt die ganzen letzten 40 Jahre gekannt haben, vielleicht nicht mehr ganz so wichtig ist. Wichtiger sind jetzt halt diese Social-Media-Dinge.

Fabian Wolbring: Es ist aber jetzt schon für mich interessant, weil man sich fragt, was eigentlich wie wichtig ist. Das ist natürlich auch Quatsch, denn es ist ja auch unterschiedlich. Aber natürlich wird Rap oft sehr Text-zentriert, sehr Rapper-zentriert gedacht; oft geht die Musik schon flöten. Und diese visuelle Ebene und die Modeebene, die werden oft übersehen. Und für die Popularisierung von Rap, Ende der 90er, Anfang der 2000er, ist das Musikfernsehen eigentlich ein ganz wichtiges Moment, wichtiger als das Radio.

Katja Kuhl: Ich glaube, dass die Musikvideos, so wie ich sie viel gemacht habe, in den 2000ern wirklich sehr wichtig waren. Sie haben aber – genau wie du sagst – an Wichtigkeit bzw. Wert verloren, weil die Technik billiger wurde und quasi jeder plötzlich Zugang dazu hatte. Das meine ich jetzt gar nicht böse, aber Quantität hat ein bisschen die Qualität geschlagen. Das heißt jetzt nicht, dass jedes billige Video schlecht ist. Aber früher wurde natürlich viel mehr Fokus auf ein Video gelegt oder auf zwei oder drei, die man für das gesamte Album gemacht hat. Mittlerweile wird ja fast zu jedem Song ein Video gemacht und da ist dann fast egal, was das für ein Video ist, aber Hauptsache man sieht den Künstler. Durch Social Media sind Künstler oft gezwungen, am Tag mehrere Posts zu machen. Wie willst du qualitativ hochwertige Posts machen, wenn du so eine Menge an Material kreieren musst. Das ist ja schon auch schwierig. Platz für Kunst ist da nicht mehr so viel. Zumindest nicht bei jedem Künstler.

Raja Möller: Könnte man sagen, dass so eine richtige Hochglanzproduktion gar nicht so im Sinne dieser Straßen-Ästhetik ist? Möchte man da sowieso eine gewisse Gemachtheit ausstellen?

Katja Kuhl: Dieses Hochglanz-Ding ist mehr eine Stilfrage. Das passt bestimmt zu einigen Songs supergut und zu anderen Songs passt es halt wiederum überhaupt nicht. Manche Songs sind besonders dreckig. Dann ist es vielleicht ein spannender Kontrast, dazu ein Hochglanz-Video zu machen. Es kommt natürlich auf die Idee an, aber man muss ja nicht immer die teuersten Mittel benutzen, um etwas toll auf den Punkt zu bringen. Ich würde das nicht so gerne verallgemeinern. Es gibt ja auch aktuell im Straßen-Rap-Video immer irgendwelche sehr teuren aufwändigen Produktionen, die ja schon auch erfolgreich sind. Specter haut ja auch immer mal wieder einige krasse Videos raus, die nicht billig sind und wo ganz schön auf die Kacke gehauen wird. Es muss der Künstler dazu passen und auch der Erfolg des Künstlers. Natürlich kostet ein Hochglanz-Videos mehr als ein selbst gemachtes Handyvideo, aber auch ein Handy-Video kann gut sein, wenn die Idee dahinter originell, der Song geil und der Künstler super ist.

Raja Möller: Wir haben schon so ein bisschen medienhistorisch nachgefragt und würden natürlich nun auch gerne auf *Mein Block* zu sprechen kommen. Wir haben uns gefragt, ob man mit dessen Erscheinen eine Art bildästhetischer Zäsur in Videos speziell und im Gangsta-Rap allgemein erkennen kann?

Katja Kuhl: Also ich finde auch, dass *Mein Block* grundsätzlich ein Wendepunkt war. Das war halt einfach der erste Hit, der krasseste Hit. Als ich das Video das erste Mal gesehen habe, dachte ich: „Ach scheiße, wie krass ist das denn?" Das war ein Song, der den Straßen-Rap plötzlich in die Wohnzimmer von allen gebracht hat. Auch Leute, die nie Rap gehört haben, fanden den Track geil. Und das Video dazu hat einfach super gepasst. Ich kann mich aber jetzt nicht erinnern, dass das Video an sich alle anderen nachkommenden Videos so massiv verändert hätte. Das würde ich eher nicht sagen. Auf Fotos hatte das meiner Meinung nach auch keinen Einfluss. Das Albumcover war ja gar kein klassisches Foto des Künstlers, wenn ich mich recht erinnere, sondern nur die Maske. Ich finde aber, dass es ein Meilenstein im Deutschrap ist. Das war einfach alles so ein tolles, rundes Produkt und dann war noch dieser Witz dabei.

Raja Möller: Da sind wir jetzt natürlich erleichtert, denn ich hatte jetzt gerade schon fast befürchtet, dass du sagst: „Nö, man hat keinen Unterschied wahrgenommen".

Katja Kuhl: Nein, der Impact von dem Ding, der ist enorm. Mir fällt nichts Vergleichbares ein. Ich erinnere mich an nichts, was so einen Impact hatte – weder davor noch danach im deutschen Rap. Es ist auch immer noch unerreicht und dient als Blaupause. Natürlich hat sich die Musikwelt weiterentwickelt, was so Songs wie *Mein Block* betrifft. Da gibt es halt auch andere Hits, aber dass jemand es schafft, harten Rap in alle Wohnzimmer zu bekommen, das ist halt schon eine ganz besondere Leistung.

Fabian Wolbring: Wieder mehr so eine These, als eine Frage, aber ist es nicht vielleicht auch so, weil es Beton ist, der auch da aufgerufen wird, sowie viel von dieser klassischen Urbanität aufgerufen wird – wenn du auch von diesen Gefühlen oder Emotionen herkommst – Spaß ist doch etwas, was dieser Song transportiert, was eigentlich schwer in dieser Ästhetik zu transportieren ist.

Katja Kuhl: Das ist halt dieser Wortwitz von Sido und wie er das vorträgt. Man konnte ihn damals ja nicht sehen, weil er diese Maske trug, aber das Augenzwinkern dahinter und dieser Schalk, der ihm im Nacken sitzt, der ist da ja auch spürbar. Das war nicht nur düster, deswegen war das ja auch so erfolgreich.

Raja Möller: Es freut uns jetzt wiederrum das zu hören, weil wir auch unter den Herausgebern dieses Sammelbands die Frage diskutiert haben, ob man eigentlich bei Sido von Anfang an dieses Augenzwinkern gesehen hat. Gerade im

Unterschied zu Bushido, bei dem wir zumindest dieses Augenzwinkern nicht so sehr gesehen haben. Wir sind der Meinung, dass Sido deshalb den Sprung in den Mainstream geschafft hat, weil er sich im Nachhinein davon distanzieren konnte und sagen konnte, „ach ja, das war ja alles irgendwie eher so ein Scherz".

Katja Kuhl: Der Charme steckte ja eigentlich darin, dass es nicht im Scherz gesagt wurde, sondern es wahrscheinlich seine Wahrheit war, aber wenn er dann nochmal so ein bisschen mit den Augen zwinkert, muss der Zuhörer dann vielleicht doch nicht alles so ernst nehmen. Ich glaube auch nicht, dass Bushido sein Zeug auch nur annäherungsweise witzig gemeint hat. Das sind einfach zwei unterschiedliche Herangehensweisen. Sido meint seine Sachen sicher auch ernst, zeigt dabei aber eher seinen Humor.

Raja Möller: Dann ist immer meine Aufgabe in diesen Gesprächen einmal kurz die Gender-Rolle zu thematisieren: Und zwar möchte ich dich fragen, ob Gangsta-Rap und generell diese Straßen-Ästhetik eigentlich männlich codiert ist? Wie siehst du das?

Katja Kuhl: Es gibt heute ja durchaus Frauen, die Straßen-Rap sehr erfolgreich und sehr gut machen. Die gab es früher nicht. Nicht so populär, auch nicht so viele. Ich würde sagen, dass die Tatsache, dass es viel, viel mehr Männer gibt, die das machen, nicht bedeuten muss, dass es deswegen eigentlich männlich kodiert ist. Es ist halt verbreiteter, aber die Tatsache, dass es so wenig Frauen machen, könnte daran liegen, dass sie das Thema vielleicht nicht so interessant finden.

Raja Möller: Und wie würdest du sagen, wird Männlichkeit im Gangsta-Rap-Kontext inszeniert? Gibt es da spezielle Aspekte, die ganz besonders in Szene gesetzt werden, oder ist das eigentlich immer ganz individuell?

Katja Kuhl: Wenn man mal die Videos guckt, dann ist ja auch völlig klar, wie das da funktioniert: dass die Männlichkeit oft mit mehreren spärlich bekleideten Frauen, dicken Autos und anderen Statussymbolen definiert wird. Das ist aber nicht unbedingt das Stilmittel, was sich wiederholt bei mir findet. Klar, ich habe auch mal mit Tänzerinnen gearbeitet und Autos habe ich auch schon immer mal in meinen Videos gehabt. Männlichkeit auf so eine Art und Weise darzustellen, spielt aber nicht unbedingt eine Rolle in meiner Arbeit.

Fabian Wolbring: Aber vielleicht trotzdem so eine Frage: Es gibt ja auch noch eine große gesellschaftliche Kritik gerade an Gangsta-Rap und auch an Artists, mit denen du gearbeitet hast, und vielleicht auch an den Emotionen, die die hervorrufen. Du hast von Brutalität gesprochen, die aufgerufen wird, aber vielleicht auch eine Coolness. Siehst du da eine Problematik? Siehst du deine Verantwortung für dich, als jemand, der das popularisiert und in Szene setzt? Gerade weil es ja eine Jugendkultur ist. Wie schätzt du das ein?

Katja Kuhl: Als ich das *Napalm*-Video gedreht habe, habe ich schon darüber nachgedacht, ob ich da mit dieser Dichte von Menschen mit Sturmmasken nicht Gewalttätiges verherrliche. Aber das ist eigentlich gar nicht das Ziel meiner Arbeit. Ich will ja gar nichts verherrlichen und will einfach nur ein Gefühl einfangen und darstellen. So, wie man halt in der Kunst versucht, was darzustellen. Das hat für mich auch nichts Politisches gehabt oder so. Ich habe meine eigenen Grenzen und es gibt Sachen, die möchte ich nicht machen.

Fabian Wolbring: Könntest du denn auch Musik bebildern, die dir selbst gar nicht zusagt?

Katja Kuhl: Ich habe schon Musikvideos gemacht oder auch Künstler porträtiert, deren Musik mir jetzt nicht so gut gefällt. Wenn ich ein Video für einen Künstler gemacht habe, dessen Musik ich nicht unbedingt krass gefeiert habe, dann gab es irgendetwas anderes, was ich daran toll fand. Sei es der Künstler selbst oder die visuellen Ideen, die der Song bei mir ausgelöst hat. Irgendetwas, was ich an dem Projekt feiere, brauche ich aber immer.

Raja Möller: Und was würdest du jetzt sagen, zeichnet dich so speziell aus? Was macht die Katja-Kuhl-Ästhetik aus?

Katja Kuhl: Ist natürlich eine Frage, die man anderen Leuten stellen muss. Ich zeige halt das, was ich sehe, das ist meine Realität. Ich weiß, dass es viele Leute gibt, die meine Bilder oder meine Fotos sofort identifizieren können, wenn sie sie sehen. Ich sehe oftmals keinen so großen Unterschied wie ihn andere Leute sehen. Ich kann schlecht über meine eigene Arbeit in der Form sprechen.

Raja Möller: Was war eigentlich dein Initiationsmoment in die HipHop-Szene?

Katja Kuhl: Olli Banjo würde ich mal sagen. Ich habe ihn 1993 in Aschaffenburg kennengelernt. Wir haben zusammen ein Fotoshooting für einen Artikel im Main Echo, das ist die Aschaffenburger Zeitung, gemacht. Und 2000 das *Napalm*-Video, was karrieremäßig für mich ein Wendepunkt war, weil es in der HipHop-Szene etwas bewegt hat. Ab da wurde ich plötzlich wahrgenommen und respektiert. Das Genderding spielte überhaupt keine Rolle. Du machst was und das wird respektiert. Dann fragt keiner danach, ob das Video von einer Frau oder einem Mann gedreht wurde. Du hast nur das Ergebnis. Das ist das Entscheidende.

Fabian Wolbring: Daran würde ich zumindest nochmal eine Beobachtung anknüpfen wollen. Es ist ja schon auffällig, dass gerade zu der Zeit eigentlich alle Akteure männlich sind. Das ist ja nun ein Befund, den man nicht tilgen kann, bis auf einige Ausnahmen, die dann auch nur direkt sehr populär werden, wie beispielsweise Sabrina Setlur. Und meine Einschätzung ist aber, dass, wenn man den Scope ein bisschen weitet – zum Beispiel die Frage nach Regisseuren und Management, also die Leute, die auch an diesem HipHop-Ding partizipieren, aber gerade eben nicht so im Rampenlicht – dass dann doch viel mehr weibliche Akteure auch in den Blick geraten. Ist das so?

Katja Kuhl: Ich glaube, dass es damit zusammenhängt, dass wahrscheinlich wenig Frauen Lust darauf hatten. Es gab nicht so viele, außer Sabrina Setlur, die sehr populär war. Dann gab es Cora, aber die war ja nicht so populär außer im Rapkontext. Die Musik haben hauptsächlich Jungs gehört. Ich selbst habe zwar sehr gerne HipHop gehört, aber meine Freundinnen fanden die Musik scheiße. In meinem Umfeld kannte ich keine Frau, die Bock hatte, zu rappen. Ich glaube, das hängt damit zusammen, dass es wenig Vorbilder gab und wenn es wenig Vorbilder gibt, gibt es ja auch nur Wenige, die dem nacheifern wollen. Wenn dann eine Frau mal Bock hat, dann muss sie auch erst einmal gut genug werden, um durchzubrechen und es war früher noch viel schwieriger, einen Durchbruch hinzulegen. Jetzt kannst du viel mehr aus eigener Kraft machen, jetzt hast du auch Chancen, wenn du keinen Plattenvertrag hast, aber das waren damals so viele Schritte und so lange Wege, die gegangen werden mussten, dass es mich nicht verwundert. Trotzdem würde ich das nicht zwangsläufig auf irgendwelche Gender-Sachen runterbrechen. Solange es keine erfolgreichen oder nur wenig erfolgreiche weibliche Vorbilder und Erfolgsbeispiele gab, spielte es allerdings bestimmt bei gewissen Leuten in der Industrie eine Rolle, die dann gesagt haben: „Es ist eine Frau. Wer soll denn das kaufen?" Der Großteil der Rap-Hörer war halt männlich. Die wollten wahrscheinlich nicht unbedingt einer Frau zuhören. Im Mainstream war das anders. Wie bei Sabrina Setlur, die Mainstream-Hits hatte. Wann war das mit *ja klar?* Hatte sie nicht sogar das allererste Nummer 1 Rap-Album? Sabrina hatte mit 3p ein super Label und mit Moses einen super Produzenten. Man sieht ja auch, wie viele erfolgreiche Frauen es jetzt im Rap gibt. Ganz unabhängig von irgendwelchen Genderdiskussionen sehen jetzt viele junge Frauen eine erfolgreiche Frau, die krasse Sachen rappt, und die das auch machen wollen. Es wird wahrscheinlich in Zukunft noch viel mehr Frauen geben, jetzt, wo sie sehen, was möglich ist.

Fabian Wolbring: Dem würde ich nicht widersprechen wollen, aber ich finde eben gerade interessant, dass es ja offensichtlich doch eine Ästhetik gibt, die damals zumindest für Jungs irgendwie attraktiver war. Das ist jetzt auch nicht völlig überraschend, da es um Aggressivität und Coolness und teils auch um Männlichkeiten geht. Das ist jetzt keine bewusste Exklusion, sondern das ist dann eben einfach für bestimmte Leute interessanter als für andere. Aber ich finde schon, dass es irgendwie auch ein Ort ist, an dem Männlichkeit viel verhandelt wird. Und es wird auch zu einem Sehnsuchtsort für irgendwelche abgehängten Männlichkeiten. Es sind ja auch viele Jungs, die zuhause den ganzen Tag *World of Warcraft* spielen und sich dann aber gerade an diese hypermaskulinen Ghetto-, Gewalt-, Abou-Chaker-Ästhetik-Orte träumen.

Katja Kuhl: Man muss aber auch wirklich sagen, das gab es ja auch schon Anfang der Zweitausender. Ich denke nur an dieses mzee.com-Forum, wo ich Shitstorms das erste Mal wahrgenommen habe. Damals gab auch schon diese ganzen Pickel-Jugendlichen, die zwar kein *World of Warcraft* gespielt haben, aber wahrscheinlich trotzdem PlayStation gezockt haben und dann haben sie ihre Sehnsüchte und ihre Demütigungsnummern halt in dem Forum ausgelebt. Das hat sich eigentlich auch nicht groß verändert. Oli hat damals mit Roey Marquis mal so einen Track gemacht, der heißt *Pickel*, und da geht es genau um diese pickeligen Jungs, die im Internet einen auf dicke Hose machen. Vorher hast du dir nur vorgestellt, dass sie so aussehen, jetzt siehst du sie ja, wie sie bei TikTok live gehen.

Fabian Wolbring: Dein Impact ist bis heute echt groß. Also dieser bildästhetische Einfluss. Wenn man sich das *Napalm*-Video anguckt, dieser Spirit hat ja noch andere Videos gecatcht.

Katja Kuhl: Ja, es war das erste. Das gab es vorher nicht in Deutschland. Das war das allererste und es wurde kopiert. Als ich das erste Mal ein Bushido-Video gesehen habe, dachte ich mir, die haben ein bisschen zu viel mein Video gesehen.

Fabian Wolbring: Das ist auch mein Eindruck. Gerade jetzt in dieser Low-Budget-Ära versuchen ja Leute, diese Effekte gerade auch aus deinen Videos zu klauen. Mir ist heute erst aufgefallen, wie schnell man Urbanitäten wie Beton aufgerufen kriegt und dann stellen sie sich heute einfach mit ihrer Handycam hin und versuchen im Prinzip, diese Ästhetik aufzurufen.

Katja Kuhl: Das ist ja keine Erfindung von mir. Ich habe einen ganz großen Werkzeugkasten von Motiven, von Ideen und Gefühlen, von Eindrücken, die ich in meinem Kopf abgespeichert habe. Und wenn ich eine Aufgabe bekomme, ein Foto oder ein Video zu machen, dann benutze ich halt die Werkzeuge, die ich habe, und da ist eine Location auch nur eine Art Werkzeug, im weitesten Sinne des Wortes natürlich.

Fabian Wolbring: Aber das spricht ja jetzt doch wieder für einen sehr professionellen, bewussten, reflektierten, verzweckten Blick auf dieses Instrumentarium, was du hast.

Katja Kuhl: Zuerst habe ich ein Gefühl. Das ist die Quelle und die nächsten Schritte passieren dann ja nicht zufällig. Selbstverständlich bringe ich eine Struktur in meine Arbeit. Du kannst kein Geld annehmen, wenn du das nicht zuverlässig auf Papier bringen oder in Pixel umsetzen kannst. Ich bin ein sehr strukturierter Mensch, aber ich habe einen direkten Zugang zu meinen Inneren, um meine Gedanken und Empfindungen zu übersetzen. Natürlich habe ich Erfahrungen gemacht, auf die ich in gewissen Situationen immer zurückgreifen kann. Ich habe ja auch eine Kamera, die ist auch ein Werkzeug. Wenn ich vorhin den Eindruck erweckt habe, ich würde strukturlos arbeiten und alles passiert zufällig, dann habe ich mich vielleicht falsch ausgedrückt.

Fabian Wolbring: Wenn du das sagst, ist das wahrscheinlich gar keine Konkurrenz der Kunstverständnisse. Es gibt halt immer so ein bisschen so etwas, wie den genialischen Impuls – aus der Seele spricht der Künstler oder die Künstlerin. Es spricht für eine gewisse Handwerklichkeit, wenn man sagt: „Okay, ich kriege den und den Effekt gebaut, würde ich das und das und das machen".

Katja Kuhl: Vielleicht verwechselst du da einfach etwas. Wenn ich etwas fotografiere, dann weiß ich ja auch schon, wie es auf meinem Endbild aussehen wird, wie ich es dann so bearbeite, dass es mein Gefühl verstärkt. Nur, weil ich meine Werkzeuge bewusst wähle, heißt es ja nicht, dass ich irgendeinen Impact am Reißbrett entwerfe, sondern ich habe eine Vision und ich versuche mit allem, was ich kann und was ich in den letzten 30 Jahren gelernt habe, meine Bilder zu perfektionieren. Da ist immer noch ganz viel Platz für Gefühl und auch natürlich für Sachen, die dann einfach passieren. Aber die passieren halt alle in einer gewissen Struktur, die ich mir erarbeitet habe.

Ein Cover aus der jüngeren Zeit beispielsweise, auf das ich sehr stolz bin, ist für Fler das *Vibe*-Cover. Das ist so ein Bild mit einer angeblitzten Bewegungsunschärfe. Wir haben uns in meinem Kellerstudio eine halbe Nacht um die Ohren gehauen und waren beide total unzufrieden, weil es einfach nicht den Vibe hatte, den es haben sollte. Wir hatten ursprünglich ganz andere Ideen. Und als wir beide schon genervt waren, weil es nicht funktionierte, habe ich nochmal ein bisschen was Technisches mit Bewegungsunschärfe probiert. Daraufhin schlug Fler vor, dass wir das auf die Straße bringen müssen. Dann sind wir los, haben dann aber um 04:00 Uhr morgens aufgehört, und das Ganze auf den nächsten Tag verschoben. In der Nacht habe ich noch darüber nachgedacht, wie wir dieses Bewegungsunschärfe-Ding noch besser auf den Punkt bringen können. Und dann dachte ich ans Reinblitzen. Das haben wir dann am nächsten Tag umgesetzt und dabei ist das Cover entstanden. Das ist immer so ein bisschen ein Zufallsding. Bei der Bewegungsunschärfe ist viel Platz für Magie, weil du das Ergebnis nicht hundertprozentig kontrollieren kannst. Die Kamera bewegt sich, der Mensch bewegt sich, da passiert was und dann blitzt du halt einen Bruchteil der Sekunde rein.

Dieses Bild wäre nicht entstanden, wenn ich nicht die Erfahrung und das Wissen gehabt hätte. Ich weiß nicht, ob ich das jetzt ein bisschen besser darlegen konnte.

Fabian Wolbring: Das finde ich sehr, sehr einleuchtend.

Raja Möller: Gut, dann können wir zum Schluss kommen, vielen Dank. Das war sehr bereichernd für uns, die wir sonst eher aus wissenschaftlicher Perspektive die Gegenstände wahrnehmen. Dann ist es besonders schön, die Leute, die tatsächlich an der Entstehung beteiligt sind, zu sprechen, vielen Dank, liebe Katja!

Die ungeschnittene Aufnahme des Interviews mit Katja Kuhl ist unter folgendem Link aufrufbar:
www.youtube.com/playlist?list=PLLmr_XhQwwKNRduaQcnXGQXTtRjKxHdy_

III. Kontext

Fear of a Block Planet: Von der RAF bis RAP – Über Aktivismus, Ablehnung und die Anfänge von HipHop im Märkischen Viertel

Fionn Birr und Falk Schacht

Es gibt eine Zeit vor, während und nach *Mein Block*. Das monolithische Meisterwerk von Sido, dessen Bedeutung und Einfluss nur unterschätzt werden kann. Dieser Text ist ein Versuch, sich diesem Phänomen und seiner historischen Bedeutung anzunähern, den Menschen hinter der Figur Sido greifbarer zu machen und darüber hinaus, sich dem realen Entstehungsort so dicht wie möglich anzunähern, der hinter dem Song *Mein Block* steht.

Vor dem Charterfolg von *Mein Block* war weder das Märkische Viertel noch Sido selbst eine große Berühmtheit. Das MV war ein Berliner Stadtteil, von dem ein paar in Deutschland vielleicht mal gehört hatten. Anders als etwa Berlin-Kreuzberg, das auf eine organisch gewachsene Struktur und Geschichte zurückblicken kann, die bis ins Mittelalter reicht, ist das Märkische Viertel eine künstlich angelegte Siedlung vom Reißbrett. Das ‚MV' existiert real erst seit Mitte der 60er Jahre des 20. Jahrhunderts. Für die Entwicklung eines Stadtviertels ist das eine verdammt kurze Zeit, was für sehr viele Probleme der Geschichte verantwortlich ist, über die wir hier schreiben.

Doch bevor wir in die Historie des Märkischen Viertels eintauchen, müssen wir uns erst mit dem Autor von *Mein Block* auseinandersetzen.

Ein Künstler, dessen Musik auch nach 20 Jahren Karriere zu den zehn meistgestreamten Künstlern Deutschlands gehört und der sich in dieser Zeit nie zu schade war, die Hosen runter zu lassen. Der einem immer tiefe Einblicke in seine emotionale Welt gab und der die Öffentlichkeit an seinen Siegen wie auch Niederlagen teilhaben ließ.

Von der Geburt hinter dem Eisernen Vorhang und dem jahrelangen Verheimlichen dieses Faktes, von der Heirat bis zur Scheidung, von ehelichen bis unehelichen Kindern, von Faustschlägen gegen TV- Moderatoren, von der Teilnahme an zig Fernsehsendungen zur Schauspielerei in Kinofilmen bis hin zu Live-Streams vom Sofa und Konzerten vor hupenden Autos während der Corona-Pandemie, ist Sido wie sein Block inzwischen auch „alt und grau", nur wohnt er schon lange nicht mehr im MV.

Sidos Bandbreite reicht von Gedanken über Verschwörungstheorien, dem Veranstalten von Talkrunden mit dem Gesundheitsminister zur Legalisierung von Cannabis, der Entwicklung eines eigenen Gins und Wodkas, bis zum mehrwöchigen Drogenentzug in einer Psychiatrie – Sido ist nicht umsonst die Abkürzung für *Super Intelligentes Drogen Opfer*. Dieser Sido erhielt Dutzende Preise und Auszeichnungen, aber nach mehr als 20 Jahren in der Öffentlichkeit, überkamen ihn Identitätszweifel, wo die Trennung zwischen der Kunstfigur Sido und der Privatperson Paul Würdig liegt?

Die hohe Kunst des Rappers besteht nicht nur in seinem Aufstieg, sondern vor allem in der Kontinuität seines Erfolges. Die Fähigkeit, immer wieder den Spagat zwischen Authentizitätsanspruchs im HipHop[1] und dem kalkulierten und schmerzbefreiten Einzug in den deutschen Pop-Mainstream auszubalancieren. Sidos Karriere verläuft vom „Arschficksong" bis zum „Astronaut". Er hat „Bilder im Kopf" und „Tausend Tattoos", das ein Millionenpublikum summt, und trotzdem den Respekt des HipHop-Undergrounds. Es dürfte zum einen nicht mehr viel geben, was Sido nicht schon gemacht hat, und zum anderen klar sein, dass hier jemand ist, der durch sein Leben rast und versucht, jede Minute auszukosten, die er hat.

Deshalb hat Sido 2024 natürlich etwas zu verlieren, schließlich hat er extrem viele Level freigespielt in seiner Karriere. Ganz im Gegensatz zum maskierten Paul Würdig 2004, der nichts zu verlieren hatte. Aber damals wie heute ist etwas auffällig. Sido beseelt eine geradezu kindliche Unschuld, die sich spielerisch in einer fast absolut wirkenden Ich-geb-keinen-Fick-Haltung manifestiert. Wahrscheinlich eine der elementarsten Eigenschaften des Rappers. Wobei das nur die halbe Wahrheit ist.

1. Steig Ein! – Als *Mein Block* Fahrt aufnimmt

Wer etwas über den Alltag im Entstehungs- und Handlungsort von Sidos *Mein Block* erfahren möchte, sollte sich aber einmal die Umgebung ansehen, in der *Mein Block* veröffentlicht wurde. Als Intro des dazugehörigen Musikvideos (Aggro TV 2010) und B-Seite auf der als Single veröffentlichten Maxi-CD sowie als unmittelbar vorangestelltes Lied in der Tracklist des Debütalbums „Maske", steht Sidos Song „Steig Ein!" in direktem Beziehung zu *Mein Block*.

> „Steig ein, ich zeig dir die Stadt / Breite Straßen, schöne Villen, dunkle Ecken / Solange bis der Wagen kein Benzin mehr hat".

Bevor wir in den Block fahren, holt uns Sido also außerhalb des Märkischen Viertels, in der Berliner City ab. Er erklärt uns die Stadt, die mit seinem Viertel verbun-

---

1 Der Begriff HipHop wird hier und fortlaufend nach der Kulturdefinition von Stuart Hall verwendet. Die Kulturtechnik HipHop setzt sich dabei aus unterschiedlichen Kunstformen (u. a. Graffiti, Breakdance und Rap) sowie anderen Kulturpraktiken und -diskursen zusammen.

den ist. Der Satz, dass wir so lange fahren, bis der Wagen kein Benzin mehr hat, ist ein Hinweis darauf, dass dieses Auto nicht Sido gehört, und ist eine Anspielung auf das Phänomen der sogenannten „Crash Kids". Das sind Jugendliche, die Autos klauen und sie absichtlich zu Schrott fuhren (vgl. Langer 2002). Sie selbst nennen es „Scheisse bauen". Eine Reaktion auf die Leistungsgesellschaft, in der sie leben müssen und deren Regeln und Gesetze Sido wie folgt beschreibt:

> „Du musst gut ausseh'n in Berlin, sonst wird's stressig / Guck dich um, alle Versager sind hässlich / Coole Klamotten und der richtige Sound / Scheibe runter, Bass dröhnt, Loveparade staunt / Die Snare und die Kick, fühl den Beat und nick / Zeig deinen Ich-geb-'nen-Fick-auf-Alles-Blick".

Als Kind des Märkischen Viertels, einer Trabantensiedlung am nördlichen Rand von Berlin, verdeutlicht Sido in „Steig Ein!" den Grund der Ich-geb-'nen-Fick-Haltung, die er später auf *Mein Block* skizziert. Nach dem Motto „Ist der Ruf erst einmal ruiniert, lebt es sich recht ungeniert" kommentiert der Song „Steig Ein!" das „Asi"-Stigmata der bürgerlichen Gesellschaftsschichten, in dem Sido die Überlebensstrategien beschreibt, die man seiner Meinung nach braucht im Deutschland 2004.

2. Ihr habt uns so gemacht – du bist ein Niemand, wenn du heute keine Kohle hast

Der Dreierkomplex aus den Songs „Steig Ein!", „Mein Block" und „Sido aus'm Block" auf dem „Maske"-Album ist dabei ein Statement über das Klassenbewusstsein von Sido: „Ihr lehnt mich ab und ich euch erst recht, ihr Opfer!"

Dieses Bewusstsein und diese Haltung kommen auch in anderen Zeilen von „Steig Ein!" zum Ausdruck:

> „Guck nach rechts, ein Banker der sich Koks kauft / Und guck links, der Junkie der sich Obst klaut / [...] / Ein Stück weiter wird die Welt wieder hell / Prunkvolle Villen und ein Fünf-Sterne Hotel / Auch wenn so 'ne Gegend meine Stadt völlig entstellt, ist Berlin immer noch die schönste Stadt auf der Welt".

Wahrscheinlich ohne es zu wollen, formuliert Sido hier denselben Blickwinkel, den der damalige Berliner Bürgermeister Klaus Wowereit mit seinem Zitat, Berlin sei „arm, aber sexy" zum Ausdruck brachte. Nur blickt Sido von der anderen Seite der Stadt darauf. Während Herr Wowereit immer wieder mit dem Spruch kokettierte, der sich zu einer Art inoffiziellem Motto der Stadt mauserte, wurden Sidos Beobachtungen dazu immer wieder gerne unter den Tisch fallen gelassen.

3. Verbraucher Hinweis – Harte Texte

Um Sidos Herkunft und Weltbild noch besser zu verstehen, ist vor allem die dritte Strophe von „Steig Ein!“ essenziell. Auch weil der Part als Quasi-Prolog im Musikvideo fungiert. Crash-Kid Sido[2] beschreibt hier sein Umfeld, ja, sein „support system“, und das Märkische Viertel:

> „Hohe Häuser, dicke Luft, ein paar Bäume / Menschen auf Drogen, hier platzen Träume / Wir hier im Viertel kommen klar mit diesem Leben / Ich habe alle meine Freunde aus dieser Gegend / Hab doch keine Angst vor dem Typ mit dem Schlagring / Er ist zwar ein bisschen verrückt, doch ich mag ihn“.[3]

„Steig Ein!“ erfüllt im Umfeld von *Mein Block* also mehrere Funktionen: Es fungiert als dramaturgischer Prolog, aber auch als musikalischer Warnhinweis. Während *Mein Block* selbst als überzeichneter, derb-humoriger, aber liebenswerter Hochhaus-Klamauk durchgeht, steht „Steig Ein!“ demgegenüber als Reality-Rap. Wenn man so will, ist „Steig Ein!“ ein musikalischer „Parental Advisory“-Sticker[4] für *Mein Block*. Bis 2004 war das Märkische Viertel höchstens als „Problembezirk“ bekannt. Im Fahrwasser von hyper-maskulinen Schock-Rappern wie etwa Eminem oder 50 Cent, die unter der Regression der „9/11“-Ära (vgl. Thompson 2023) des damaligen US-Präsidenten George W. Bush kommerzielle Megaerfolge feiern, setzten auch Aggro Berlin und Sido auf Provokation von „unten“.

Das stößt auf Unverständnis in der damaligen Gesellschaft und Medienlandschaft. Als Sido 2004 in der Sendung NBC GIGA zusammen mit B-Tight und dem Song *Mein Block* auftritt – das Album „Maske“ war gerade erschienen –, kommt es zu einer Eskalation. Zu Beginn seiner Live-Performance beleidigt Sido die Zuschauer, indem er sagt: „Guck ma hier, Sido und sein schöner Partner bei NBC GIGA, dem Forum, wo die Wichser sich alle meine Tracks herunterladen“. Um dann im mittleren Teil der Live-Performance folgende Ansage zu machen: „Scheiß’ auf Blumentopf, die Massiven Töne und NBC GIGA“. Interessant ist, was im Anschluss passiert, nachdem Sido und B-Tight plötzlich verschwunden sind und die beiden

---

2 Sido hat 2004 noch keinen Führerschein gemacht und wird 2009 bei einer Verkehrskontrolle ohne Führerschein erwischt, wie er in einem Interview mit der Bild später erzählte: „Wahrscheinlich wollten die mich eh mal schnell im Busch pinkeln und 'nen Drogentest machen lassen. Als sie mich nach dem Führerschein fragten, hab ich gesagt, dass ich noch gar keinen habe. Die dachten erst, ich will die verarschen“ (Rossberg / Kuschel 2009).

3 Im Video ist an dieser Stelle der Aggro-Berlin-Künstler Tony D zu sehen, der alsbald als prominentester Vertreter des Rap-Subgenres Crunk mit Songs wie „Wo sind die Gegnaz?“ und seiner Textzeile „Anschreien / Meine beste Punchline“ eine witzige Fußnote in die HipHop-Geschichte schreiben wird.

4 „Der Parental Advisory“-Sticker (englisch für ‚Hinweis für Erziehungsberechtigte‘) ist ein von Tipper Gore Anfang der Neunziger initiiertes Label, das auf Tonträger-Veröffentlichungen aufgeklebt wird, um auf nicht-kindgerechte Inhalte hinzuweisen.

Moderatoren Uta Fußangel und Daniel van Moll sich über das Vorangegangene unterhalten: „Ja, da sind wir wieder ohne Sido. Der ist ja eben hier aufgetreten und wir haben uns das angeguckt und dachten spontan: ‚Uns gefällt das jetzt nicht so, ne?'", sagt Uta Fußangel. Und Daniel van Moll ergänzt: „Der mag sicherlich sehr erfolgreich sein mit dieser Nummer, ganz viele Schimpfworte zu coolen Beats aneinanderzureihen, aber irgendwie gehört das nicht hier her" (vgl. dirtbike chris 2023).

Das ist exakt die Reaktion, die Sido bei vielen, bürgerlich geprägten Menschen damals auslöst, wenn er in ihren Räumen auftaucht: Verstörung, Ablehnung, Rausschmiss. Sido selbst kennt diese Reaktionen offensichtlich schon lange. Im Video des Songs *Mein Block* gibt es einen Break, in dem das Interlude „Sido aus'm Block" vom „Maske"-Album angespielt wird – eigentlich eine Parodie auf den Jennifer-Lopez-Hit „Jenny From The Block". Er rappt dort: „Auch wenn ich jetzt das Land rock' / Bin ich immer noch Sido aus'm Block / Ich fühl mich wohl zwischen Dreck und Gesocks / Denn egal wohin du gehst, es kommt drauf an wo du herkommst". Offensichtlich ist es für Sido nichts Neues, danach bewertet zu werden, woher er kommt. Auch in „Steig Ein!" lässt sich diese Erfahrung mit dem sogenannten Mittelstand ablesen:

> „Ich kann verstehen, dass du dich hier nicht so wohl fühlst / Dass du viel lieber zuhause im Kohl wühlst / Du sitzt lieber an 'nem gut gedeckten Tisch / Dann merkst du schnell: Berlin is nix für dich".

Sido macht hier deutlich, dass er gezwungenermaßen am „schlecht gedeckten Tisch" sitzt und sich darüber auch vollkommen bewusst ist.

4. „Hey Du", ich bin im Osten aufgewachsen, ja, du hörst richtig!

Bis 2009 war nicht bekannt, dass Sido 1980 in der DDR geboren wurde und im Kindesalter als „Junger Pionier" Teil der staatlichen Kinderorganisation der FDJ war. Das alles wird erst im Zuge der Veröffentlichung seines vierten Albums „Aggro Berlin" und dem Song „Hey Du" öffentlich von Sido thematisiert.

In dem Song heißt es: „Ich war ein stolzer Pionier, obwohl eingesperrt wie ein Tier. Mama sagte, dass die Nachbarn heimlich bei uns spionieren. Und weil sie uns wohl überwachten, wollte sie schnell rüber machen". In einem Interview 2009 mit dem Stern (Albers 2009) sagt Sido dazu: „Ich war keiner von denen, die kein Pionier sein wollten. Aber trotzdem war ich der am meist Beobachtete in der Klasse. Der Typ, dessen Mutter alle zwei Wochen in die Schule musste wegen irgendwas. Und dann hat die Mutter noch mit Ärger gekriegt". Der Hintergrund war ein rassistischer gewesen, so Sido. „Wir haben auf Grund der Hautfarbe meiner Mutter

Schikanierungen erlebt. Die ganze Zeit. Deshalb wollten wir ja auch weg. Meine Mutter ist Inderin".

An dieser Stelle, als siebenjähriger, junger Pionier, nimmt Sido sehr bewusst wahr, dass er trotz Uniform „irgendwie" nicht hierhergehört. Sechs Monate vor dem Mauerfall wird der Antrag auf Ausreise genehmigt. Im Song „Hey Du" heißt es: „Sachen packen, Kinder an die Hände, flüchten über Nacht, und da nisteten wir uns provisorisch bei Verwandten ein. Doch nicht lange, denn dann gab's 'n Platz im Asylantenheim". Die ersten Erfahrungen im goldenen Westen sind allerdings ernüchternd für den jungen Sido, sagt er: „Am Anfang – in der Zeit im Asylantenheim – ging es dir im Westen nicht gut, wenn Leute wussten, dass du aus dem Osten kommst. Da hattest du als Jugendlicher auf jeden Fall ein Problem in deiner Klasse". Deswegen rappt er im Song „Hey Du": „ Ein Ostlerjunge war nicht wirklich angesagt im Westen. Ich bekam wegen der Herkunft fast jeden Tag auf die Fresse". Erneut gehört Sido „irgendwie nicht hierher". Auch bei einer einjährigen Zwischenstation in Lübeck „hat es sich schnell rumgesprochen", woher er und seine Mama stammen, erzählt Sido. „Du musst dich immer behaupten, das bedeutet viele Schlägereien und die ganze Scheiße". Um die sechs Umzüge dauert es, bis Sido und seine Mutter schlussendlich im Märkischen Viertel einziehen. Sechsmal neu starten, bedeutet sechsmal zu erzählen, woher man kommt und die Reaktionen darauf zu erleben. Irgendwann entscheidet sich Sido dazu, nicht mehr die Wahrheit zu sagen. So rappt er im Song „Hey Du": „Und ab da hab' ich mir geschwor'n, ein Geheimnis draus zu machen. Damit meine Kumpels kein'n Grund haben, mich auszulachen". Als Sido beginnt, eine Notlüge über seine Herkunft zu nutzen, gab es plötzlich auch kein Problem mehr. „Ich war, wie alle, ein Wessi, und wir haben uns über die Ossis lustig gemacht". Er lernt, zuhause ist die Welt noch in Ordnung, aber nur solange man nicht die Wahrheit sagt.

Die Geheimniskrämerei bereitet ihm allerdings ein schlechtes Gewissen, auch wenn sein Leben dadurch einfacher wird. „Ich wollte keiner von den Unterdrückten sein", sagte er. Er hatte jetzt ganz unten, und nur mit biegen und brechen, einen Ort und eine Form gefunden, wo er „irgendwie" dazugehörte. Auch wenn dieser Raum „zwischen Dreck und Gesocks" auf das Märkische Viertel begrenzt war. Denn außerhalb des MV, wie zum Beispiel bei NBC GIGA, ist Sido immer noch unerwünscht – wenn er an solche Orte kommt, wo er „irgendwie" nicht hingehört, dann spricht er das allerdings proaktiv an. Er „scheißt" auf NBC GIGA. Hieraus erklärt sich auch Sidos geradezu kindliche Naivität in seinem Schaffen und die absichtlich vor sich hergetragene Haltung, „Kein-Fick" zu geben, die ihn bis heute beseelt. Dem HipHop-Magazin *Juice* teilt Sido 2003 mit: „‚Fick dich' heißt: Scheiß auf dich, du bist nicht das, was ich für mein Leben brauche" (Leopoldseder 2004).

5. Bis man sich irgendwann mal trifft, denn dann ist plötzlich Schicht im Schacht. Wollen wir mal sehen, wer dann noch Witze macht

Das Auftauchen von *Mein Block* schockte die bürgerliche Pop-Kultur und das Feuilleton nachhaltig. Natürlich kannte man bis dahin Geschichten wie die von Christiane F. aus Berlin, dem Crash Kid Dennis aus Hamburg, die Kneipenterroristen aus Kiel oder den „Fall Mehmet" aus München. Doch neben diesen Reportagen war man es bis dahin eher gewohnt, sich über die Bewohner solcher Viertel lustig zu machen. Anfang der 90er Jahre legte Tom Gerhardt eine Art Grundstein für diese Form der Comedy mit seiner „Boah ey"-sagenden Figur „Tommie". Rund 20 Jahre lachte das Publikum in zahlreichen Bühnen-Live-Shows, zwei Kinofilmen und in 80 Episoden der TV-Serie „Hausmeister Krause" bei Sat1 über die Figur des naiven Proleten Tommie.

Mit Matze Knop beginnt dann ab Mitte der 90er Jahre eine Art Deutscher-Minstrel-Show-Phase der Comedy. Knop verdankt seinen kometenhaften Aufstieg der naiven Figur „Richie". In Liedern wie „Sonst hol isch meinä Brüda!" oder „Ich komm zu dich gefliecht" werden offensichtlich migrantische Kids und ihre Sprache gnadenlos vorgeführt. Da die Figur Richie aber auch eine Kappe rückwärts trägt und in ihren Liedern rappt, wird hier direkt eine Verbindung zwischen Hochhaus-Herkunft, Migration und Rap-Musik aufgemacht, die sowohl für Matze Knop als auch das Publikum offensichtlich Konsens ist. Bis zu 34 Wochen bleiben die Songs von Matze Knop als Richie in den deutschen Charts. Auch das Comedy-Duo Mundstuhl aus Frankfurt verdankt seinen Aufstieg Ende der 90er dieser Form von nach unten tretenden Humor. Das Publikum findet es „ultrakorreggd", wie die beiden als die naiven Figuren „Dragan und Alder" in gebrochenem Deutsch von ihrem Leben erzählen. Wobei auch hier die meisten Lacher aus der falschen Aussprache von Worten gezogen wird.

Mit „Erkan und Stefan" zu Beginn des neuen Jahrtausends erscheinen zwei weitere Figuren, die exakt in diese Kerbe schlagen. Auch diese Figuren stammen aus dem Sozialbau, sind migrantisch, dumm und lieben Rap. Auch hier reicht die Begeisterung des Publikums, sich über diese dümmlichen Figuren stellen zu dürfen, für drei Kinofilme und eine eigene TV-Sendung bei Pro7. Aber ab 2005 nimmt der Erfolg dieser Acts und Figuren stark ab. Es dürfte kein Zufall sein, dass diese Entwicklung parallel mit dem Auftauchen von Aggro Berlin und Gangsta-Rappern passiert, sodass in den Folgejahren diese Form der Deutschen-Minstrel-Shows in der Comedy immer weniger nachgefragt sind. Es ist sicherlich auch kein Zufall, dass parallel dazu ein starker Aufstieg von migrantisch geprägten deutschen Comedians zu beobachten ist. Frei nach dem Stieber-Twins-Motto: „Comedians sind giftig, wenn Jokes in falschem Deutsch, dann richtig"

Doch auch innerhalb der deutschen Rap-Szene, die bis zum flächendeckenden Aufkommen des Straßenraps eher Geschichten aus der mittelständisch geprägten Perspektive erzählt, ist das Auftauchen der Generation-Aggro ein Schock. *Mein Block*-Produzent Roman Preylowski aka Roe Beardie erinnert sich in einem Interview mit der Plattform allgood.de (Brimmers 2014), wie er die Anfrage zu einer Zusammenarbeit von Aggro Berlin damals aufgenommen hat: „Da haben wir uns voll den Kopf gemacht, was uns wohl erwartet. Wir dachten: ‚Oh Gott, was kommen denn hier jetzt für Messerstecher vorbei? (lacht)'" Eine Sicht, die auch die damals wichtigsten Redaktionen der etablierten HipHop-Medien wie Backspin, *Juice* und Mixery Raw Deluxe teilen.

Sido möchte mit Roe Beardie arbeiten, weil er einer der Produzenten in Deutschland ist, die bereits sehr früh in den 90er Jahren die Formel der New Yorker Produzenten wie DJ Premier geknackt hatten. Sido kennt ihn, weil Beardie zwei seiner All-Time-Favorite-Deutschrap-Songs produziert hat: „Spüre diesen Groove" von MC Rene von 1995 und „Wie war das nochmal?" von Die Coolen Säue aus dem Jahr 1996. Deshalb parodiert Sido den MC-Rene-Track auch im Intro von „Fuffies im Club". Zusätzlich hatte Anfang der 2000er Roe Beardie aber wahrscheinlich auch einen der futuristischsten Produktionsstile innerhalb des deutschen Raps – und auf diesen Sound war Sido für sein Album Maske aus. Die Befürchtungen von Roe Beardie legten sich dann schnell: „Sobald Sido hier ankam, war es aber sofort super – ich konnte hinter die Messerstecher-Fassade gucken, er hat sie auch ganz schnell fallen lassen," erzählt er, „Es ging einfach nur um Musik".

6. ... und nicht Blumentopf sein Block – Yo MV Raps!

Ohne dass man voneinander wusste, war im September 2003 auf dem Blumentopf-Album „Gern Geschehen" ein Song namens *Mein Block* erschienen. Das blieb Sido nicht nur nicht verborgen, er fühlte sich auch gezwungen, sich zu distanzieren. Unter Straßenrappern gehörten Blumentopf über Jahre zu den meistgehassten Rap-Kollegen. Das Münchner Quintett steht bis heute als Bilderbuch-Vertreter für Studenten-Rap aus der bürgerlichen Gesellschaftsmitte, also dem direkten Gegenteil zu Rap von der Straße.

Gerade deswegen macht Sido zwei Monate später im Intro von *Mein Block* auf der „Aggro Ansage Nr. 3" klar, was er von Blumentopf hält: „Mein Block, mein Block, mein Block und nicht Blumentopf sein Block".

Im erwähnten *Juice*-Interview von 2004 spricht Sido sogar über die Münchner HipHop-Szene und was er von ihren Aussagen hält: „Ich war in München und habe mir den Goetheplatz angeguckt, von dem David Pe immer sagt: ‚Das ist mein Ghetto, meine harte Gegend' und so. Aber da ist ein Vietnamese, ein Kino mit einem McDonald's daneben und ein Dönerladen, wo ein Döner acht Mark gekostet hat. Da fühl ich mich angepisst, da fühle ich mich verarscht von seinem Track".

Sido beansprucht für sich eine Authentizität als Straßenjunge, die er anderen deutschen Rappern abspricht: „Ich sage, wie es da ist. Und das erwarte ich von jedem deutschen Rapper. Aber davon gibt es einfach zu wenig. [...] Mein Ding ist richtig Straße und ehrlich. Auf meinem Album hörst du nicht einen Schuss, weil es so etwas nicht gibt. Ich rede darüber, dass du locker jemanden mit einem Taschenmesser umbringen kannst. Das sind Sachen, die ich erlebe" (Leopoldseder 2004).

Die Deutungshoheit über das echte Leben im Ghetto wird mit der Herkunft aus dem Märkischen Viertel unterstrichen. Der 16-stöckige Sozialbau am Rande der Stadt wiegt argumentativ allemal schwerer als die Wohnung im Mehrfamilienhaus in der Innercity. Und wie in der Comedy-Szene auch, ist das Erscheinen der Generation-Aggro der Beginn eines Paradigmenwechsels. In der Rückschau wirkt es so, als war es klar, dass so was wie Aggro erscheint. Letztendlich braucht es immer den nächst härteren Kick, um die Frage zu beantworten: was ist real? Wobei die Frage eigentlich sein sollte: wie ist real? Die Generation-Aggro und ihre Protagonisten wie Sido treten damit mehr oder weniger bewusst in die Fußstapfen des US-Rappers Chuck D von Public Enemy und seinem berühmten Zitat, „rap is the CNN of the ghetto" (Mahoney 2010) – so wurde *Mein Block* zum NTV aus dem MV.

7. TDC aka The Denots Crew – Wie das im MV alles begann

Lange bevor Sido über das Leben im Märkischen Viertel rappte. Und sogar bevor überhaupt so etwas wie HipHop in Deutschland (und damit auch deutscher Rap) existiert hat, gab es in West-Berlin bereits Gruppen von Kindern und Jugendlichen, die sich mit den Praktiken und Techniken des HipHop beschäftigt haben. Und das Märkische Viertel spielt dort ab Beginn der 80er Jahre nachweislich ganz weit vorne mit, durch eine Gruppe namens The Denots Crew, auch TDC genannt.

Zunächst mit Graffiti und dann mit Breakdance und später auch mit Rap, gestalten ihre Akteure Deza, Crime, Crazy Colour, Rebel One und andere ihren Freizeit und Lebensraum mit den neu-aufkommenden kreativen Ausdrucksmitteln aus New York. Früh erregen TDC sogar schon mediale Aufmerksamkeit (Panterdesign.com 2010) wie im Stadtmagazin „Tip" oder im MV Express (MV Express 1986).

Sie nehmen bis in die 90er Einfluss auf die Entwicklung von HipHop und Rap in West-Berlin sowie dem Märkischen Viertel. Ihre Graffiti-Bilder schmücken bis heute Fassaden in der Umgebung der berüchtigten Trabantenstadt im nördlichen Reinickendorf. The Denots Crew gehört damit zu einer der ersten HipHop-Crews in West-Berlin und auch der gesamten BRD. Für die Geschichte von *Mein Block* und Sido sind TDC aber vor allem wichtig als erste HipHopper direkt vor Sidos Haustür als die Designer der Innenhöfe vor seinem Kinderzimmerfenster und den Wänden der Orte, an denen er rumhing und Bong rauchte. Auch die Spielplätze im MV wie das „Carola Schiff", der „Bolle Hof" oder die „Spinne" sind dekoriert mit Pieces und Tags der Denots Crew.

Um zu verstehen, mit welchem Selbstverständnis Deza, Crime, Rebel One und die anderen Mitglieder von TDC Anfang der Achtziger beginnen, im HipHop aktiv zu werden, lohnt es sich vor Augen zu führen, welche subkulturellen Gegebenheiten sie im West-Berlin Anfang der Achtziger vorfinden. „West-Berlin war eine Insel", sagt Crime von TDC im Wild Style Magazine 1999 (Wild Style 1999). Ein Satz, der in diesem Zusammenhang häufig fällt. „1983 in Berlin begannen Leute auf dem Ku'Damm durch Breakdance ihr Taschengeld aufzubessern. Graffitti gab es nur hin und wieder als Versuch eines Throw Ups an der Mauer. Die Boulevardmeilen gehörten noch den Touristen".

Auch Rapper, Graffiti-Künstler und späteres TDC-Mitglied Rebel One, der bürgerlich Andreas Genschmar heißt und heute als Schauspieler arbeitet, beschreibt den Berliner Westen dieser Zeit als Sammelbecken für Andersdenkende. „Es war eine Mauerstadt, hier waren die ganzen Durchgeknallten und Künstler", sagt er. „Hier kamen die Leute hin, die keinen Bock hatten auf Wehrdienst". Geboren ist Rebel One 1974 in Tiergarten, lebt aber ab den Achtzigern in Kreuzberg, einem Bezirk, der von Migratenkindern, besetzten Häusern und Kulturschaffenden aus Punks und Anarcho-Fans, Kunstbegeisterten und Kreativen rund um die Neue Deutsche Welle bewohnt wird. Das West-Berlin vor dem Mauerfall war ein Sehnsuchts- und für nicht viele auch ein Fluchtort vor dem vermeintlichen „Ernst des Lebens" (Kruse 2017) und eine Art „Schutz gegen Westdeutschland".[5] Für die einen wird Berlin so zu einem romantischen Zufluchtsort, wie der Garten Eden, doch für die dort bereits Lebenden ist dieser Ort nicht immer das Paradies. In einem Beitrag des öffentlich rechtlichen Fernsehens ca. 1986, in dem die drei Kernmitglieder von TDC Crime, Deza und Crazy Colour porträtiert werden, erklären sie ihre ersten Schritte um 1982 herum: „Angefangen haben wir mit Graffiti vor ungefähr vier Jahren. Erst halt mit Sprüchen – die üblichen Protest-Sprüche, wegen der Gegend, alles betonmäßig" (Panterdesign.com 2010). Graffiti ist für die drei also eine Form, ihren Protest über die Umstände, in denen sie leben, zu äußern. Sie wollen gehört und gesehen werden. Und als die drei dann einige Zeit später im Fernsehen und Kino „richtiges American Graffiti" sehen, fangen sie an „richtige Bilder zu malen", wobei ihnen vor allem wichtig ist, dass diese „bunt" sind. Für Jugendliche auf Sinnsuche, wie den TDC-Gründern, ist ihr Zuhause ein graues Problem und dadurch aber auch konsequenterweise eine attraktive Spielwiese zugleich.

---

5 Dies ist der Name eines Kapitels im Buch „Subkultur Westberlin" (Müller, 2014).

In diesem Chaos West-Berlins entsteht dadurch viel kreatives Potenzial. „Alles lief parallel, da war Punk, da war auch Neue Deutsche Welle, klar, kannte ich auch Nina Hagen und das Georg-von-Rauch-Haus.[6] Das war für mich alles gleichzeitig geil", erinnert sich Rebel One an diese Zeit (Rebel One 2023). Der Spirit der Hausbesetzer-Szene in ihrem experimentellen Kunstverständnis und ihren politischen Gruppierungen um Antifa, APO, Feminismus und Hausbesetzungen sollte sowohl die Menschen als auch die Berliner Wohnungs- und Stadtpolitik für viele Jahre prägen.

8. Blocks aller Länder, vereinigt euch! – Pflugschare zu Schwertern

Es ist deshalb auch nur konsequent, dass sich im Märkischen Viertel ab Mitte der 60er Jahre auch erste Unternehmungen der kommenden Hausbesetzerbewegung Westberlins bemerken lassen. In dem Neubaugebiet fehlte es an allem, was man im Alltag so zum Leben braucht. Supermärkte, Ärzte, Kindergärten, Spielplätze und auch öffentliche Verkehrsmittel waren nur unzureichend bis gar nicht vorhanden. Im Klartext: Der Stadtteil war abgehängt vom Rest Berlins. Das führte zu vielen Problemen im Viertel und letztendlich auch zu Protesten im MV. Diese wurden von der Studentenbewegung und der APO Berlins unterstützt und teilweise sogar initiiert. Den Anfang machten pädagogische Initiativen wie Eltern-Kind-Gruppen, Spielplatz-Projekte und Jugendarbeit. Zu dieser Zeit gab es rund 5.000 Jugendliche im Märkischen Viertel, aber so gut wie keine Orte, an denen sich diese Kids aufhalten konnten. So engagierten sich 1969 Studenten der Pädagogischen Hochschule Berlin gemeinsam mit Bewohner-Initiativen, für die Schaffung von Abenteuerspielplätzen und Jugendzentren. Parallel gründete man auch eine Stadtteilzeitung (die „Märkisches Viertel Zeitung", kurz MVZ), die die Probleme der Bewohner des Viertels thematisierte, die in den großen, bürgerlichen Medien der Stadt Berlin meist kaum behandelt wurden. Aufgrund der aufkommenden Studentenproteste Ende der 60er Jahre in Berlin und Deutschland, sowie der Ermordung von Benno Ohnesorg, war die Staatsmacht hier allerdings sofort alarmiert, sodass diese Initiativen vom Verfassungsschutz und der Polizei überwacht und letztlich zur Mitte der 70er zum Erliegen gebracht wurden.

Der Verdacht war auch nicht unbegründet. Tatsächlich hatten die Radikalen unter den linken Gruppierungen das MV als idealen Nährboden für den revolutionären Kampf identifiziert. Die Idee: Die Unzufriedenheit der Bewohner zu lenken

6 Das Georg-von-Rauch-Haus war ein im Dezember 1971 besetztes ehemalige Schwesternwohnheim des Bethanien-Krankenhauses am Mariannenplatz in Berlin-Kreuzberg, benannt nach dem linken Aktivisten Georg von Rauch.

und verstärken und so die Bevölkerung des Märkischen Viertels zu Aufständen zu bewegen und letztendlich die „Revolution“ loszutreten. Deshalb begannen diverse Gruppen der radikalen Linken, sich auch im MV zu engagieren. Darunter auch Ulrike Meinhoff und Horst Mahler.

9. RAF aus'm Block – Klassenkampf im Untergrund

1970 kommt es dabei im Märkischen Viertel zu einem der ersten Versuche einer Hausbesetzung in Berlin. Nach einer Protestveranstaltung gegen die Schließung eines Schülerladens durch die Wohnungsbaugesellschaft Gesobau, ziehen „spontan“ circa 200 Menschen, darunter auch Kinder, zu einem leerstehenden Fabrikgebäude. In der Werkhalle der Fabrik kommt es nach einiger Zeit zur Eskalation durch die Polizei. Die Protestierenden werden mit Gewalt aus der Halle gedrängt, um so die Besetzung zu verhindern. Dabei kommt es zu einigen Verletzten und auch Festnahmen. Unter diesen festgenommenen Protestlern am 1. Mai 1970 war auch Ulrike Meinhof (Hüttner 2016). Sie soll während der Räumung mit einer Holzlatte auf Polizisten eingeschlagen haben, weswegen die Staatsanwaltschaft Berlin Ermittlungen einleitete (Der Spiegel 2008). Das Stresslevel nimmt zu dieser Zeit für die renommierte Journalistin Ulrike Meinhof stark zu.

Schon seit Jahren ist eines der Themen von Ulrike Meinhof das Leben von Kindern in Armut (Olympe 1990). So interviewte sie Schüler*innen aus Sonderschulen und veröffentlichte die Interviews in Artikeln und Essays. Sie fand heraus, dass viele der Kinder bereits Erfahrungen mit der Polizei gemacht hatten und als „Gangster“ bezeichnet werden. Sie bewunderte den aggressiven Trotz dieser Kinder, was sie als Auflehnung gegen das unterdrückende System verstand, das diese Kinder hervorbrachte. Deshalb kämpfte sie als Journalistin um Aufmerksamkeit für dieses Thema, wie zum Beispiel in Texten wie „Doof – weil arm“ oder mit ihrer Arbeit am Dokumentarfilm „Bambule“, der sich mit dem Leben von Heimkindern beschäftigte.

Dieses Thema verband sie auch mit Gudrun Ensslin. Diese hatte in Frankfurt mit Jugendlichen, die aus Kinderheimen abgehauen waren, „Wohnkollektive“ gegründet. Sie versuchte auch, finanzielle Mittel von der Stadt zu bekommen, um den Jugendlichen den Besuch der Abendschule zu ermöglichen und ihnen so eine Perspektive zu geben. Abseits von Kriminalität und Drogen. Auch Ulrike Meinhof kämpfte für Ganztagsschulen und soziale Projekte, damit Kinder unabhängig von den Verhältnissen, in denen sie aufwachsen, eine Chance haben.

1968 werden Andreas Baader und Gudrun Ensslin aufgrund eines Revisionsverfahrens im Zusammenhang mit der Brandbombe, die sie 1968 in einem Frankfurter Kaufhaus gelegt haben, temporär aus der Haft entlassen. flüchten die beiden im Februar 1970 nach West-Berlin. Dort verstecken sie sich bei Ulrike Meinhof in der Wohnung. Andreas Baader wird dabei seinem Ruf als Troublemaker gerecht und bei einer Polizeikontrolle im April 1970 festgenommen. Meinhof und Ensslin beschließen daraufhin Andreas Baader zu befreien. Mit dem Schreiben eines Verlegers gaukelt daraufhin der Anwalt Baaders Horst Mahler, der Gefängnisleitung vor, das Ulrike Meinhof mit Baader ein Buch plane, das von „randständigen Jugendlichen" handele. Dazu müssten sich die beiden für ein „Arbeitstreffen" im „Institut für Soziale Fragen" zusammenfinden, um gemeinsam zum Thema zu recherchieren. Am 14. Mai 1970, also zwei Wochen nachdem Ulrike Meinhof in der Fabrikhalle im Märkischen Viertel mit einer Holzlatte auf Polizisten eingeschlagen haben soll, steht sie mit einer geladenen Pistole mit Schalldämpfer vor den Beamten die Baader begleiten und schießt um sich (ebd.).

An diesem Tag springt Ulrike Meinhof in den Untergrund und wird über Nacht zur bewaffneten Staatsfeindin Nummer #1. Als Teil der Stadtguerilla, die zuerst „Baader-Meinhof-Bande" genannt wurde, und später zur RAF werden wird.

10. Junge von der Straße – Welcome to the Terrordome

Der Autor Jörg Hermann, der ein Buch über Andreas Baader verfasst hat, beschreibt ihn als „schillernde Persönlichkeit" und jemanden der sehr strategisch kommunizierte: „Der konnte zu einer Anwältin sehr, sehr freundlich und nett sein [...]. Er konnte dann wiederum seine Richter als faschistische Arschlöcher beschimpfen und konnte mit seinen Mithäftlingen auch sehr brutal umspringen. Ja, man würde wohl sagen, ein schwieriger Mensch" (Deutschlandfunk 2007).

Der damalige BKA-Sonderfahndungschef Günther Scheicher beschreibt das Verhalten des Staatsfeindes #1 Andreas Baader, in den Augenblicken vor seiner Festnahme 1972: „Wir trauten unseren Augen nicht. Das war irgendwie ein Witz, da kam ein auberginefarbener Porsche 911 Targa, mit [...] vollem Rohr herrgottsfrüh an unseren Bebachtungsposten vorbeigerauscht. Und das an einem Feiertag. Entgegen der Einbahnstraße!" (Stern 2007).

Man kann mit Fug und Recht behaupten, dass Andreas Baader sehr groß war im „Kein-Fick-Geben". Und auch bei ihm beginnt das alles bereits im Kindesalter. Als Neunjähriger steht Baader bereits vor einem Richter, weil ihm „fortgesetzte Übertretungen der Straßenverkehrsordnung" vorgeworfen wird. Die nächsten Jahre sammelt er unzählige Eintragungen in seine „Erziehungskartei". In bester Crash-Kid-Manier wird er als jugendlicher ständig auf Münchens Straßen am Steuer erwischt – und er wird bis zu seinem Tode konsequent keinen Führerschein haben (ebd.).

An der Seite von Ensslin kümmerte er sich Ende der 60er Jahre in Frankfurt um die abgehauenen Heimkids, denen er Lehrstellen beschaffen soll. Die verehren ihn, denn für sie ist er ein „Star". Baader spricht ihre „Sprache" und nicht das akademisch Gequatsche der Studenten.

Im quantenphysikalischen Multiversum gibt es eine Welt, in der Ulrike Meinhof ihre soziale Arbeit weiter fortgesetzt, ihren Film „Bambule" über Kids aus Armutsverhältnissen und Heimkindern selbst zu Ende produziert hat und das Buch über „randständige Jugendliche" mit dem Straßenjungen Andreas Baader tatsächlich rausbringt. Eine Welt, in der Ensslin und Baader zusammen mit Meinhof als Sozialarbeiter im Märkischen Viertel tätig sind. Wie reagieren sie in dieser Parallelwelt auf die jungen HipHop-Kids der Denots Crew? Was denken sie über Sido und die Generation-Aggro? Die als „True Crime" Geschichtenerzähler ihre Block- und Räuberpistolen-Erlebnisse als Krimi-Musik verkaufen. Und wie gehen in dieser Parallelwelt die Jungs von der Straße mit dem „Bombenleger" ohne Führerschein um, der dort im Jugendzentrum im MV alt und grau wird?

11. Punk schlägt sich, Punk verträgt sich

1971, ein Jahr nach der versuchten Fabrikhallenbesetzung, zog der damals dreijährige Deza mit seinen Eltern von Kreuzberg ins Märkische Viertel. Anfang der Siebziger ist das MV eines der größten Wohnbauprojekte in Berlin mit etwa 17.000 Wohnungen für 50.000 Menschen. „Modern und zweckmäßig entworfen" sei es, beschreibt es ein Fernsehbeitrag von 1963 (rbb Retro 1963). Auch Deza sagt, dass das MV bei Einzug für die Familien attraktiv war. „Kreuzberg war damals nicht unbedingt die Gegend, wo man gerne wohnen wollte. Vor allen Dingen, wenn man junger Familienvater war. Da war das Märkische mit der Natur, den ganzen Neubauten und so weiter schon interessanter". Damals musste man noch oft Kohlen in die Wohnungen zum Heizen schleppen und hatte ein Gemeinschaftsklo auf der Etage. Dagegen, erwähnt Deza, versprachen die Wohnungen im Märkischen Viertel „Zentralheizungen und einen Müllschlucker" (Deza 2023).

Ursprünglich sollte das Märkische Viertel als eines der „Vorzeigeobjekte des westdeutschen sozialen Wohnungsbaus" dienen (Reinecke 2014). In Realität scheint man die sozialen Probleme im Märkischen Viertel aber mit in die Bausubstanz eingegossen zu haben. Weil der West-Berliner Senat ab Mitte der 60er Jahre unter anderem Notunterkünfte und Obdachlosenasyle in der Stadt auflöst, werden viele Familien aus Armutsverhältnissen in die neuen Wohnungen im MV umgesiedelt (ebd.). Verschiedene Medien kommentieren Ende der 60er Jahre, dass der Anteil sogenannter „Problemfamilien" weitaus höher ist als in „Arbeiterbezirken" wie Wedding oder Moabit. Die ZEIT erwähnt in einem Artikel von 1969, dass der damalige Berliner Bausenator Rolf Schwedler (SPD) manche Mieter des Märkischen Viertels als „unzumutbar" oder „asozial" beschrieben haben soll (Scherer 1969). Der Spiegel beschreibt 1970 (Krüger 1970) die Lebensrealität im Märkischen Viertel wenige Jahre später als „menschenverachtend".

„Man kann schon sagen: Das Leben war tough dort", beschreibt auch Deza sein Aufwachsen im Märkischen Viertel. „Schon bevor überhaupt diese HipHop-Geschichte losging in den frühen Achtzigern, hat es im Märkischen zwar nicht direkt Jugendgangs gegeben, aber die Gegend war schon so ein bisschen Rockerlastig. Es gab gute Chancen, Leute zu treffen, die man besser nicht trifft, als kleiner Piepel". Man habe immer „ein bisschen aufpassen" müssen, erinnert er sich. Innerhalb des Freundeskreises um TDC herum hat man das Märkische Viertel immer als „das Ghetto" bezeichnet – genau so wie es Sido 20 Jahre später auf seinem Album „Maske" auch tun wird (Deza 2023).

Neben den Rockern ist in diesem „Ghetto" eine der alternativen Subkulturen die Punk-Bewegung mit ihrer „No Future"-Haltung. TDC-Member Crime treibt sich damals als „echter" Punk in der Hausbesetzer-Szene der Stadt herum, skatet, trägt auf alten Fotos Nietengürtel und Spike-Frisur. Crazy Colour trägt damals eine Igel-Frisur und T-Shirts, auf denen Botschaften stehen wie „Ich hasse euch alle" (Das A ist dabei als Anarcho-Zeichen dargestellt).

Das Bemalen von Wänden ist in dieser Szene nicht ungewöhnlich, auch wenn es eine andere Funktion erfüllt. Einer der weltberühmtesten Street-Artists, Shepard Fairey, sagte beispielsweise oft, dass er nicht über HipHop, sondern über Punk zur Streetart gekommen sei. Diese Punk-Graffiti-Verbindung, die in London, Amsterdam, Hamburg oder auch in Berlin Anfang der 80er existierte, ist mit der Erzählung um die „Vier Elemente des HipHop" in Vergessenheit geraten.

Die damals vorherrschende Form des Graffiti in Deutschland ist also nicht vergleichbar mit dem späteren HipHop-Graffiti. Es sind vor allem einfarbige politische Parolen der sogenannten Spontis und Linksautonomen oder Punks, die mit Stiften, Pinseln oder Sprühdosen an Wände und Häuser gesprüht werden. Dazu kommen überwiegend „Kritzeleien" in Klos von Kneipen, U-Bahn-Eingängen oder Schulen. Der Unterschied zum Graffiti des HipHop: es geht hier nicht um die Ästhetik, also den Style. Es geht auch nicht darum, „Fame" für den eigenen Namen zu bekommen, sondern zuallererst um die politische Botschaft. Es ist quasi ein Erbe der Pariser Studentenbewegungen von 1968, das in die Punk-Kultur der 70er Jahre strahlt. Von Masterpieces, Burnern und Tags fehlt in Deutschland zu diesem Zeitpunkt noch jede Spur.

12. HipHop you don't stop – Wild Style and Breakdance Sensation '84

Am 7. April 1983 kommt es zum Urknall: „Wir haben alle, glaube ich, damals vorm Fernseher gesessen und ‚Wild Style' gesehen, das war ja auch eine ZDF-Produktion", beschreibt Deza den Moment, als sich sein Leben veränderte. „Wir hatten ja keine Ahnung, was da abging. ‚Rapper's Delight' kannten wir aus dem Radio, unsere Skateboards waren aber zum Beispiel noch aus Plastik und ansonsten hingen wir im Bolle-Hof rum. Doch bei diesem Film hat es ‚zonk' gemacht. Am nächsten Tag haben wir schon bei Bauhaus Dosen geklaut und unser erstes Graffiti im Bolle-Hof gemalt" (Deza 2023). Der erwähnte „Bolle Hof" ist genau der Ort, den Sido und B-Tight 2003 im Song „MV S-W-Version" ihres gemeinsamen Projektes A.i.d.S. erwähnen, und dazu aufrufen, dort eine „Bong" zu rauchen. Etwas, was die beiden offensichtlich mit dem „Bolle Hof" verbinden.

Der Einfluss von „Wild Style" auf Berliner Graffiti ist auch dem Regisseur des Films Charlie Ahearn aufgefallen. 2008 sagt er in einem Interview mit der Berliner Zeitung (2008): „Bereits kurz nach der Ausstrahlung sah man auf der westlichen Seite der Mauer die ersten Graffiti, richtig große Bilder wie in ‚Wild Style'. Wobei man sich klarmachen muss, dass der Film ja nur im Fernsehen zu sehen gewesen war und die meisten Leute noch keinen Videorecorder hatten, um ihn aufzuzeichnen und ihn mehrmals anzugucken. Es gab damals auch kein Internet, kein YouTube. Trotzdem hatten sich Leute an den Inhalt und die Optik von ‚Wild Style' erinnert und erste, eigene Graffiti produziert, die später eine ganze Flut von Graffiti nach sich zogen".

Der Graffiti-Flut folgt 1984 eine Breakdance-Welle, die viele Kids fasziniert. Das Zentralorgan der Jugendlichen, die Bravo, ruft die „Breakdance Sensation '84" aus. Jede Woche erreicht das Magazin bis zu fünf Millionen Jugendliche. Dazu gibt es noch eine Schallplatten Compilation mit Breakdance-Musik, einen Kinofilm und einen bundesweiten Breakdance-Wettbewerb mit Finale in der Dortmunder Westfalenhalle vor zehntausenden Kids. Auch ein Artikel (inkl. Fotos eines gewissen Olaf Jeglitza aka O-Jay, der bald im Umfeld der Denots-Crew auftauchen wird, vgl. History of Berlin 2021) und Fotostrecken mit Step-By-Step-Anleitungen zu Breakdance-Moves wird in der Bravo abgedruckt (Bocksch 2021). Ebenfalls inspiriert durch Filme wie „Beatstreet" oder „Breakin'", probieren sich daher auch verschiedene TDC-Mitglieder im Breaken aus.

So lernt auch Peilerman die Mitglieder von TDC kennen. Als Alexander Breest 1972 in Berlin geboren, zieht er Ende der 70er Jahre mit seinen Eltern ins Märkische Viertel. In den frühen 2000ern entwickelte er das Radio-Comedy-Format „Peilerman & Flow", wodurch er nach dem Erfolg von Mein Block im Radio auf Sido trifft. Die zwei aus dem MV Stammenden sind sofort dicke miteinander, und Sido ist so begeistert von Alexander Breests Comedy, dass sie über viele Jahre hinweg miteinander arbeiten und die Figur Peilerman auf diversen Sido Releases auftaucht.

Peilerman erinnert sich, wie er als Kind das erste TDC Graffiti gesehen hat: „Da bin ich morgens wach geworden, das war genau, wenn ich bei mir hinten aus meinem Zimmer rausgeguckt habe, bei mir im Hof und ich dachte so: Geil!"

TDC sind zu dieser Zeit im Märkischen Viertel absolute Vorreiter und Pioniere. „Wir waren praktisch die Einzigen im Viertel, die diese ganzen HipHop-Sachen gemacht haben zu dieser Zeit", so Deza. Weswegen es für Peilerman auch etwas Besonderes war, die Crew kennenzulernen. „Mein Kumpel und ich hingen so um 83/84 nachmittags oft auf dem Schulhof von unserer Grundschule herum. Eines

Tages spielte dort jemand Breakdance-Musik. Da waren welche von den Denots-Leuten, die hatten sich so ein paar Pappkartons mit Gafferband zusammengeklebt, worauf man Backspins üben konnte. An diesem Tag haben wir Crazy Colour, Crime und Deza kennengelernt, das war der Urkern der Crew. Mein Kumpel und ich haben oft mit denen rumgehangen, wir haben uns selber aber nicht Denots Crew genannt".

Im Wild Style Magazine 1999 sagt Crime über die Größe der Denots Crew: „aus anfangs acht Leuten wurden bis 1988 etwa 40 Leute, die sich zu Partys, Konzerten und Jam Sessions trafen und jede Menge Fun hatten". Das besondere für Crime war „der Zusammenhalt über die sozialen Verhältnisse hinweg", das war für die Gruppe das Wichtigste. „Etwas, das ich so nie wieder erlebt habe", sagt Crime. Die Gruppe besteht damals aus Graffiti Writern, Breakern, DJs, Rappern, Skatern, einer Punk Band und weiteren Personen, deren Talente eher außerhalb der Kunst liegen. Hangarounds, die einfach Spaß zusammen haben. Das dabei verbindende Element all dieser unterschiedlichen Persönlichkeiten findet sich im Namen der Crew wieder. DENOTS heißt rückwärts STONED.

Aus den Erzählungen von Deza und Rebel wird deutlich, dass sich bei TDC alle in den verschiedenen Elementen des HipHops wie Graffiti, Breakdance, Rap oder auch Scratching ausprobierten: „Unser Kumpel DJ Nitroe war ein sehr guter Tänzer, erinnere ich mich, aber der Mitbegründer Crazy Colour war auch nicht untalentiert" (Deza 2023).

Der Breakdance-Trend ist 1984 so riesig, dass einige Medien wie das ZDF eine Sendung produzieren, die „Breakdance – Mach mit bleib Fit" heißt und ein Nachfolgeformat einer Aerobic-Sendung ist. In diesem einen Jahr war Breakdance einfach überall – auf dem Schulhof, vor dem Supermarkt, in der Fußgängerzone, in den Diskotheken und im TV in Sendungen wie „Na Sowas" oder den großen Samstagabendshows wie „Wetten, dass ...?", die im Prä-Internet-Deutschland mit lediglich drei Fernsehsendern Einschaltquoten von 23,42 Millionen Zuschauern allein in West-Deutschland erreichten (Nöthling 2014). Werte, die heute vielleicht noch die Fußball-Nationalmannschaft im Finale der WM knacken könnte.

Das „Breakdance Fieber", von dem die Bravo 1984 noch gesprochen hat, bricht ab 1985 ein und ab 1986 verschwindet das Fieber wieder aus dem Pop-Kurzzeitgedächtnis deutscher Kinderzimmer. Zurück bleiben einzelne Idealisten und Cliquen, die auf lokaler Ebene ihren Style ausdifferenzieren, aber nichts voneinander wissen. „Wir haben viel später gecheckt, dass sich auch in Wedding, Kreuzberg oder im Süden, zum Beispiel in Zehlendorf, etwas getan hat", sagt Deza (Deza 2023).

13. Rebel without a pause – Writing my name in graffiti on the wall

Auch in Rebel One im weit entfernten Kreuzberg wurde durch „Wild Style", das Feuer des HipHop entfacht und inspirierte ihn zum Rappen, Tanzen und Graffiti-Malen. Bald kommt er mit anderen Interessierten aus West-Berlin in Kontakt. „Ich hatte mich im Graffiti schon ausprobiert und einen Typen an der Sonnenallee beim Sprühen an der Mauer getroffen. Extra aus Kreuzberg bin ich dahingefahren" (Rebel One 2023). Außer am Ku'Damm, den einige Breakdancer zu einem Treffpunkt auserkorenen hatten, habe es damals in West-Berlin keine Spots zum Austausch über HipHop gegeben, sagt Rebel. Weswegen man sich richtig Mühe gab, wenn man dahin fuhr. „Das ist heute alles richtig peinlich, aber ich habe mich dafür richtig aufgestylt, mit Breakdance-Handschuhen und Mütze, damit du das Geld einsammeln kannst. So bin ich an den Kudamm gefahren, um da zu tanzen", beschreibt er die Szenerie in der Fußgängerzone am sogenannten „Wasserklops" vor dem Europa-Center. „Das war auch lukrativ, weil die Leute dir recht easy Kohle gegeben haben" (Rebel One 2023). Auch Peilerman treibt es aus dem MV dahin. „Wir waren auch öfters am Kudamm gewesen, so um 1984 rum als der Breakdance Hype war. Da wurde viel vor Wertheim dem Kaufhaus getanzt. Mit einem Cap für Kohle und so" (Peilermann 2023).

Obwohl man dieselben Orte aufsucht, wird es noch eine Weile dauern, bis man sich kennenlernt. Immerhin handelt es sich hier um die erste HipHop-Generation West-Berlins, die größtenteils als Einzelkämpfer nach HipHop-Puzzleteilen jagt, um zu verstehen, worum es geht. Informationsstrukturen oder gar journalistische Quellen gibt es so gut wie keine. Auch die Zeitspannen sind anders. Im Prä-Internet-Zeitalter vergehen mitunter Monate oder Jahre, bis weitere Entwicklungen stattfinden oder Erkenntnisse aufkommen. Irgendwann zwischen '85 und '86 lernt Rebel O-Jay kennen. O-Jay heißt bürgerlich Olaf Jeglitza und gründet mit Frank Hassas, der als DJ Quickmix in Erscheinung tritt, 1985 das Label Freshline Records und ab Mitte der Achtziger das Fanzine Fresh Beats.

„Über O-Jay habe ich auch Quickmix kennengelernt". „Die haben damals schon zusammen Musik gemacht", sagt Rebel über das Zusammenkommen mit zwei der umtriebigsten Figuren der noch jungen West-Berliner HipHop-Szene. Die Kontakte intensivieren sich über die Jahre, wie Rebel beschreibt. „Für O-Jay durfte ich einen Flyer gestalten, der hat damals schon Parties organisiert. Außerdem war ich sowieso immer auf der Suche nach HipHop-Platten und habe dann natürlich auch im WOM gekauft, wo Quickmix gearbeitet hat" (Rebel One 2023).

Die Filiale der Musikhandelskette „WOM – World Of Music" am Ku'Damm wird eine Anlaufstelle für HipHop-Fans ab 1986. Weil es dort viele Import-Veröffentlichungen aus USA und Großbritannien gibt, die sonst nur in den oft schwer zugänglichen Musikgeschäften des britischen und US-amerikanischen Sektors liegen. So avanciert WOM aber auch zu einem Umschlagplatz, in der Quickmix als Mitarbeiter anstehende HipHop Parties und Ereignisse in Berlin an die Kundschaft aus HipHop-Akteuren weitermeldet, beschreibt Rebel. Es sei davor wie danach immer um Kontakte gegangen, sonst sei man nicht an Informationen gekommen. „Irgendwann ging das Gerücht rum, es gebe ein paar Typen im Märkischen Viertel, die geil sprühen und da schon Bilder gemacht haben", sagt Rebel. „Das wollte ich mir mal ansehen" (Rebel One 2023).

„Wenn du aus dem Märkischen Viertel mit dem Fahrrad an der Mauer lang gefahren bist, oder mit der Bahn halt eine Station weitergefahren bist, Richtung Innenstadt vom Märkischen Viertel aus, dann waren auf der linken Seite viele lange Mauerabschnitte. Und da haben sehr viel drauf gesprüht. Das war sozusagen das schwarze Brett der Writer Szene", erzählt Peilerman. TDC hing dementsprechend dort oft rum, und deshalb war Peilerman auch dabei, als die Gruppe auf Rebel One treffen.

> „Das muss so '86 gewesen, wir hatten schon die Pieces von Rebel gesehen und den Namen gelesen und fanden die ganz geil. Und dann haben wir Rebel an der Mauer das erste mal getroffen" (Peilermann 2023).

Rebel beschreibt dieses Treffen im Buch „Bei uns geht einiges – Die deutsche Hiphop-Szene" folgendermaßen: „Crime hing da rum und kiffte, und ich als damals noch relativ unbeschriebenes Blatt hielt ihn in meiner jugendlichen Naivität für den Obergangster schlechthin. Dann hieß es, daß es da eine Fete auf einem Müllberg geben sollte, zu der ich ein geladen war und wo ich die Denots-Leute kennenlernen konnte."

14. Die Spielplätze sind extrem überfüllt – Oben auf'm Müllberg wird gegrillt

Bis 1975 war die Fläche des Müllbergs, dem heutigen Lübarser Freizeitparks, eine Hausmülldeponie am Rande des Märkischen Viertels. Diese Deponie wird ab 1975 schrittweise in einen Park umgewandelt, in dem eine Deckschicht Mutterboden über die gesamte Hausmülldeponie geschüttet und darauf dann Büsche und Bäume gepflanzt wurden. Die Auswirkungen dieser Maßnahmen werden bis heute diskutiert. Neben einer Initiative des Stadtbezirks Reinickendorf, die erst 2010 die Benennung des „Müllbergs" in „Freizeit- und Erholungspark Lübars" erwirkte (Bezirksamt Reinickendorf von Berlin 2010), findet sich auf Plattformen wie yelp.de oder der Website komoot.de, einer Plattform für Radsport- und Wanderbegeisterte, unterschiedliche Stimmen zu der heutigen Grünanlage. Ein User kommentiert dort: „Das ist der Müllberg, er wurde aus Müll und Bauabfällen errichtet, es gab lange Zeit Probleme mit unterirdischem Bränden, es wurden dann irgendwann Entlüftungsrohre in den Berg getrieben, um die Gase abzuleiten, die die Brände verursacht haben" (Käptn Eierstock 2021).

Weder Sido noch The Denots Crew verschwenden einen Gedanken in diese Richtung. So rappt Sido 2005 im Song „Sommer in meinem Block" des Projektes „Deine Lieblingsrapper": „Die Spielplätze sind extrem überfüllt. Oben auf'm Müllberg wird gegrillt". Und Deza von TDC erklärt für die 80er dazu: „Nach der Begrünung wurde das ein Park mit Rodelbahn und es gab auch Grillplätze. An den Plätzen haben wir als Jugendliche später oft Party gemacht" (Deza 2023).

Und so feiert Rebel One von da an regelmäßig mit der Posse um TDC und wird ein Teil der Crew. Peilerman erläutert, warum Rebel sofort Teil von TDC wurde folgendermaßen: „Als ich die Sachen gehört habe die Rebel so machte, da war sofort klar das passt total zu TDC. Weil man so vom Punk und der Hausbesetzer Szene her kam und gleich dachte. Der wurde mit offenen Armen empfangen, weil der war ja ein Top-Maler. Und dass der auch noch Rappen konnte, das hat einfach da rein gepasst. Die Leute, die damals gesprüht haben, die hatten halt auch diese Attitude so – ‚Scheiß drauf, ich will irgendwie mein Ding machen, ich will, dass man mich und was ich mache, sieht'. Es hat sie sehr stark verbunden in der Umwelt selber stattzufinden und sich diese anzueignen oder umzugestalten" (Peilermann 2023).

Auf dem besagtem Grillplatz trifft Rebel dann auch auf DJ Nitroe von TDC. „Ich rappte schon auf Englisch wie ein Weltmeister", sagt er, „die ganze Zeit hatte ich immer neue Texte. Ja, und dann habe ich denen da auf dem Müllberg meine Lines vorgerappt zu denen [ihr Mitglied] DJ Nitroe Beatbox gemacht hat. Dass ich dann auch noch besser Beatboxen konnte als er und selbst schon Sprüher war, hat, glaube ich, einfach gereicht und ich gehörte ab da zur Denots Crew" (Rebel One 2023).

Über den damaligen Ruf von TDC im Viertel sagt Deza: „Ich weiß, dass es viele Leute gab, die Teil davon sein wollten. In der Regel war das auch kein Problem, es gab da kein Scouting oder Auslosungen, wer bei uns mitmachen durfte, jedenfalls nicht in meiner Erinnerung. Da musste Sympathie vorhanden sein, das hat ausgereicht. Es gab ja viele, die sich die besten Maler zusammengesucht haben, um eine schlagfertige Truppe zusammenzustellen". „Das haben wir nicht gemacht, dazu waren wir auch viel zu verschlafen" (Deza 2023).

15. Rhymin and stealin – High wie die Alpen, doch ich will noch ein Joint

Motiviert durch den neuen Kreis aus Gleichgesinnten, beginnt sich Rebel intensiver mit Graffiti und HipHop auseinanderzusetzen und auch eine gewisse Anpassung an bürgerliche Normen abzulehnen – als TDC-Member umgeben von

Punks, habe er sich sogar bald eine Irokesen-Frisur rasiert. „Ich war damals arbeitslos, hatte also genug Zeit zum Sprühen und Dosen klauen. Das Partymachen habe einen großen Raum eingenommen bei TDC, sagt Rebel. „Wir sind zu Veranstaltungen in besetzten Häuser gegangen, wenn es dort Bier umsonst gab zum Beispiel" (Rebel One 2023). Auch Peilerman betont, dass die Clique ausschließlich aus Kindern ohne reiche Eltern bestand und eine gewisse Gleichgültigkeit gegenüber Gesetzen und bürgerlichen Benimmregeln ein vereinendes Element war. „Wenn du was haben wolltest, dann hast du entweder ganz lange gespart oder du hast die Sachen eben geklaut", sagt er. Es sei ums „Scheiße-Bauen" gegangen, das war die Attitude.

Bei TDC ist das Klauen zum Beispiel irgendwann so professionell geworden, „dass die ins Kaufhaus in die Sportabteilung gegangen sind, sich eine große Adidas-Tasche genommen und die vollgemacht haben und mit der Tasche über der Schulter wieder ganz lässig rausgegangen sind, so als wäre nichts. Das war eine Art Sport sozusagen" (Peilermann 2023).

Neben „Scheiße-Bauen" ist auch „Scheiße-Labern" ein riesen Thema, was quasi dem rappen gleich kommt. So entsteht auch der Name erzählt Deza: „Heute ist das ja kein Geheimnis mehr, aber damals wurden wir manchmal gefragt, was sich hinter ‚Denots' eigentlich verbirgt. Dieses Wort ist wahrscheinlich entstanden, als wir alle mal wieder, so richtig „denots" waren. Ich glaube, einer aus der Punk-Fraktion bei uns hat dann aus Jux gesagt: ‚Man, bin ich ‚denots'. Von da ab, ist dieses Wort einfach durchs Märkische Viertel gegeistert" (Deza 2023). Peilerman denkt auch, dass Kiffen eines der verbindenden Elemente der Crew war und geht davon aus, dass sich viele Mitglieder zunächst darüber begegnet sind: „Man darf nicht unterschätzen", sagt er heute, „wenn du versuchst hast, was zu rauchen zu bekommen, war das extrem schwer. Es gab halt kaum Quellen, auch weil es natürlich strafbar war, und wenn, dann gab es erst Recht kein Marihuana oder so. Das Einzige, was man kriegen konnte, war „Ei" oder „Ghetto Polle", wie wir es im MV genannt haben. Das war Haschisch, wo manchmal auch Folie beigemischt war. Man wusste nie, wie es einem geht wenn man es raucht. Einige Leute von den Denots haben getickt, und ich glaube dadurch haben sich auch viele kennengelernt" (Peilermann 2023).

16. Aus'm Weg – UK Fresh for 86, you Suckers!

TDCs kreativer Aktionsradius beschränkt sich konsequenterweise ab 1985 aber nicht mehr nur auf das MV man agiert auch verstärkt zwischen den damaligen S-Bahn-Stationen Wittenau und Schönholz, also entlang des Mauerverlaufs. Auch aus anderen Bezirken kommen bald Graffiti-Künstler in den Norden Berlins, um hier zu sprühen. „Anfangs war die Mauer oben an der Schönholzer noch gar nicht so vollgemalt, wie am Ende. Bei meinen ersten Fahrten ins MV habe ich da eigentlich nur Pieces von TDC gesehen", sagt Rebel (Rebel One 2023). Abseits aller Öffentlichkeit erlebt West-Berlin einen kleinen Graffiti-Boom Mitte der Achtziger, auch wenn sich dieser auf einen Kreis von vielleicht 30 Menschen aus unterschiedlichen Bezirken beschränkt. „Es gab ein großes Treffen 1985, ich glaube sogar direkt am S-Bahnhof Schönholz unweit vom MV, wo wir öfter gemalt haben," sagt Deza (Deza 2023). „Bei dem Treffen waren sie dann auch alle. Maxim und seine BK-Dudes, die Weddinger und so weiter. Das war ein erstes Beschnuppern". Innerhalb dieses Kreises wächst die Popularität von TDC, sie sind lokale Stars. „Im Dezember '86 haben wir dann unsere erste Bahn gemalt", so Deza. „Ich habe immer gedacht, dass Crime und ich damals die ersten Graffiti-Artists überhaupt in Berlin waren, die eine Bahn gemacht haben. Aber mittlerweile habe ich gehört, dass Leute aus München schon vor uns dran waren – und damit waren die eigentlich Ersten".

Deza stellt heute fest: „1986 war ein Booster-Jahr" (Deza 2023). Auf dem Radiosender SFB2 lief einmal in der Woche das Programm KISS FM. Wilder Mix aus den Staaten von Red Alert. Das Beste, was es zu der Zeit gab", so erzählt Crime im Wild Style Magazine 1999. Damals trifft Crime auch Keith Haring an der Berliner Mauer, der dort ein viel beachtetes Kunstwerk schafft: „Keith hat damals eine Privatparty für uns und unsere junge Berliner Graffitiszene gegeben ... 1986 waren wir bei Ihm mit einem knappen Dutzend Writer ...", schreibt Crime aka Panther auf Facebook (Pan Ter 2012).

„Man fährt auch über Amsterdam nach London zur ‚UK Fresh '86 und wir haben nicht schlecht gestaunt, dass Amsterdam schon so voll gesprüht war. Ich glaube, da haben wir auch Cora E am Bahnhof in London kennengelernt. Das ganze HipHop-Ding ist größer geworden, das hat man auf jeden Fall gemerkt. Im Graffiti, aber auch in der Musik. Es ging ein bisschen weg von dem ‚Peace, Love, Unity'-Gedanken hinzu etwas mehr Kommerz und Härte. Auch im MV ist allmählich die zweite Generation herangewachsen". Außerhalb von Berlin habe TDC aber keine Kontakte gesucht, fügt er hinzu. „Wir waren interessiert an Graffiti und haben natürlich mitbekommen, was in Dortmund los ist oder was Loomit und seine Truppe in München abziehen. Aber ein Wunsch nach Vernetzung hat es bei uns gar nicht gegeben" (Deza 2023).

Die Graffitis von TDC im Märkischen Viertel bleiben trotzdem nicht unbemerkt. „Mit der Zeit wurde auch eine gewisse Rivalität spürbar, aber das hielt sich alles immer auf einer sportlichen Ebene", sagt er. Die Tags von ihm, Crime und Crazy Colour ziehen 1986 aber auch zum ersten Mal strafrechtliche Konsequenzen nach sich: „Letztlich uferten unsere Aktionen im Viertel in einem Sozialprojekt aus. Die Sozialarbeiter waren aber gewillt, mit uns künstlerisch zusammenzuarbeiten. Unser Problem war damals, dass diese Streetworker immer Pinsel und Farbpalette vorschlugen, was wir natürlich total abgelehnt haben" (Deza 2023).

Am Ende können die erwischten Graffiti-Jünglinge Crime, Crazy Colour und Deza durchsetzen, ihre Sozialstunden an einer Wand vor einem Spielplatz mit Sprühdosen zu leisten. In der bereits erwähnten TV-Reportage (Panter-design.com 2010) von 1986 heißt es dazu: „Die Qualität ihrer Graffiti-Malerei wurde sehr schnell von den Wohnungsbaugesellschaften im Märkischen Viertel erkannt. Die Gesobau stellte ihnen verschiedene Wände zur Verfügung. Aus illegaler Strassenkunst wurde Kunst am Bau".

Was heute normal ist, war damals extrem innovativ und somit gehören TDC in diesem Bereich auch zu den Pionieren der Streetart.

Aber auch hier sorgen TDC für Gesprächsstoff in der Nachbarschaft. „Unser erstes Motiv war recht düster. Da räkelte sich eine Frau im dunklen Urwald und im Hintergrund lauerte ein Löwe", erzählt Deza. „In der Komposition war das aber recht ungünstig angelegt, weil es so aussah, als ob der Löwe darauf lauert, die besagte Frau zu vergewaltigen". Die beobachtenden Kinder hätten es gemocht, sagt er. Doch die Fantasie der Eltern sei manchmal kreativer als die der Kinder. Der Auftrag ist nach Beschwerden aus der Nachbarschaft nochmal neu angesetzt worden. „Die Farbe war praktisch noch frisch", sagt Deza, „und wir stinksauer". Nach einigen Diskussionen sollen die Mitglieder von TDC ihre Wand übermalen. „Mit kinderfreundlichen Motiven", sagt Deza. „Daran haben wir uns auch gehalten". Deza erzählt auch, dass sie den Innenbereich der Discothek „Shock" gestalten durften, dem Jugendclub im Märkischen Viertel (Deza 2023). Und gehören TDC mit zu den ersten professionellen Graffiti-Künstlern West-Berlins.

17. Doch das Märkische Viertel bleibt cool – TDC Gotta Rock

Neben Breakdance und Graffiti wächst auch das Interesse an Rap und DJing bei TDC, wenngleich sich die Aufgabenbereiche unterschiedlich verteilen: „Wir hatten eigentlich jeder auch zwei Plattenspieler zuhause stehen und haben ein bisschen gekratzt", sagt Deza. Ihm sei allerdings schnell klar geworden, dass sein Talent sich eher auf das Malen beschränkt, auch unter dem Gesichtspunkt, dass sein Freund und TDC-Mitglied Crazy Colour in Sachen Musik schon fortgeschrittener war (Deza 2023).

Peilerman ergänzt: „Crazy Colour konnte sehr geil sprühen, aber er war wie viele damals, auch schon so ein mehrfach Talent. Er hat auch Musik gemacht. Er hatte auch einen Drum Computer und programierte darauf Beats" (Peilermann 2023). So wird Crazy Colour eine Anlaufstelle für Rebel One, dessen Rap-Ambitionen immer stärker werden: „Ich bin vorwiegend zu Crazy Colour gefahren, weil der Beats gebaut hat und ein Vierspurgerät hatte. Wir haben da Sachen recorded" (Rebel One 2023).

Es mag der wachsenden Routine und den unbestreitbaren Skills von Rebel geschuldet sein, aber auch dem Umstand, dass es in Berlin zu dieser Zeit kaum Rapper gegeben habe, doch als er eines Tages wieder einmal bei „WOM" am Ku'Damm sich neue Musik und Neuigkeiten abholen möchte, fragt ihn DJ Quickmix, ob er Lust hat, Teil eines Rap-Tapes zu werden, an dem er mit O-Jay arbeite.

Die Kassette „Gotta Rock“ von The Denots Crew erscheint 1986. Es gilt als das erste Rap-Tape aus West-Berlin, was angesichts der späteren Tape-Releases Ende der Neunziger um den Laden Downstairs und Sidos Die Sekte bei Royal Bunker mehr als charmant ist. Der Sound und die englischen Raps bewegen sich auf der Höhe der damaligen Zeit, orientieren sich stilistisch an Run D.M.C., LL Cool J und MC Shan und sind wie ein DJ-Mix aufbereitet mit massig Scratches, eingestreuten Film- sowie Hörspiel-Samples. Das Tape featuret neben Raps von Rebel One, Beats und Cuts von DJ Quickmix und den produzierenden sowie rappenden O-Jay auch Rap-Parts einer Frau namens Sweat Lady Sue.

Eine kleines Kuriosum, wie Deza zu Protokoll gibt, da er zu dieser Zeit kaum Frauen kennt, die sich mit HipHop beschäftigen. Rebel One erklärt folgendermaßen: „Das war die Freundin von Crazy Colour. Als Kind eines Soldaten aus dem amerikanischen Sektor hat sie damals auf englisch gerappt. Die haben bei ihm immer Mucke gemacht. So richtig viel hatte ich mit ihr nicht zu tun, sie gehörte aber definitiv zur Denots Crew“ (Deza 2023).

18. Ich kann's mir leisten, weil ihr Mann mein *Tape* bestellt

Doch die Überraschungen um diese vergessene Kassette reißen nach dem Release nicht ab: Das Tape wird bei WOM verkauft, wo DJ Quickmix nicht nur dafür sorgt, dass es die Kassette zu erwerben gibt, sondern auch ein Poster im Geschäft aufhängt. An großem Erfolg oder gar finanziellen Gewinn hat damals niemand der Beteiligten auch nur gedacht. O-Jay erinnert sich: „Unsere Devise war immer: einfach machen. Ein Vinyl-Release war damals einfach noch zu kostenintensiv“. 1984 lernte ich Quickmix beim ersten Berliner Breakdance-Wettbewerb kennen und wir wurden ein Team. „Gotta Rock“ war dann der erste und einzige Release auf unserem Tape-Label „Jay Beat Recordings“. Wenngleich die Auflage sich um die 1000 Stück bewegt haben wird, lässt sich eindeutig von einem Achtungserfolg sprechen, denn sämtliche Kassetten wurden verkauft“. O-Jay wurde später Mitbegründer der Imperial Nation Berlin eine Berliner Version der Universal Zulu Nation, die auch die ersten HipHop-Parties in Berlin veranstalteten zum Ende der 80er. Auch das erste deutsche Hip-Hop-Fanzine Freshbeat Magazin und die Freshline Radio Show sind durch ihn und Quickmix entstanden. Ab den 90ern entwickeln sich O-Jay und Quickmix allerdings immer mehr in Richtung Eurodance und auch der Rest der Szene wird sich neu orientieren.

19. Der Himmel soll warten – das Ende von TDC

Für TDC ist das Tape ein weiteres Zeugnis ihres Schaffens, sind auf dem Cover doch mit Rebel One, Crime und DJ Nitro drei Kern-Mitglieder vertreten. Als sich die Achtziger dem Ende neigen und die Berliner Mauer fällt, setzen Veränderungen bei TDC ein. Schon im Vorfeld hatten sich Graffiti-Schaffende der zweiten Generation West-Berlins wie Kaos oder Amen dem TDC-Umfeld angeschlossen und mit Rebel die GSC-Crew geformt.

> „Die Zeit mit TDC war schon eine gute Zeit gewesen, bis ich angefangen habe Drogen zu nehmen, was heißt, zu nehmen, ich habe gesoffen und gekifft wie ein Tier, bis ins Koma. Da war ich auch schon selbst relativ punkig unterwegs. Das war bestimmt eine komische Erscheinung, wie ich auf HipHop-Jams angekommen bin, mit schwarzen, zerfetzten Jeans und mit schlampigem T-Shirt. Die Haare hatte ich mir schwarz gefärbt. Ich bin vom Sprühen weg, immer mehr zum Rappen gekommen, es war eine Zeit der Neuorientierung und Selbstfindung, so beschreibt Rebel One seine Zeit rückblickend mit TDC im Buch „Bei uns geht einiges. Die deutsche Hiphop-Szene".

Doch der Glaube an ewiges Wachstum und Glückseligkeit hielt nicht mehr lange vor: „Es gab mehrere Gründe, warum sich TDC allmählich auflöste. Zum einen wurden die Leute langsam mit ihrer Schule fertig und mussten sich Gedanken über ihre Zukunft machen", sagt Rebel. „Das andere war, dass das Style-Writing und das Bomben durch das Aufkommen von Fanzines und Trips nach Amsterdam zunahmen. Graffiti und HipHop hat ein bisschen seine Naivität verloren, für meinen Geschmack". Auch Deza bestätigt einen gewissen Verlust des jugendlichen Leichtsinns innerhalb des Kollektivs. „Da haben viele auch mit Drogenprobleme zu kämpfen gehabt", sagt er. Der Lifestyle der Party-Crew, aus der sich TDC zehn Jahre zuvor formierten, scheint seine Opfer einzufordern, wie Rebel ergänzt: „Viele aus dem weitesten Family-Umfeld der Denots sind einfach abgedreht und haben Psychosen bekommen, weil die LSD oder sowas gefressen haben. Drogen zu konsumieren, hatte auf einmal eine enorme Wichtigkeit, auch weil manche sich dann einbildeten, besonders flashen zu können mit Entwürfen und so. Das hat die Crew nach und nach zerlegt" (Rebel One 2023).

Rebel geht nach dem Mauerfall in den Osten und schließt sich der S.W.A.T.-Posse an. „Die hatten noch diese Naivität, den Hunger und diesen Erfindergeist. Das fand ich cool, deswegen habe ich da relativ schnell connected. Die waren auch peaciger drauf" (Rebel One 2023). Ab Mitte der Neunziger ist er auch eine Weile mit dem späteren Aggro-Gründer Spaiche im Berliner HipHop-Mobil unterwegs, was somit eine weitere Verbindung zwischen TDC und Sido darstellt (Aggro TV 2014).

Auch Deza zieht 1990 aus dem MV weg. „Ich wollte meine Flausen aus dem Kopf bekommen, so konnte es ja auch nicht ewig weitergehen. Ich habe dann erstmal viele Aufträge gemalt, manchmal allein und 1993 habe ich dann auch noch meinen Taxischein gemacht". Was in den späten Achtzigern und frühen Neunzigern im MV und bei TDC passiert, bekommt Deza deshalb nur noch am Rande mit: „Es wurde dort noch gesprüht, das weiß ich, aber deutlich weniger. Das war diese Generation um Mesia, der auch ein guter Breaker war. Ende der Achtziger gab es aber auch im MV zunehmend Jugendgangs" (Deza 2023).

20. Westberlin, West, Westberlin – Wir sind zu Aggro für dein Arsch

TDC sind natürlich nur eine von vielen Gruppen jugendlicher, die sich mal mehr, mal weniger stark organisieren. So kommt ab Mitte der 80er Jahre das Phänomen der Jugendbanden auf, die recht schnell bundesweit in den Schlagzeilen auftauchen. Die bereits erwähnten Kieler „Kneipenterroristen" zum Beispiel erlangen zwei Jahrzehnte später sogar eine gewisse Form von fragwürdigem „Kultstatus" im Internetzeitalter (Vogel/Ziegler 2017). In einem taz-Artikel von 1990 (Böhm 1990) wird beschrieben, dass seit dem Mauerfall Konflikte zwischen Jugendbanden in Westberlin zunehmen. Die wahrscheinlich bekannteste unter ihnen sind die 36 Boys. Ihr Legendenstatus reicht über Berlin hinaus, weil sie in vielen Dokus verewigt wurden und legendäre Mitglieder hatten wie Maxim, der während der HipHop-Jam-Ära in den Neunzigern bundesweit mit seinen Jungs durch Deutschland reiste.

Teile dieser Reisegruppen wurden von der West-Deutschen HipHop-Szene als „die Berliner" zusammengefasst, denen der Ruf voraus eilte, mit Bussen- und Autokorsos vorzufahren, und mit Macheten, Gaspistolen oder Baseballschlägern, HipHop-Jams zu sprengen. Die reale Rolle von Maxim und den 36 Boys ist in diesem Zusammenhang bisher nicht abschließend geklärt, kann aber als ambivalent bezeichnet werden. Andere ehemalige 36-Mitglieder wie Rapper Killah Hakan oder Starkoch Tim Raue tragen ebenso zum Mythos bei. Ende der Achtziger existieren viele solcher Jugendbanden, um sich vor Neo-Nazis und Skins zu schützen. So gründeten sich in Tegel die Black Panthers und im Märkischen Viertel die Fighters. Peilerman fasst die Zeit der Jugendbanden im MV so zusammen: „Es gab die Fighters und dann noch die Young Fighters – das waren die jüngeren Brüder von den Fighters. Die haben sich gegründet wegen den Skinhead-Gangs, das hat sich so ab Mitte der Achtziger bemerkbar gemacht. Die haben dann auch sehr schnell gemerkt: ‚Boah ey, wenn du da mit 20 oder 30 Leuten lang läufst, kriegen andere auf einmal Muffensausen'. Das fanden die auch ganz geil" (Peilermann 2023).

Als Mein Block 2004 erscheint, bekommen das natürlich auch die Mitglieder von TDC mit. Deza betrachtet es mit einer gewissen Sympathie auf Distanz: „Ich war und bin jetzt kein großer Sido-Fan, aber damals fand ich Mein Block und die ganze LP schon sehr dreckig, muss ich sagen. Natürlich habe ich mich auch damit identifiziert. Das alles, was er da rappt, ist zwar übertrieben, aber: Es war begründet. Dieses Bildhafte, was oder wer da, in welchen Stockwerken jetzt unterwegs ist und dass alles verfügbar war, das habe ich im MV auch so empfunden" (Deza 2023). Rebel findet eher kritische Worte: „Wenn ich Mein Block vom Songwriting betrachte, ist das ein cooler Track, keine Frage. Aber um ehrlich zu sein, hat Sido nie wirklich das Märkische Viertel repräsentiert. In der Zeit, wo es abging, habe ich Sido da nie gesehen. Der war nicht bei den Sprühern, der war nicht auf den Jams oder so. Der war eher im Royal Bunker im Kreuzberg" (Rebel One 2023). Deza ergänzt noch dazu: „Eine witzige Story gibt es noch. Schon weit vor den Fantastischen Vier und weit bevor Sido hat sich der Crazy Colour mit Rap auf Deutsch beschäftigt. Der hat schon in Sidos Ecke gesessen, da gab es Sido praktisch noch gar nicht. Ein Kumpel von uns hat im selben Haus gewohnt wie Sido später und als wir da mal abhingen, hat Crazy Colour uns genau in diesem Hof seinen ersten deutschen Rap-Text gezeigt" (Deza 2023).

21. Mein Testament – Über die Nachwirkung von *Mein Block*

Was ist geblieben von Sidos Mein Block? 2011 erläutert Sido in einem Stern-Interview seine Sicht auf die Nachwirkung des Tracks und Videos (Albers / Chamo 2011): „‚Mein Block' ist politisch. Das ist ein politisches Stück Kunst. Auf Sido-Art, mit zwinkerndem Auge: Hier ist doch alles toll, alles schön, aber trotzdem werden die Missstände aufgezeigt". Die Folgen des Songs und das Aufzeigen der Missstände führte dazu, dass laut Sido damals „richtige Touristen bei mir ins Viertel" kamen, die sich die Gegend angeguckt haben. Busweise. Und das hat meine Musik gemacht". Das passierte nicht nur direkt, sondern auch virtuell, als Heerscharen von Medien über das Viertel und die dortigen Probleme berichteten. In Kombination mit Mein Block und seinem Video ergab sich daraus ein Image, mit dem die Stadt Berlin und speziell die Verantwortlichen des Märkischen Viertels nicht sonderlich glücklich waren. Eine Art „Fear of a Block Planet", wenn man so will. Und eine mögliche Erklärung für das, was Sido als Folge des Songs beobachtet haben will, denn seit dem Song habe sich sehr viel im Viertel getan. Während er im Song noch rappt, dass sein schöner Plattenbau im MV langsam „grau" wird, stellt er 2011 fest: „Die kümmern sich seitdem extrem um die Infrastruktur: Häuser werden gestrichen, Grünanlagen werden gebaut, nun wurde auch noch das Einkaufszentrum erneuert. Das schlechte Bild soll weg" (Tönne 2016). In einem Tagesspiegel-Artikel von 2014 (Vogelsang 2014), der anlässlich des zehnjährigen Veröffentlichungsjubiläums von Mein Block entstanden ist, melden sich verschiedene Bewohner mit anderen Beobachtungen. „Platte, Asi. Das kommt schon hin, ein Ghetto ist es null", heißt es dort. Andere Zitate lauten: „Ich habe ehrlich nie verstanden, woher dieses Bild kommt. Es ist nicht gerechtfertigt. Aber vielleicht hängt es an dem tristen Anblick. Diesem Knastblick".

22. Wer hat den geilsten Block in Deutschland, Alter?

Wer die Stadtteil-Karte des Märkischen Viertels heute betrachtet, findet an jeder Ecke Jugendzentren, Abenteuerspielplätze und Workshops für Kids aller Art. Vom Holzbau über die Skaterrampe bis zum Rap-Studio findet man viele Anlaufstellen im MV. Im Toolbox-Projekt kann man sich Scooter, Skateboards, Helme, Gelenkschoner, Bälle und neben Spielgeräten auch BMX-Fahrräder zum üben ausleihen. Als die Gesobau die Außenflächen im Märkischen Viertel neu gestalten will, womit unter anderem Plätze und Flächen speziell für Jugendliche gemeint sind, werden die Jugendlichen an diesem Prozess beteiligt. Irgendwie eine Art Fortsetzung der ersten offiziellen Gesobau Wand von TDC 1986.

Neben Rap-Compilations wie „Gangway Beatz", die man in Workshops produziert und im Gangway Projekt (Gangway e. V. o. J.) veröffentlicht, gibt es seit 2008 in Zusammenarbeit mit dem deutschen Konsulat die „Bronx Berlin Connection", wo Jugendgruppen in die HipHop-Ursprpungsstätte New York fliegen dürfen (Snowgoons 2022), um mal andere Hochhäuser zu sehen. Würde man heute zehn Leute im MV fragen, wie sie das Viertel sehen, würde man zehn unterschiedliche Antworten erhalten. Spannend wäre zu erfahren, wie ein 20-jähriger Sido heute über seinen Block schreiben würde. Würde er das dasselbe texten wie 2004?

Eine Erkenntnis bringt zum Schluss Peilerman auf den Punkt, der wohl alle zustimmen würden, von Ulrike Meinhof über TDC bis Sido.

Man muss jungen Menschen Möglichkeiten geben sich auszuleben. Denn TDC und auch Sido haben „wege gesucht sich auszudrücken und irgendwas produktives zu machen. Ob es jetzt Skateboard fahren war, BMX fahren, sprühen, breakdancen, oder eine Punkband machen, oder Texte schreiben. Das sind alles Dinge um Spuren zu hinterlassen, also seine Umwelt zu prägen, Ob optisch, akustisch oder dadurch, dass du aus der hässlichen Steinwand auf einmal eine Rampe machst, wo du lang fährst und Tricks übst usw. Es ging nicht darum, jemand zu sein der da drin wohnen muss, der da eingesperrt ist oder der verbannt ist in den Betonblöcken zu leben, sondern zu sagen: hey das ist unsers, und wir sind stolz darauf" (Peilermann 2023).

Literatur

Aggro TV (2010): Sido – Mein Block (Official Hd Version Aggro Berlin). www.youtube.com/watch?v=H4odG4d_88g (11.08.2023).

Aggro TV (2014): Freestyle – Hip Hop Mobil – Folge 59 – 90's Flashback (Official Version Aggrotv). www.youtube.com/watch?v=wNLy3KXoL1U (04.12.2023).

Albers, Sophie (2009): Sozialistische Grüße vom Ex-Gangsta-Rapper. www.stern.de/kultur/musik/sido-ueber-sein-leben-im-osten-sozialistische-gruesse-vom-ex-gangsta-rapper-3447908.html (04.12.2023).

Albers, Sopihe / Chamo, Ben (2011): Ich bin nicht mehr das Sprachrohr der Jugendlichen. www.stern.de/kultur/musik/interview-mit-sido-zum-kinostart-von–blutzbruedaz—ich-bin-nicht-mehr-das-sprachrohr-der-jugendlichen–3148788.html (04.12.2023).

Berliner Zeitung (2008): ‚Wild Style'-Regisseur Charlie Ahearn über New York 1982: Alle waren so neugierig aufeinander. www.berliner-zeitung.de/madonna-blondie-grandmaster-flash-hiphop-graffiti-breakdance-wild-style-regisseur-charlie-ahearn-ueber-new-york-1982-alle-waren-so-neugierig-aufeinander-li.61170 (04.12.2023).

Bezirksamt Reinickendorf von Berlin (2010): Taufe des ehemaligen ‚Müllberges' im Freizeit- und Erholungspark Lübars. Pressemitteilung vom 05.05.2010. www.berlin.de/ba-reinickendorf/aktuelles/pressemitteilungen/2010/pressemitteilung.130314.php (05.01.2024).

Bocksch, Renè (2021): BRAVO nur noch ein Schatten einstiger Größe. https://de.statista.com/infografik/2634/verkaufte-auflage-der-bravo (04.12.2023).

Böhm, Andrea (1990): Der Kampf auf feindlichem Territorium. https://taz.de/Der-Kampf-auf-feindlichem-Territorium/!1748612 (04.12.2023).

Brimmers, Julian (2014): Die Musik sollte so sein, dass die Rapper nicht nur darauf überleben, sondern strahlen konnten. https://allgood.de/features/interviews/die-musik-sollte-so-sein-dass-die-rapper-nicht-nur-darauf-ueberleben-sondern-strahlen-konnten (04.12.2023).

Der Spiegel (2008): Wie ‚aus Versehen' die RAF entstand. www.spiegel.de/fotostrecke/baader-befreiung-wie-aus-versehen-die-raf-entstand-fotostrecke-160654.html (06.12.2023).

Deutschlandfunk (2007): Der Mensch hinter den Morden. www.deutschlandfunk.de/der-mensch-hinter-dem-morden-100.html (06.12.2023).

Deza (2023): Persönliches Interview, Berlin, 22. Juni 2023.

dirtbike chris (2023): Sido & B-Tight bei NBC Giga – Mein Block + Rausschmiss. www.youtube.com/watch?v=Ylr1vFRbMGc&ab_channel=dirtbikechris (04.12.2023).

Gangway e. V. – Verein für Straßensozialarbeit (o. J.): Homepage. https://gangway.de (06.12.2023).

Goldbrunner, Hans (1989): Arbeit mit Problemfamilien: systemische Perspektiven für Familientherapie und Sozialarbeit. Mainz: Matthias-Grünewald.

History of Berlin (2021): 1983 | Beginn der Break Dance Modewelle (Cyber Dialog Nr. 10) – History of Berlin. www.youtube.com/watch?v=XgW0eLezZLs&list=PL_Riqz4cUyI7hwXVT1REYM55D_jIYFlzm&index=11 (04.12.2023).

Hüttner, Andreas (2016): Fehlende soziale Infrastruktur und Mieterhöhungen. www.bmgev.de/mieterecho/archiv/2016/me-single/article/fehlende-soziale-infrastruktur-und-mieterhoehungen (05.01.2024).

ilovegraffiti.de (2023): Podcast #079 – Graffiti Writer Neon – Von München Nach New York – Talk [Munich Graffiti Library]. www.youtube.com/watch?v=SiGcgUjJp7E (04.12.2023).

Käptn Eierstock (2021): Hightlight. www.komoot.de/highlight/76419 (04.12.2023).

Krekow, Sebastian / Steiner, Jens (2000): Bei uns geht einiges. Die deutsche HipHop-Szene. Berlin: Schwarzkopf & Schwarzopf.

Krüger, Karl Heinz (1970): Menschen im Experiment. In: Der Spiegel 45. www.spiegel.de/kultur/menschen-im-experiment-a-b1e0a21d-0002-0001-0000-000044303116 (04.12.2023).

Kruse, Elke (2017): Lob des Imperfekts: Kunst, Musik und Wohnen im West-Berlin der 1980er Jahre. Berlin: mikrotext.

Langer, Annette (2002): Dennis ist ein Opfer. www.spiegel.de/sptv/reportage/a-192028.html (05.01.2024).

Leopoldseder, Marc (2004): Vom MV zu MTV. In: Juice 63. München: piranha.

Mahoney, Elisabeth (2010): The Black CNN – When HipHop Took Control. www.theguardian.com/tv-and-radio/2010/jun/25/black-cnn-hip-hop-took-control (04.12.2023).

Müller, Wolfgang (2014): Subkultur Westberlin 1979–1989. Hamburg: Freizeit, Philo Fine Arts.

MV Express (1986): Die Zeitung im Märkischen Viertel, Nr. 16 vom 11. September 1986.

Nöthling, Timo (2014): Wetten, dass ...? www.quotenmeter.de/n/69999/quotencheck-wetten-dass (04.12.2023).

O-Jay (2023): Personliches Interview, Berlin, 26. Juni 2023.

Olympe – Feministische Arbeitshefte zur Politik (1990): Ich wollte ja mal Vogelforscher werden. In. Heft 20: Provokation. Personen, Debatten, Fakten. Zürich. https://majawicki.ch/archive/1010 (06.12.2023).

Pan Ter (2012): Keith Haring – Painting 100m of the Berlin Wall in 1986. www.facebook.com/photo/?fbid=305639049553005&set=a.153757934741118 (05.01.2024).

Panterdesign.com (2010): Berlin Graffiti TV Interview von 1986 mit der Denots Crew. www.youtube.com/watch?v=5WCO0-alULY (04.12.2023).

Peilermann (2023): Persönliches Interview, Berlin, 12. August 2023.

rbb Retro – Berliner Abendschau (1963): Am Rande Berlins: das Märkische Viertel. www.ardmediathek.de/video/rbb-retro-berliner-abendschau/am-rande-berlins-das-maerkische-viertel/rbb-fernsehen/Y3JpZDovL3JiYi1vbmxpbmUuZGUvYmVybGluZXIt YWJlbmRzY2hhdS8xOTYzLTAzLTI5VDE5OjMwOjAw XzJkNGFiNjc3LWZhZjUtNGUzYS04ZTg4LWQzYzhl MmEyZjk5MS9yZXRyb18xOTYzMDMyOV9hbXJhbmRl YmVybGluc21hZXJraXNjaGVzdmllcnRlbA (04.12.2023).

Rebel One (2023): Rebel One: Persönliches Interview, Berlin, 9. Mai 2023.

Reinecke, Christiane (2014): Am Rande der Gesellschaft? https://zeithistorische-forschungen.de/2-2014/5095#footnote-30527-12-backlink (04.12.2023).

Rossberg, Peter/Kuschel, Sven (2009): Lappen weg – bevor er ihn überhaupt hatte. Seine Führerscheinprüfung war für nächste Woche angesetzt. www.bild.de/unterhaltung/leute/von-polizei-gestoppt-ohne-fuehrerschein-am-steuer-8130058.bild.html (05.01.2024).

Scherer, Marie-Luise (1969): Brei für alle. In: Die Zeit 47. www.zeit.de/1969/47/brei-fuer-alle/komplettansicht (04.12.2023).

Snowgoons (2022): The Bronx Berlin Connection. www.youtube.com/watch?v=Bt_mJGTTxyE (06.12.2023).

Stern, Klaus (2007): Terrorist ohne Führerschein. www.spiegel.de/geschichte/raf-a-948479.html (05.01.2024).

Thompson, Paul (2023): The Man and the Machine: On 20 Years of 50 Cent and ‚Get Rich or Die Tryin'. www.theringer.com/rap/2023/2/6/23587236/50-cent-get-rich-or-die-tryin-anniversary (04.12.2023).

Tönne, Lars von (2016): Modernisierung in Reinickendorf. www.tagesspiegel.de/berlin/das-markische-viertel-glanzt-wie-neu-5217535.html (05.01.2024).

Vogel, Steffen/Ziegler, Jean-Pierre (2017): Jeder wollte was von mir. www.spiegel.de/panorama/kieler-kneipenterrorist-bernd-knauer-ist-gestorben-a-1181030.html (04.12.2023).

Vogelsang, Lucas (2014): Ihr Block. www.tagesspiegel.de/gesellschaft/ihr-block-3555811.html (04.12.2023).

Wild Style – tha magazine with an attitude (1999): 1. Issue April '99. Berlin, S. 6–9.

Walter Benjamins Spaziergang durch drei Blocks – Ein ethnopsychoanalytisches Triptychon

Valentin Goldbach

Prolog 1: Walter Benjamin und die Ethnopsychoanalyse

Die von Walter Benjamin praktizierte assoziative Methode kann rückblickend als eine Urform der Ethnopsychoanalyse gelten. Wenn Benjamin sich mit Gegenständen beschäftigte, dann begab er sich in den Kern dessen, worum es der Ethnopsychoanalyse geht: Dass – wie Mario Erdheim festhält – es möglich wird, „den Verfremdungsprozeß wieder einzuleiten, der notwendig ist, um Unbewußtes zu erkennen" (Erdheim 1988a, S. 91). Sich von den Dingen irritieren zu lassen, die einem eigentlich am vertrautesten sind. Um die dafür nötige Distanz zum Gegenstand zurückzugewinnen, begleitet uns Walter Benjamin auf einem Spaziergang durch die *drei Blocks* des Deutschrap. Er ermöglicht es uns, jenes sich dort darbietende Spektakel durch seine Brille zu sehen. Als eine Art Mentor hilft er uns, wieder damit zu beginnen, sich über die Welt und die eigenen festgefahrenen Anschauungen zu wundern; die im akademischen Alltag permanent reproduzierte selbstischere Identität als Wissenschaftler*in beständig zu hinterfragen: „Hier setzt die Tendenz ein, das beobachtende Subjekt selbst als Teil der Beobachtung aufzufassen, und damit verwandelt sich das, was aus Abenteuerlust sowie Interesse am Fremden angefangen hatte, ins Ethnopsychoanalytische" (Erdheim 1988a, S. 92).

Wie bei den meisten Autor*innen dieses Buches dürften auch bei mir – wie es Heidi Süß in einer Kritik der Deutschrap-Forschung festhielt – „jede Menge Emotionen im Hinblick auf den Gegenstand im Spiel sein. Faszination, Neugier, Liebe, Abscheu oder Ekel beispielsweise" (Süß 2021, S. 121). Emotionen, die sich – gerade weil sie so vertraut sind – dem Bewusstsein entziehen und verdrängt werden. Gerade weil ich mich permanent mit Deutschrap beschäftige, mache ich mir kaum noch Gedanken darüber, warum ich das eigentlich mache. Und viel wichtiger: Warum tun das so viele andere Menschen, die überhaupt erst durch den Konsum von Deutschrap-Produkten den Gegenstand als eigenständigen und für ein solches Buch relevanten Gegenstand produzieren? Was finden sie in den Texten und in den Beats?

Ein Erklärungsansatz für die aufgeworfenen Fragen findet sich in Sigmund Freuds Begriff des Kulturideals. Über dieses schreibt er: „Zunächst scheint es so, als ob diese Ideale die Leistungen des Kulturkreises bestimmen würden; der wirkliche Hergang dürfte aber der sein, daß sich Ideale nach den ersten Leistungen bilden, welche das Zusammenwirken von innerer Begabung und äußeren Verhältnissen einer Kultur ermöglichen, und daß diese ersten Leistungen nun vom Ideal zur Fortführung festgehalten werden. Zur Vervollständigung bedarf sie des Vergleichs mit anderen Kulturen, die sich auf andere Leistungen geworden und andere Ideale entwickelt haben. Kraft dieser Differenz spricht sich jede Kultur das Recht zu, die andere geringzuschätzen" (Freud 1974, S. 147).

Ein Kulturideal verkörpert – immer in Abgrenzung zu anderen Kulturidealen – eine bestimmte Vorstellung vom Verhältnis des Menschen zur Natur, der Menschen untereinander und des einzelnen Menschen zur Gesellschaft. Die individuelle Entscheidung für das eine oder das andere (Sub-)Kulturideal, die in Anbetracht der gegenwärtigen Vielfalt an kulturellen Angeboten komplexer als noch zu Freuds Zeiten geworden ist, ist immer damit begründet, in welchem Kulturideal man etwas von sich sehen kann. Welche vom Kulturideal verkörperte Stillstellung des Konfliktes zwischen Triebwünschen und gesellschaftlichen Ansprüchen präsentiert sich als mögliche Lösung der eigenen Misere? In diesem Sinne lässt sich ein roter Faden vom antiken Heldenmythos zum postmodernen Deutschrapper ziehen: Während die antiken Helden gegen die zu Göttern aufgeblasenen Zumutungen von Natur und Kultur aufbegehrten, begeben sich Deutschrapper immer wieder in den Konflikt mit einer kapitalistischen Gesellschaft, die zur zweiten Natur geworden ist und der man irgendwie das notwendige Kleingeld abringen muss, um überleben zu können: „Wenn nicht mit Rap, dann mit der Pumpgun" (Haftbefehl 2012).

Die Faszination für einen bestimmten Rapper ist dieser Sichtweise nach darauf zurückzuführen, dass die durch ihn verkörperten kulturellen Idealvorstellungen einem – zumindest temporär im Moment des Musikhörens – als mögliche Lösung des eigenen Konfliktes zwischen Triebwünschen und gesellschaftlichen Ansprüchen erscheinen. Demnach empfindet man beim Hören von Gangsta-Rap also eine Sympathie für den Umgang des Gangsta-Rappers mit den gesellschaftlichen Anforderung und kann sich selbst in eine derartige Position hinein denken. Gerade angesichts eines tristen Arbeitsalltags erscheint die Vorstellung, sich wie Haftbefehl mit der Pumpgun alles zu nehmen, was man zum Leben braucht, verlockend. Auch wenn man selbst den endgültigen Schritt in die Kriminalität nicht geht und der Sound vielleicht eher dazu motiviert, ein dickes Fell gegenüber dem unerträglichen Vorgesetzten zu entwickeln.

Jeder Rapper, dessen inszenierter Umgang mit gesellschaftlichen Anforderungen herrschenden Vorstellungen nicht entspricht und so beispielsweise Vertreter*innen der politischen Herrschaft wie Monika Griefhahn[1] schockiert,

---

1 Die SPD-Politikerin Monika Griefhahn war zu Beginn des deutschen Gangsta-Raps eine der bekanntesten Kritiker*innen, weswegen sie zum Angriffsziel zahlreicher Punchlines und zum Inbegriff des missverstehenden Entsetzens der Autoritäten gegenüber Gangsta-Rap wurde.

ist in dem Sinne „empowernd", dass er bisher verdrängten triebökonomischen Lösungen einen Raum gibt. Er ist aber zugleich „affirmativ", weil er in diesen Vorstellungen neue kulturelle Ideale und somit neue Formen der Repression aufstellt.[2] Nicht zuletzt deshalb, weil ein Ideal sich nur dann als Ideal behaupten kann, wenn es in der Lage ist, die eigenen Triebwünsche mit den Anforderungen einer auf Warenproduktion beruhenden Gesellschaft zu vereinigen und man kapitalakkumulierendes Subjekt bleiben kann. Jedes von einem Rapper verkörperte Kulturideal muss sich selbst als Sieger – als erfolgreich im Kampf um individuelle Reproduktionsfähigkeit – inszenieren und als unproduktiv empfundene ‚Verlierer'-Anteile abspalten, respektive verdrängen.

Die Ethnopsychoanalyse und Walter Benjamin versuchen jeden Gegenstand von diesem Verdrängten aus zu fassen, indem sie sich auf ihre Gegenstände stürzen und sich nicht nur auf die Störungen einlassen, sondern sich bisweilen auch von ihnen berauschen lassen: „Die Diskontinuität im angeblich homogenen Personen-Kern belegt sich drastisch, sobald das Real-Ich durch den Rausch gelockert wird. Was sich zeigt, ist eine durchgehende Ambiguität und Ambivalenz der das Real-Ich kennzeichnenden Idenitätscharaktere. Namentlich Egoität und Sozialität geben ihre innere Dialektik preis, machen an dem vorgeblich gleichrangig vom Ich- wie vom Du-Konstitivum fundierten Sozialcharakter der Person zweifeln" (Schweppenhäuser 1972, S. 23 f.). Benjamin und die Ethnopsychoanalyse wollen sich gerade „den Abfallstoffen und blinden Stellen" (Adorno 1951, S. 200), dem was als belanglos – weil zu vertraut – oder abwegig – weil zu fremd – erscheint, widmen. Wir möchten uns also auf das fokussieren, was „am Wege liegen blieb" (ebd.), wenn wir das von den Rappern kreierte Image in dem von ihnen – für die Köpfe ihrer Hörer*innen – inszenierten Lebensraum besuchen.

Prolog 2: Die drei Blocks und Deutschrap

Nachdem wir unseren Protagonisten Walter Benjamin vorgestellt haben, gilt es nun sich die Szenerie zu vergegenwärtigen, ehe man mit dem eigentlichen Spaziergang beginnen kann. Die drei Blocks, von denen die Rede ist, sind drei verschiedene Versionen des Songs *Mein Block:* der Song von Sido selbst, dessen Vorgeschichte, nämlich „Blumentopf sein Block" (Sido 2004) und dessen Nachwirkungen, die sich in einer Cover-Version des Songs von LGoony, Crack Ignaz und Soufian (aka New Level), die beim Red Bull Soundclash 2017 aufgeführt und von Sido selbst mit einem neu geschriebenen Part legitimiert wurde, finden lassen.

2 Die beiden hier gewählten Begriffe sollen in kritischer Absicht auf die Arbeiten von Martin Seeliger verweisen, die – unter anderem in *Deutscher Gansta Rap – Zwischen Affirmation und Empowerment* (Seeliger 2013) – immer wieder versuchen sich dem Gegenstand mittels dieser antinomischen Begriffe zu nähern.

Jeder der drei Songs, jeder der drei Blocks, steht für eine bestimmte Phase im Deutschrap.

Der erste Block von Blumentopf steht für jenen deutschen Rap, der vor der Etablierung des sogenannten Gangsta-Raps hegemonial war und gegen dessen transportiere Kulturideale Sido – und mit ihm das gesamte Label Aggro Berlin inklusive dessen verlorenem Sohn Bushido, sowie all jene, die in ihre Fußstapfen traten oder treten wollten – aufbegehrten oder zumindest ein Aufbegehren inszenierten. Es ist ein Block, der nicht im Märkischen Viertel in Berlin steht, sondern „direkt in Münchens Innenstadt" (Blumentopf 2003a) und dem deswegen retrospektiv und stellvertretend für die damalige deutsche HipHop-Szene von den einen nachgesagt wird, eher von Privilegierten bewohnt zu werden, die „gar keine Lust auf Ausländer" (Ferchichi 2013, S. 58) oder andere Angehörige der Unterklassen hatten; während andere gerade hier die Überbleibsel der echten Werte der *Oldschool* vertreten sehen, denen es noch nicht um „Goldplatten, Goldotto, Goldschwanz und Goldzunge" (Sido 2006) ging, sondern für jene war, „die die und nicht sich an der Kultur bereichern" (Freundeskreis 1999).

Der zweite Block (Sido 2004) ist das Zentrum dieser Erzählung. Ein inszenierter Ort, in dem eine neue Verkörperung der kulturellen Ideale im Deutschrap produziert und vor 20 Jahren über die Fernseher in die gesamte Bundesrepublik ausgestrahlt wurde: „So wie deine Drecksgymnasiasten war'n wir nie und jetzt gib mir mal die Bong, Sido ist bei MTV" (Zugezogen Maskulin 2017). Ein Block, von dem eine derartige Faszination ausging, dass er alle vorhergehenden Produkte des vulgären Raps Berliner Bauart – wie beispielsweise LMS von Kool Savas – in den Schatten stellte, dass nun über ihn dieser Sammelband geschrieben und in selbigem Sidos Song als Beginn einer neuen Phase im Deutschrap gewertet wird. Warum ist dieser Block gerade für junge Akademiker*innen so interessant, deren Lebensrealität sich mehrheitlich eher im ersten – in dieser Erzählung peripheren – Block widerspiegelt? Welche psycho-dynamischen Bedürfnisse kann dieser Block als audio-visuelles Kunstwerk bei jenen befriedigen, von denen sich explizit abgegrenzt wird? Welchen Gebrauchswert lieferte der Song jenen, die in ihrem Einfamilienhaus saßen und trotz gegenteiliger Behauptung von Sido überhaupt nicht angefangen haben zu lachen?[3]

Der dritte Block von LGoony, Crack Ignaz und Soufian hat keine Heimatstadt mehr. Seine Heimat ist das Internet. Seine Bewohner sind junge Rapper*innen und Rapfans, die im Schatten von Sidos Block aufgewachsen sind. Anders als der andere periphere Block stehen sie in keinerlei Konflikt mit Sidos Block und den dort gelebten Kulturidealen. Im Gegenteil wird dort immer noch denselben Kulturidealen im Konflikt mit den Älteren nachgeeifert. So auch, wenn im musikalischen Wettbewerb Red Bull Soundclash gegen die sich selbst als Gralshüter der

3 Direkt im Intro von *Mein Block* macht Sido eine Gegenüberstellung auf: „Du in deinem Einfamilienhaus lachst mich aus, doch im *MV* hab ich alles was ich brauch" (Sido 2004).

Realness verstehenden Samy Deluxe, Eko Fresh und Afrob aufbegehrt wird. Auch 13 Jahre nach Erscheinen scheint Sidos Block nichts an Schlagkraft eingebüßt zu haben, wenn schlussendlich Sido behauptet: „Im Gegensatz zu euch bin ich für die junge Leute hier mittlerweile sowas wie ein Gott" (LGoony et al. 2017). Wie konnte sich dieses Kulturideal in einem ansonsten schnelllebigen Deutschrap-Business so lange halten?

In jedem Block findet sich als *dialektisches Bild* die Momentaufnahme eines Genres im Wandel fixiert, aus dem vermittelt über die Faszination und die psycho-dynamische Besetzung seiner Hörer*innen der Versuch unternommen werden kann, Betrachtungen über eine bundesdeutsche Gesellschaft im Wandel anzustellen. Der 2004 erschienene Song von Sido korreliert so mit der am 1. Januar 2005 in Kraft getretenen vierten Stufe des Hartz-Konzeptes – besser bekannt als Hartz IV –, die auch für viele junge Akademiker*innen, wenn nicht als bereits erfahrene Realität, zumindest als potenzielle Bedrohung wahrgenommen wird.

Die Darstellung der drei Blocks in den folgenden Kapiteln beruht (neben autoethnografischen Tagebucheinträgen) auf dem Protokoll einer Sitzung des Seminars *Über die Liebe zu Führern, Rappern und Terroristinnen – Einführung in die Ethnopsychoanalyse am Beispiel der Faszinationsgeschichte*,[4] in welchem die drei Songs in ähnlicher Weise präsentiert und kontextualisiert worden sind, und einigen von Studierenden über jene Sitzung angefertigten schriftlichen *Freien Assoziationen*. Sie stellen neben den eigentlichen Songs und dem aus Interviews collagierten Buch *Könnt ihr uns hören?* von Jan Wehn und David Burtot (2019) das Datenmaterial dieser ethnopsychoanalytischen Forschung dar, die in diesem Text analysiert und kontextualisiert werden sollen.

Ich habe damit gerungen, wie ich die Ergebnisse der Forschung am besten präsentiere, ohne dabei in jene akademische Emotionslosigkeit zu geraten, welche selbst Teil des Verdrängungszusammenhanges ist und Erfahrungen, wenn nicht verunmöglicht, doch zensiert.[5] Mein Hauptantrieb, Deutschrapforschung zu betreiben, liegt darin, dass ich meine eigenen Erfahrungen als langjähriger Konsument dieser Musik in den Texten über sie nicht wiederfinden kann, vor allem dann nicht, wenn die von der Instrumentierung angetriebene affektive Besetzung in der oft auf Texte fokussierten Forschung gänzlich unausgesprochen bleibt. Die gewählte Darstellungsform ist ein Versuch, dem entgegenzuwirken, und in dieser Form auch für mich ein Novum. Ich hoffe, dass in den beiden Prologen trotz ihres fragmentarischen Charakters die Konstellation klar geworden ist, mit der sich die hier vorliegende Forschung beschäftigen möchte.

---

4 Von mir als studentisches Seminar im Wintersemester 2022/2023 am Fachbereich 09 der der Universität Bremen konzipiert und gehalten.

5 Siehe dazu Erdheim 1988b, S. 99–115.

Und so dreht sich unser auto-fiktiver[6] Walter Benjamin noch eine letzte Haschisch-Zigarette, deren Konsum in allen drei Blocks praktiziert zu werden scheint, ehe er losläuft, um den Bewohnern und ihren Eigenarten auf den Zahn zu fühlen.

1. Der erste Block: Blumentopf sein Block

Wenn man heute durch die Straßen und Gassen dieses ersten Blocks wandelt, dann merkt man die hegemoniale Präsenz des Zentrums. Durch Sidos Block, der jeden Block im Deutschrap überstrahlt und dessen Strahlkraft es schwer macht, sich überhaupt vorzustellen, wie es ohne ihn war, wirkt der erste Block langweilig und öde, im Vergleich zu dem, was einen im Zentrum alles erwarten wird. Man kann den Schatten der sechzehn Stockwerke des Blocks im Zentrum bis hierher in die Peripherie sehen, die mitten in Münchens Innenstadt zu liegen scheint. Unser Flaneur schmunzelt darüber, dass ausgerechnet ein Ort, der sich und seinen Fußballverein immer als Zentrum verstanden wissen will, hier zur Peripherie eines Berliner Randbezirks geworden ist.

Eine ähnliche und in anderem Zusammenhang formulierte Beobachtung lässt sich bei Heidi Süß finden. Sie schreibt, dass je „marginalisierter die Herkunft, desto authentischer und damit legitimer das Sprechen. Für HipHop/Rap lässt sich damit in Modifikation von Connell die ‚Marginalitätsdividende' formulieren: Es ist der allgemeine Vorteil, der einem Rap-Sprecher aus einer (möglichst authentischen) Selbstinszenierung als marginalisiertes Subjekt auf dem Feld erwächst" (Süß 2021, S. 124). Die für den Deutschrap skizzierte Verkehrung von gesellschaftlicher Marginalisierung/Peripherie und Privilegiertheit/Zentrum ist in diesem Block spürbar, sie hängt gewissermaßen wie ein Damoklesschwert über ihm, sodass seine Zugehörigkeit zu Deutschrap selbst infrage steht: „Blumentopf singt darüber, dass deren Haus nachts am Schlafen ist, während Sido beschreibt, was in seinem Hochhaus nachts alles abgeht, von Prostitution bis hin zu Drogenkonsum. Das Lied oder das Rappen von Blumentopf wirkt eher bürgerlich. Hat es damit verdient ein Deutschrap-Song zu sein, oder ist das Leben der Rapper zu spießig, um als Deutschrap-Song gewürdigt zu werden?" (Studentin G)

Es fällt auf, dass dieses Bild, welches heute vom ersten Block existiert – ihn fast wie eine undurchdringbare Mauer umgibt – im Widerspruch zum damaligen Selbstverständnis seiner Bewohner*innen zu existieren scheint. Wie zahlreiche ihrer Deutschrap-Kolleg*innen aus der Generation der Neuen Schule, dem deut-

6 Die Nähe dieses Versuchs zu aktuellen feuilletonistischen Debatten um Autofiktion ist ausgelöst von neuerer französischer Literatur von Annie Ernaux oder Eduard Louis oder Didier Eribon. Dies ist zwar nicht bewusst gewählt, aber sicherlich alles andere als zufällig.

schen Prä-Gangsta-Rap, ließen Blumentopf in ihren Texten keinen Zweifel daran, dass sie auf Pop scheißen „wie Amis aufs Völkerrecht" (Blumentopf 2003b) und „Kopfschmerzen von zu viel Popkonserven" (Freundeskreis 1999) bekommen. Dennoch herrscht ein anderes Bild: „Wenn ich mich zurückerinnere, habe ich [Rapper der Neuen Schule] nie wirklich als Deutschrap wahrgenommen (– weil kein Gangsta-Rap). Ich bin mit Sido, Bushido und Kay One (später Farid Bang, Kollegah ...) groß geworden und habe Musik der früheren Rapgruppen mehr als Pop wahrgenommen" (Studentin B).

Und so wagt unser Protagonist den Schritt durch dieses täuschende Bild und stellt fest, dass gerade die beiden gewählten Beispiele zur Unterscheidung zwischen diesem Block und dem Block im Zentrum – Drogenkonsum und Prostitution – nicht als wirkliche Differenz taugen, sieht man von der Heftigkeit ihrer Inszenierung einmal ab. Denn auch wenn Drogenkonsum in diesem Block nicht derartig *common sense* ist, wie er es im Zentrum ist, und „du Schiss hast, wenn du Tüten rauchst" (Blumentopf 2003a), so ist zumindest *Mary-Jane* hier alles andere als eine Unbekannte. Und „wenn es dunkel wird und du gehst Abends aus dem Haus" (ebd.) ist hier auch Prostitution anzutreffen und zwar „hinter der Tür im Erdgeschoss auf der ‚Massage' steht" (ebd.).

Auch weitere Facetten des Bildes zeigen sich als Teil des Schattens, welcher von den sechzehn Stockwerken auf die Wohnungen im „dritten Stock, in dem Block mit der Näherei im Erdgeschoss" (ebd.) und „im ersten Stock mit der Schneiderei im Erdgeschoss" (ebd.) fällt. Denn unser Freund Walter Benjamin kann zwischen diesem Ort, an dem „man sich nicht grüßt, sondern gegen Wände klopft" (ebd.) und „die meisten Mieter [...] nur ein halbes Jahr" (ebd.) bleiben und den Schauplätzen seiner bürgerlichen *Berliner Kindheit um 1900* kaum Parallelen feststellen. Zeichnet sich jene Bürgerlichkeit für ihn doch dadurch aus, dass alles an Interieur mit besonderer Mühe ausgewählt wurde und man gerade nicht das Gefühl bekommt, „alles was es dort gibt, kann nur hier gelandet sein, weil es vom Lastwagen fiel" (ebd.). Liegt das am seit Anbeginn der Herrschaft des Bürgertums verkündeten Verfall der bürgerlichen Werte und Normen? Ist das Abendland tatsächlich untergegangen? Oder zeigt sich im hier als bürgerlich zitierten Image nicht viel mehr als eine Schieflage, die den Blick auf tatsächliche Zusammenhänge trübt?

Fest steht, dass Blumentopf selbst keinerlei Besitzansprüche an ihren Block oder gar ihre Wohnung – „Hauptsache du rückst die Miete raus" (ebd.) – formulieren können und in ihm selbst eher Randgestalten sind, über die „man sich den Kopf zerbricht, wie ich mein Geld verdien' " (ebd.). In ihrem Block leben sie in städtischer Anonymität, alles ist in einzelne Momentaufnahmen unterteilt, „als wäre der Block nicht so miteinander verwoben" (Student*in F[7]). Sie wirken eher

7 Studierende, die sich nicht klar über ein Geschlecht definieren oder deren Geschlecht aus den zugesandten Gedankennotizen hervorgehen, werden geschlechtsneutral als „Student*in" gefasst.

als Störfaktor, beispielsweise wenn sie eine Party geben oder „nachts mit dem Skateboard" (Blumentopf 2003a) heimfahren.

Die Lebensrealität, die sie damit beschreiben, dürfte der Lebensrealität zahlreicher Studierender nicht unbekannt sein, worauf auch das Image des *Studentenraps* hindeutet. Es ist eine Lebensrealität, welcher der Adoleszenzkonflikt anzumerken ist. Etwa hinter der Zeile: „Wo Künstler noch ein Schimpfwort und keine Arbeit ist" (ebd.), die in der Zurschaustellung des Konfliktes zwischen Arbeitszwang und dem gewählten Leben sicherlich nicht zufällig auch Teil von Streitgesprächen mit elterlichen Autoritäten sein könnte,[8] die wie die anderen Bewohner*innen des Hauses nicht beim Schlafen gestört werden wollen und vor denen man den eigenen Graskonsum versucht, geheim zu halten. Es findet sich darin auch eine formulierte Absage an die Wunschvorstellungen des Mittelstandes, wie sie auf demselben Album mehrfach formuliert wird: „Ich will keinen Benz oder ein Häuschen mit Garten, ich will durch die Welt ziehen wie deutsche Soldaten" (Blumentopf 2003b).

Wunschvorstellungen, die sich auch im vermeintlich authentischeren Straßenrap finden. So zum Beispiel bei Sido selbst, der seinen eigenen Erfolg durch den Besitz von Autos ausdrückt: „Sollen wir den Tuareg oder den Benz nehmen?" (Sido 2010)[9] Immer in Abgrenzung zu einem – im Wettkampf unterlegenen – Anderen, denn „du musst immer noch Bahn fahren" (Sido 2006). Auch der Besitz eines eigenen Hauses scheint für Sido nicht unwesentlich zu sein: „Früher musst ich ackern, nur damit ich was zu rauchen hab, heute geh ich raus in Garten und zähl meine grauen Haare" (Sido 2013). Blumentopf teilen in ihrem Block diesen für sie als spießbürgerlich verstandenen Wunschvorstellungen eine Absage, weil sie da wohnen, „wo du kein Auto kaufst, weil du hier die Trambahn hast" (Blumentopf 2003a) und „man kein Garten braucht, weil du hier die Isar hast" (ebd.).

Es ist auffällig, dass die Rebellion, die Blumentopf gegen Spießertum und Mehrheitsgesellschaft führten, den Studierenden aus heutiger Perspektive kaum zugänglich wird. Es bleibt nur noch das Bild einer vermeintlich „selbstausgesuchten Prekarität und Inszenierung von Kredibilität/Straße" (Seminarprotokoll).

8 Genau um diesen Adoleszenz-Konflikt mit den elterlichen Autoritäten und die Gegenüberstellung von Rap und Berufsalltag geht es im Song *Nichtsnutz* von Massive Töne. Über diesen hält Curse in Bezug auf die Generation der Neuen Schule fest: „Das war ein Song, der allen von uns aus dem Herzen gesprochen hat. Wir saßen in der Schule oder standen in irgendwelchen Läden und hatten diesen Traum, endlich der Bedeutungslosigkeit zu entkommen. ‚Auf Tour in Luzern on die Schüür mit der Klasse/Fern von Inventur und der Ladenkasse'. Ich krieg jetzt noch Gänsehaut, wenn ich nur an diese Zeilen denken" (zitiert nach Wehn/Burtot 2019, S. 128).

9 Als Randbemerkung zu nennen wäre noch Gzuz von der 187 Straßenbande, der seinem Mercedes-Benz mehr als nur einen Song gewidmet hat: „Es ist vollbracht Geld gut investiert, CL 500, ab jetzt wird radiert. Und ich wollt nochmal Danke sagen, an alle Fans da draußen. Danke für den kranken Wagen" (Gzuz 2015). Er inszeniert sich im Weiteren nicht nur als stolzer Besitzer, sondern lädt das Auto auch noch sexuell auf: „Ich hol mir einen runter, in meinem CL500" (Gzuz 2015).

Blumentopf wirken fremd in der Musik, die Erfahrungen der Prekarität als Künstler – die der Prekarität von Studierenden sicherlich nicht unähnlich ist – wirken angeeignet im Gegensatz zur authentischen Zugehörigkeit zur Unterklasse, wie sie Sido verkörpert: „Mir scheint es hier vor allem erstmal darum zu gehen, dass es irgendwie ‚in' ist arm zu sein und sich dadurch von einem ‚bürgerlichen Mittelstand' und Spießigkeit abzuheben" (Studentin A).[10]

Der in diesem Block inszenierte Protest, dessen kulturelle Koordinaten aus den 1990er stammen und irgendwo zwischen Cannabis-Konsum, ausgefallener Mode und linker Gesinnung zu verorten wären, greift nicht mehr: „Blumentopf ist jetzt aber eher keine Gruppe, die die ‚Fuck the Police'-Attitude der Schwarzen widerspiegelt, wo Rap eigentlich her kommt" (Studentin G). Es mag auch daran liegen, dass jene Koordinaten ihrer subkulturellen Rebellion in Form der Grünen Partei ab 1998 bis 2005 durchaus kompatibel waren mit einer Regierung, welche die Hartz IV-Gesetzgebung auf den Weg brachte, und so auch mit der Ausweitung des mit dem Block im Zentrum verknüpften sozialen Elends kompatibel gemacht werden können. Der Block ist nicht mehr als jener zu erkennen, als der er einst geschaffen worden ist.

Er ist verlassen und es hängen verblasste Banner einer Gegenkultur, die vom Sturm der Zeit gezeichnet wurden,[11] von den Trümmern des ersten Blocks. Sie halten fest, dass es schief läuft in der Welt (vgl. Blumentopf 2003b) und berichten davon, dass die Bewohner dieses Blocks „mit der bloßen Hand die Sterne von den Bonzenkarren" (Blumentopf 1999) brachen. Auch das „große rote A" (ebd.) findet man an vielen der ehemaligen Hauswände noch, wenn man etwas genauer hinschaut. Irgendwo durch die Gassen hallen noch die alte Kampfgesänge „gegen Umweltsünder, Kriegsverdiener und das Spießertum" (ebd.), die Parole „Fuck the System – wenigstens ein bisschen" (ebd.) ist leise zu vernehmen. Ein alter Mann in zu weiten Hosen blickt unseren stillen Beobachter aus traurigen Augen an und fängt an zu rappen: „Unsere Scheibe toppt den ganzen seichten Pop mit Leichtigkeit und wenn wir euch zu hart sind, dann heißt das nur, dass ihr verweichlicht

---

10 Es ist auffällig, dass die ökonomischen Gemeinsamkeiten, die prekarisierte Künstler*innen oder Studierende spätestens seit den Bologna-Reformen und der Hartz-IV-Gesetzgebung miteinander verbindet, zu keinerlei Bewusstsein oder Gedanken über eine mögliche gemeinsamen Klassenzugehörigkeit führen. Für die Teilnehmenden des Seminars scheint eine Kluft zwischen der Realität von Blumentopf (und ihrer Nähe zur eigenen Lebensrealität) und Sidos Lebensrealität zu liegen, die mehr kultureller als ökonomischer Natur zu sein scheint. Verwendet man den Begriff der Unterklasse im Sinne von Klaus Dörre für all jene, die ihren Lebensunterhalt nur durch Wohlfahrtsmaßnahmen oder mit der permanenten Angst vor dem Abrutschen in Wohlfahrtsmaßnahmen bestreite können, dann ließe sich durch aus über eine derartige Gemeinsamkeit diskutieren (vgl. Dörre 2015).

11 „Aber ein Sturm weht vom Paradies her, der sich in den Flügeln verfangen hat und so stark ist, daß der Engel sie nicht mehr schließen kann. Dieser Sturm treibt ihn unaufhaltsam in die Zukunft, der er den Rücken kehrt, während der Trümmerhaufen vor ihm zum Himmel wächst. Das, was wir Fortschritt nennen, ist dieser Sturm" (Benjamin 2010, S. 98).

seid“ (Blumentopf 2012). Diese Textzeile hätten auch die Bewohner des nächsten Blocks ihm entgegen schleudern können, denkt sich Walter, bevor er eine Zigarette aus der Brusttasche seines zerknitterten Anzugs holt, sie anzündet und in Richtung der sechzehn Stockwerke schreitet.

2. Der zweite Block: Mein Block

Kaum wenige hundert Meter vom ersten Block entfernt ist dieser kaum mehr zu erkennen. Ein Traumbild hat sich vor ihn geschoben, sodass alle Beobachtungen hinter der kulturellen Illusion verschwunden sind. Der Geruch von Gras dringt in die Nase unseres Protagonisten, hier hat definitiv niemand Schiss, wenn er Tüten raucht. Unser Freund denkt darüber nach, wie all der rebellische Gestus des ersten Blocks verflogen sein muss, als mit den Grünen eine Partei mit ähnlichen kulturellen Referenzen nicht nur an die Regierung kam, sondern mit dem Kriegseintritt in Jugoslawien und der Reform des Sozialstaats sogar aktive Politik für die Stabilisierung der Herrschaft auf Kosten der unteren Klassen und abgeschlagenen Staaten machte. Eine sich auf den linksliberalen und bildungsbürgerlichen Wertekanon beziehende Rebellion konnte nur funktionieren, solange mit Helmut Kohl deren genaues Gegenteil Kanzler war, und nicht in einer neuen Berliner Republik, in der die vermeintliche Partei der Arbeiter mit einem Pop-Beauftragten bereitwillig die für den Einzug des Neoliberalismus notwendigen Reformen vorantrieb. So liegt die Rebellion begraben unter den Trümmern der Geschichte.

Der Protest gegen die Kultur, die Mobilisierung des Verdrängten gegen die herrschende Ordnung ist selbst zur herrschenden Ordnung geworden. Die alten Kulturideale der Rebellion sind zu Kulturidealen der Herrschaft geworden und ihre Verkörperungen wirken wie alte und angepasste Platzhirsche, die die von ihnen einst erkämpfte Marktposition gegen Neuankömmlinge verteidigen: „Als es mit Aggro Berlin losging, hat man richtig gemerkt, dass der elitäre Kreis uns nicht dabeihaben wollte, weil wir diejenigen gewesen waren, die ihre Jams kaputt gemacht haben“ (Sido zitiert nach Wehn / Burtot 2019, S. 288).

Als dieser Block errichtet wurde, gab es keinen Platz mehr für andere Blocks. Der Block von Blumentopf wurde zerschlagen: „Es gab nur Aggro Berlin. Es gab nichts anderes, keine Form der Koexistenz“ (Fatoni zitiert nach Wehn / Burtot 2019, S. 305). Während im anderen Block versucht wurde, sich mit seiner Szene-Zugehörigkeit innerhalb einer Stadt einzurichten, dort einen Platz für sich zur markieren und trotz der herrschenden Widrigkeiten als Künstler*in oder Linke*r ein Auskommen zu finden, schien dies mit dem neuen Block zu Nichte gemacht worden zu sein. DJ Mad, der kurz vorher noch mit den Beginnern und der Fahne des deutschen HipHops auf Platz 1 in die Albumcharts eingezogen war, erinnert sich: „Es gab echt Zeiten, in denen ich auf der Straße nicht als HipHopper erkannt werden wollte, weil das einen blöden Ruf hatte" (DJ Mad zitiert nach Wehn / Burtot 2019, S. 306).

Rap wurde dreckig, die Zugehörigkeit zur Straße wurde zum elementaren Bestandteil der eigenen *Credibility* und scheint allen vorher dagewesenen Rapsongs im Nachhinein die Legitimität entzogen zu haben: „Irgendwann war dann halt auch Heidenheim-Ost voll hart [...]. Dass einem alleine eine Straßen-Biografie die Berechtigung gegeben hat, zu rappen, hat jeden kreativen Ansatz für eine Weile komplett gekillt" (Marc Leopoldseder zitiert nach Wehn / Burtot 2019, S. 306). Was vorher war, der HipHop, für den Blumentopf mit ihrem Block stehen, wurde mehr zur Pose und verschwand schließlich: „Die alte HipHop-Definition hat sich über die Jahre in Luft aufgelöst. Schon zum großen Hype um 2000 wurde darüber nicht mehr geredet, aber zumindest die Attitude war noch in den Köpfen der Leute und wurde weitergetragen. Aggro Berlin hat das bewusst mit Füßen getreten" (Fatoni zitiert nach Wehn / Burtot 2019, S. 287).

Genau diese Härte, dieser auf die Spitze getriebe Anspruch der Authentizität, neben dem nichts anderes stehen kann, übte in der Radikalität des Angriffs auf eine Szene, die ihr eigenes Establishment herausbildete, den Reiz für Menschen in der Adoleszenz aus. Für jene, die sich vorstellen konnten, dass ihre Eltern selbst im Block von Blumentopf gelebt haben könnten: „Wenn ich mich für Punk interessiert hätte, hätte das mein Vater vermutlich verstanden. Was er definitiv nicht verstanden hat, war der ‚Arschficksong'" (Brummer zitiert nach Wehn / Burtot 2019, S. 297).

Die Flucht aus der Bedeutungslosigkeit, zum Studieren in die Stadt zu ziehen, dort für einige Zeit nicht im besten Viertel zu wohnen, in Bezug auf das sich erst langsam auflösende Sicherheitsversprechen der alten Bonner Republik auf ‚Haus und Garten' zu verzichten und hier und da ein bisschen zu kiffen, all das stand nicht mehr im drastischen Widerspruch zu den eigenen Eltern, im Gegensatz zu Sidos Lebenswelt: „In diesem legendären ersten *Juice*-Interview hat er sehr ausführlich und offen darüber geredet, dass er Drogen wie Ecstasy oder Kokain nimmt. Das kannte man nicht. Kiffen war cool, aber alle anderen Drogen hatten in der HipHop-Szene keinen guten Ruf" (Koljah zitiert nach Wehn / Burtot 2019, S. 300). Wie eindrucksvoll diese neue Quantität an Drogenkonsum und dessen lyrische Darstellung war, lässt sich noch daran erkennen, dass die dezenten Anspielungen auf das Kiffen bei Blumentopf kaum noch von den Studierenden wahrgenommen wurden.

Die sich in diesem Block manifestierende, damals als radikal neu wahrgenommene Spielart des Deutschraps hatte auch den Vorteil, dass sie auf eine historisch veränderte Sinneswahrnehmung traf und in einer Zeit vonstattenging, in der das Musikvideo eine neue Bedeutung erlangte. Blumentopfs Block war im Unterschied zu Sidos Block nur ein Stück Musik. Auch die Videos zu ihren anderen Songs gehören zur Frühphase der audiovisuellen Inszenierung des Deutschraps und hinterlassen nicht denselben Eindruck wie das Märkische Viertel, das in dein

Wohnzimmer kracht. Während bei Blumentopf ein paar Typen vor der Kamera rumhampeln und ihren Song vor verschiedenen Kulissen performen, war bei Sido zuerst eine glänzende Maske, in der sich sein Umfeld spiegeln konnte und in die man als junger – in der Regel männlicher – Zuschauer all seine Wünsche und Ängste hinein legen konnte.[12]

Die Welt, die in dem Musikvideo eingefangen und in eine konsumierbare Form gebracht wird, lief täglich auf MTV, VIVA oder VIVA Plus[13] und lud alle zur temporären Identifikation ein, die sich nach Abgrenzung sehnten. Im Sinne des Poptheoretikers Dietrich Diederichsen erfüllt Sido damit exemplarisch die Spielregeln der Pop-Musik, die als „Zusammenhang aus Bildern, Performances, (meist populärer) Musik, Texten und an reale Personen geknüpften Erzählungen" (Diederichsen 2014, S. XI) zu verstehen sei. In dieser Konstellation der Pop-Musik wird der „Raum für eine probeweise Identifikation, die wieder zurückgezogen werden kann" (ebd., S. XXVI) geöffnet. In diesem Raum artikuliert sich ein „Nein im Modus des Ja" (ebd., S. XIII), die diffuse Frustration mit den Eltern und anderen Autoritäten wird zur übernommenen Pose: „Alle wollten dieses Gangsterimage innehaben und so erinnere ich mich noch, dass in dieser Zeit die schräggetragenen Cape und die viel zu langen Jacken und Shirts in Mode kamen. [...] Wenn Sido dann in seinem silbernen BMW durch die Platten des Märkischen Viertels fährt und etwas von Drogen und geplatzten Träumen rappt, wird man fast neidisch auf dieses Leben, welches zwar deutlich negativ behaftet ist, jedoch irgendwie seinen Reiz hat, wenn man wie Sido ein hohes Ansehen genießt. Auch durch Playstation Spiele wie GTA San Andreas wurde dieser Wunsch, ein Leben wie Sido zu führen, noch verstärkt" (Student I).[14]

Unser Flaneur fühlt sich an die Hand genommen von Sido, der ihn „durch ‚seinen Block' führt; ihn stolz präsentiert, ihn selbstironisch ins Lächerliche zieht,

12 Der Absatz mit der Maske geht auf eine der verschriftlichten freien Assoziationen zurück, dort schreibt ein*e Student*in: „Also bei Sidos Maske musste ich an Spiderman denken. Bei dem Designprozess von Spiderman wurde ihm die Maske gegeben, weil Peter Parker seine Identität geheim halten wollte. So war es denke ich auch bei Sido, um den Rummel um bekannte Persönlichkeiten zu entgehen. Dazu kam allerdings ein großer Vorteil bei Spiderman, nämlich dass die Maske jeder tragen konnte. Dementsprechend konnte jeder das Zeug zum Helden haben. Jeder kann sich mit ihm identifizieren, weil es sowohl ein Mann als auch eine stark gebaute Frau sein konnte, jedes Alter ab 16 und jede Hautfarbe. Das ist bei Sido abgesehen von dem Geschlecht genauso möglich gewesen, als er seine Maske noch getragen hat. Es war nicht wichtig, wie er aussah, sondern einzig und allein seine Message" (Student*in F).

13 VIVA Plus füllte das tägliche Programm damals mit einem Uservoting, das Fans für ihren Song abstimmen ließ: „Wir sind nach der Schule echt nach Hause gerannt, um vor dem Fernseher bei ‚Get the Clip' darauf zu warten, dass ‚Mein Block' kommt. Lange hat das nie gedauert. Da haben immer genug Leute angerufen" (Felix Brummer zitiert nach Wehn/Burtot 2019, S. 297).

14 Fast schon ergänzend dazu findet sich im Song *Häuserkampf Remix* von Zugezogen Maskulin die Umwandlung der angesprochenen Textzeile aus *Mein Block* von Sido: „Hohe Häuser, dicke Luft, ein paar Bäume – Menschen auf Drogen", doch heißt es weiter nicht *hier platzen* sondern „der Platz unserer Träume" (Zugezogen Maskulin 2011).

gleichzeitig das Positive hervorhebt und ihn unterschwellig vor Vorurteilen verteidigt" (Student*in C). Auch andere berichten davon, dass sie „nahezu verzaubert [...] von ‚seiner' Hood" (Studentin D) waren: „Obwohl es ein Ort war, an dem aus den Augen meiner Eltern, Lehrer*innen und sämtlichen anderen Spießer*innen ausschließlich Schlechtes geschah und mir eben diese gesagt hätten, dass ich mich genau von solchen Menschen bzw. Orten fernhalten solle, konnte mich nichts mehr entzaubern. Der Track wurde zur Titelmelodie meines Schulwegs" (ebd.). Selbst heute noch hält diese Verzauberung an und erscheint weiter nachvollziehbar: „Meines Erachtens nach, geht es nämlich gar nicht darum, ob es in Sidos Block wirklich so ist, wie er behauptet. Ich denke, dass es bei dem Track darum geht, der Gesellschaft genau das zu geben, was sie eben von solch einem Ghetto erwartet, um selber in Ruhe gelassen zu werden. Anstelle sich dafür zu rechtfertigen, sogar zu entschuldigen, oder sich die Mühe zu geben und vom Gegenteil zu überzeugen, lässt er sich gar nicht von denjenigen stressen, die sich nicht einmal die Mühe geben ihre Vorurteile und falschen Bilder von Platte, Prekariat und Proletariat zu überdenken – sondern sendet ihnen einen musikalischen Mittelfinger und sagt auch noch wie glücklich/stolz er eben über sein Leben ist, was andere fürchten" (ebd.).

Sido liefert so nicht nur einen Soundtrack für Proletariat und Prekariat, sondern zeitgleich auch einen zur Pubertät, in dem die temporäre Identifikation mit den Unterklassen einen Ersatzkonflikt mit den Eltern und anderen Autoritäten ermöglicht, in dem die Ängste der Eltern vor dem sozialen Abstieg des Kindes selbstsicher als Drohung verkörpert werden können. Als Sidos Block durch den Fernseher in das Leben von Menschen getreten ist, die „aus einer gut-bürgerlichen Kleinfamilie komme[n], in dem ich von all den Inhalten aus der Musik nichts wirklich mitbekommen habe" (Student J), lieferte er ihnen ein Image, an dem sie sich in ihren Adoleszenz-Konflikten bedienen konnten: „Erst einmal finde ich es bemerkenswert, dass Sido zu Beginn die bürgerliche Ideologie des vermeintlich guten Lebens durch materiellen Wohlstand angreift: ‚Du in deinem Einfamilienhaus lachst mich aus, weil du denkst du hast alles was du brauchst'. Im Folgenden gibt er sich dann der Antithese hin, indem prekäre Lebensumstände zwischen Sex und Drogen im Mittelpunkt stehen" (ebd.).

Ein weiterer Aspekt dieser Faszination lässt sich auch darin finden, dass die von Sido geschilderte ökonomische Situation zwar schlechter wirkt als die von Blumentopf, er dennoch den Block zu besitzen scheint, während Blumentopf nur darin wohnen: „Sido beschreibt den Block als den seinen" (Stundent*in K). Während Blumentopf sich von ihrem Umfeld als (selbstgewählte) Randgestalten abgrenzen, scheint Sido der King all jener Ausgegrenzten und Abgehängten zu sein. Er berichtet dabei „von dem starken Zusammenhalt in seiner Wohngegend. Auch im Musikvideo fällt mir auf, dass er selten alleine auf der Bildfläche auftaucht. Oft wird er im Vordergrund gezeigt, hinter ihm aber seine Leute, welche in der Gruppe wie seine Anhänger wirken, die ihn beschützen" (Studentin G).

Die prekäre Lebenssituation, die durch die damals alltäglichen Berichte über Arbeitslosenzahlen und Hartz IV-Debatten und die zu mehr Disziplin im Bildungssektor mahnenden Warnungen von Eltern und Lehrer*innen zumindest als diffuse Angst auch Heranwachsende betrifft und im späteren Leben dieser Heranwachsenden immer mehr einen Platz im Bewusstsein einnimmt, erscheint bei Sido nicht als vernichtende Bedrohung, sondern als Perspektive: „*Mein Block* gibt mir so *Vibes* von Zugehörigkeit und Solidarität. Das heißt, auch wenn prekäre Lebenssituationen *safe* beschissen sind, ist ja nicht alles *per se* abzulehnen. Prinzipien wie ‚Eine Hand wäscht die Andere' finde ich wesentlich besser, als spießbürgerliche Lebenseinstellungen wie ‚Jeder*r für sich'" (Studentin M).

Sido verkörpert für die Studierenden hier ein Kulturideal, welches eine Haltung zur Welt verspricht, der es gelingt, sich unter den widrigsten Umständen wie ein Fisch im Wasser zu bewegen. Er schafft es, Formen der Verfügungsmacht abseits von ökonomischem Besitz zu beanspruchen. Mit dem Soziologen Klaus Dörre kann man sagen, dass es jener von Sido im Song zur Schau gestellte *Überlebenshabitus* ist, der ihn nicht nur „vom Rest der Gesellschaft unterscheidet" (Dörre 2015), sondern gerade zum immer wieder wachgerufenen Bezugspunkt von Heranwachsenden macht, die mit ihren – durch mediale Debatten über Arbeitslosigkeit weiter angefeuerten – Zukunftsängsten zu Rande kommen müssen.[15] Die von Sido geschilderten Erfahrungen scheinen in besonderer Weise gegen mögliche Widrigkeiten im Leben zu wappnen, sodass sie weniger als Makel und periphere Eigenschaften, sondern als Privileg und notwendig für das Überleben im neuen Zentrum erscheinen: „Ich hatte aber eine absolute absurde Emotion, die ich tatsächlich ungern ausformulieren möchte, aber jetzt im Geiste des Anspruches an diese Gedankennotizen doch aufschreibe, und zwar so ein kleines Ziehen, nicht in den da beschriebenen Verhältnissen aufgewachsen zu sein und mich deswegen nicht mitgemeint und nicht dazugehörig zu fühlen. Wie so ein ‚Sozialneid' nach unten, der entsteht, wenn man zu viel Deutschrap hört" (Studentin L). Eine Marginalitätsdividende?

Walter Benjamin setzt sich nach all dem Laufen auf eine Bank und hält kurz inne. Er sammelt sich, während er ein Eis isst, Sidos Musik lauscht und er gestattet sich wie damals in Marseille „ihren Takt mit dem Fuß zu markieren. Das geht gegen meine Erziehung und geschah nicht ohne eine inwendige Auseinandersetzung. Es gab Zeiten, in denen die Intensität der akustischen Eindrücke alles andere verdrängte" (Benjamin 1972, S. 81). In einem klareren Moment fällt ihm plötzlich wie vom Blitz getroffen auf, dass überraschend viele Frauen – auch jene, die durch bewusste Verwendung des Gender-Sternchens in ihren freien Assoziationen ein Bewusstsein für Geschlechterverhältnisse und Diskriminierungen

15 Um unter die Oberfläche zu kommen, müsste an dieser Stelle nachgehakt werden, welche Erfahrungen die von Sido faszinierten Studierenden auf dem Arbeitsmarkt bisher gesammelt haben, welche Ängste sie vor dem Arbeitsmarkt haben und so weiter.

zeigen – sich trotz der Tatsache, dass Sido es nicht schafft „über nur eine einzige Frau, die in den Sechzehn Stockwerken wohnt, in einem nicht sexuellen Kontext zu sprechen“ (Studentin L), ein Leben in diesem Block durchaus vorstellen können.

Auf die Bank neben ihm setzt sich eine Frau, die vorgibt, ebenfalls das erste Mal in diesem Block zu Gast gewesen zu sein. Sie erzählt ihm von verschiedenen Eindrücken, die sie gesammelt hat: „Jedenfalls finde ich es spannend, wie deutscher HipHop als Aneignung einer subversiven Bewegung aus den USA die Rebellion gegen eine Mittelstandsgesellschaft und sicherlich vieles andere mit dem pubertären Aufstand gegen die eigenen Eltern zusammenbringt. Das kommt ja da zusammen, wo junge Menschen und junge Frauen Sido feiern, obwohl seine Texte misogyn sind, Hauptsache dagegen?!“ (Studentin A) Er hält den Gedanken in seinem Notizbuch fest, bedankt sich herzlich für das Gespräch und beschließt, sich in den letzten Block zu wagen, um alsbald erschöpft zu Hause ins Bett fallen zu können.

3. Der dritte Block: Für die jungen Leute sowas wie ein Gott

Die Statue von Sido, die mitten in diesem Block steht, ist das Erste, was unser Freund, der verstorbene Philosoph und Wirrkopf, erkennt. Sie scheint dem Block eine Einheit zu geben, der ansonsten ein bisschen zusammen gewürfelt aussieht. Während im letzten Block das Musikvideo, im ersten Block die Musik bestimmend war, ist hier das Internet das maßgebende Medium. Und diese Diversifizierung merkt man dem Block auch an. Man fühlt sich an das Gerede über die Postmoderne erinnert, die sich angeblich durch einen Eklektizismus auszeichnen würde, und kommt nicht umhin, dieses Gerede zumindest im ersten Eindruck des Blocks bestätigt zu sehen: *Anything goes*.

Das zeigen auch die drei Rapper von dem für den Red Bull Soundclash zusammen gekommenen Kollektiv New Level, die ihren Block um die Sido-Statue errichtet haben. Zum einen wäre da LGoony, ein Rapper, der schon von dicken Autos sang, während man ihm offensichtlich ansehen konnte, dass er noch keinen Führerschein besaß. Crack Ignaz, der schon vorher gemeinsame Sachen mit LGoony machte und hier durch seinen starken österreichischen Akzent und Textzeilen, die vor allem das Publikum zum Feiern animieren sollen – also ein in gewissem Sinne klassischer MC[16] – auffällt. Soufian, der als Protegé des Frankfurter Straßenrappers Haftbefehl in die Szene kam und einiges an Aggressivität mitbringt.

16 Rap war am Anfang nichts anderes als die Begleitung und Moderation der Breakbeats. Der Rapper war ein Master of Ceremony, dem es nicht um die Inszenierung seiner Selbst sondern die Präsentation der Musik seines DJs ging.

Ebenfalls als postmodern im Sinne Mark Fishers lässt sich die Tatsache bezeichnen, dass die Vielfalt, die die drei Rapper präsentieren, ohne Innovation auszukommen scheint (vgl. Fisher 2014, S. 9–16). Sowohl Dialekt als auch die völlige Überzeichnung der eigenen Künstlerpersona oder aggressiven Straßenrap findet man in Deutschland schon in den 1990er Jahren. Und auch an die von ihnen in den Beats an den Tag gelegte höhere BPM-Zahl konnte man sich in den 90ern schon gewöhnen – auf den Technopartys, über die auch Sido schon zu berichten wusste. Es gibt für Fisher keine Innovation mehr, weil es keine Aussicht auf eine Zukunft mehr gibt. Unser Begleiter durch die Blocks denkt zurück an den Anfang der Reise. Die im ersten Block zu erahnende Aufbruchsstimmung, die linksliberalen Träume von einer besseren Zukunft waren vom Sicherheitsgefühl der Bonner Republik geprägt, als sich ein bohemistisches Aussteiger*innen-Empowerment noch als Rebellion inszenieren und mit einer Affirmation an die allgemeinen Verhältnisse namens Staat und Kapital synthetisieren ließ. Als mit Platten noch das Gefühl verkauft werden konnte, auf der richtigen Seite der Geschichte und im Gegensatz zu einem als ausbeuterisch und rassistisch wahrgenommenen System zu stehen.

Im letzten Block wurde deutlich, dass diese Synthese sehr bald nicht mehr griff – der Verdacht liegt nahe, dass die Hartz IV-Gesetzgebung daran nicht unbeteiligt gewesen ist. Sido präsentierte eine neue Synthese und sang „ein Lied davon, du kannst es kaufen" (Sido 2004). Eine Synthese, die das Elend der Welt nicht mehr zwangsweise aus der Welt schaffen möchte, sondern es viel eher verewigt und all jenen unter die Nase reibt, die es ignorieren möchten.[17] Und vor allem – und das ist wesentlich bemerkenswerter – eine Synthese, die auch 2017 (beim Erscheinen des dritten Songs) bzw. 2022 (in der Sitzung des Seminars) noch funktioniert, noch greift, also für ihre Hörer*innen noch einen Gebrauchswert besitzt. Fast so, als wäre mit der Reform des Sozialstaats in Deutschland, nach einem unfassbar geschichtsträchtigen 20. Jahrhundert, nun zumindest ästhetisch im 21. Jahrhundert das *Ende der Geschichte* erreicht.

Der dritte Block richtet sich gegen die vom ersten Block verkörperten veralteten Wertvorstellung wie der zweite Block und eben nicht evolutionär, modernistisch-linear und teleologisch gegen seinen unmittelbaren Vorgänger. Es wird nicht mit Sido, dem Vater des Straßenrap, gebrochen, sondern man schließt sich ihm an gegen jene, die „6XL und Baggys" (LGoony et al. 2017) tragen: „Sido schafft es, trotz seines Alters, mitzuhalten, in dem er nicht an den frühen 2000ern festhält, sondern sich anpasst und seinen Stil verändert" (Studentin E).

Obwohl Sido selbst von einem Studenten mit weiten Jacken und weiten Hosen verknüpft wurde und diese Mode im Video zu *Mein Block* auch zur Schau stellt, ge-

17 Hier ließe sich auch an Trettmanns Album *DIY* anknüpfen, das wie Sido den *grauen Beton* des Plattenbaus besingt. Musikalisch kommt das melancholische Album gänzlich ohne Brüche aus und scheint es sich so in einer grauen Welt bequem machen zu wollen.

lingt es ihm, nach wie vor auf der Seite des jugendlichen Aufbegehrens und dessen modischer Codes zu stehen. Auch wenn Sido mittlerweile selbst mit Mark Foster Radiohits produziert, kann er ohne für Irritationen zu sorgen in einem Song auftauchen, der in Abgrenzung zu Samy Deluxe, Eko Fresh und Afrob eine Absage an die Charts erteilt, „denn die definieren heutzutage nicht die Relevanz" (LGoony et al. 2017).

Sido ist zeitlos geblieben und taugt so trotz grauer Haare als Referenzpunkt für Adoleszenzkämpfe um die Definitionsmacht über ein Musikgenre, das irgendwie zwischen Jugendkultur und Millionenbusiness samt den dazugehörigen Platzhirschen changiert: „Während Blumentopfs Block sich beim Anhören des Liedes als Möchtegern-Block entpuppt und nur sachte Anspielungen auf Prostitution gemacht werden, ist Sidos *Mein Block* klar und direkt. Und kann wahrscheinlich deshalb als Mutter-Block betitelt werden. Das spiegelt sich auch darin, dass *New Level* versuchen am Mutter-Block teilzuhaben durch ihre Performance. Dabei tun sie eben nur das: Teilhaben, nicht besitzen. Besitzen tut ihn immer noch Sido" (Studentin N).

Sido ist immer noch Teil der gefährlichen und authentischen Welt, auch wenn er mittlerweile gerne mal „auf der Wiese vor dem Reichstag" (Sido 2015) liegt, während die Kontrahenten im Red Bull Soundclash als Opas erscheinen, die sich für alles verkaufen: „Leberwurst, Deutsche Bahn oder Handyvertrag" (LGoony et al. 2017). Echter Deutschrap scheint nicht gegen, sondern nur mit ihm machbar zu sein: „Bei dem Auftritt von *New Level* beim *Red Bull Soundclash* fand ich sehr interessant, wie Sido gewirkt hat. Er hat wie der berühmte, legendäre ‚Rapgott' gewirkt, welcher er vielleicht auch ist. Sido wird bei dem Auftritt sehr krass in Szene gestellt. Er erscheint ja eigentlich nur als ‚Gast' auf der Bühne, wenn auch zu seinem eigenen Song. Die Jungs, die den Song gepowert haben, bieten Sido aber auch die Bühne. Das Licht geht kurz aus und dann erscheint Sido, für ihn wird viel Platz gemacht auf der Bühne, die Menschen rasten mehr aus als bei dem Rap-Part der eigentlichen Rapper" (Studentin G).

Das Kulturideal, das sich mit *Mein Block* etablieren konnte, existiert also nach wie vor und ist maßgeblich für die Gegenwart, denkt sich unser erschöpfter Spaziergänger, während er sich nach der beschwerlichen Reise auf den Heimweg macht. Die gesellschaftlichen Umstände scheinen in den letzten 20 Jahren unverändert, sodass die gleiche Form der Rebellion noch greift und sie auch nach wie vor auf dem Rücken der gleichen, zu Objekten degradierten Gruppe von Menschen stattfindet: Frauen. Während im *Mutter-Block*, der von Vater Sido besessen wird, in sechzehn Stockwerken Frauen nur als Sexualobjekte auftauchen, ist auch die Statue im dritten Block auf Misogynie gebaut. Sido beginnt seinen gegen Afrob, Samy Deluxe und Eko Fresh gerichteten Part nicht von ungefähr: „Das hier wird so einfach wie ne Frau zu schlagen" (LGoony et al. 2017).

Epilog: Was bleibt?

Es ist nicht möglich, mit einem einfachen Spaziergang zu verstehen, was eine soziale Welt im Innersten zusammenhält. So war es nie der Anspruch dieses Textes, eine gesellschaftliche Konstellation in Gänze zu erschließen. Wofür ein Spaziergang taugt, ist der Realitätsabgleich und der Versuch, eigene Konzepte zu überprüfen und zu überdenken; aufzuzeigen, an welcher Stelle der Versuch, abstrakte Begriffe zu finden, der Realität notwendigerweise Gewalt antun muss und Vereinheitlichungen vornimmt, die gemachte Erfahrungen verdrängen. Genau diese Erfahrungen in ihrer Widersprüchlichkeit hat der Text versucht einzufangen und dahingehend zu vergrößern, dass die kulturellen Illusionen einer jeden subkulturellen Gemeinschaft deutlich werden. Die auffallendste kulturelle Illusion war in diesem Fall die von der Trennung zwischen Straßen- / Ganstarap und sonstigem Deutschrap – die auch von der wissenschaftlichen und feuilletonistischen Rappublizistik aufrechterhalten wird. Eine solche theoretisch behauptete Trennung neigt dazu, die Gemeinsamkeiten zu verdrängen. Anstatt also nur nach historischen Brüchen zu suchen, gilt es immer auch nach der Kontinuität zu fragen: „Die Menschen machen ihre eigene Geschichte, aber sie machen sie nicht aus freien Stücken, nicht unter selbstgewählten, sondern unter unmittelbar vorgefundenen, gegebenen und überlieferten Umständen. Die Tradition aller toter Geschlechter lastet wie ein Alp auf dem Gehirne der Lebenden" (Marx 1972, S. 115).

Dieser Spaziergang kann deshalb nur ein Anfang sein, sich intensiver damit zu befassen, welche Rolle Deutschrap (und Straßen- bzw. Gangsta-Rap im Besonderen) für die Adoleszenz derjenigen spielt, die mit ihm in der bundesdeutschen Realität aufgewachsen sind. Er soll als erster Schritt verstanden werden, sich ethnografisch den Erfahrungen der Rezipierenden zuzuwenden, anstatt sich wie ein Großteil der bisherigen Forschung vor allem auf die Texte zu fokussieren. Beispielsweise taugt die Erkenntnis über die Misogynie recht wenig, wenn sie nicht weiterverfolgt wird, wenn nicht weiter nachgefragt wird, warum sie teilweise für junge Frauen in ihrer Faszination für den Song nicht relevant zu sein scheint; warum sie für junge Männer dabei fast schon selbstverständlich zu sein scheint; warum sie überhaupt immer wieder im Deutschrap auftritt.

Daran anknüpfend müssen auch andere Formen von Diskriminierung im Deutschrap betrachtet werden, in ihrem Verhältnis zur Subjektivität. Anzuknüpfen wäre da – für Homophobie und Misogynie – zum einen an Rolf Pohls Analysen von Männlichkeit (Pohl 2002) und zum anderen – für Rassismus und Antisemitismus – an Joachim Bruhns Subjekt-Kritik (Bruhn 2019). In einigen Fußnoten finden sich auch noch weitere mögliche Anknüpfungspunkte. Viele Stränge liegen noch lose irgendwo auf der zurückgelegten Strecke zwischen den Blöcken.

Ich kann von meinem Schreibtisch aus an dieser Stelle nicht sagen, ob der Versuch, eine andere Darstellungsform zu wählen, geglückt ist und den Leser*innen ein neuer Weg für die Analyse von Deutschrap nähergebracht wurde.

Ich kann jedoch definitiv sagen, dass aus Perspektive der Forschung eine Vertiefung der Problemkonstellation herausgearbeitet wurde, die in kommenden Forschungsvorhaben weiter verfolgt werden kann. Falls nur letzteres geglückt ist, dann kann ich mich zumindest damit trösten, dass es Walter Benjamin einst ähnlich ergangen ist und hoffen, dass dieser ähnlich wie seine Texte zumindest eine literarische und ästhetische Qualität besitzt und damit eine weitere, für diesen Sammelband valide, Perspektive aufzeigen kann.

Literatur

Adorno, Theodor W. (1951): Minima Moralia. Frankfurt am Main: Suhrkamp.

Benjamin, Walter (1972): Haschisch in Marseille. In: Benjamin, Walter: Über Haschisch. Frankfurt am Main: Suhrkamp, S. 45–61.

Benjamin, Walter (2010): Über den Begriff der Geschichte – Werke und Nachlass. Band 19. Berlin: Suhrkamp.

Bruhn, Joachim (2019): Unmensch und Übermensch – Über das Verhältnis von Rassismus und Antisemitismus. In: Bruhn, Joachim (Hrsg.): Was deutsch ist – Zur kritischen Theorie der Nation. Freiburg im Breisgau: ça ira, S. 89–124.

Diederichsen, Dietrich (2014): Über Pop-Musik. Köln: Kiepenheuer und Witsch.

Dörre, Klaus (2015): Unterklassen – Ein Plädoyer für die analytische Verwendung eines zwiespältigen Begriffs. In: Aus Politik und Zeitgeschichte. www.bpb.de/shop/zeitschriften/apuz/201643/unterklassen (21.10.2023).

Erdheim, Mario (1988a): Fritz Morgenthaler und die Entstehung der Ethnopschoanalyse in Zürich. In: Erdheim, Mario: Die Psychoanalyse und das Unbewußte in der Kultur. Frankfurt am Main: Suhrkamp, S. 83–98.

Erdheim, Mario / Nadig, Maya (1988b): Die Zerstörung der wissenschaftlichen Erfahrung durch das akademische Milieu. In: Erdheim, Mario / Nadig, Maya: Die Psychoanalyse und das Unbewußte in der Kultur. Frankfurt am Main: Suhrkamp, S. 99–115.

Ferchichi, Anis M. Y. / Staiger, Marcus (2013): Auch wir sind Deutschland – Ohne uns geht es nicht. Ohne euch auch nicht. München: Riva.

Fisher, Mark (2014): The slow cancelation of the future. In: Fisher, Mark (Hrsg.): Ghosts of my life. Hants: zero books, S. 2–29.

Freud, Sigmund (1974): Die Zukunft einer Illusion. In: Freud, Sigmund: Fragen der Gesellschaft. Ursprünge der Religion – Studienausgabe. Band IX. Frankfurt am Main: S. Fischer, S. 135–189.

Marx, Karl (1972): Der achtzehnte Brumaire des Louis Bonaparte. In Marx, Karl / Engels, Friedrich: Werke Band 8. Berlin (Ost): Dietz, S. 115–123.

Pohl, Rolf (2002): Feindbild Frau – Männliche Sexualität, Gewalt und die Abwehr des Weiblichen. Hannover: Offizin.

Schweppenhäuser, Hermann (1972): Die Vorschule der profanen Erleuchtung (Vorwort). In: Benjamin, Walter: Über Haschisch. Frankfurt am Main: Suhrkamp, S. 9–30.

Seeliger, Martin (2013): Deutscher Gangsta Rap – Zwischen Affirmation und Empowerment. Berlin: Posth.

Süß, Heidi (2021): Rapresent whom? Über Selbstreflexion, situiertes Wissen und Androzentrismus in der deutschsprachigen HipHop-Forschung. Ein Kommentar aus dem (?)Off(?). In: Busch, Nicolai / Süß, Heidi (Hrsg.): Rap. Politisch. Rechts? Ästhetische Konservatismen im Deutschrap. Weinheim / Basel: Beltz Juventa, S. 115–134.

Wehn, Jan / Burtot, Davide (2019): Könnt ihr uns hören? Eine Oral-History des deutschen Rap. Berlin: Ullstein.

Plattenbau O.S.T. – Rettende Kritik der Großwohnsiedlung in stadtsoziologischer Perspektive

Markus Baum

1. Einleitung

Großwohnsiedlungen sind ein vielfach genutztes Stilmittel im deutschen Hip-Hop. Sie dienen nicht lediglich als Kulisse für Musikvideos, sondern fungieren als eigenständiges Sujet. Als textlich verarbeitetes Motiv symbolisieren sie ein Leben, das von Marginalisierung, Verwahrlosung und Exklusion geprägt ist. Oftmals werden sie zusammen mit Waffen und Gewalt, Kampfhunden, massivem Konsum (illegaler) Rauschmittel sowie Prostitution bewusst in Szene gesetzt (vgl. Diehl 2012). Das mag irritieren, wird doch auf diesem Wege ein Bild von sich selbst gezeichnet, das in der Perspektive höherer sozialer Schichten abstoßend erscheinen mag. Jedoch bedienen sich die jeweiligen Rapper*innen einer „strategische[n] Identität“ (Diehl 2012, S. 114). Diese wird in einer marginalisierten Position entworfen, bestätigt zunächst ein negativ behaftetes Bild von einem selbst, dient aber zugleich dazu, sich dieses Bild anzueignen und selbst zu gestalten. Das Aufgreifen negativer Stereotype und der Weg zu Sprachfähigkeit, Affirmation und Empowerment gehen Hand in Hand (vgl. zu dieser Spannung Seeliger 2013). Sidos Song und das entsprechende Video zu *Mein Block* bilden keine Ausnahme davon, im Gegenteil. Die Berliner Großwohnsiedlung Märkisches Viertel wird von ihm zum zentralen Motiv des Songs erkoren, die Spannung zwischen den besagten Momenten bis ins Extrem gesteigert. Vor dem Hintergrund einer postindustriellen und postmigrantischen Gesellschaft Mitte der 2000er Jahre wird die Siedlung als Ort der maximalen Verdichtung von deviantem und delinquentem Verhalten, der Überlagerung multipler sozialer Probleme, aber auch der Autonomie und wechselseitigen Verbundenheit, die sich gegen das Außen des Viertels richtet, gezeigt.

Da die spezifisch großräumliche Siedlungsweise von Rapper*innen in einen Zusammenhang mit sozialen, ökonomischen und kulturellen Aspekten gesetzt wird, wird das Bild städtebaulicher Formen durch deren Inszenierungen geprägt. Rap muss daher als Element einer diskursiven Rahmung verstanden werden, in der urbane Räume mit sozialen, ökonomischen und kulturellen Begriffen in Beziehung gesetzt werden, eine sogenannte „diskursive Regionalisierung“ (Brailich et al. 2008, S. 114). Werden derartige, eigentlich temporale Beziehungsordnungen naturalisiert, liegt eine Hegemonie vor (vgl. Laclau / Mouffe 1985/2006, S. 34).[1] Aufgrund einer solchen Hegemonie gelten Großwohnsiedlungen gegenwärtig als No Go-Area (siehe Abschnitt 3). Dies birgt die Gefahr, dass Siedlungs-, Bau- und Lebensweisen identifiziert werden, was letztendlich einer Affirmation gesellschaftlicher Ursachen von Exklusion und Marginalisierung gleichkommt. Statt Ursachen zu benennen, werden lediglich die Symptome essentialisiert.[2]

Soll die mediale Repräsentation von Großwohnsiedlungen und ihrer Bewohner*innen nicht das letzte Wort haben, ist ein Blick auf die Geschichte besagter Orte zu werfen. In diesem Text möchte ich daher grundlegend im Modus einer rettenden Kritik (siehe Abschnitt 2) verfahren, indem ich einstige, teils utopische Motive und technologische Voraussetzungen des Bauens von Großwohnsiedlungen rekonstruiere und prüfe, welche Ideen vor dem Hintergrund gegenwärtiger stadtpolitischer und -planerischer Herausforderungen (wie sozialräumliche Segregation, Gentrifizierung und Wohnungsnot, vgl. Berger et al. 2014) weiterhin als legitim anerkannt werden können (siehe Abschnitt 4). Innerhalb der Auseinandersetzung mit Großwohnsiedlungen oszillieren die (bau-)planerischen Absichten zwischen Sanierung und Abriss. Die den Siedlungen zugrundeliegenden Ideen, insbesondere deren (sozial-)politische Dimension, werden hingegen eher in künstlerischen Arbeiten affirmativ oder distanzierend aufgegriffen (vgl. Richter 2006, Kap. 2.5). Auch die wissenschaftliche Forschung weist hier große Leerstellen auf (vgl. Huhnholz 2018, S. 196 ff.), von denen mein Beitrag einige zu schließen beabsichtigt.

Zugleich verfolge ich die an Marx angelehnte These, dass die damaligen und heutigen Produktionsverhältnisse die Potenziale der Produktionsmittel unterminieren, die städtebaulichen Utopien an den Wirtschaftsweisen, aber nicht als solche gescheitert sind. Eine zentrale Absicht ist hier, Großwohnsiedlungen nicht lediglich als ein Objekt, sondern vielmehr als Teil eines Beziehungsgewebes zu verstehen, innerhalb dessen Lebenslagen und -chancen, Technologien und Wohnungsbauten von Politik, Gesellschaft und Ökonomie geformt werden, diese aber wiederum auch prägen.[3] Mein Ziel ist es, entgegen der „Erschöpfung utopischer

1 Insbesondere in humangeographischen Arbeiten wird der Frage nachgegangen, wie dichotome Differenzierungen hegemoniale Ordnungsmuster bilden. Vgl. Glasze und Pütz (2007) für einen Überblick über sprachorientierte Forschungsansätze in der Humangeographie.

2 Verschiedene französische Rapper*innen versuchen hingegen, sich selbst über sozialräumliche Exklusionseffekte zu begreifen und die Frage der Sicherheit umzukehren: Sie zeigen banlieues als Orte, in die jene Menschen verdrängt werden, die in der Gesellschaft aufgrund verschiedener Ausgrenzungsmechanismen (teils kolonialgeschichtlicher Prägung) ein unsicheres Leben führen; als Orte, an denen Menschen ein Anrecht auf Sozialstaatlichkeit entzogen wird und Unsicherheit in staatlicher Untätigkeit gründet; als Orte, an denen sich Menschen zugleich politisch subjektivieren (vgl. Tijé-Dra 2012).

3 Dass technologische Artefakte als konstitutive Elemente von Interaktionszusammenhängen zu analysieren sind, ist ein wesentlicher Gedanke der STS Studies. Vgl. Latour (2014) exemplarisch für diese Perspektive.

Energien" (Habermas 1985) und dem Abdanken einer als offen verstanden Zukunft (vgl. dazu Fisher 2013) eine Perspektive zu eröffnen, in der die Konflikte zwischen (rechts-)konservativen, liberalen, sozialdemokratischen oder gar sozialistischen Positionen der Stadtgestaltung noch auszutragen sind.

Obwohl Sidos Block im Westberliner Bezirk Reinickendorf liegt, richtet sich der Fokus meiner Arbeit primär auf ‚den Osten', das heißt die Neuen Bundesländer. Es mag eigentümlich erscheinen, im Folgenden speziell Ideen, Motive und Diskurse ostdeutscher Großwohnsiedlungen in den Fokus zu rücken (siehe Abschnitt 3). Jedoch ist der (oftmals stigmatisierende) west- wie bundesdeutsche Blick auf diese Orte seit Anbeginn ihrer Planung durch die jeweiligen Blickwinkel des Kalten Krieges geprägt. Auch die gegenwärtigen Urteile und Projektionen der zumeist journalistisch geführten Debatte zu derartigen Siedlungsformen weisen Spuren der Abgrenzungen zwischen der Bundesrepublik Deutschland (BRD) auf der einen, der Deutschen Demokratischen Republik (DDR) und im weiteren Sinne der Sowjetunion auf der anderen Seite auf (vgl. Haller 2002, S. 7; Hannemann 1996, S. 13; Steinhausen 1994, S. 33 ff.). Selbst wenn sich mein Fokus auf ‚die Platte im Osten' richtet, werde ich gelegentlich schlaglichtartig Merkmale und Facette des sozialen Großwohnsiedlungsbaus aus anderen Ländern aufgreifen. So ist es möglich, die Spezifika der (bundes-)deutschen Debatte und deren Tendenz zur Stigmatisierung schärfer darzustellen. Zunächst ist jedoch die Figur der rettenden Kritik zu erläutern.

2. Figur und Motiv einer rettenden Kritik

Die rettende Kritik steht in einem Zusammenhang mit der Philosophie Walter Benjamins. Mit Blick auf dessen Schriften unterscheidet Habermas zwischen einer bewusstmachenden und einer rettenden Kritik. Die bewusstmachende Kritik steht Jürgen Habermas zufolge in der Tradition der Aufklärung. Sie begreift die Analyse illegitimer Herrschaft oder struktureller Gewalt als einen öffentlichen Vorgang, der im Bewusstsein der Adressaten*innen eine Motivation auslöst, die zur Kritik stehenden Praktiken und Institutionen zu ändern. Dass Erkenntnis zur Veränderung führe, ist dabei die Prämisse (vgl. Habermas 1972, S. 212 f.).

Während die bewusstmachende Kritik sich primär an gegenwärtigen Verhältnissen orientiert, richtet die rettende Kritik ihren Fokus auf die Vergangenheit. Diese Kritik, die Habermas mit Benjamins Haltung identifiziert, sucht in der Geschichte nach Spuren von Leiderfahrungen und unterdrückten Hoffnungen auf ein gutes und gerechtes Leben. In den Überlegungen Benjamins, maßgeblich in „Zum Begriff der Geschichte" (Benjamin 1991a, S. 690 ff.) ausformuliert, stellen diese historischen Artikulationen von Leid und Hoffnung einen „Anspruch" (Benjamin 1991a, S. 694) der Vergangenheit dar, die in der Geschichte vorzufindenden normativen Artikulationen in die Gegenwart zu überführen. Den Hintergrund dieser Kritikform bildet Benjamins Verständnis der Geschichte, das sich gegen einen Fortschrittsglauben richtet, und seine Haltung, sich nicht vor den Karren der Sieger*innen der Geschichte spannen zu lassen. Ihm gilt es, verschüttete Momente der Geschichte zurückzugewinnen, indem konkrete Institutionen und Praktiken als Resultate gesellschaftlicher Kämpfe erkenntlich werden. Seine messianische Hoffnung ist es, das geschichtliche Kontinuum von Kämpfen und Leid als Ganzes aufzusprengen und in die so bezeichnete erfüllte Zeit, in der der Messias alle erlöst hat, einzutreten.[4]

Diese theologische Haltung mag nicht (mehr) überzeugen. Für eine aktualisierte rettende Kritik ist es sinnvoll, einen zusätzlichen Gedanken Benjamins zu berücksichtigen, den er in seiner Studie *Ursprung des deutschen Trauerspiels* (Benjamin 1991a, S. 203 ff.), die elf Jahre vor seinen Überlegungen *Zum Begriff der Geschichte* erscheint, formuliert. Darin begreift er den rettenden Zugriff als Form des Einsammelns von Ansprüchen, die lediglich in die Gegenwart überführt werden, statt das geschichtliche Kontinuum als Ganzes zu sprengen. In dieser Perspektive transzendieren die Ansprüche die Geschichte nicht, sie bleiben immanent.

Für meine weitere Diskussion ist es sinnvoll, den geschichtsimmanenten Anspruch der rettenden Kritik aufzugreifen. Nicht abgegoltene Ansprüche auf ein gutes und gerechtes Leben in Städten begreife ich dementsprechend als Moment gesellschaftlicher Konflikte und möchte sie mit Blick auf aktuelle, spezifisch urbane Probleme in die Gegenwart überführen. Soll eine unvoreingenommene Perspektive auf Großwohnsiedlungen eröffnet werden, sind materielle Bedingungen und diskursive hegemoniale Zuschreibungen ebenso als Gegenstand der Kritik zu begreifen. Der Sinn der rettenden Kritik ist eine herrschaftskritische Kontrastierung konkreter, geschichtlich gewordener Wohnbauformen mit verschütteten normativen Ansprüchen, die über diesen vermittelnden Weg bestenfalls in einer emanzipativen Stadtpolitik und Baupraxis münden. Zudem sind jene Faktoren einer Kritik zu unterziehen, die die Potenziale von Großwohnsiedlungen unterminieren. Die Frage ist hier, auf welche hemmenden Kontextbedingungen Motive und Ideen getroffen sind. Zudem lässt sich im Modus der rettenden Kritik ein Bezug zur Ästhetik jener Orte herstellen. Denn die rettende Kritik „vergewissert sich der Momente, in denen die künstlerische Sensibilität dem als Fortschritt drapierten Schicksal Einhalt gebietet" (Habermas 1972, S. 189). Daher lassen sich auch

4 Benjamin formuliert offen, dass sein Denken theologisch imprägniert ist: „Mein Denken verhält sich zur Theologie wie das Löschblatt zur Tinte. Es ist ganz von ihr voll gesogen. Ginge es aber nach dem Löschblatt, so würde nichts, was geschrieben ist, übrig bleiben" (Benjamin 1991c, S. 588). Er skizziert die Beziehung von Geschichte und Messias im *Theologisch-Politischen Fragment* wie folgt. „Erst der Messias selbst vollendet alles historische Geschehen und zwar in dem Sinne, daß er dessen Beziehung auf das Messianische selbst erst erlöst, vollendet, schafft […]. Darum ist das Reich Gottes nicht das Telos der historischen Dynamis; es kann nicht zum Ziel gesetzt werden. Historisch gesehen ist es nicht Ziel, sondern Ende" (Benjamin 1991b, S. 203). Vgl. Gagnebin (2006, S. 295 ff.) für eine differenzierende Diskussion der theologischen Bezüge.

Bauformen, -materialien und -farben als Medien verstehen, die ein kritisches Potenzial entfalten können.[5] Zunächst ist es jedoch in der gebotenen Knappheit notwendig, die Geschichte von Großwohnsiedlungen und der normativen Ansprüche, mit denen sie in einem Zusammenhang stehen, als Konfliktmomente zu vergegenwärtigen.

3. Geschichte, Motive und Ideen von ostdeutschen Großwohnsiedlungen

3.1 Technologie- und architekturgeschichtlicher Hintergrund

Die Großwohnsiedlungen zugrundliegenden Technologien und Motive lassen sich bis ins 19. Jahrhundert zurückverfolgen. Insbesondere in Großbritannien und Frankreich werden ihre Grundformen, sprich schnell und günstig transport-, montiert- und zerlegbare Bauteile, zu militärischen und kolonialistischen Zwecken entwickelt (vgl. Hannemann 1996, S. 28 f., S. 62; Richter 2006, S. 13). Die Erschließung des industrialisierten Großwohnsiedlungsbaus ist nicht einzelnen Personen, sondern unterschiedlichen Ingenieuren zuzuschreiben, die im Laufe des 19. und 20. Jahrhunderts die Entwicklung vorantreiben, in den USA oder Niederlanden, in Großbritannien, Belgien oder Frankreich mit Wandsegmenten aus Metall und Beton experimentieren, rationalisierte Baukastenlösungen erproben und mechanisierte Baustellenabläufe konzipieren (vgl. Richter 2006, S. 14).

Im Verlaufe des 19. Jahrhunderts wird das Wohnen zunehmend zu einem Problem industrialisierter Gesellschaften. Ein generelles Bevölkerungswachstum, die durch die Industrialisierung bedingte Urbanisierung und die daraus resultierende Umkehr des Stadt-Landverhältnisses sorgen dafür, dass zum ersten Mal in der Geschichte dieser Gesellschaften weitaus mehr Menschen in Städten als auf dem Land wohnen. Unkontrolliert bilden sich beengte Wohnviertel voller Armut, Elend, Krankheit und Dunkelheit heraus, wie Engels in seiner Schrift *Die Lage der arbeitenden Klasse in England* (Marx/Engels 1972, S. 225 ff.) anschaulich dokumentiert. Die Stadt der industrialisierten Gesellschaft wird daher sukzessive als Objekt einer notwendigen Planung (und weniger als Ort der Repräsentation von Herrschaft) begriffen (vgl. Huhnholz 2018, S. 199).

Der sich herausbildenden Stadtplanung gelten avancierte Technologien und zeitgenössische Management-Strategien als Mittel der Bekämpfung defizitärer Wohnverhältnisse. Technischer und sozialer Fortschritt sowie Organisation und Planung werden als integrale Momente der Lösung sozialer Probleme verstan-

5 Vgl. Baum (2020) zum kritischen Potenzial sowie Baum (2021) zum regressiven Potenzial von Architektur.

den. Seit dem 19. Jahrhundert wird insbesondere in Frankreich neben der bautechnologischen Entwicklung ebenfalls die Frage nach der Vergesellschaftung an Grund und Boden (bspw. durch Charles Fouriér und Tony Garnier) diskutiert (vgl. Richter 2006, S. 15). Zum Zwecke einer industrialisierten, ökonomisch effizienten Bauweise werden Motive des Taylorismus und Fordismus in der Wohnungsplanung aufgegriffen. Standardisierte Verfahren und entsprechende Betonfertigteile werden genutzt, um Wohnraum großflächig erzeugen zu können. Beton wiederum verbessert die Baustatik und erhält (z. B. in der Weimarer Republik) gegenüber Stahl auch deswegen den Vorzug als grundlegendes Element des Wohnbaus, weil Letzterer für die Rüstung benötigt wird (vgl. Hannemann 1996, S. 33; Richter 2006, S. 14). Nach dem Ersten Weltkrieg erheben das Bauhaus, Le Corbusier und die Congrès Internationaux d'Architecture Moderne das standardisierte Bauen zur programmatischen Leitlinie. Material und Verfahren werden von Gropius in den Dienst gestellt, „Kathedralen der Zukunft" (Gropius zitiert nach Wingler 2009, S. 46) zu bauen, die auch den unteren sozialen Schichten qualitativ hochwertiges Wohnen ermöglichen sollen. Dadurch werden die Bauformen, -weisen und -materialien jedoch von Beginn an mit Armut und sozialer Exklusion assoziiert (vgl. Glasze/Weber 2012, S. 64 f.) – negative Konnotationen, die der Großwohnsiedlung bis heute anhaften. Zugleich kristallisiert sich schnell das Problem heraus, die Industrialisierung im Baubereich vollends zu etablieren und durchweg kosteneffizient zu produzieren (vgl. Hannemann 1996, S. 39).

Aufgrund der Zerstörungen des Zweiten Weltkriegs steigt der Bedarf an kostengünstigem Wohnraum massiv. Die standardisierte industrielle Bauweise nimmt daher einen zentralen Stellenwert innerhalb der Stadtplanung ein. Die typisch moderne Funktionstrennung innerhalb europäischer Städte kommt der Planung entgegen, insofern das Wohnen dadurch an die Stadtränder gedrängt wird, an denen nun auf großen Flächen gebaut werden kann.[6] In den 1950er Jahren revolutioniert Raymond Camus den modernen Wohnungsbau. Ihm gelingt es, das Plattenbausystem zu entwickeln und diejenigen Großsiedlungsarchitektur zu ermöglichen, die als visuell und textlich verarbeitetes Stilmittel in Sidos Song präsent ist. Auch in sozialdemokratisch regierten Ländern Skandinaviens und unter Labor in Großbritannien werden zur selben Zeit jene Technologien genutzt (vgl. Hannemann 1996, S. 43). Seit den 1960er Jahren prägen Großwohnsiedlungen die Stadtränder west- und osteuropäischer Städte.

Im Folgenden wird ein genauerer Blick auf die Geschichte von Großwohnsiedlungen im ‚Osten' Deutschlands geworfen, um auszuloten, welche Ideen und Motive einer rettenden Kritik zugeführt werden können.

---

6 Die Enge von Stadtkernen verhindert industrialisiertes Bauen, denn die benötigten Maschinen und Materialien können nicht durch die Straßen transportiert werden.

3.2 Großwohnsiedlungen im Osten Deutschlands

Vor ‚der Wende'

Während der Zweite Weltkrieg den verfügbaren Wohnraum in beiden deutschen Staaten massiv dezimiert, spitzt sich die Situation innerhalb der DDR aufgrund von hinzuziehenden Vertriebenen aus den östlichen Gebieten des ehemaligen Deutschen Reichs nochmals zu. Im hochgradig ideologisch aufgeladenen Kalten Krieg stellt die Lösung des Wohnraumproblems eine zentrale Legitimationsgrundlage für das DDR-Regime (insbesondere seit der Zeit Honeckers als Generalsekretär ab den 1970er Jahren) dar. Die Auseinandersetzung mit ostdeutschen Großwohnsiedlungen muss sich der Differenz von Selbstbeschreibung der DDR und Realität gewahr bleiben, ohne jedoch die normativen Ansprüche der stadtplanerischen Aspirationen als pure Ideologie abzukanzeln.

Auf den Mangel reagiert die DDR mit dem Versuch, soziale Stadtplanung und realsozialistische Großbauprogramme zu integrieren, um die sozialistische Utopie einer kollektiven Lebensweise zu realisieren. Da Grund und Boden in der DDR nicht in Privatbesitz sind, können die technologischen Möglichkeiten umfassender als in den westlichen Staaten ausgeschöpft werden. Jedoch wird beim Wiederaufbau zunächst an regionale und nationale Bau- und Stiltraditionen angeknüpft; erst seit 1972 wird der Fertigbaustil, der den gegenwärtigen Blick auf Großwohnsiedlungen prägt, zum staatspolitischen Bauprogramm erhoben (vgl. Schilk 2018).

Längere Zeit ist es jedoch aufgrund technologischer Hindernisse nicht möglich, konsequent industriell zu bauen. Die Senkung der Wohnkosten wird daher lediglich durch eine Reduzierung des Wohnraums und höhere Geschosszahlen, sprich auf Kosten der Wohnqualität erreicht (vgl. Richter 2006, S. 38). Erst die Entwicklung von Baukastensystemen (wie der Wohnungsbauserie70) in den 1970er Jahren, mittels derer vorgefertigte Teile via Krahn montiert werden können, ermöglicht einen ökonomisch und planerisch effizienten Bauprozess, für den die Großwohnsiedlungen in Berlin-Marzahn, Halle-Neustadt und Leipzig-Grünau als Paradebeispiel gelten können. Die Zahl der in Serie errichteten Wohnungen steigt von 1955 bis 1985 kontinuierlich an und erreicht ca. 83 Prozent am Gesamtwohnungsbau. Bis 1990 werden ca. 2,2 Millionen Wohnungen in industrieller Bauweise errichtet, von denen 1,5 Millionen als ‚Platte' gelten können (vgl. Hannemann 1996, S. 22; Richter 2006, S. 5).[7]

7 In den Alten Bundesländer werden Großwohnsiedlungen gelegentlich ebenfalls als Antwort auf soziale Probleme verstanden. Zur Staatsdoktrin wird diese Form des Wohnungsbaus jedoch nie erhoben. Den vereinzelten Bestrebungen, industriellen Wohnungsbau in der Bundesrepublik (vor 1990) flächendeckend zu nutzen, stehen sowohl der privatisierte Wohnungsbau und -markt entgegen, der andere Wohnformen präferiert, also auch die Abgrenzung vom sozialistischen Weltbild, das sich in besagter Siedlungsform manifestiert. Grundlegend wird in der BRD

Trotz der vorgefertigten Bauteile besteht aufgrund von keilförmigen Segmenten und Ecksegmenten die Möglichkeit, Platten in jede Richtung auszurichten und so einer visuellen Monotonie entgegenzuwirken; gleichwohl mit dem Ziel, einer bürgerlichen Architektur des Individualismus nicht das Wort zu reden. Im Zentrum steht vielmehr der Anspruch, zum einen eine Sensibilität für die Gestaltung ‚der Platte' an sich und ihrer Umgebung zu fördern. Zum anderen werden regionale Aspekte berücksichtigt, sodass hier von einem Regionalismus des internationalen Stils gesprochen werden kann (vgl. Richter 2006, S. 44 ff.). Insgesamt erstickt jedoch der wirtschaftliche und zeitliche Druck, den der eklatante Wohnraummangel von der Staatsgründung an erzeugt, jegliches Potenzial zur großflächigen Variabilität im Keim. So verschwinden sukzessive die in den 1960er Jahren noch genutzten dekoraktiven Außenelemente (wie Kacheln), der Außenraum selbst bleibt zunehmend ungestaltet. „Das Elementesortiment war zwar theoretisch groß, in der Praxis der Plattenwerke aber aus Gründen der Effizienz so klein wie möglich" (Richter 2006, S. 51). Die Typisierung muss daher als dominantes Element des industriellen Bauens in der DDR gelten (vgl. Hannemann 1996, S. 76).

Rückblickend wird daher das industrielle Bauen von Großwohnsiedlungen als ein „Verlust städtebaulicher, architektonischer und sozialer Qualität" (Bertels 2008, S. 3542) beklagt. In der Zeit ihrer Errichtung werden jene Siedlungen und ihre Wohnungen jedoch anders, nämlich durchaus positiv beurteilt. Das hat unterschiedliche Gründe. Die Wohnungszuweisung (der 1970er und 1980er Jahre) bedeutet für die DDR-Bürger*innen, eine Wohnung beziehen zu können, die über eine Zentralheizung, ein Badezimmer mit WC (innerhalb der Wohnung) und oftmals über ein Müllschlucker-System verfügt. In der Perspektive der Gegenwart mag das nicht hervorzuheben sein. Doch im Zusammenhang mit verfallenden Altstädten, die dem Sozialismus als überkommenes Symbol herrschaftlicher Architektur gelten, bedeuten Großwohnsiedlungen ein Leben entsprechend moderner Wohnstandards. Sie sind nicht allein behaglich, sie weisen eine enorm hohe Infrastrukturdichte auf, die verschiedenen funktionalen und sozialen Anforderungen gerecht wird. Neben reinen Wohnräumen gibt es Gemeinschaftsräume, Sportplätze, Dienstleistungs- und Konsumangebote. Ganztagsschulen, Kindergärten, Clubs für Jugendliche oder gar Hausküchen, in denen gemeinschaftlich für die Kinder gekocht werden kann, sollen bei der Reproduktionsarbeit unterstützen – alles in einem Quartier und damit in unmittelbarer Nähe. Da die staatlichen Vorgaben die Wohnungsmarktmechanismen aushebeln, sind die Mieten im modularen Neubau auf demselben Niveau wie die

das individuelle Wohneigentum propagiert. Daher werden in der BRD bei weitem nicht so viele Siedlungen wie in DDR in industrieller Bauweise errichtet; in der DDR sind es fast viermal so viele. Auch im westeuropäischen Vergleich liegt die BRD hinter Frankreich, Schweden oder Großbritannien (vgl. Hannemann 1996, S. 44 ff.).

im Altbau. Der Umzug kommt daher dem Aufstieg in die gesellschaftliche Mitte gleich.

Den Hintergrund dieser auch heute noch luxuriös anmutenden Angebotsstruktur bildet die Idee einer sozialistischen Lebensweise. Stadt- und Bauplanung sind zugleich sozialplanerische Instrumente mit dem gesellschaftspolitischen Auftrag, spezifische Bilder und Modelle von Familie, Gemeinschaft, Disziplin, Arbeit und Tatkraft zu vermitteln. Wohnzuweisungen sollen eine sozial ausgewogene Mischung und Angleichung der Lebensverhältnisse in den Großwohnsiedlungen gewährleisten. Die skizzierte Infrastruktur ermöglicht viele soziale Interaktionen außerhalb der eigenen Wohnung, deren hochwertige Ausstattung der individuellen Zufriedenheit zuträglich ist. Zugleich zielen staatlich initiierte Vereinsformen in Betrieben (Sport, Chor etc.) und der Freizeit (Elternvereine und Hausgemeinschaften) sowie Hausverwaltungsstrukturen mit gewählten Vertreter*innen nicht allein auf die Vergemeinschaftung, sondern darüber hinaus auf die Kontrolle von sozialer, kultureller oder politischer Devianz. Statt Individualismus und Widerständigkeit wird Konformismus und Kollektivismus propagiert (vgl. Mau 2019, S. 37f.). Wissenschaftliche Planung und Technologie werden nicht mit dem Ziel der Dezentralisierung und Stärkung der Autonomie kleinerer Einheiten, sondern zur Zentralisierung von Organisation und Entscheidungskompetenzen genutzt. Dementsprechend hoch ist der Grad an Überwachung in dieser Obrigkeitskultur, was insbesondere subkulturelle oder avantgardistische Milieus abschreckt, in Großwohnsiedlungen zu ziehen. Sie bleiben in den Altstädten.

Die Absicht, Einfluss auf die Persönlichkeitsentwicklung durch soziale und politische Kontrolle zu nehmen, spiegelt sich in bestimmten Facetten des baulichen Stils, ja bis in die Einrichtungen der Wohnungen hinein wider. An den gestalterischen Aspekten lässt sich eine Trias ablesen, die die Großwohnsiedlung als soziales Konstrukt konstituiert: die soziale Gleichheit, der technische Fortschritt und die – sich unterhalb der Oberfläche der staatlichen Selbstbeschreibung befindende – Kleinfamilie (vgl. Hannemann 1996, S. 97ff.; Mau 2019, S. 40).[8] Denn die Hierarchisierung von Wohnräumen (großes Wohnzimmer, kleineres Schlafzimmer, noch kleineres Kinderzimmer) und Küche ist architektonischer Ausdruck der kleinbürgerlichen Lebensform. Da in der DDR die Zwei-Generationen-Familie als die kleinste Zelle der Gesellschaft verstanden wird (vgl. Hannemann 1996, S. 49f., S. 103–106; Richter 2006, S. 20), sind sich BRD und DDR hier näher als die ideologischen Verlautbarungen vermuten lassen. Einer am Arbeitsleben ausgerichteten Funktionalisierung des Alltags folgen Wohnungszuschnitte und -mobiliar, die an spezielle Tätigkeiten und Abläufe insbesondere in der Küche angepasst sind. Zwar wird das Familienmodell um die berufstätige Frau erweitert, die

8 Während zu Beginn der DDR die Idee sozialer Gleichheit im Vordergrund steht, wird mit der Entwicklung des WBS 70 der Fokus primär auf die Technologie gerichtet.

Küche jedoch weiterhin als der ihr eigene Ort innerhalb der Wohnung ausgewiesen.

Rückblickend lässt sich festhalten, dass Großwohnsiedlungen als Ort des qualitativ hochwertigen Wohnens, der sozialen Mischung, teils aber auch der Homogenisierung von Lebensstilen und der Kontrolle wahrgenommen werden. Aufgrund von Vollbeschäftigung und spezifischer Qualifikationsmöglichkeiten genießen die Bewohner*innen materiellen Wohlstand, sind in intakten Sozialbeziehungen integriert und erfahren kulturelle Anerkennung für den Lebensstil im Neubau (vgl. Keller 2006a, S. 2549 f.). ‚Die Platte' ist Quelle der Respektabilität, die DDR der Konstanz, der Homogenität und Erwartungssicherheit.

Nach ‚der Wende'

Nach der sogenannten Wende ändert sich der Status von ostdeutschen Großwohnsiedlungen grundlegend. Vor allem die randstädtischen Plattenbausiedlungen mittelgroßer Städte der ehemaligen DDR sind im besonderen Maße von dem Transformationsprozess und damit vom Wandel der Großwohnsiedlungen betroffen (vgl. Keller 2006b, S. 2959). Eine sich großflächig in den Neuen Bundesländern ausbreitende Arbeitslosigkeit bedingt (auch) in Großwohnsiedlungen eine soziale Deprivation. Massenhafter Wegzug von jenen, die es sich leisten können, sorgt für Entmischung, ein hohes Maß an Leerstand und baulichen Verfall. Die manifeste rechtsradikale Gewalt (insbesondere unter Jugendlichen) verschärft die Situation innerhalb der Siedlungen (Brailich et al. 2008, S. 126). Die rassistischen Anschläge und Ausschreitungen in Rostock-Lichtenhagen und Hoyerswerda-Neustadt erzeugen medial vermittelte Bilder, die sich ins kollektive Gedächtnis der noch jungen gesamtdeutschen Bundesrepublik einbrennen, die Rezeption ‚der Platte' bestimmen und noch gegenwärtig genutzt werden, wenn unter dem Topos der Baseballschlägerjahre die Nachwirkungen des DDR-Regimes verhandelt werden. Dadurch werden die einstigen sozialistischen Vorzeigeprojekte sowohl zu Orten als auch zu Symbolen der Ausgrenzung und der sozialen Probleme und geraten bundesweit in Verruf.

Ein genauerer Blick zeigt, dass die Großwohnsiedlungen nicht nur vom Rest der Stadtgesellschaft, sondern ebenfalls intern segregiert sind. Drei Gruppen lassen sich hier differenzieren: die Gruppe der etablierten, sich teils bereits in Rente befindenden Älteren, von denen einige den Facharbeiter*innen-Status innehatten; die Gruppe der von Armut oder Prekarität Betroffenen; die Gruppe der Migrant*innen, die zumeist aus dem ehemaligen Ostblock in die Siedlungen gezogen sind. Während die erste Gruppe in sanierten Beständen lebt, bewohnen die anderen beiden Gruppen unsanierte, oftmals marode Bestände (vgl. Keller 2006b).

Abhängig von den jeweiligen Lebenslagen lassen sich Quartierseffekte nachweisen. Diese wirken sich vor allem auf die Lebensbedingungen der materiell, sozial und kulturell deprivierten Bewohner*innen mit fragilen Netzwerken und spezifischen, teils formellen, teils informellen Alltagsstrategien negativ aus (vgl. Keller 2006b). So sind junge, in Armut lebende, mit geringem Selbstbewusstsein ausgestattete Erwachsene von Quartierseffekten betroffen, weil sie lediglich über ein homogenes Netzwerk an Gleichgestellten verfügen. Innerhalb dieses Netzwerks wird ein Konformitätsdruck ausgeübt, der ein deviantes Verhalten und einen Rückzug aus dem Rest der Gesellschaft bedingt. Die informelle Alltagsstrategie dieser jungen Erwachsenen zielt darauf, sich auf unstetige Einkünfte und ihr Netzwerk zu verlassen (statt sich davon zu emanzipieren) (vgl. Keller 2006b, S. 2961 f.). Innerhalb der Gruppe der Älteren lassen sich Quartierseffekte dann nachweisen, wenn Netzwerke bereits erodiert sind. Sie leben in Isolation und Unzufriedenheit und zählen zu den armen und/oder migrantischen Haushalten. Ihre formelle Alltagsstrategie besteht darin, die gewohnte (Haus-)Ordnung zu erhalten, was oftmals zu Frustration in Anbetracht devianten Verhaltens anderer und Rückzug, sprich weiterer Exklusion führt. Der Quartierseffekt besteht hier im Verlust von sozialen Ressourcen und einer an Gewohnheiten orientierten Planungsunfähigkeit (vgl. Keller 2006b, S. 2963 f.).

Die politische, sozialräumliche und bauliche Situation in ostdeutschen Großwohnsiedlungen weist somit verschiedene Probleme auf. Interessanterweise schätzen einige Bewohner*innen ihr eigenes Umfeld dennoch positiv ein. Insbesondere nach Rückbau- und Aufwertungsmaßnahmen lassen sich Zufriedenheit ausdrückende Urteile über das Leben an solchen Orten nachweisen.[9] Der die Armut und Prekarität fokussierende Blick von außen übersieht dies jedoch ebenso wie die Unterstützungsnetzwerke des Quartiers und eine „Widerstandkultur" (Keller 2005, S. 179), die sich dem gesamtgesellschaftlichen Transformationsprozess durch eine solidarische Grundhaltung entgegenstellt. Das führt zur Frage, wieso ‚die Platte' dennoch derart in Verruf geraten ist. Zwar sind Großwohnsiedlungen seit Beginn ihrer Konzeption und Planung Gegenstand (sozial- und stadt-)politischer Auseinandersetzungen: Während ihre Ästhetik, Symbole und praktischen Merkmale den einen als Artikulation von Solidarität und Gleichheit gelten, begreifen andere sie als Angriff auf traditionelle Bau- und Lebensformen (vgl. Huhnholz 2018, S. 196 ff.). Der Baustil wird daher bereits vor ‚der Wende' von einflussreichen konservativen Architekturkritikern wie Dankwart Guratzsch diskreditiert. Großstädtische Bilder und Motive des Wohnens und gemeinschaftlichen Lebens stoßen in der BRD auf Ablehnung, die Gesellschaft der Kleinfamilien wird mit Blick auf deren Isolation vom Wohnquartier nicht nur von der konservativen CDU, sondern parteiübergreifend gefördert (vgl. Hannemann 1996, S. 44 ff.). Da die Großwohnsiedlung im Kalten Krieg zudem sukzessive mit ‚dem Osten' identifiziert wird, kommt nach dem

9 Vgl. exemplarisch Bertels (2008) für Gotha-West sowie Kahl (2003) für eine Langzeitstudie über Leipzig-Grünau.

Zusammenbruch des Ostblocks ihre Diskreditierung einer Absage an totalitäre Systeme gleich. Dementsprechend übernimmt mit Anbruch der 1990er Jahre „StadtbildD“ – laut Selbstauskunft ein Dresdener Verein für Rekonstruktion sowie zeitgenössisch-traditionelle Architektur – die Verbreitung von Videos, in denen die DDR-Bauten in ungünstigen Perspektiven und bei schlechtem Wetter als Ikonen grauer Monotonie eingefangen und kommentiert werden. Gegenüber der sozialistischen Vergangenheit, die sich in Großwohnsiedlungen als ästhetisch wiederkehrender Alptraum am Leben erhalte, wird (insbesondere in konservativen bis rechtsextremen Kreisen) die Historische Rekonstruktion propagiert. Sie ist ein architektonisches Verfahren, das genutzt wird, um die Identität von Städten zu prägen. Ihr augenscheinliches Ziel ist es, durch Krieg oder Verfall zerstörte Gebäude und städtische Orte wiederherzustellen, um eine spezifische Geschichte und Tradition zu bewahren. Dabei lehnt sie sich nicht immer vollends an einstige Bauten und Plätze an, ist mal mehr, mal weniger dem Original oder gewandelten gesellschaftlichen Anforderungen an Funktionalität und Aufenthaltsqualität verpflichtet, sodass einige Rekonstruktionsprojekte eine ausgeprägte Beliebigkeit der geschichtlichen Darstellung aufweisen (vgl. Baum 2021). Diesen Motiven folgend, wird in ostdeutschen Städten wie Potsdam oder Dresden – durch die Wiedererrichtung von Garnisonkirche und Frauenkirche – der stadtplanerische und baugeschichtliche Fokus auf die Zeit vor dem Zweiten Weltkrieg und damit weg von der sozialistischen Vergangenheit gerichtet.

Es ist nicht zu leugnen, dass soziale Probleme existieren, die in einem Zusammenhang mit Großwohnsiedlungen der ehemaligen DDR stehen. Der Blick von außen, insbesondere aus den Alten Bundesländern hat jedoch einen massiven Einfluss auf die Wahrnehmung der einstigen Quellen von Anerkennung und Sicherheit. Wie ‚der Ossi‘, so muss ‚die Platte‘ als Resultat einer diskursiven, medial vermittelten Prägung begriffen werden. In der (vor allem journalistisch geführten) Debatte bleibt zumeist unberücksichtigt, inwiefern und wieso Großwohnsiedlungen einst als attraktive Antworten auf soziale Probleme verstanden wurden (Haller 2002, S. 7; Hannemann 1996, S. 13; Steinhausen 1994, S. 33 ff.). In Form eines Kulturkampfes von oben und vom ‚Westen‘ wird sich gegen die Vergangenheit der DDR über die Diskussion ‚der Platte‘ abgegrenzt. Übersehen wird dabei, welchen Anteil dies selbst an den Abwertungs- und Abstiegsprozessen vor Ort hat, ein Anteil, der sich mit dem Konzept territorialer Stigmatisierung stadtsoziologisch fassen lässt.

3.3 Die Debatte ostdeutscher Großwohnsiedlungen als Moment territorialer Stigmatisierung

Unter territorialer Stigmatisierung wird die kollektiv vollzogene symbolische Abwertung städtischer Räume verstanden. Seinen Ausgang nimmt dieser Prozess oftmals durch raumorientierte Perspektiven der Sozialplanung, Soziologie und Humangeographie.[10] Sie zielen darauf ab, in spezifischen Quartieren Abweichungen von der Norm (bspw. mit Blick auf SGB II- oder SGB XII-Bezug) ausfindig zu machen. In den daraus resultierenden Statistiken erscheinen die Quartiere dann als homogene ‚Problem-Orte'. In städtischen Karten der Sozialberichterstattung werden sie in der Signalfarbe Rot hervorgehoben, auf Covern von Sozialentwicklungsplänen als Brennpunkte in typischer Blockbebauung inszeniert (vgl. Otto 2022). Wissenschaft und Journalismus tragen durch die gezielte Verwendung von Signalworten, einer intensivierten, problematisierenden Forschung und Berichterstattung oder durch Symbolbilder, die in Armut lebende Kinder beim Spielen an jenen Orten zeigen, zu einer spezifischen Wahrnehmung von Großwohnsiedlungen bei (vgl. Abb. 1).

Abb. 1: „In Deutschland leben 2,55 Millionen Kinder in Armut"

(www.augsburger-allgemeine.de/politik/Kinderarmut-In-Deutschland-leben-2-55-Millionen-Kinder-in-Armut-id41219587.html (14.09.2022), Foto: Rolf Vennenbernd, dpa)

Der Weg zum territorialen Stigma ist an sein Ende gelangt, sobald jene Gruppen und Institutionen mit symbolischer Macht die geografische Lage des als homogen wahrgenommenen Wohnortes mit dessen Bewohner*innen identifizieren. Das ist nicht unüblich, denn „Diskurse wirken zum einen bindend, zum anderen ausgrenzend. Es werden [...] soziale Gruppen mit Verhaltensweisen und Orten verbunden" (Best/Gebhardt 2001, S. 115).

10 Vgl. Baum und Otto (2020) mit Blick auf die Sozialplanung.

Aufgrund ihres Stigmas reduzieren sich für die Bewohner*innen marginalisierter Stadtteile nicht nur die Chancen auf dem Arbeitsmarkt (vgl. Wacquant 2018, XVI, 20, S. 60–66), sondern auch die Aussichten, eine geeignete Wohnung in einem renommierteren Quartier zu erhalten, was Segregationstendenzen weiter verstärkt. Das territoriale Stigma kann zudem tiefschürfende soziale und psychische Folgen für jene Bewohner*innen haben. Denn die mit dem Stigma einhergehenden Formen der Missachtung, Demütigung und Diskreditierung können, mit Goffman gesprochen, als Ursache beschädigter Identitäten gelten (vgl. Goffman 2016). Die beschädigte Identität erschwert es ihnen, sich mit Großwohnsiedlungen und ihrem sozialen Umfeld zu identifizieren. Als Folge ziehen sie sich ins Private zurück, was zur Erosion sozialer Bindungen führt und das Quartier auf diesem Wege weiter segregiert (vgl. Wacquant 2018, XX f.).

Davon ausgehend lässt sich der wissenschaftliche, stadtplanerische und mediale Blick auf Großwohnsiedlungen ‚des Ostens' als Moment eines Prozesses territorialer Stigmatisierung begreifen. Insbesondere die westdeutsche Soziologie und Medienlandschaft dominieren die teils von Aversionen und Ressentiment bestimmte Debatte, in der Großwohnsiedlungen ‚des Ostens' mit Themen der Segregation und Exklusion verknüpft werden (vgl. dazu generell Richter 2006).[11] So gelten jene Siedlungen im Kalten Krieg als Orte totalitärer Vereinnahmung. Aufgrund fehlender stilistischer Verzierungen werden sie als traditionslos und geschichtsfeindlich angeprangert, ihre Verortung in der Umgebung gilt als kontextlos. In ihnen leben seit dem Ende des sozialistischen Staates bis in die Gegenwart hinein, so der Tenor, marginalisierte und prekarisierte ehemalige DDR-Bürger*innen. Daher werden die an Stadträndern verorteten Siedlungen zumeist als gewaltvoll, unsicher und benachteiligt charakterisiert (vgl. Brailich et al. 2008, S. 126). Wenn jedoch ausschließlich defizitorientiert geforscht und berichtet wird, Großwohnsiedlungen in überzogenem Maße und ideologisch motiviert als Orte der Unordnung und des Niedergangs dargestellt werden, rücken positive Aspekte von Großwohnsiedlungen aus dem Sichtfeld. Dass beispielsweise Ostberliner Großwohnsiedlungen stabile, teils über dem Berliner Durchschnitt liegende Sozialdaten aufweisen, gerät vollends aus dem Blick. Auch dort, wo in den Alten Bundesländern wohlwollender auf die Großwohnsiedlungen geblickt wird, dominiert ein paternalistischer Zug die Debatte, in der wiederholt dringender Handlungsbedarf angezeigt wird (vgl. Richter 2006, S. 64, insgesamt Kap 2.3).[12]

---

11 Mau (2019) hebt hervor, dass Eliten aus ‚dem Westen' auch in den Neuen Bundesländern an zentralen Schaltstellen sitzen. Von einem distanzierten und vorurteilsfreien Blick auf die Geschichte der DDR kann bei ihnen keine Rede sein.

12 Vgl. Brailich et al. (2008) und Glasze und Weber (2012) für die Debatte der Großwohnsiedlungen in Frankreich, Stollberg-Barkley (2001) für Großbritannien.

In der Art, wie die Großwohnsiedlungen in den Fokus gerückt werden, werden sie generell zu Orten sozialer Probleme – Probleme, die dann nicht mehr übergeordneten gesellschaftlichen Strukturen und Prozessen, sondern dem Quartier und den Bewohner*innen selbst ursächlich zugeordnet werden. Nicht allein die materielle, sondern auch diese kulturelle Entwertung ruft bei Bewohner*innen das Gefühl hervor, nicht mehr wie einst privilegiert, sondern allein aufgrund des Wohnortes marginalisiert zu sein. Der Ruf des Quartiers und damit der eigene wird ins Gegenteil verkehrt. Daher ziehen die gut Situierten weg, was einen sozialen und ökonomischen Abwärtstrend befeuert (vgl. Bertels 2008, S. 3540; Pasternack 2012; Richter 2006, S. 70).[13]

Resümierend lässt sich hier festhalten, dass die Debatte der Großwohnsiedlungen hauptsächlich defizitorientiert ist, sich an der Grenze zur territorialen Stigmatisierung bewegt, sie oftmals überschreitet. Statt sich dieser pauschalen Ablehnung von Großwohnsiedlungen anzuschließen, sind vielmehr Faktoren und Umstände zu berücksichtigen, die die Entfaltung der Potenziale von Großwohnsiedlungen verhindern und als Ursachen verschiedener ästhetischer Mängel und sozialer Probleme benannt werden können.

3.4 Hemmende und unterminierende Faktoren und Kontextbedingungen

In erster Linie ist hier an einen Gedanken von Marx zu erinnern, demzufolge Produktivkräfte in spezifische Produktionsverhältnisse eingelassen sind. Die DDR grenzt sich zwar ideologisch vom Kapitalismus ab, ist jedoch dem Zwang, ökonomisch effizient zu handeln, unterworfen. Marktwirtschaftliche Gesichtspunkte spielen beim Bau von Großwohnsiedlung daher eine nicht unerhebliche Rolle. Dass die DDR Baukosten geringhalten muss, sorgt oftmals für eine schlechte Bausubstanz. Derselbe finanzielle (und auch zeitliche) Druck verhindert eine optisch anspruchsvollere Außen- und Innengestaltung, mindert daher sowohl den baulichen als auch den ästhetischen Wert von Großwohnsiedlungen – obwohl die vorhandene Technologie grundsätzlich dekorative und gestalterische Möglichkeiten birgt (siehe Kapitel 3.2 sowie Abb. 2–10 in Kapitel 4.2). Begleitet werden die ökonomischen Zwänge von einer zentral organisierten technokratischen Planung, in

13 Vgl. Brailich et al. (2008, S. 126); Brailich und Pütz (2012) für die Diskussion von ebenfalls einst sozialistischen Großwohnsiedlungen in Polen. Unterschiede zur hier rekonstruierten Debatte bestehen zum einen in der Wahrnehmung von Jugendlichen, die nicht mit Blick auf eine politische Gesinnung, sondern unter dem Motiv einer generellen Erziehung thematisiert werden. Vor allem aber werden die Siedlungen an sich nicht als Orte der Devianz, sondern als bedrohte Ordnungen, deren intaktes Sozialleben (bspw. aufgrund von Einbruchskriminalität) auf dem Spiel steht, thematisiert. Die Bewohner*innen selbst gelten nicht grundlegend als Manifestation sozialer Probleme. Vielmehr wird zwischen Täter*innen und Betroffenen differenziert (vgl. Brailich / Pütz 2012, S. 81).

deren Rahmen die gestalterische Dimension des Architekturberufs negiert wird (vgl. Hannemann 1996, S. 109). Diese sozialistische Form der wohnungsbaupolitischen Praxis muss daher als Hindernis aufgefasst werden, verschiedene Bedürfnisse und Ansprüche zu berücksichtigen.

Nach ‚der Wende' werden die Neuen Bundesländer auf allen Ebenen und in allen Bereichen der marktwirtschaftlichen Logik unterworfen. Betriebe, die als Ort der sozialen Integration, der Versorgung und des genossenschaftlichen Umgangs fungieren, erscheinen vor dem neuen Hintergrund als unrentabel. Da die mit politischem Auftrag ausgestattete, mit verschiedenen Akteur*innen wie dem DGB kooperierende Treuhandanstalt eine Agenda ökonomischer Effizienz verfolgt, werden sie vielfach geschlossen oder verkauft und anschließend rationalisiert, sprich finanziell und personell umstrukturiert, was oftmals zu Entlassungen oder frühzeitigen Verrentungen führt (vgl. Hoffmann 2022; Mau 2019, S. 151). Die gesamte Sphäre der Arbeit wird liberalisiert. Die postfordistische De-Industrialisierung erhöht die Arbeitslosenzahl zusätzlich. „[A]us Werkstätigen wurden Untätige" (Mau 2019, S. 151), weil die DDR als sogenannter Arbeiter- und Bauernstaat wenig Berufsfelder außerhalb der Fabrik ermöglicht (vgl. Mau 2019, S. 155). Die „Brasilianisierung des Arbeitsmarktes" (Mau 2019, S. 162) bedeutet die Auflösung des sogenannten Normarbeitszeitverhältnisses für jene, die noch über einen Arbeitsvertrag verfügten.

Doch nicht allein Betriebe, bei denen es in der Perspektive der BRD naheliegen mag, sie marktwirtschaftlich zu organisieren, ebenfalls der Bereich des Sozialen wird ökonomisiert. Der sozialistische Sozialstaat wird vollständig abgebaut, die Wohnungsvergabe kommodifiziert, die Lebensverhältnisse flexibilisiert, neue Absatzmärkte durch die Schaffung von Wettbewerb um verknappte Ressourcen generiert und entsprechende Formen einer unternehmerischen Subjektivität motiviert. Die Neuen Bundesländer können als ein Experimentierfeld des Sozialabbaus gelten, da für sie kein ‚dem Westen' gleichender Wohlfahrtsstaat aufgebaut wird. Vielmehr wird ein Sozialmodell entwickelt, dass dann Jahre später als Vorbild des neoliberal begründeten wohlfahrtsstaatlichen Rückbaus ‚im Westen' fungiert (vgl. Mau 2019, S. 160).

Die Folgen der vollständigen ökonomischen Liberalisierung der ehemaligen DDR sind verheerend. Neben materieller Not führt der strukturell bedingte Verlust der Arbeit zur Erosion vieler sozialer Kontakte. Das Selbstwertgefühl der Betroffenen leidet erheblich, ihre Lebenszeit verringert sich gar um ein Jahr (vgl. Mau 2019, S. 157). Insbesondere in den unsanierten Bauten von Großwohnsiedlungen ist es für die Betroffenen noch möglich, erschwinglichen Wohnraum zu finden – ein Zuzug von Prekarisierten, der sich nach der sogenannten Hartz-Reform in den 2000er Jahre nochmals verstärkt. Ebenfalls administrative Zuteilungen in Sozialwohnungen intensivieren in den Siedlungen die Konzentration sozialer Probleme (Keller 2005, S. 59; Keller 2006b, S. 2959; Richter 2006, S. 103). In der Perspektive der seit den 1990er Jahren dominant werdenden Logik der unternehmerischen Stadt, gelten die einstigen Vorzeigeprojekte jedoch primär als repressiv zu kontrollierende Störfaktoren einer auf Unterhaltung und Profit zielenden Stadtpolitik, ohne dass die sozialen und ökonomischen Bedingungen des Niedergangs reflektiert werden (vgl. Best/Gebhardt 2001, S. 45 ff.; vgl. zur unternehmerischen Stadt Häußermann/Läpple/Siebel 2008, S. 246 ff.).

Der Rückzug des Staates aus der sozialen Fürsorge führt somit zu einer Polarisierung der Gesellschaft, die sich sozialräumlich als Segregation des urbanen Raums manifestiert. Die Großwohnsiedlungen geraten auf diesem Wege erst zu Quartieren von Armut und Ausgrenzung. Dabei werden sie selbst wiederum zu Faktoren, die sich negativ auf die Lebenslagen und -chancen derjenigen Bewohner*innen auswirken, die über ein geringes ökonomisches, soziales und kulturelles Kapital verfügen. Neben der territorialen Stigmatisierung verschärfen ebenfalls die sich verschlechternde materielle Ausstattung sowie die quartiersspezifischen Sozialisationsbedingungen die gesellschaftliche Polarisierung – der bereits diskutierte Nachbarschafts- oder Quartierseffekt (vgl. Häußermann/Kronauer 2009, S. 163 ff.).

Inwiefern Ideen und Motive der Großwohnsiedlung dennoch als Antwort auf soziale Probleme der Gegenwart begriffen werden können, ist Gegenstand des folgenden Kapitels.

4. Großwohnsiedlung für die Gegenwart

Großwohnsiedlungen gelten nach dem Ersten Weltkrieg als Lösung sozialer Probleme, die sich im urbanen Raum manifestieren. Im Kalten Krieg werden sie von der BRD sukzessive als Element totalitärer Vereinnahmung gedeutet. Zugleich kristallisiert sich ab den 1970er Jahren eine weitere Interpretation heraus, der zufolge jene Siedlungen als Faktor der Verschärfung sozialer Polarisierung und Ort konzentrierter sozialer Probleme zu begreifen sind, eine Deutung, die sich nach ‚der Wende' zuspitzt und die die gegenwärtige Debatte über west- und ostdeutsche Siedlungen bestimmt. ‚Die Platte' ist zum Symbol einer Siedlungsform geworden, in der sich soziale Ungleichheit wie an kaum einem anderen Ort manifestiert. Die „utopischen Energien" (Habermas 1985) von Großwohnsiedlungen sind erschöpft.

Wider diese Identifikation von sozialen Problemen, Großwohnsiedlungen und ihren Bewohner*innen wird nun im Modus einer rettenden Kritik die Frage verfolgt, welche Motive und Ideen, die den Bau von Großwohnsiedlungen einst befeuerten, für die Gegenwart anzueignen sind. Dafür ist zunächst der Problemhorizont zu rekonstruieren, auf den sie Antworten zu bieten vermögen.

4.1 Urbane Probleme der Gegenwart

Großformatige Transformations-, Marginalisierungs- und Exklusionsprozesse manifestieren sich im urbanen Raum als Steigerung sozialräumlicher Segregation entlang verschiedener Merkmale (Migration, Klasse, Alter). Dabei beruht das „zentrale Charakteristikum des neu entstehenden Regimes städtischer Marginalität [...] auf [...] der Ausbreitung von unsicheren, kurzfristigen, geringfügig entlohnten, in die Sackgasse führenden Beschäftigungsverhältnissen am unteren Ende der Beschäftigungsstruktur – ein Trend, der sich in den vergangenen beiden Dekaden in allen fortgeschritten Ländern beschleunigt und verfestigt hat" (Wacquant 2018, XVIII). Eine Folge davon ist, dass sich eine Vielzahl von Menschen keinen angemessenen Wohnraum mehr leisten kann. Das Prekarität und Armut produzierende ökonomische System bedingt Wohnungslosigkeit und defizitäre Wohnverhältnisse. Dass Wohnen zunehmend zur Ware geworden ist, die nach marktwirtschaftlichen Prinzipien getauscht wird, muss als grundlegendes Problem benannt werden, unter dem insbesondere untere Schichten leiden. Denn Marktmechanismen kommen den Bedürfnissen nach Wohnen nicht umfassend nach, sondern übervorteilen ökonomisch und sozial besser gestellten Gruppen (vgl. Belina 2019; Heeg 2019; Schönig 2019). Der Nachfrage der re-urbanisierten Mittel- und Oberschicht nach Wohnungen im gehobenen Preissegment zu entsprechen, erhöht die Baukosten von Wohnraum nur geringfügig, lässt die Einnahmen hingegen massiv steigen. Zudem treibt die Suche der neuen Mittelschicht nach Wohnraum mit einem spezifisch urbanen Flair Gentrifizierung voran, aufgrund derer einkommensschwache Haushalte aus ihren Quartieren verdrängt werden (vgl. Frank 2019). Die Finanzialisierung des Wohnungsmarktes verstärkt diese Tendenz der Übervorteilung, da Wohnen auf diesem Wege zum Spekulationsobjekt (insbesondere) für große Investment-Gruppen geworden ist, die den Wohnungsmarkt zur Vermehrung ihres Profits nutzen. Dadurch werden Wohnungen sogar dauerhaft dem Markt entzogen: Sie stehen dann leer und fungieren einzig als im Wert steigendes Kapital.[14]

Sicherlich existieren nationalstaatliche Unterschiede. In der Ersten Republik Österreichs gilt sozialverträgliches und hygienisches Wohnen als öffentliches Gut, eine Weichenstellung, die zu vielen sozialen Wohnungsbauten führt, die das Potenzial für Wohnungsnot gegenwärtig massiv verringern. In der BRD dominiert hingegen seit jeher ein marktliberaleres Modell des Wohnungsbaus mit geringen Mietpreisregularien und der Förderung von Privateigentum. Zwi-

14 – bspw. im Portfolio von BlackRock Inc., einer Investmentgesellschaft, die zahlreiche Wohnungen in London besitzt und leer stehen lässt. Eine moralisierende Kritik übersieht hier jedoch das grundlegendere Problem, dass diese Akteur*innen genauso handeln, wie es die gegenwärtigen Regeln der Verteilung von Wohnraum und des Wirtschaftens vorsehen. Der Leerstand ist im Sinne der Finanzialisierung und somit folgerichtig.

schen 1985 und 1986 beendet die Bundesregierung gar die staatliche Förderung des Mietwohnungsbaus, weil sie annimmt, die Bevölkerung schrumpfe, und verweist darauf, dass gewerkschaftseigene oder gemeinnützige Baukonzerne unrentabel seien. 1988 wird die steuerliche Privilegierung gemeinnütziger Wohnungsbaugesellschaften abgeschafft, deren ökonomisches Modell somit unterminiert. Ebenfalls 1988 hebt der Westberliner Senat die Mietpreisbindung für Altbauten auf (vgl. Krug 2019). Dieses bundesdeutsche Modell wird für fundamentale Probleme auf dem deutschen Wohnungsmarkt verantwortlich gemacht: „Die Strukturfolgen sind bekannt: Während die österreichische *Objektförderung* zumal des Wiener Raums international als kommunalistisches Vorzeigemodell sozialverträglicher Miet- und demokratischer Wohnkultur gilt, ist die steuer- und sozialstaatliche Variante der (West-)Deutschen zur staatskostenintensiven und sozial diskriminierenden *Subjektförderung* übergegangen (Wohngeld etc.). Ihr globalisierungsgetriebener Wohnungsmarkt verfügt heute über kaum noch staatseigene Objekte zur Marktregulierung" (Huhnholz 2018, S. 201, Fn. 25).

Wohnungslosigkeit und Wohnungsnot sind daher akute Probleme, die deutschlandweit Städte und Kommunen, Länder und Bund vor allem in urbanen Ballungsräumen vor große Herausforderungen stellen. Die Wohnungslosenstatistik des nordrhein-westfälischen Ministeriums für Arbeit, Gesundheit und Soziales gibt bspw. an, dass die Zahl der wohnungslosen Menschen auch im Jahre 2020 um 3.377 Menschen oder etwa 7,2 Prozent angestiegen ist. Selbst wenn dieser Anstieg geringer ausfällt als in den Jahren 2015 bis 2017, werden im besagten Jahre zum Stichtag (30.06.2020) 49.987 Menschen wohnungslos gemeldet. Im Jahre 2021 ist die Zahl der erfassten Wohnungslosen zum ersten Mal seit Einführung der Erhebung im Jahre 2011 nicht weiter angestiegen, gar auf 48.285 (um ca. 3,4 Prozent) gesunken (vgl. Ministerium für Arbeit, Gesundheit und Soziales des Landes Nordrhein-Westfalen 2020 und 2021).[15]

4.2 Zu rettende Motive und Ideen von Großwohnsiedlungen

Vor diesem Hintergrund verspricht die Bundesministerin für Wohnen, Stadtentwicklung und Bauwesen, Klara Geywitz, jährlich 400.000 neue Wohnungen zu bauen – und dafür die industriell-serielle Bauweise zu nutzen (o. A. 2022). Zwar

---

15 Über quantitative, rechtliche und sozialräumliche Aspekte des Phänomens geben diese Zahlen jedoch keine Auskunft. Inwiefern und wie viele Menschen in defizitären Wohnverhältnissen, mit befristeten Mietverträgen, frei gewählt oder an den Stadtrand gedrängt leben, kann daher nicht beantwortet werden.
Eine bundesweite Statistik existiert bisher nicht, wurde jedoch in Anbetracht der eklatanten Unterversorgung mit Wohnraum von der Bundesregierung initiiert. Ab 2022 wird eine zentrale Statistik Auskunft über wohnungslose Menschen in Notunterkünften oder Wohngemeinschaften geben.

ist zu berücksichtigen, dass die ökonomische Effizienz dieser Bauweise auf hohen Stückzahlen beruht. Diese können letztendlich nur auf großen Flächen (und daher u. U. am Stadtrand) realisiert, Segregationsprozesse somit gar verschärft werden. Jedoch kann hier an Ideen und Motive der Vergangenheit angeknüpft werden, damit diese Bauvorhaben nicht die Probleme, die sie beheben sollen, reproduzieren. Denn nicht allein rechtliche oder politische, sondern darüber hinaus soziale Gleichheit sollen jenen Siedlungen die Form geben. Dementsprechend ist die Planung industriell gebauter Großwohnsiedlungen von Beginn an einer humanistischen und sozialen Gestaltung von Wohn- und Außenraum zu orientieren. Auf diesem Wege können weiterhin sozialräumlich und baulich bedingte Segregationspotenziale reflektiert und Quartierseffekte, die Teilhabechancen mindern, vermieden werden. Davon ausgehend, adressieren Bauweise und Siedlungsform auch in der Gegenwart zwar primär die marginalisierten und prekarisierten Stadtbewohner*innen, ohne jedoch diese zugleich mit minderer Qualität abzuspeisen. Technologischer Fortschritt wäre in den Dienst einer funktionalen und hellen Innengestaltung zu nehmen, die durch Balkone zu komplementieren ist. Ein attraktiv gestalteter Außenbereich kann (auch gerade durch seine mögliche Lage am Stadtrand) als Naherholungsgebiet fungieren. Das bedeutet zugleich, neue Bauprojekte gerade nicht an Autobahnen oder großen Industriegebieten anzusiedeln, wo Krach und Lärm verstärkt auftreten und gesundheitliche Risken darstellen. Wie einst, sollen Großwohnsiedlung ein hygienisch unbedenkliches Lebensumfeld ermöglichen.

Die Überführung der Idee infrastruktureller Dichte in die Gegenwart kann die Attraktivität des Quartiers weiter steigern. Denn Infrastrukturen verkoppeln Menschen, Objekte und Technologien und ermöglichen auf diesem Wege soziale Praktiken (vgl. Star 1999). Sie stellen spezifische Funktionalitäten bereit und sichern die Erreichbarkeit verschiedener Dienstleistungen. Je ausgeprägter das infrastrukturelle Netz von Großwohnsiedlungen ist, desto vielfältiger sind die Potenziale der Bewohner*innen, sich ihren (gemeinsamen) Sozialraum anzueignen und zu gestalten. Konsumangebote, Sportstätten, Kulturräume, aber auch Betreuungsangebote für Kinder, Orte für Jugendliche oder Räume (wie Gemeinschaftsküchen) zur kooperativen Bedürfnisbefriedigung, können als essenzielle Elemente der Infrastruktur von Großwohnsiedlungen gelten. Neben der eigenen Wohnung kann so der öffentliche Raum als Ort der Interaktion in pragmatischer, ästhetisch-kultureller oder sozialer Hinsicht erfahr- und nutzbar gemacht werden – was nicht bedeutet, Großwohnsiedlungen vom Rest der Stadt abzuschneiden. Infrastrukturelle Kopplungen müssen auch zu anderen Stadtteilen bestehen.

Einige der Cités Frankreichs können hier als Beispiel sinnvoller Infrastrukturgestaltung dienen. Der zentralistisch organisierte Staat subventioniert diesen Wohnungsbau nach dem Zweiten Weltkrieg massiv und trägt seinen Teil dazu bei, dass diese gelegentlich von renommierten Architekt*innen entworfenen

Großwohnsiedlungen auch heute noch positiv rezipiert werden. So weisen beispielsweise die von Gérard Grandvals konzipierte Choux de Créteil oder der aus dem Nichts erschaffene Tourismusort La Grande Motte, an dem Jean Balladur Urlaub und Leben kreativ verband, ein hochwertiges infrastrukturelles Netz und eine ausgeprägte Funktionalität auf. „Wo die Religionen und die Ideologien des 20. Jahrhunderts ihre Anhänger mit Heilsversprechen im Jenseits vertrösteten, bot Frankreich 1970 ganz im Sinne Fouriers Erfüllung im Jetzt: Bildung und Dachterrassen, TGV und Minitel – eine Art Internet, bevor das so genannt wurde – hydropneumatisches Schweben und Sommerurlaub für alle: Das war das Versprechen der französischen Moderne“ (Maak 2020, online).

Derart ausgestattete Großwohnsiedlungen tragen das Potenzial in sich, Segregation entgegenzuwirken. Sie bieten hohen Lebenskomfort, stehen auf einer Höhe mit sogenannten ‚guten Vierteln‘ und verhindern dadurch eine abwanderungsbedingte Deprivation im Quartier. Gleichwohl darf dies nicht vergessen machen, dass Segregation in einer weiteren Hinsicht ein relationales Phänomen ist. Große Unterschiede zwischen quartiersspezifischen Sozial- und Gesundheitsdaten resultieren auch aus der fehlenden sozialen Mischung in ‚guten Quartiere‘. Das liegt sicherlich an hohen Mietpreisen, die prekarisierte Menschen nicht bedienen können, aber ebenso am Widerstand von Bewohner*innen gegen den Bau von Sozialwohnungen in ihrer Umgebung. Einer an sozialem Ausgleich orientierten Stadtpolitik kommt hier ebenfalls die Aufgabe zu, soziale Mischung nicht allein als Gentrifizierung und Aufwertungsprozess misszuverstehen, im Gegenteil. Ihr obliegt es, soziale Mischung in allen Quartieren durch gezielte Bauvorhaben zu gewährleisten.

Dabei ist jedoch zu berücksichtigen, dass die Planungstechnokratie der DDR demokratisch äußerst defizitär, ihre Input- und Output-Rationalität dadurch insgesamt gering war (vgl. Kapitel 3.4). Gegenwärtig kann Planung hingegen als wissenschaftlich gestützte Erklärung und Einordnung von sich sozialräumlich abbildenden Prozessen, als Ideen- und Stichwortgeber für Politik und Gesellschaft verstanden werden (vgl. Baum/Otto 2020, S. 252 ff.) – ein Ausblick darauf, wie die Ideen und Motive von Großwohnsiedlungen unter demokratischen Vorzeichen verfolgt werden können. Doch ebenfalls die Geschichte des österreichischen Sozialismus birgt demokratische Praktiken, die Perspektiven einer experimentieraffinen Wohnungsbaupolitik eröffnen (vgl. Honneth 2015, S. 169 ff.). Ein Steuersystem, das progressiv wachsende Steuern auf Mietzinsen und Immobilien erhebt und Abgaben auf Luxusgüter fordert, ein Politikverständnis, das die Beteiligung der Bevölkerung am politischen Prozess fördert, ermöglichen in den 1920er Jahren das hier bereits als vorbildlich charakterisierte Wiener Wohnbauprogramm.

Ebenfalls die Ästhetik von Großwohnsiedlungen vermag in der Gegenwart eine Strahlkraft zu erzeugen. Zwar stellen sich mit der Industrialisierung des Bauens zugleich Aversionen gegen die entsprechende Ästhetik ein (vgl. Hannemann 1996, S. 26). Vor dem Hintergrund einer Logik des Besonderen, sprich einer zunehmenden Orientierung an individuellen (ästhetischen) Normen und Maßstäben, ist anzunehmen, dass die Ablehnung standardisierter Bau- und Wohnformen nicht geringer geworden ist, da insbesondere die neue Mittelklasse danach strebt, sich über Lebens- und Wohnformen von anderen zu distinguieren (vgl. Reckwitz 2017, S. 314 ff.). Gleichwohl sind hier Facetten des industriellen Baustils ins Bewusstsein zu rufen, deren ästhetischer Wert nicht zu gering zu veranschlagen ist. Über die Jahrzehnte hinweg entspricht der tayloristischen Planung und fordistischen Produktion ein Rationalismus und Funktionalismus der architektonischen Formsprache. Transparente Konstruktionen, ein Verzicht auf Ornament und ein Bekenntnis zu Beton prägen das Erscheinungsbild der Bauten. Keilförmige Segmente und Ecksegmente ermöglichen, Grundrisse individueller als gemeinhin angenommen zu gestalten. Ebenfalls scheinbar freihängende Wohnblöcke oder terrassenförmige Fassaden können das Erscheinungsbild auflockern. Durch spezifische Anordnungen einzelner Häuser, aufgrund divergierender Proportionen oder mittels gezielt detailreich gestalteter Fassaden lassen sich grafische Effekte erzeugen. Daher können beim industriellen Bauen vielgestaltige Formen hervorgebracht und teils verschiedene Bautraditionen integriert werden.[16] Da für Transport und Montage serieller Bauelemente größere Flächen um die Wohnhäuser herum frei gelassen werden müssen, weisen Großwohnsiedlungen eine Grundgestaltung mit vielen öffentlichen Orten auf (vgl. Abb. 2–11).

Insbesondere die Ästhetik des Brutalismus erfreut sich gegenwärtig einer größeren Beliebtheit, motiviert Ausstellungen und Reisen zu entsprechenden Gebäuden. Derartige ästhetische Trends gehen jedoch nicht zwingend mit wohnungspolitischen Aspirationen einher, folgen unter Umständen lediglich der Ostalgie-Welle der 2000er Jahre. Gleichwohl rückt jener Trend Großwohnsiedlungen in eine Perspektive, in der sie ihre ästhetische Würde zurückerhalten können. Insbesondere gegenüber rechten Strategien der Stadtgestaltung, die sich des (Stil-)Mittels der historischen Rekonstruktion bedienen, Verdrängung und Geschichtsklitterung produzieren (vgl. Baum 2021), lässt sich die Ästhetik von Großwohnsiedlungen als Symbol einer Wohnbaupolitik verstehen, die nicht lediglich eine wohlhabende, mit einer vermeintlich ursprünglich deutschen Tradition vertraute Klientel adressiert.

Der Beton, mit dem viele industriell erzeugte Großwohnanlagen gebaut werden, ist jedoch zum Problem geworden. Das energieintensive, ökologisch nicht nachhaltige Material basiert auf Sand, der aufgrund zahlreicher Bauprojekte weltweit zunehmend knapper wird (vgl. Beiser 2021). Sanieren im Bestand gilt

16 Einen gelungenen Überblick über die Vielfalt und anspruchsvolle Ästhetik des industriellen Bauens und des Sozialen Wohnungsbaus liefern Meuser (2016), Phipps (2017) und Lepik/Strobl (2019).

Abb. 2: Les Étoiles d'Ivry (1969–1975), Ivry-sur-Seine, ArchitektInnen: Jean Renaudie Renée Gailhoustet (Foto: der Autor)

Abb. 3: Les Etoiles Ivry-sur-Seine (1969–1975), Ivry-sur-Seine, ArchitektInnen: Jean Renaudie Renée Gailhoustet (Foto: der Autor)

Abb. 4: Arènes de Picasso (1977–1985), Noisy-le-Grand, Architekt: Manuel Núñez Yanowsky (Foto: der Autor)

Abb. 5: Tours Aillaud (1973–1981), Nanterre, Architekt: Émile Aillaud (Foto: der Autor)

Abb. 6: Maison du Brésil (1953–1959), Paris, Architekt: Le Corbusier (Foto: der Autor)

Abb. 7: Maison du Brésil (1953–1959), Paris, Architekt: Le Corbusier (Foto: der Autor)

Abb. 8: Maison du Brésil (1953–1959), Paris, Architekt: Le Corbusier (Foto: der Autor)

Abb. 9: Les Orgues de Flandre (1973–1980), Paris, Architekt: Martin Schulz van Treeck (Foto: der Autor)

Abb. 10: Unteraffoltern II (1969–1970), Zürich, Architekt: Georges-Pierre Dubois (Foto: der Autor)

Abb. 11: Unteraffoltern II (1969–1970), Zürich, Architekt: Georges-Pierre Dubois (Foto: der Autor)

daher als umweltfreundliche und kostenschonende Alternative zum Neubau, da oftmals keine grundlegend neuen Infrastrukturen und Wohneinheiten errichtet werden müssen. Verschiedene Beispiele zeigen, wie am Bestand angesetzt und mehr Raum und Licht, klimatisch bessere Bedingungen und sogar eine große Variabilität durch modularisierte Bauweisen geschaffen werden können – ohne dass sich Mieten erhöhen.[17] – Im dem Song *Plattenbau O.S.T.* der Rap-Band Zugezogen Maskulin der diesem Text den Titel gibt, heißt es: „Fenster, die mal Hakenkreuze war'n" – was kontraintuitiv ist, schließlich werden in verlassenen Siedlungen ‚des Ostens' Fenster eher zur Fläche von NS-Devotionalien. In seiner unter bürgerlichem Namen erschienenen Autobiografie *Nullerjahre* löst der Rapper Testo (Hendrik Bolz) das Rätsel auf. Ein Freund von ihm hat sich zum Missfallen des Vaters ein Hakenkreuz in den Arm geritzt. Dieser führt die Linien des Symbols mittels eines Messers fort, bis sie ein Fenster ergeben. Durch die rettende Kritik von Großwohnsiedlungen, so lässt sich die Textzeile der Band hier (um-)deuten, lassen sich die Symbole des Verfalls wieder als Momente eines lebenswerten Wohnumfeldes begreifen.

5. Schluss

Großwohnsiedlungen genießen keinen guten Ruf. Die einstigen Hoffnungsträger der wohnungsbaupolitischen Vorhaben, Ästhetik und Funktionalismus, Wohnen und Infrastrukturdichte, Privatheit und sozial-öffentliches Miteinander, avancierte Technologien und Materialien vor dem Hintergrund von Sozialer Frage und Wohnungsnot zu integrieren, führen eine Art Zombiedasein und werden als bedrohliche Orte in Debatten und Rap-Videos präsentiert. Dass Großwohnsiedlungen gegenwärtig als Räume der Delinquenz, Marginalität und Prekarität gelten, ist jedoch nicht auf Bauformen und -materialien zurückzuführen. Dementsprechend wurden hier zum einen übergeordnete Transformationsprozesse als Ursache sozialer Probleme in den Blick gerückt. Zum anderen wurde die (teils ideologisch motivierte) spezifische Art, über Großwohnsiedlungen zu berichten, als Element territorialer Stigmatisierung charakterisiert, die die sozialräumliche Segregation verstärkt.

Indem die verzerrte Wahrnehmung von Großwohnsiedlungen mit einer angemesseneren Problemdiagnose konfrontiert wurde, konnten ihre Motive und Ideen einer rettenden Kritik zugeführt werden, um sie als Lösungsansätze für urbane Herausforderungen der Gegenwart zu diskutieren. In ihrer „Orientierung auf ästhetische Klarheit und praktische Nützlichkeit, auf körperliche und geistige Gesundheit, auf Hygiene und Naherholung, auf Elektrifizierung, sauberes

17 Vgl. Dana (2016) für die Sanierung der Cité du Grand Parc Bordeaux, einem staatlich geförderten Blockwohnungsbau aus den 1960er Jahren.

Heizen und Mobilität, auf Bildung und kulturelle Abwechslung, auf glückliche Kindheit und unbeschwertes Altern sowie in der Betonung von Frieden, Selbstbestimmung und Internationalität“ (Huhnholz 2018, S. 205) versprechen jene Siedlungen ein gutes und gerechtes Leben nicht nur für die, die es sich leisten können, sondern für alle. Zugleich darf dieser utopisch anmutende Gedanke nicht vergessen machen, dass verschiedene Faktoren und Kontextbedingungen, die der Realisierung wohnungsbaupolitischer Potenziale im Wege standen, weiterhin existieren (und intensiver als in der DDR wirken). Der Druck, ökonomisch effizient zu agieren, beeinflusst die Qualität sozialen Wohnungsbaus negativ. Mieten werden nach Sanierungen erhöht und verdrängen sozioökonomisch schlechter gestellte Bewohner*innen marginalisierter Quartiere. Dass Grund und Boden vielfach in Privatbesitz sind, mindert die Möglichkeiten einer sozialen Wohnungspolitik. Die Frage nach der Relevanz und dem Nutzen von Großwohnsiedlungen in der Gegenwart richtet sich dementsprechend ebenfalls auf die materielle Reproduktion einer Gesellschaft insgesamt. Eine lebenswert gebaute Welt bedarf, vorsichtig ausgedrückt, einer minder kommodifizierten und kapitalistischen Lebensform.

Literatur

Baum, Markus / Otto, Marius (2020): Die Paradoxie raumbezogener Sozialplanung. Zum Prozess nichtintendierter territorialer Stigmatisierung durch Sozialberichterstattung. In: Leviathan – Berliner Zeitschrift für Sozialwissenschaft 48, H. 2, S. 237–263.

Baum, Markus (2020): Avantgarde, Architektur und Lebenswelt. Zur Aktualität einer kunstgeschichtlichen Intention. In: Zeitschrift für Ästhetik und Allgemeine Kunstwissenschaft 65, H. 2, S. 109–126.

Baum, Markus (2021): Urbane Architektur und Politik. Zum Verhältnis von Baustilen, Strategien der Rechten und Kapitalismus. In: Baum, Markus / Breidung, Julia M. / Spetsmann-Kunkel, Martin (Hrsg.): Rechte Verhältnisse in Hochschule und Gesellschaft. Rassismus, Rechtspopulismus und extreme Rechte zum Thema machen. Opladen, Leverkusen: Budrich.

Beiser, Vincent (2021): Sand. Sand. Wie uns eine wertvolle Ressource durch die Finger rinnt. München: oekom.

Belina, Bernd (2019): Kapitalistischer Wohnungsbau: Ware, Spekulation, Finanzialisierung. In: Schönig, Barbara / Kadi, Justin / Schipper, Sebastian (Hrsg.): Wohnraum für alle?! Perspektiven auf Planung, Politik und Architektur. Bonn: Bundeszentrale für politische Bildung, S. 31–45.

Benjamin, Walter (1991a): Gesammelte Schriften. Band I: Abhandlungen. Frankfurt am Main: Suhrkamp.

Benjamin, Walter (1991b): Gesammelte Schriften. Band II: Aufsätze, Essays, Vorträge. Frankfurt am Main: Suhrkamp.

Benjamin, Walter (1991c): Gesammelte Schriften. Band V: Das Passagen-Werk. Frankfurt am Main: Suhrkamp.

Berger, Peter A. / Keller, Carsten / Klärner, Andreas / Neef, Rainer (Hrsg.) (2014): Urbane Ungleichheiten. Neue Entwicklungen zwischen Zentrum und Peripherie. Wiesbaden: Springer VS.

Bertels, Lothar (2008): Zur Wahrnehmung von Umbauprozessen in einer Großsiedlung in Gotha. In: Rehberg, Karl-Siegbert (Hrsg.): Die Natur der Gesellschaft. Verhandlungen des 33. Kon-

gresses der Deutschen Gesellschaft für Soziologie in Kassel 2006. Frankfurt am Main, New York: Campus, S. 3539–3553.
Best, Ulrich/Gebhardt, Dirk (2001): Ghetto-Diskurse. Geographie der Stigmatisierung in Marseille und Berlin. Potsdam: Universität Potsdam.
Brailich, Adam/Germes, Mélina/Schirmel, Henning/Glasze, Georg/Pütz, Robert (2008): Die diskursive Konstitution von Großwohnsiedlungen in Deutschland, Frankreich und Polen. In: Europa Regional 16, H. 3, S. 113–128.
Brailich, Adam/Pütz, Robert (2012): Gated Community vs. Großwohnsiedlung: Identitätskonstruktionen in städtebaulichen Auseinandersetzungen einer Transformationsgesellschaft am Beispiel von Warschau-Ursynów. In: Europa Regional 20, H. 2–3, S. 76–88.
Dana, Karine (2016): Die Cité du Grand Parc Bordeaux. www.bauwelt.de/rubriken/bauten/Cite-du-Grand-Parc-Bordeaux-Lacaton-Vassal-Pritzker-Preistraeger-Projekt-2699691.html (08.11.2022).
Diehl, Nicola (2012): Die Großwohnsiedlung ein Ghetto? Wie Hiphop-Videos Raumbilder generieren und so die Gesellschaft ordnen. In: Europa Regional 20, H. 2.3, S. 103–118.
Fisher, Mark (2013): Kapitalistischer Realismus ohne Alternative? Eine Flugschrift. Hamburg: VSA.
Frank, Susanne (2019): Gentrifizierung und neue Mittelschichten: Drei Phasen eines wechselhaften Verhältnisses. In: Schönig, Barbara/Kadi, Justin/Schipper, Sebastian (Hrsg.): Wohnraum für alle?! Perspektiven auf Planung, Politik und Architektur. Bonn: Bundeszentrale für politische Bildung, S. 87–100.
Gagnebin, Jeanne M. (2006): ‚Über den Begriff der Geschichte'. In: Lindner, Burkhardt (Hrsg.): Benjamin-Handbuch. Leben, Werk, Wirkung. Stuttgart: Metzler, S. 284–300.
Glasze, Georg/Pütz, Robert (2007): Sprachorientierte Forschungsansätze in der Humangeographie nach dem linguistic turn. In: Geographische Zeitschrift 95, H. 1–2, S. 1–4.
Glasze, Georg/Weber, Florian (2012): Die Stigmatisierung der banlieues in Frankreich seit den 1980er Jahren als Verräumlichung und Ethnisierung gesellschaftlicher Krisen. In: Europa Regional 20, H. 2.3, S. 63–75.
Goffman, Erving (2016): Stigma. Über Techniken der Bewältigung beschädigter Identität. Frankfurt am Main: Suhrkamp.
Habermas, Jürgen (1972): Bewusstmachende oder rettende Kritik – die Aktualität Walter Benjamins. In: Unseld, Siegfried (Hrsg.): Zur Aktualität Walter Benjamins. Aus Anlaß des 80. Geburtstags von Walter Benjamin. Frankfurt am Main: Suhrkamp, S. 173–223.
Habermas, Jürgen (1985): Die Neue Unübersichtlichkeit. Die Krise des Wohlfahrtsstaates und die Erschöpfung utopischer Energien. In: Merkur. Deutsche Zeitschrift für europäisches Denken 39, H. 1/431, S. 1–14.
Haller, Christoph (2002): Leerstand im Plattenbau. Ausmaß – Ursachen – Gegenstrategien. Berlin: Leue.
Hannemann, Christine (1996): Die Platte Industrialisierter Wohnungsbau in der DDR. Wiesbaden: Vieweg+Teubner.
Häußermann, Hartmut/Läpple, Dieter/Siebel, Walter (2008): Stadtpolitik. Frankfurt am Main: Suhrkamp.
Häußermann, Hartmut/Kronauer, Martin (2009): Räumliche Segregation und innerstädtisches Ghetto. In: Stichweh, Rudolf/Windolf, Paul (Hrsg.): Inklusion und Exklusion. Analysen zur Sozialstruktur und sozialen Ungleichheit. Wiesbaden: VS, S. 157–173.
Heeg, Susanne (2019): Finanzialisieurng und Responsibilisierung. Zur Vermarktlichung der Stadtentwicklung. In: Schönig, Barbara/Kadi, Justin/Schipper, Sebastian (Hrsg.): Wohnraum für alle?! Perspektiven auf Planung, Politik und Architektur. Bonn: Bundeszentrale für politische Bildung, S. 47–59.
Hoffmann, Dierk (Hrsg.) (2022): Die umkämpfte Einheit. Die Treuhandanstalt und die deutsche Gesellschaft. Berlin: Ch. Links.
Honneth, Axel (2015): Die Idee des Sozialismus. Versuch einer Aktualisierung. Berlin: Suhrkamp.

Huhnholz, Sebastian (2018): Politischer Wohnen. Die Ikonographie kollektiver Identitäten am Beispiel urbaner Großwohnbauten im 20. Jahrhundert. In: Huhnholz, Sebastian / Hausteiner, Eva Marlene (Hrsg.): Politische Ikonographie und Differenzrepräsentation. Leviathan Sonderband 34. Baden-Baden: Nomos, S. 196–230.

Kahl, Alice (2003): Erlebnis Plattenbau. Eine Langzeitstudie. Wiesbaden: VS.

Keller, Carsten (2005): Leben im Plattenbau. Zur Dynamik sozialer Ausgrenzung. Frankfurt am Main: Campus.

Keller, Carsten (2006a): Kampf um Respektabilität. Soziokulturelle Fraktionierung und Stigmatisierung in unteren sozialen Schichten. In: Rehberg, Karl-Siegbert (Hrsg.): Soziale Ungleichheit, kulturelle Unterschiede. Verhandlungen des 32. Kongresses der Deutschen Gesellschaft für Soziologie in München 2004. Frankfurt am Main: Campus, S. 2549–2559.

Keller, Carsten (2006b): Soziale Exklusion in Plattenbausiedlungen. Quartierseffekte und Alltagsstrategien. In: Rehberg, Karl-Siegbert (Hrsg.): Soziale Ungleichheit, kulturelle Unterschiede. Verhandlungen des 32. Kongresses der Deutschen Gesellschaft für Soziologie in München 2004. Frankfurt am Main: Campus, S. 2958–2966.

Krug, Uli (2019): Es geht auch ohne Wohnungsnot. https://jungle.world/artikel/2019/32/es-geht-auch-ohne-wohnungsnot?page=all (02.11.2022).

Laclau, Ernesto / Mouffe, Chantal (2006): Hegemonie und radikale Demokratie. Zur Dekonstruktion des Marxismus. Wien: Passagen.

Latour, Bruno (2014): Eine neue Soziologie für eine neue Gesellschaft. Einführung in die Akteur-Netzwerk-Theorie. Berlin: Suhrkamp.

Lepik, Andres / Strobl, Hilde (Hrsg.) (2019): Die Neue Heimat (1950–1982). Eine sozialdemokratische Utopie und ihre Bauten. München: Edition Detail.

Maak, Niklas (2020): Endlich wieder 1970. www.faz.net/aktuell/feuilleton/zukunftsstadt-la-grande-motte-endlich-wieder-1970-16713886.html (16.04.2020).

Marx, Karl / Engels, Friedrich (1972): Marx-Engels-Werke. Band 2. Berlin: Dietz.

Mau, Steffen (2019): Lütten Klein. Leben in der ostdeutschen Transformationsgesellschaft. Berlin: Suhrkamp.

Meuser, Philipp (2016): Die Ästhetik der Platte. Berlin: DOM publishers.

Ministerium für Arbeit, Gesundheit und Soziales des Landes Nordrhein-Westfalen (2020): Integrierte Wohnungsnotfall-Berichterstattung 2020 in Nordrhein-Westfalen. Struktur und Umfang von Wohnungsnotfällen. www.sozialberichte.nrw.de/sozialberichterstattung_nrw/kurzanalysen/Kurzanalyse-2-2021.pdf (21.12.2021).

Ministerium für Arbeit, Gesundheit und Soziales des Landes Nordrhein-Westfalen (2021): Integrierte Wohnungsnotfall-Berichterstattung 2021 in Nordrhein-Westfalen. Struktur und Umfang von Wohnungsnotfällen. www.sozialberichte.nrw.de/sozialberichterstattung_nrw/kurzanalysen/Kurzanalyse-2-2022.pdf (02.11.2022).

o. A. (2022): Bauministerin Geywitz setzt auf ‚serielles Bauen'. www.spiegel.de/wirtschaft/soziales/wohnungsnot-bauministerin-klara-geywitz-setzt-auf-serielles-bauen-a-cd456ce8-afa7-42c7-bf46-637c56926e46 (09.09.2022).

Otto, Marius (2022): Quartiersbilder. Perspektiven auf Segregation und die Rolle von Fotografien und Karten bei der Territorialisierung sozialer Spaltungsprozesse. In: Baum, Markus (Hrsg.): Die Sprache der Stadt. Architektur- und urbane Raumbilder zwischen ästhetischer Subjektivierung und normalisierender Kommerzialisierung. Leverkusen: Budrich, S. 165–181.

Pasternack, Peer (2012): Zwischen Halle-Novgorod und Halle-New Town: Der Ideenhaushalt Halle-Neustadts. Der Hallesche Graureiher: Forschungsberichte des Instituts für Soziologie, 2012–2. Halle: Universität Halle-Wittenberg.

Phipps, Simon (2017): Finding brutalism. Eine fotografische Bestandsaufnahme britischer Nachkriegsarchitektur. Zürich, Kriens: Park Books.

Reckwitz, Andreas (2017): Die Gesellschaft der Singularitäten. Zum Strukturwandel der Moderne. Berlin: Suhrkamp.

Richter, Peter (2006): Der Plattenbau als Krisengebiet. Die architektonische und politische Transformation industriell errichteter Wohngebäude aus der DDR am Beispiel der Stadt Leinefelde. Hamburg: Universität Hamburg.

Schilk, Felix (2018): Ästhetischer Populismus. https://jungle.world/artikel/2018/03/aesthetischer-populismus?page=all (15.09.2022).

Schönig, Barbara (2019): Sechs Thesen zur wieder mal ‚neuen' Wohnungsfrage. Plädoyer für ein interdisziplinäres Gespräch. In: Schönig, Barbara / Kadi, Justin / Schipper, Sebastian (Hrsg.): Wohnraum für alle?! Perspektiven auf Planung, Politik und Architektur. Bonn: Bundeszentrale für politische Bildung, S. 11–26.

Seeliger, Martin (2013): Deutscher Gangstarap. Zwischen Affirmation und Empowerment. Berlin: Posth.

Star, Susan L. (1999): The Ethnography of Infrastructure. In: American Behavioral Scientist 43, H. 3, S. 377–391.

Steinhausen, Ansgar (1994): Plattenbau. Eine architekturhistorische Darstellung. In: Deutsches Architektur-Museum (Hrsg.): DAM Architektur Jahrbuch 1994. München: Prestel, S. 25–38.

Stollberg-Barkley, Dörte (2001): Großsiedlungen in Großbritannien. Einfluss gesellschaftspolitischer Rahmenbedingungen und geodeterministischer Faktoren. In: Europa Regional 9, H. 1, S. 26–31.

Tijé-Dra, Andreas (2012): Eine andere banlieue? Eine Diskursanalyse gegenhegemonialer Raumproduktionen. In: Europa Regional 20, H. 2.3, S. 89–102.

Wacquant, Loïc (2018): Die Verdammten der Stadt. Eine vergleichende Soziologie fortgeschrittener Marginalität. Wiesbaden: Springer VS.

Wingler, Hans M. (2009): Das Bauhaus. Weimar, Dessau, Berlin 1919–1933. 6. Auflage. Unveränderte Nachdruck der 2., erweiterten Auflage. Bramsche, Rasch und Köln, DuMont Schauberg, 1968. Köln: DuMont.

Interview mit einem Block-Bewohner

Marcus Staiger

Als vor 20 Jahren *Mein Block* von Sido veröffentlicht wurde, waren die Meinungen im MV gespalten. Auf der einen Seite waren die Bewohner des Märkischen Viertels schon stolz darauf, so etwas wie eine Hymne bekommen zu haben, auf der anderen Seite dachten sich aber auch viele, vor allem jene, die Sido persönlich kannten: „Was will der Vogel eigentlich? Wer ist er? Warum macht der einen Song auf unserem Rücken?" Es gab Gerüchte, dass einige nicht unbedingt erfreut darüber waren, wie der gute Paul das Viertel dargestellt hatte. Den einen wars zu weich. Den anderen zu hart und die meisten sprachen ihm sowieso jegliche Kompetenz ab, um überhaupt darüber sprechen zu dürfen. Mit anderen Worten: Fast alle fanden es nicht real genug. Aber wie das halt so ist. Alle hätten den Song gerne gemacht, aber nur einer hat es getan. Insofern ist *Mein Block* auch 20 Jahre später immer noch in der Pole Position und mittlerweile ist genug Gras über die Sache gewachsen, dass man ihm den Respekt zollen kann, den er wahrscheinlich verdient. Auch wenn der Track selbst nur als Reaction-Song auf die gleichnamigen Titel von Blumentopf sowie von Hecklah und Koch gedacht war – mit der Hookline, die jede und jeder mitrappen kann und dem dazugehörigen Video, wurde er zur ikonographischen Darstellung des MV und aller Hochhaussiedlungen des Landes.

Mein Block beschreibt eine Gegend, die eigentlich beschissen ist, die man aber trotzdem liebt und aus der man nicht wegwill, wenn man nicht unbedingt muss. Insofern ist *Mein Block* ein echtes Heimatlied. Heimat als Konzept der bedingungslosen Unterwerfung und Verbundenheit mit etwas, in das man hineingeboren wurde und das man sich zwar nicht selbst ausgesucht hat, dafür aber umso bedingungsloser liebt.

Bastian Badran ist Grafiker, wohnt in Mitte und ist im Märkischen Viertel aufgewachsen. Er kennt die einschlägigen Geschichten, die in dem Song angedeutet werden und gehört wahrscheinlich zu den Leuten, die Sido immer auch ein wenig als fake empfunden haben. Mit fortgeschrittenem Alter verabschiedete er sich aus dem Märkischen Viertel und wandte sich anderen Lebenswelten zu, wobei er im Rückblick erkennen muss, dass auch heute noch ein gewisser Teil MV-Mentalität in ihm steckt.

Marcus Staiger: Was mich interessieren würde, wie alt warst du vor 20 Jahren und wie lange hast du da schon im Märkischen Viertel gewohnt?

Bastian Badran: Ich bin im Märkischen aufgewachsen, also seit 79, wo ich geboren bin. Später haben sich meine Eltern getrennt. Dann bin ich mit meinem Vater eine S Bahn Station weitergezogen und war immer meine Mutter besuchen, die weiterhin im Märkischen gewohnt und halt der Freundeskreis blieb ja dann auch erst mal da. Vor allem Clarence und die Runde.

Marcus Staiger: Wenn du eine S-Bahn Station weiter gewohnt hast. Welchen Ruf hatte das Märkische Viertel bei dir in der neuen Gegend?

Bastian Badran: Das MV hatte früher als also, als ich da noch rumgehangen habe, eher den Ruf: Kriminalität höher als in den anderen Ecken von Berlin, wobei die Leute aber auch nicht so oft die Polizei gerufen haben. Das war irgendwie das Ding, oder es war genau Andersrum. Das überlege ich nämlich gerade. Aber tatsächlich war es irgendwie so: Offiziell galt das MV als sehr kriminell und ältere Leute haben gern die Bullen gerufen, aber eigentlich fühlte sich das für uns Kinder und Jugendliche immer sehr entspannt an. Das Problem ist. Dass, wenn man so aufwächst, dann merkt man selber gar nicht, wie scheiße es ist. Das ist wie dieser Frosch im Kochtopf, der nicht merkt, dass das Wasser langsam erhitzt wird. Wenn du mit erhitzt wirst, dann denkst du, das ist alles normal. So wie ich. Da saß ich einmal in der großen Runde, als ich noch bei Studie VZ gearbeitet habe, und wir waren zusammen trinken, das ganze Team und dann sollten alle irgendeine Geschichte aus der Jugend erzählen. Mein Chef links neben mir hat eine erzählte und alle lachen und dann ging es einmal rund rum und alle lachen und freuen sich und meine Sales Chefin erzählt auch noch eine Story und alle lachen und dann bin ich dran und erzähle eine Story aus dem MV und keiner lacht. Und ich dachte, OK. Das ist vielleicht, weil ich als letzter dran war und meinte dann halt so: Das ist jetzt ne Verarsche, ihr lacht halt nicht weil ich als letztes die Geschichte erzählt hab und sie guckt mich so an und meint: Ne, das war nicht so lustig, weil das keine lustige Geschichte war sondern eine Straftat. Und da habe ich das erste Mal gecheckt, dass das alles gar nicht so lustig war, wie wir aufgewachsen sind. Damals, als ich dort gelebt habe, habe ich das nicht gemerkt, weil man das halt gar nicht anders gelernt hat. Also auch der Umgang mit Gewalt. Das haben wir ja ganz anders erlebt, oder wenn dir Leute erzählt haben: Hahaha, da sind wir kurz mal in dieses eine Hotel reingerannt und haben versucht die Kasse zu klauen. Das fanden wir alle sehr witzig, aber wenn du das dann später jemandem erzählst, der nicht aus dem MV kam, die waren dann richtig schockiert. Je weiter Du dich vom MV entfernt hast, desto weniger waren die Leute: „Ja Mann. Genau. Voll geil“, sondern eher so: „Dicker. Was war denn bei Euch los?“

Marcus Staiger: Was war denn das für eine Geschichte, die du erzählt hast?

Bastian Badran: Das war diese Hotel Geschichte. Zwei Kumpels hängen irgendwo zuhause rum. Die Eltern sind weg. Die fahren mit der Karre vom Papa los zu irgendeinem Hotel im Märkischen und jumpen dann beide rein ... ist ja lange genug her, deshalb kann man das ja auch erzählen, oder?

Marcus Staiger: Ich glaube Raubüberfall verjährt nach 20 Jahren.

Bastian Badran: Die haben ja nichts erbeutet. Der Witz ist ja, der eine stand vorne an der Rezeption und meinte: Gib das Geld, worauf der Pförtner sagte, es gibt gar kein Geld während der andere durch den Essensraum gerannt ist, wo irgendwelche Rentner saßen und hat geschrien: Ihr bleibt jetzt alles sitzen, das ist ein Überfall, obwohl keiner von den Rentnern auch nur ansatzweise Bock hatte aufzustehen. Die wollten nur ihr scheiß Frühstück essen oder ihr Mittag oder so und er hat die dann trotzdem in Schach gehalten, während der andere Kumpel dann vorne an der Rezeption versucht hat, irgendwas aus dem Tresor zu klauen, wobei der Typ an der Rezeption nur die ganze Zeit meinte: Erstens, ich habe kein Geld und zweitens ich seh doch, dass das ne Gasknarre ist. Und der eine Kumpel so: Nee, das is ne echte. Und der Typ an der Rezeption: Nee is ne Gasknarre, ich seh doch, da ist ein Stift. „Aha – Du denkst, das ist ne Gasknarre, ich zeig dir was ne Gasknarre ist“, und dann hat der Schlaumeier einfach dreimal geschossen. Waren halt Gaspatronen drin und im Endeffekt ist der Typ von der Rezeption einfach in den Raum nach hinten gerannt. Der andere Trottel ist dann rausgerannt, weil halt alles voller Gas war, der andere Kumpel, der im Essensraum war, kriegt das mit, und will auch raus. Also rennen beide durch diese Gaswolke und dann waren sie halt draußen, rennen zum Wagen und haben dann versucht, tränend irgendwie mit diesem Wagen wegzukommen, weil sie dann auch Angst hatten, dass der Wagen gefunden wird, wenn die Bullen kommen. Also sind sie dann komplett mit ihren Tränengasfressen die Hälfte der Strecke zurück in die Heimatgegend gefahren und haben dann das Auto auf halber Strecke stehen lassen, weil sie nichts mehr sehen konnte. Sowas halt und das fand ich immer lustig und alle meine Freunde und später erzählt man das dann Außenstehenden und die können das gar nicht nachvollziehen, dass man sowas nicht schlimm findet, sondern eher als witzig. Das war ungefähr das Level.

Marcus Staiger: War das dann eine Station weiter auch schon so, dass man runter geguckt hat auf das Märkische Viertel?

Bastian Badran: Nö, das war ja alles Reinickendorf. Es wurde halt immer entspannter je weiter man raus gekommen ist aus dem Märkischen. Aber meine Schulen waren ja immer im Märkischen. Auch meine Oberschule und so habe ich halt doch mehr Zeit dort verbracht als in Waidmannslust.

Marcus Staiger: Gab es im Märkischen irgendwas Besonderes, wo man abhängen konnte, oder gab es da einfach mehr Leute?

Bastian Badran: Naja, als Kind gab es einen Abenteuerspielplatz, den haben sie dann aber dicht gemacht, weil die Leute immer beschissener werden und irgendwann auf die Idee kamen, dass es zu gefährlich ist, Kinder mit Holz und Nägeln Hütten bauen zu lassen, alleine ohne richtige Aufsicht. Das ist alles echt sehr schwach geworden, die Gesellschaft in dieser Hinsicht. Dann gab es noch einen Fußballplatz und irgendwann haben sie sogar eine Boulderwand da hingepackt und das war eigentlich ganz OK. Dann gabs noch einen Steinspielplatz. Da hat man aber nur rumgehangen und gekifft und es gab zwei Jugend-Clubs. In dem einen haben wir dann auch früher Mucke gemacht und der andere war eher so ein Gewalttätigen-Treff, wo die ganzen Banger auch mal chillen konnten.

Marcus Staiger: Was heißt Gewalttätigen-Treff?

Bastian Badran: Naja. Da kamen die ganzen Banger aus der Gegend zusammen und haben einfach gechillt und dann war das auch wie eine andere Welt. So als ob man sich da untereinander nicht ganz so viel beweisen musste, wie wenn man draußen rumläuft. Da war dann relativ entspannt. Natürlich ist es auch dort immer wieder in Stress ausgeartet, aber irgendwie nie so richtig. Weil man ja dann doch immer wusste, nächstes Mal will ich ja auch wieder her und dann brauche ich nicht permanent irgendwelchen Beef mit irgendwelchen Leuten anfangen, die hier auch chillen. Also ist man dort ganz gut miteinander ausgekommen. Das war ganz lustig.

Marcus Staiger: Das erinnert mich so ein bisschen an das Buch *Nullerjahre* von Hendrik Bolz von Zugezogen Maskulin. Da beschreibt er seine Jugend in Stralsund und da gibt es die eine Szene, wie er einen anderen Jugendlichen sieht und sich aufpumpt. Kopf hoch. Nacken gerade. Arme breit. Und dann redet er mit sich. Keinen Blick zur Seite. Schau gerade aus. Nicht zu Boden gucken und wenn er kommt, wenn er kommt, ich hau ihm auf die Schnauze, ich schlag ihn um. Und dann geht der andere genauso breit und genauso steif an ihm vorbei und dann geht diese Situation vorüber und irgendwie, geht dann die ganze Luft raus. Aber er beschreibt das so, dass man richtig das Adrenalin fühlt und es ist gleichzeitig so traurig, was Jugendliche sich so antun in ihrer Pseudo-Coolness. Das war bei Euch auch so? Also man hatte die ganze Zeit Stress?

Bastian Badran: Ja auf jeden Fall. Man hat halt auf jeden Fall gelernt, gerade zu gucken und was dieser Hendrik da beschreibt, das ist ja super passend für jede Ecke, wo es ein bisschen ungemütlicher ist. Ich habe das bis heute, dass wenn ich die Straße runter laufe und ich laufe am Schaufenster vorbei, dann schiele ich ab und zu unterbewusst in den Spiegel hinter mich, um zu gucken, ob hinter mir wirklich keiner ist. Aber gar nicht so sehr aus Angst, sondern einfach nur, weil ich relativ früh gelernt habe, dass mir keiner wirklich was tun kann, wenn er mich nicht überrascht. Das geht immer viel glimpflicher aus, wenn man darauf vorbereitet ist. Man kann sich darauf einstellen, dass eventuell was passiert. Dieses Anspannen und Brust raus, das hab ich eher im Kopf. Ich laufe sowieso relativ gerade und guck jedem in die Fresse, aber nicht zu lange. Da muss man aufpassen. Das ist wie bei Hunden ob tierische oder menschlichen Hunde, die Dauer des Augenkontakts ist sehr wichtig. Also alles in allem, das Viertel war doch gewalttätiger als ich das als Kind mitbekommen habe. Aber was ich auf Fall herausheben will, ist, dass es für mich die Wiege der beleidigenden Sittlichkeit war. Es war schon immer sehr kreativ und witzig, wie man sich gegenseitig runtergemacht hat. Also wir hatten Battlerap schon lange bevor überhaupt irgendjemand angefangen hat zu rappen. Und das war cool. Das war ziemlich cool.

Marcus Staiger: Und wie sind diese Rivalitäten entstanden? Gab es da einfach nur verschiedene Ecken, aus denen man kam, oder war das einfach nur: OK. Jeder ist mein Feind.

Bastian Badran: Ne. Eher so. Man hatte diesen Kreis von Leuten, der dann auch relativ groß war und dann hat man miteinander abgehangen, aber eigentlich hat man sich nicht wirklich vertraut. Ich habe Clarence vertraut. Das wars dann eigentlich so. Der Rest waren Kumpels mit denen man auch richtig Spaß haben konnte, aber man hatte immer im Hinterkopf: Na, wer fickt dich als nächstes? Man hängt die ganze Zeit miteinander rum, aber so Sachen, wo man Schwäche zeigen könnte, so etwas erwähnt man dann eher nicht. Und dann wurde es irgendwann einfach so larifari, dass ich dann mit jedem cool war, aber trotzdem hatte ich im Hinterkopf, dass da immer etwas hinterrücks kommen könnte. Eine ganz komische Mischung. Ganz komische Mischung aus voll Bock, lass zusammen rumhängen, aber ich trau keinem von euch.

Marcus Staiger: Okay, es ging aber immer darum, Stärke nach außen zu zeigen und auf keinen Fall schwach zu sein.

Bastian Badran: Ja definitiv. Ich wollte gerade sagen, dass das später durch Worte geklärt wurde und habe aber gemerkt, wie erwachsen das klingt, weil gleichzeitig war das relativ normal, dass Clarence und ich auf den Hof rauskommen und dann steht da irgendein Typ mit dem Lehrer und erzählt, dass der eine dem anderen die Klinge in den Arsch gerammt hat. Bloß aus Spaß. Das war Spaß. So komische kleine Dominanzmoves, die eigentlich voll eklig sind. Aus Scherz einfach jemanden ein Messer in den Arsch hauen, auf dem Pausenhof, nur um irgendwas kurz klarzustellen. Oder irgendeiner macht Faxen und dann hast du plötzlich einen ganzen

Mob, der auf ihn drauf geht. Ganz merkwürdig, wenn man heute darüber nachdenkt. Aber es waren auch relativ viele Young Fighters Leute auf unserer Schule und auch die älteren Fighters. Das hat mich wahrscheinlich auch sehr geprägt.

Marcus Staiger: Was sind die Young Fighters?

Bastian Badran: Also Fighters, das war so eine Jugendgang. Es gibt doch diese Doku aus den 80er Jahren, die heißt „Gangs aus Berlin". In Tegel und Wedding gab es die Panthers und im Märkischen gab es die Fighters und die waren schon ziemlich krass, glaube ich. Also die alten Fighters waren ganz harte Hunde und die nächste Generation setzte dann noch einen drauf, weil sie irgendwas beweisen mussten. Und ja, MV war in dieser Hinsicht schon stabil. Da gabs zum Beispiel auch diese Geschichte bei Pia, so einem Dönerimbiss. Da haben wir uns immer Dönerbrot mit Sauce gekauft, weil wir kein Geld hatten. Das ging ja früher noch klar. Da ist dann irgendeiner reingekommen – der Dönerladen war auch irgendwie halb in der Hand der Fighters – und hat in die Decke geschossen. Einfach nur so als Ansage und dann er wieder raus. Auch das war für uns lustig und normal. Also da hat keiner abgekackt und ist dann nicht mehr zum Döner gegangen, oder so.

Marcus Staiger: Und ihr wart da drinnen, als das passiert ist?

Bastian Badran: Ne Davor. Wir hatten uns gerade das Brötchen geholt, damals war das ja noch möglich, so lange ist das her. Also es wurden sehr viele Ansagen damals getätigt, hatte ich das Gefühl. Das Loch in der Decke war auch sehr lange da. Das war direkt an der Hauptstraße, am Wilhelmsruher Damm, da, wo das Zentrum anfängt. Das war nie irgendwas Besonderes, obwohl da jetzt auch nicht jeden Tag geschossen wurde. Trotz allem war das mehr belustigend, als dass man dachte: Uh, da kann man jetzt nicht mehr hingehen. Man hat sich halt wirklich an die Gewalt gewöhnt, ohne es selbst zu merken.

Marcus Staiger: Gab es unterschiedliche Ecken im MV? Verschiedene Gegenden, die miteinander im Streit lagen? Gab es da auch nochmal Abstufungen innerhalb des MVs?

Bastian Badran: Nicht so wirklich in. Zumindest nie in dem Maß, dass es wirklich jemanden interessiert hätte. Das waren dann halt eher unterschiedliche Freundeskreise, mit denen man dann im Streit lag, aber nicht so, dass sich die verschiedenen Ecken bekriegt hätten. Wir haben im Zentrum abgehangen und es gab Ecken, wo man einfach nicht so viel Zeit verbracht hat. Aber für mich war das alles eine Suppe, alles cool, alles eine S-Bahnstation und dann war die nächste Haltestelle dann Tegel oder Wedding. Tegel hat dann irgendwann im Kopf auch dazu gehört, weil irgendwie verbindet man ja alles miteinander, wo man seine Bahnen.

Aber so ein richtiges Feindbild hatten wir nie mit anderen Ortsteilen. Ein richtiges Feindbild, das waren die Nazis, die immer nach den Fußballspielen auf dem Weg zurück nach Oranienburg Zwischenstopp in Wittenau gemacht haben und dann einen auf Ausländer-Jagd gemacht haben. Bis dann der gute Clarence, sich irgendwann ernsthaft auf eine Bank gestellt hat, und so eine richtige Rede gehalten, a la, das ist unser Märkisches Viertel und die kommen einfach so hierher, das können wir uns nicht gefallen lassen. Dann hat Clarence irgendwie gecheckt, dass das immer nach diesen Fußballspielen ist und dann gabs beim nächsten Mal, als die dann wieder auf dem Weg nach Hause in Wittenau ausgestiegen sind, so dermaßen auf die Fresse, dass die nie wieder ins Märkische gekommen sind.

Marcus Staiger: Echt, war das so?

Bastian Badran: Ja, also irgendwie war das schon ein richtig starker Haufen, die auch bereit waren, den anderen aufs Maul zu hauen. Weil wenn man das einmal zulässt und das jemand mitkriegt, dann werden die Leute das immer wieder machen, also muss man sofort reagieren – darum war das auch ganz gut, was Clarence damals abgezogen hat. Natürlich haben wir gedacht, dass wir fürs ganze Märkische Viertel kämpfen, obwohl wir nur 20, 30 Kids waren, die da zufällig am Bahnhof rumgehangen haben, aber das hat ganz gut funktioniert.

Marcus Staiger: Und wie bist du da rausgewachsen?

Bastian Badran: Naja, ich hab mich irgendwann nicht mehr dafür interessiert. Also wem soll ich was beweisen bei Leuten die mich gar nicht so richtig interessieren. Leute, die mich interessieren, denen beweise ich gerne was, aber nicht jedem Idioten auf der Straße. Irgendwann habe ich auch gemerkt, egal für wie Banger, der sich hält, wenn du dem das Gefühl, dass du dem auf jeden Fall auch auf die Fresse gibst, dann ist das alles nicht mehr so spannend. Also klar, du musst dich anständig wehren, ansonsten funktioniert das nicht, aber egal was das für ein Typ ist oder für wie krass der sich hält, wenn der das Gefühl hat, er könnte auch eine kassieren oder eventuell sogar verlieren, weil manchmal hat man ja auch Glück, dann ist der auf einmal gar nicht mehr so provokant. Diese Leute suchen sich gerne Leute, von denen sie wissen, da gibt es keine Gegenwehr. Die Leute suchen Opfer. Dann ist mir irgendwann aber auch aufgefallen, diejenigen, die wirklich was zu sagen haben, sind die, die dich anlächeln. Die einfach cool sind. Weil je mehr Leute, du hinter dir hast du, umso korrekter bist du auch nach außen. Und dann ist mir auch noch aufgefallen, dass die Leute, die am meisten einen auf ganz hart machen, am schnellsten die Schnauze halten, wenn man ihnen das Gefühl gibt, dass es nicht nur 1 zu 0 ausgehen wird. Ja, aber das hat mich eigentlich ganz gut durchs Leben begleitet. Also nicht, dass ich jetzt einen Job hätte, bei dem ich glücklich bin, aber was das Level an menschlicher Konversation angeht, das kann ich heute noch.

Marcus Staiger: Gibt es Leute, die im Märkischen Viertel hängen geblieben sind?

Bastian Badran: Boah, bestimmt. Aber wer kennt die noch? Dazu müsste ich ja wieder im Märkischen Viertel und ich bin ja schön rausgezogen, als ich gemerkt habe, dass ich keinen Job kriege, wenn ich dort bleibe.

Marcus Staiger: War das eine bewusste Entscheidung raus aus dem Märkischen Viertel zu ziehen oder hat sich das einfach so ergeben?

Bastian Badran: Nö, ich mein, ich bin ja auch sehr spät erst weggezogen mit 25 oder so. Ich war ja auch immer sehr mit meinem Vater und es hat für mich keinen Sinn gemacht, da weg zu ziehen. Das war meine Gegend, da konnte ich mit den Leuten, da konnte ich alles einschätzen und wozu soll ich meinen Vater alleine lassen, um irgendwo alleine zu wohnen. Erst als ich dann bei Studi VZ den Job gekriegt habe, bin ich dann aber auch direkt nach Mitte gezogen.

Marcus Staiger: Das ist deine erste Wohnung.

Bastian Badran: Das ist meine erste Wohnung und ich habe auch noch den alten Mietvertrag, insofern geht das von der Miete her auch heute noch klar. Das war ja auch ganz komisch. Irgendwann wurden die Mieten in Reinickendorf ja auch erhöht, als ob das so auf einmal der High Class Bezirk wäre und auch im Märkischen Viertel sind die Mieten wahnsinnig hoch und das ohne Grund. Irgendwann haben sie sich ja mal gesagt: Das Märkische Viertel muss modernisiert werden. Das lief dann aber so ab, dass es neue Hausfassaden gab, aber innen in den Häusern wurde nichts gemacht. Das heißt innen drin, war die gleiche alte technische Scheiße, aber nach außen hast du halt dann neue geile Fassaden gehabt und die Post Brücke wurde neu angestrichen und alles sah dann von der Hauptstraße aus schöner aus, aber die Rückseiten der Häuser waren einfach wie davor. So wie man sich schminkt, bevor man rausgeht. Da hat man gemerkt, die wollten ihr Klientel oder ihren Ruf verändern, aber nicht um den Leuten etwas zu bieten. Selbst wenn auf einmal irgendwelche Plätze mit Springbrunnen ausgestattet wurden ... als ob die Kinder im Märkischen Bock gehabt hätten, halbnackt durch irgendeinen behinderten Springbrunnen zu rennen – aber dafür gibt's bis heute keine U-Bahn im Zentrum.

Marcus Staiger: War des Märkische Viertel damals eine richtig arme Gegend? War das ein sozial schwaches Klientel?

Bastian Badran: Ich weiß nicht.

Marcus Staiger: Das war ja immer der Ruf des Märkischen Viertels, als hätten da viele Arbeitslose gewohnt und Hartz IV Bezieher.

Bastian Badran: Ich weiß nur, dass der Vater von irgendeinem Nachbar von mir aussah wie Eberhard Diepgen. Darum dachte ich immer: oh, ich wohne in einem voll geilen Haus. Dabei sah der nur so aus und war in Wirklichkeit voll der Assi. Lass mal überlegen. Ey, vielleicht habe ich einfach nur mit sehr vielen sozial Schwachen abgehangen und es deshalb gar nicht gemerkt. Das kann natürlich auch sein.

Marcus Staiger: Aber die Leute, mit denen du abgehangen hast, die waren schon eher sozial schwach.

Bastian Badran: Ja. Sozial schwach, aber pfiffig.

Marcus Staiger: Das heißt, sie haben sich so durchgeschlagen. Mit Kleinkriminalität oder wie?

Bastian Badran: Na ich glaub ein paar von denen sind heute schon bei den einschlägig bekannten Motorradbanden und das ist mehr als nur Kleinkriminalität. Die haben sich halt irgendwie durchgewurschtelt, jeder auf seine Art. Ich weiß auch noch wie früher viele von diesen Bangern auf einmal bei Bertelsmann waren und irgendwelche Verträge verkauft haben. Das war der Einstieg in die richtige Bandenkriminalität, glaube ich: Bertelsmann-Verträge verkaufen.

Marcus Staiger: Was waren das für Verträge?

Bastian Badran: Keine Ahnung. Das ist ja schon super lange her. Ich glaube aber, dass es Bertelsmann war. Kennst du diese Leute, die dir auf der Straße irgendwelche Sachen andrehen wollen. Das haben die gemacht. Ich glaube die haben Scam erfunden. Aber was dieses sozial schwach angeht. Ich weiß es nicht, obwohl irgendwie doch. Also ich wohne ja jetzt in Mitte und da ist die Dichte von reichen, zugezogenen Leuten schon extrem hoch. Was ja okay ist. Ich meine, früher konnte man ja auch ein bisschen stolz darauf sein, dass man sich in bestimmten Gegenden getraut hat, heute kann das halt jeder, aber ich habe mich selbst abgelenkt. Wie war die Frage?

Marcus Staiger: War das märkische sozial schwach?

Bastian Badran: Ah ja genau. Als du das gefragt hast, habe ich so ein Bild im Kopf, wie ich den einen Tag ins Märkische gefahren bin, um meine Mutter zu besuchen und im Bus sind lauter Leute, vor allem Erwachsene und auch ältere Leute und alle tragen Fishbone. Diese Marke, die es früher gab und da waren Omas mit Ohrsteckern von Fishbone und Anhängern. Alles war von Fishbone, das hat sich an diesem Tag voll in meinen Kopf eingebrannt und es ging auch nicht mehr raus. Und irgendwann habe ich mal mit einem Kumpel darüber gequatscht und der meinte: Mann Dicker weißt du noch als Fishbone kurz in war, da haben sich die Kids alle Fishbone Klamotten zu Weihnachten gewünscht und die Eltern haben das halt für ihre Kinder gekauft. Dann war Fishbone wieder out, aber weil die Klamotten so teuer waren, tragen es jetzt einfach die Eltern. Auf jeden Fall sind die Eltern im Märkischen sehr trotzig, weil alle haben dann einfach diese Klamotten von ihren Kindern weiter getragen und am Ende kommt raus, dass ich im Bus stehen und um mich herum nur Rentner in Fishbone-Klamotten und irgendwie sagt diese Geschichte jede Menge über das Märkische Viertel aus. Zumindest für mich.

Marcus Staiger: Das Märkische hatte ja immer auch den Ruf sehr migrantisch zu sein. Stimmt dieser Eindruck?

Bastian Badran: Naja, mein Freundeskreis war sehr migrantisch und da waren nicht so viele Deutsche im Märkischen. Ich hatte auf jeden Fall direkt mehr deutsche Freunde als ich dann eine Station weiter zur Schule gegangen bin. Aber irgendwie ist mir auch das gar nicht aufgefallen. Aber stimmt, jetzt, wo du es sagst. Aber vielleicht waren auch nur die Migranten sozial schwach und hingen immer draußen rum und die Deutschen hast du einfach nie gesehen, weil die sich richtige Freizeitunternehmungen leisten konnten. Aber andererseits habe ich auch im Kopf, dass die einzigen voll Assi-Kneipen im Märkischen und die ganzen Säufer ... also da hab ich nur Deutsche im Kopf.

Marcus Staiger: Wir müssen langsam zum Schluss kommen, jetzt doch noch eine Frage zu *Mein Block* von Sido. Wie war das für Dich, als der Song damals rauskam?

Bastian Badran: Als *Mein Block* damals rauskam, haben den schon einige gefeiert. Allerdings hatte ich da auch immer das Gefühl, dass umso weiter Du Dich vom Märkischen Viertel entfernst, desto mehr feiern die Leute den Song. Im Gegensatz zu den Geschichten, die ich erzählt habe. Da war's ja genau umgekehrt. Ich habe mir den Song ja vor unserem Gespräch nochmal angehört und mir ist eingefallen wie ich früher immer dachte: "Der Hausmeister war damals auch nur Rausschmeißer weil sich die Worte aufeinander reimen". Ich hab mich auch immer gewundert woher der die alle kennt und so Bescheid weiß über die Leute in seinem Haus. Für uns war er ja eigentlich immer der etwas zurückgezogene Halbinder aus dem Osten. Aber wahrscheinlich dachte er auch dass er schon damals ein krasser Star ist. Jeder lebt halt in seiner eigenen Bubble das war auch schon vor Social Media so. Ich hatte das Gefühl bei Paul ging es so in die Richtung, sich ein Wunsch Alter Ego zu malen und dann irgendwann zu denken, er wäre das wirklich. Fake it till you make it, aber man sagt ja auch, dass wenn Du nicht gut drauf bist, lächle in den Spiegel und dein Gehirn glaubt, dass es dir gut geht. Im Endeffekt ist doch alles gut gelaufen bei ihm und der Song war auf jeden Fall die nächste Stufe, zu dem wo er jetzt steht. Wenn man ehrlich ist, faken sich doch die meisten durchs Leben, also wer bin ich, andere zu verurteilen?!

Marcus Staiger: Technisch oder auch sachlich betrachtet, war der Track allerdings damals wie heute einfach ein Guter. Und wie man nun zu dem ganzen Drumherum stehen mag. Das Märkische Viertel hat jetzt seit zwanzig Jahren eine Hymne, bei der in der Hookline nicht einmal das Wort Märkische Viertel vorkommt, sodass auch andere den Song mit ihrem Block assoziieren können. Das ist schon ganz gerissen. Chapeau, Lan.

‚Mein Block' – Eine politökonomische Rahmenerzählung

Martin Seeliger

1. Einleitung

Die „wachsende sozioökonomische Ungleichheit", schreibt Christoph Butterwegge (2019: 9), ist „das Kardinalproblem unserer Gesellschaft, wenn nicht der gesamten Menschheit". Die kapitalistische Modernisierung bringt soziale Disparitäten hervor, die besonders anschaulich sowohl in der Soziologie als auch im Straßen- und Gangstarap[1] zu Tage treten. Während die Soziologie für die Analyse dieser Motive Theorien und eine mal mehr und mal weniger verständliche Fachsprache verwendet, finden sich – wie eine Reihe von Beiträgen seit geraumer Zeit (Dietrich / Seeliger 2012, 2017, 2022) immer wieder betont haben – im genannten Genre künstlerische Darstellungen wieder.

Gleichzeitig sind die Bildwelten des Gangstarap Gegenstand einer (zumindest dem Selbstverständnis nach) intellektuellen Kritik, die so vor allem im Feuilleton, aber auch in der Boulevardpresse geäußert wird (vgl. Baum / Seeliger 2022). Diese Kritik von Intellektuellen an den vermeintlich regressiven und selbstschädigenden Ausdrucksformen der unteren Klassen ist nicht neu. Schon für Adorno transportierte der schwarze Jazz eine fehlgeleitete Verherrlichung repressiver Kulturelemente als Rebellion in Form von Musik, die „vom Lumpenproletariat herkam" (Adorno 1997: 72).

Am Beispiel des Songs *Mein Block* zeigt der vorliegende Text, wie Inszenierungen aus dem Straßen- und Gangstarap neben standpunktbezogenen Perspektiven aus den prekären Lebensverhältnissen heraus auch Tendenzen makrosozialer Entwicklungen versinnbildlichen, die der Perspektive politischer und wirtschaftlicher Eliten entsprechen. Neben einer Berichterstattung aus dem Brennpunkt – im klassischen Sinne von Public Enemy der Perspektive eines ‚schwarzen CNN' – tritt hier der politische Krisendiskurs um die wirtschaftliche Leistungsfähigkeit des ‚Standorts Deutschland'. Als Kunstwerk „zwischen Affirmation und Empowerment", so meine These, bezieht *Mein Block* seine besondere Attraktivität aus der Tatsache, dass er beide diskursiven Bezugsrahmen gleichzeitig bedient. Aus dieser Einsicht ergibt sich eine programmatische Problemdiagnose: Kulturwis-

1 Im Folgenden will ich die beiden Begriffe Synonym verwenden. Strenggenommen stellt *Mein Block* eher einen genrebegründenden Song für den Straßenrap dar. Für Gangstarap besetzt eine ähnliche Schlüsselbedeutung das Lied ‚Ghetto' der Rapper Eko Fresh und Bushido.

senschaft ist ohne Politische Ökonomie (bzw. die Analyse von deren Repräsentationen) nicht in der Lage, strukturbildende Mechanismen sozialer Ungleichheit (bzw. deren Repräsentation) angemessen zu verstehen.

Der folgende Abschnitt gibt Auskunft über Prozesse der Prekarisierung im ausgehenden Sozialkapitalismus und das Leben in der Stadt. Im Anschluss erläutere ich meine theoretische Perspektive auf den Gegenstand, die sich vor allem aus dem Repertoire oder der ersten Generation britischer Cultural Studies informiert. Auf dieser Grundlage gibt der vierte Abschnitt eine politökonomische Rahmenerzählung wieder, die zwei hauptsächliche Lesarten für *Mein Block* nahelegt. Diese stellt der danach folgende Abschnitt vor. Ein abschließendes Fazit fasst die Befunde mit Blick auf programmatische Schlüsse und mögliche weitere Forschungsfragen zusammen.

2. Prekarisierung im ausgehenden Sozialkapitalismus und das Leben in der Stadt

2.1 Prekarisierung im Sozialkapitalismus

Die Geschichte im Verhältnis von Kapitalismus und Ungleichheit und unter dem Gesichtspunkt sozialer Konflikte zu interpretieren, ist das Kerngeschäft marxistischer Theorien. Im allgemeinsten Sinne, so ließe sich synthetisieren, steht im Zentrum solcher marxistischen Ansätze die Frage, warum eine immer reichere und produktivere Gesellschaft – Marx spricht hier von der „ungeheuren Warensammlung" – gleichzeitig sehr ungleiche Verteilung ihres Reichtums hervorbringt. Das große Versprechen neoklassischer Modernisierungsoptimisten – nehmen wir als Beispiel etwa Adam Smith (1778) – hatte darin bestanden, dass Technikeinsatz und eine immer effektivere Arbeitsteilung allen Menschen einen ungeahnten Wohlstand eröffnen würden. Inspiriert von seinen ethnografischen Beobachtungen des Geschehens in den aufkommenden Manufakturen Schottlands im 17. Jahrhundert, malte Smith sich eine Welt aus, in der eigeninteressierte Akteure getrieben vom Wunsch nach individuellem Reichtum durch den Einsatz der eigenen Arbeitskraft zum Wohlstand beitragen.

Wie der französische Ökonom Thomas Piketty (2013) in einer aufwändigen Untersuchung der Einkommens- und Vermögensentwicklung der letzten Jahrhunderte gezeigt hat, ist das Modernisierungsversprechen zunehmender sozialer Gleichheit uneingelöst geblieben. Mit der wirtschaftlichen Produktivität wachsen auch die sozialen Disparitäten. Die Geschichte ist, so lässt sich zwischenresümieren, keine der Verallgemeinerung gesellschaftlichen Wohlstands, sondern – mit Engels und Marx – gesprochen eine „Geschichte von Klassenkämpfen".

In diesem Sinne lässt sich kapitalistische Modernisierung als Auseinandersetzung um die Organisation von Arbeit und die Verteilung ihrer Ergebnisse betrachten. Denkt man diesen Gedanken zu Ende, stellen letztlich alle Formen nationalstaatlicher Ordnungsbildung (und in einem nächsten Schritt auch übergeordnete politische Systeme wie die Europäische Union) Versuche dar, den strukturellen Konflikt zwischen Kapital und Arbeit dauerhaft einzufrieden. Damit die Fließbänder laufen, muss morgens der Bus fahren und möglichst dreimal am Tag das Essen auf den Tisch kommen. In der Gesellschaftstheorie herrscht (relative) Einigkeit darüber, dass entsprechende Organisationsleistungen im Dreieck von Staat, Markt und Familie erbracht werden (siehe hierzu Dingeldey 2004).

Historisch bringt der Prozess kapitalistischer Modernisierung im Verhältnis zur feudalistischen Gesellschaftsordnung, wie Beckert-Schmidt und Krüger (2009: 24f.) herausarbeiten, zwei strukturelle Widersprüche hervor. Hierbei handelt es sich zum einen um einen Klassengegensatz. Dass der Großteil der Bevölkerung gezwungen ist, die eigene Arbeitskraft an Unternehmen zu verkaufen, überträgt sich in eine Gesellschaftsordnung von (wenigen) Kapitalist*innen und (vielen) Lohnabhängigen. Neben diesem Antagonismus der Klassen entsteht mit der räumlichen Trennung von Wohnraum und Arbeitsstätte ein zweites Strukturmuster – die Trennung zwischen Öffentlichkeit und Privatheit. Unter Bedingungen der Erosion sozialkapitalistischer Arrangements werden Verschiebungen sowohl im Klassenverhältnis als auch im gesellschaftlichen Bereich privater Reproduktion – also der Wiederherstellung von Arbeitskraft etwa durch Care-Arbeit und Gesundheitsdienstleistungen – seit geraumer Zeit unter den Oberbegriffen der Prekarität und Prekarisierung diskutiert.

Der Begriff des Sozialkapitalismus bezeichnet ein politökonomisches Arrangement, das sich in den Jahrzehnten nach dem Zweiten Weltkrieg in den Industrieländern des Globalen Nordens manifestiert. In seinen nationalen Ausprägungen variierend – etwa zwischen Frankreich, Deutschland und den skandinavischen Ländern – fußte das sozialkapitalistische Wirtschafts- und Gesellschaftsmodell auf den Prinzipien sozialen Ausgleichs und einer graduellen Verbesserung des allgemeinen Lebensstandards im Zeitverlauf.

Politökonomisches Rückgrat des Sozialkapitalismus der Nachkriegsjahrzehnte war sein fordistisches Produktionssystem. Die standarisierte Massenproduktion ermöglichte durch die Zahlung hoher Löhne in der Fläche die Ausweitung der Konsummöglichkeiten, während ein keynesianischer Wohlfahrtsstaat die ökonomische Grundsicherung der Bevölkerung gewährleistete. Arbeits- und Beschäftigungsbedingungen im fordistischen Sozialkapitalismus entsprachen einem Ideal, das sowohl in der arbeitssoziologischen Literatur als auch der politischen Debatte als „Normalarbeitsverhältnis" (Mückenberger 1985) bekannt ist. Ein unbefristeter Arbeitsvertrag in Vollzeit mit tariflich geregelter Bezahlung und entsprechenden Ansprüchen an die Sozial- und Rentenversicherung sowie eine effektive Vertretung der Beschäftigteninteressen durch Betriebsrat und Gewerkschaft bilden hier einen arbeits- und sozialpolitischen Rahmen, innerhalb dessen reguläre Beschäftigung – zumindest in der Theorie – stattfinden sollten.[2]

Im Sozialkapitalismus der Nachkriegszeit war die Ungleichheit innerhalb der Gesellschaft kein besonders wichtiges Thema der politischen Öffentlichkeit. Helmut Schelskys (1954) Diagnose der „nivellierten Mittelstandsgesellschaft" charakterisierte die Sozialordnung der Bonner Republik – ungeachtet empirischer Gegenevidenz – als weitgehend egalitär (siehe kritisch Butterwegge 2019, aber auch die Studien zum Lohnabhängigenbewusstsein in der Hüttenindustrie von Popitz et al. 1961). Unter Bedingungen von Vollbeschäftigung und stetigem ökonomischen Wachstum konnte der deutsche Kapitalismus anhaltende Überschüsse erwirtschaften, die es unter den Lohnabhängigen der Schlüsselindustrien und des öffentlichen Dienstes zu verteilen gab.

Mit dem Auslaufen des fordistischen Produktionsmodells Ende der 1960er und dem Ölpreisschock der frühen 1970er Jahre wiesen die Fundamente dieser sozialkapitalistischen Ordnung zunehmende Erosionserscheinungen auf. Eine expandierende Dienstleistungsökonomie und die in Verbindung hiermit zunehmende Frauenerwerbstätigkeit veränderten Beschäftigungsformen. Die Verschiebung von Tätigkeiten aus den großen Fabrikhallen in die fragmentierten Wertschöpfungsstrukturen der Dienstleistungsindustrie verringerte auch die strukturelle Verhandlungsmacht der Gewerkschaften. Mit der Finanzialisierung der Ökonomie und dem globalisierungsbedingten Verlagerungsdruck, der Unternehmen, Regionen und sogar Staaten miteinander in Wettbewerb setzte, entstand ein massiver Transformationsdruck auf die Arbeits- und Beschäftigungsverhältnisse (siehe hierzu die Beiträge in Seeliger 2023).

Die Folgen für die Strukturierung des Arbeitsmarktes und der Gesellschaft im Allgemeinen wurden in der Vergangenheit unter den Begriffen der Prekarität und Prekarisierung gefasst. Mit Robert Castel (2009b: 31) bezeichnen diese Prinzipien des Brüchigwerdens, die sich nicht auf die unteren Schichten der Gesellschaft beschränken, sondern die verschiedensten sozialen Gruppen betreffen. Seit der Jahrtausendwende haben zahlreiche Arbeiten diesen Themenkomplex behandelt. Ihrer Reichweite entsprechend lassen sich hierbei drei Begriffe von Prekarität unterscheiden. Ein enger Prekaritätsbegriff verortet das Phänomen hierbei in Randzonen der Gesellschaft, wie dies etwa in der neuen Unterschichtendebatte geschieht (siehe Abschnitt 4). Ein auf gesellschaftliche Zonen fokussierter Prekaritätsbegriff versteht Prekarisierung als Erweiterung eines Verunsicherungsbereiches. Dieser dehnt sich ebenfalls in (vormals) stark regulierte Segmente des Arbeitsmarktes aus und erreicht über sich verbreitende Abstiegsängste ebenfalls die entsprechenden gesellschaftlichen Milieus. Ein breiter Begriff der einer Prekarisierungsgesellschaft versteht Prekarität als per se schwer eingrenzbares Ord-

2 Mit Mayer-Ahuja (2003: 35) markiert das Normalarbeitsverhältnis zumindest eine „juristisch anerkannte und darum herrschende Fiktion".

nungsmuster. Angesichts der Auflösung des fordistischen Sozialkompromisses ist Unsicherheit in der Strukturierung privater Erwerbsverläufe und Lebensverhältnisse aus dieser Perspektive nun potenziell überall zu finden.

Als politisches Problem geht mit den Entwicklungen der Prekarisierung in aktuellen Zeitdiagnosen die Entstehung einer neuen Unterklasse einher (siehe etwa Reckwitz 2017, 2019). Die Prekarisierung der Erwerbsverhältnisse verschlechtert Arbeits- und Beschäftigungsbedingungen sowie die Lebensqualität vieler Menschen, die sich vor allem im Niedriglohnbereich verdingen. An die obige Einführung zum Konfliktcharakter kapitalistischer Vergesellschaftung (Geschichte als Geschichte von Klassenkämpfen) stellt sich nun die Frage nach etwaiger Gegenwehr dieser Unterklasse. Finden sich Angehörige mit ihrem Schicksal ab? Oder lässt sich ein Aufbegehren verzeichnen? Um dieser Frage weiter unten nachzugehen, wollen wir uns im Folgenden mit einigen alltagskulturellen Facetten des Lebens in der Unterklasse beschäftigen – und dies am Beispiel des Lebens in der Stadt.

2.2 Leben in der kapitalistischen Stadt

Die sozialwissenschaftliche Auseinandersetzung mit dem Leben in der Stadt unter Bedingungen rapider kapitalistischer Modernisierung beginnt gegen Ende des 19. Jahrhunderts und ist mit drei emblematischen Namen verbunden: Robert Ezra Park und Ernest Watson Burgess in Chicago und Friedrich Engels in Manchester. Als ‚Laboratorium der Moderne' betrachteten die ersten beiden Städte als Orte, an denen Praktiken moderner Vergesellschaftung im Übergang von der dörflich und kleinstädtisch geprägten Feudalzeit neu erlernt werden mussten – ein doppelter Prozess, der im Jargon der Soziologie auch als Zusammenhang von Urbanisierung und Verstädterung bezeichnet wird (siehe Häußermann/Siebel 2004).[3] Als „früher Ethnograf des Wohnungselends" (Holm 2021: 30) trat auch Engels in Erscheinung. Die beiden wichtigen Schriften stellen hier ‚Zur Lage der arbeitenden Klasse in England' (1872) – tatsächlich die erste Studie eines Genres, das später als ‚Labor Ethnography' bekannt werden sollte – sowie eine Serie von Artikeln mit dem Titel ‚Zur Wohnungsfrage' dar, die zwischen 1871 und 1872 im Sozialdemokratischen Volksstaat erschienen. Die konkreten Lebensbedingungen der Lohnabhängigen im Manchester des späten 19. Jahrhunderts verbindet

3 Als Pionier der US-amerikanischen Stadtforschung hatte Park zu Beginn des 20. Jahrhunderts bei Georg Simmel in Berlin studiert und von diesem die Methode des Spazierengehens als Mittel zum Generieren sozialwissenschaftlicher Daten erlernt. Angeblich fand im Wissenstransfer zwischen Berlin und Chicago auch Simmels Begriff der Wechselwirkungen Eingang in den Fundus der Chicagoer Soziologie, wo er später – in englischer Übersetzung – als „symbolischer Interaktionismus" zu Tage trat.

Engels hier mit einer politökonomischen Kritik des Marktes für Wohnraum. Die Kommodifizierung des Wohnens, so der Schluss von Engels, müsse unter Bedingungen freien Warenverkehrs notwendigerweise zu schlechten Wohnverhältnissen und Obdachlosigkeit führen. Diese seien damit notwendigerweise in der kapitalistischen Produktionsweise angelegt.

Für die Reproduktion der Arbeitskraft oder – allgemeiner gesprochen – die Lebensqualität der Menschen stellt Wohnraum ein Grundbedürfnis dar. Die eigene Wohnstätte bietet Sicherheit, bestimmt den Zugang zur öffentlichen Infrastruktur und eröffnet die sozialen Netzwerke, innerhalb derer wir uns bewegen (Vollmer 2022: 389). Die Frage, wo und wie wir wohnen, ist damit in zweierlei Weise mit der gesellschaftlichen Struktur sozialer Ungleichheit verbunden: Einkommensschwache Haushalte wohnen in qualitativ minderwertigen Wohnungen in Nachbarschaften mit schlechten öffentlichen Infrastrukturen. Und qualitativ minderwertige Wohnungen in Nachbarschaften mit schlechten öffentlichen Infrastrukturen erhöhen das Risiko ihrer Bewohner*innen, von Armut betroffen zu sein.[4] Die Tendenz hin zu einer entsprechen fragmentierten Raumordnung bezeichnet Siebel (2016: 278 f.) auch als „Verinselung der Stadt" – „ein kleinräumiges Nebeneinander von luxuriös aufgewerteten Quartieren der ‚kreativen Klasse' und vernachlässigten Vierteln [...], in denen sich die Langzeitarbeitslosen, die Armen, die neu Zugewanderten und die marginalisierten Migranten sammeln" (ebd.: 278 f.).

Entsprechende Quartiere – Köln-Chorweile, Hamburg-Billstedt, die Dortmunder Nordstadt oder die Frankfurter Nordweststadt – sind bekannt aus Funk und Fernsehen. Mit Häußermann und Kronauer (2017: 164) bilden sich vor dem Hintergrund der beschriebenen Dynamiken hier „sozialräumliche Milieus, die selbst weitere Benachteiligungen und Probleme mit sich bringen". Die sozialräumliche Ballung einkommensschwacher Haushalte bewirkt hier, wie die beiden an anderer Stelle (2009: 603) anmerken, „das kritische Bindeglied, das Ausgrenzung am Arbeitsmarkt und soziale Ausgrenzung zu einem Teufelskreis sich wechselseitig verstärkender Elemente zusammenschließt". Entsprechende Tendenzen sozialer Deprivation finden Eingang in das Stadtbild. „Vermüllung und Verwahrlosung" (ebd.: 125) manifestieren sich als „äußere Anzeichen einer abnehmenden Bindung an und Verantwortung für die eigene Lebensumwelt. Der ‚Kündigung durch die Gesellschaft' wird resigniert oder trotzig eine ‚Kündigung gegenüber der Gesellschaft' entgegengehalten".

4 In der Soziologie nennt man das einen *rekursiven Zusammenhang*. Stellen Sie sich etwa die Tätigkeit im Homeoffice in einer kleinen von Ihnen und ihren Kindern bewohnten Hochhauswohnung in Hamburg Mümmelmannsberg vor und vergleichen Sie diese mit Dieter Bohlen in seiner Tötensener Villa einige Kilometer weiter südwestlich. Wer hat die bessere wirtschaftliche Ausgangsposition?

Wie Loïc Wacquant (2009: 97) zusammenfassend erläutert, lassen entsprechende Dynamiken solcher im öffentlichen Duktus häufig auch als ‚Problembezirke' bezeichneten Gegenden „Gewalt von oben" in dreifacher Weise erfahren: Eine chronische und anhaltende Massenarbeitslosigkeit, die Entproletarisierung und Zunahme prekärer Arbeitsverhältnisse (1) bedingt eine Relegation in heruntergekommene Stadtviertel, welche sich in eine Stigmatisierung in Alltagsleben und Öffentlichkeit überträgt. Als Hauptadressaten dieser Prozesse „negativer Diskriminierung" hat Robert Castel in umfangreichen Untersuchungen die jugendlichen Bewohner*innen der französischen Banlieuses identifiziert. „Wenn es", so Castel (2009a: 10), „in unserer Gesellschaft eine Gruppe gibt, die als total andersartig abgestempelt wird und alle Ängste und Aversionen auf sich zieht, dann dürften es diese ‚Vorstadtjugendlichen' sein".[5]

Stigmatisiert durch öffentliche Diskurse, exkludiert aus dem Bildungssystem und den Segmenten des Arbeitsmarktes, die Aufstiegschancen bieten und integriert in die sozialen Kreise benachteiligter Stadtteile mit ihren Schwarzmärkten, Drogenaffinitäten und traditionalen Rollenbildern der lokalen Eckstehermilieus, durchlaufen Jugendliche hier Sozialisationsmuster, die ihren gesellschaftlichen Status reproduzieren:

> „Wenn Jugendliche in ihrem lokalen Bekanntenkreis niemanden mehr kennen, der mit ‚normaler' Erwerbstätigkeit seinen (wenn auch bescheidenen) Lebensunterhalt verdient, hingegen einige, die sich mit kleinkriminellen Aktivitäten ohne großen Aufwand eine spektakulärere Lebensführung ermöglichen und sich obendrein über einen perspektivlosen Schulbesuch lustig machen – welche Handlungsalternative erscheint dann nahe liegend? Wenn eigene Aspirationen und Normen durch die Umwelt ständig entwertet und lächerlich gemacht werden, ist es – wenn die Exit- Option, das heißt ein Wegzug, nicht möglich ist – sehr wahrscheinlich, dass eine Anpassung an diese Umwelt erfolgt" (Häußermann / Kronauer 2009: 165).

Die Stigmatisierung eines Stadtteils beeinflusst demnach sowohl das Selbstbild seiner Bewohner*innen als auch deren Wahrnehmung von außen aus. Entsprechende Effekte können sehr unterschiedlich ausfallen und von Selbstzweifeln der Bewohner*innen bishin zu einer trotzigen von einem Unterklassenstolz gespeis-

---

5 Zusammenstöße mit oftmals hyperdominant und mitunter diskriminierend auftretenden Polizeikräften sind hier an der Tageordnung (vgl. Wacquant 2009: 107) – man erinnere sich an die Reaktionen auf den Tod zweier Jugendlicher auf der Auf der Flucht vor der Pariser Polizei im Herbst 2005. Ähnliche Dynamiken einer Gleichzeitigkeit rassistischer und klassenbezogener Diskriminierung erkennt Loic Wacquant auch in den immer wieder auftretenden Unruhen in von Schwarzen und Latinos bewohnten Stadtteilen der Metropolen der USA. Die Rodney King-Riots am 26. April 1992 in Los Angeles mit 45 Todesopfern, 2.400 Verletzte und 10.000 Festgenommenen sind das historische Paradebeispiel antirassistischer Reflexreaktionen, welche mit Schmidt gleichzeitig als Brotrevolten einer vom gesellschaftlichen Reichtum ausgeschlossenen Unterklasse deuten lassen.

ten Gegenidentität reichen. Auch die Wahrnehmung von außen variiert hier und kann hierbei zwischen Indifferenz, Angst, Mitleid, Ekel, Bewunderung und einer Faszination für die als exotisch wahrgenommenen Lebensbedingungen reichen.

Dynamiken der Unterklassenbildung vollziehen sich in diesem Spannungsverhältnis von äußeren Zuschreibungen und selbstbewusster Identitätsbehauptung. Aus Sicht einer Soziologie der klassenpolitischen Mobilisierung lässt sich vor diesem Hintergrund die Frage formulieren, inwiefern derartige Formen der Anrufung den „negativ Diskriminierten" (Castel 2009a) eine positive Identifikation offen stellen.

3. Prekarität in der Popkultur – ein theoretischer Rahmen

Wie wir bis hierhin erfahren haben, sind Prekarisierung und Stigmatisierung mehrdimensionale Prozesse mit räumlichen, wirtschaftlichen und – ohne Anspruch auf Vollständigkeit – auch symbolischen Ebenen. Raymond Williams – der Sohn eines walisischen Eisenbahners –, Richard Hoggart – einer Kesselflickerfamilie enstammend und bei seiner Großmutter in Nordengland aufgewachsen – und Stuart Hall als Stipendiat aus der ehemaligen britischen Kolonie Jamaika gelten allgemein als Gründergeneration der Cultural Studies. Die intellektuelle und politische Neuorientierung der akademischen Linken erfolgte in den 1950er Jahren als Reaktion auf die sowjetische Niederschlagung des ungarischen Volksaufstandes. Für die Vertreter der Britischen New Left, zu denen auch die drei Cultural Studies Pioniere zählten, erschien der Stalinismus als eine überkommene Ideologie. Vor diesem Hintergrund, und auch bedingt durch ihre „Erfahrung des Übergangs von der Herkunftskultur zur akademischen Kultur" (Lindner 2000: 33), rückten sie die Bedeutung von Kultur ins Zentrum ihres Interesses. Für Williams, Hoggart und Hall war es die „Konfrontation mit der Kultur der englischen Oberklasse", so Marchart (2008: 29), welche „ihnen ihre eigene soziale Identität" ins Bewusstsein rufen, und „den Blick für die Kultur der eigenen Klasse" schärfen konnte.

Wie vor allem diese erste Generation der britischen Cultural Studies (siehe etwa Thompson 1987 oder Hoggart 2009) herausgearbeitet hat, kommt in der Herausbildung sozialer Klassen der Kultur eine besondere Bedeutung zu. Die Vermittlung von Bildern über die Massenmedien sowie deren spezifische Adaption durch die Subjekte hat von den Vertretern der Cultural Studies vor allem Stuart Hall untersucht. Wenn wir davon ausgehen, dass moderne Gesellschaften ihre kollektiven Probleme im Bereich der politischen Öffentlichkeit identifizieren, spielen Prozesse massenmedialer Repräsentation im Agenda-Setting mit Hall (1989: 126) „eine entscheidende ideologische Rolle".

Über die Dynamiken medialer Öffentlichkeit und ihrer Bedeutung für die soziale und politische Konstruktion von Klassen ist – vor allem im Bereich der Cultural Studies – viel diskutiert worden.[6] Ohne diese umfangreiche Debatte an dieser Stelle wiedergeben zu können, möchte ich auf folgende Darstellung von Haller und Niggeschmidt (2012: 7) verweisen, die die Dynamiken gesellschaftlicher Stigmatisierungsdiskurse veranschaulichen:

> „In der Mediengesellschaft sind gesellschaftliche Diskurse kein Selbstgespräch der Eliten, sondern Transformationsprozesse: Ängste, Wut, Empörung oder Frust werden zunächst in Gruppen oder Teilen der Gesellschaft artikuliert, dann von den sogenannten Leitmedien kontrovers aufgegriffen und als großes Meinungsspektakel inszeniert, ehe sie vom Denkstrom des Mainstreams aufgesogen und zur „verbreiteten Meinung" transformiert werden".

Bildern des Urbanen kommt in solchen Diskursen eine besonders wichtige Bedeutung zu. Repräsentationen der und Referenzen an die (Groß-)Stadt finden sich in der Populärkultur haufenweise. Kim Wildes Kids in America, Udo Jürgens ‚Ich war noch niemals in New York', und vor allem Herbert Grönemeyers ‚Bochum' können als Beispiele für die Inszenierung städtischen Lebens als Synonym für (die Hoffnung auf) ein bestimmtes Lebensgefühl dienen. Entsprechend aufgeladen fällt hier häufig auch die Metaphorik aus. Bilder wie die des Dschungels oder der Wildnis bezeichnen von außen betrachtet die „schichtspezifisch als verwirrend und bedrohlich erfahrenen" (Rolshoven 2021: 77) Räume: „Sie geben Aufschluss über Ängste und Abwehraffekte gegenüber Armut und Fremdheit, die in starkem Maße die armen, proletarischen Innenstadtquartiere der sich vergrößernden Städte in Europa geprägt haben" (ebd.). Gleichzeitig, so ließe sich vor allem am Beispiel Grönemeyers hinzufügen, können Lieder auch Heimatverbundenheit oder sogar Stolz auf die Heimat ausdrücken, mit der man sich identifiziert und der man andere Städte, Länder oder sogar Kontinente (man denke an das Genre des Rechtsrock) unterordnet.

Mit dem Gangsta- oder Straßenrap hat sich in den letzten Jahrzehnten ein Genre etabliert, dessen häufig kontroverse Bildwelten oft in Bezug auf das Städtische als Sinnbild einer ungleichen und konfliktdurchdrungenen Gesellschaft auffallen (siehe Seeliger 2021). Mit Güngör und Loh (2017: 217) lässt sich konstatieren, dass Gangstarap „zu einem vielfältigen künstlerischen Medium" geworden ist. Während es ihnen zufolge „auf der einen Seite die Folgen von Neoliberalismus, Globalisierung und Vertreibung offenlegt, indem es die Gesellschaft mit Bildern des „Ghettos" konfrontiert und damit die Erzählung von grenzenlosem Wachstum und Wohlstand irritiert", präsentieren seine Protagonisten „sich oft provokant als selbstbewusste Hedonisten, die an den Versprechen des Kapitalismus teilhaben wollen. Auf der anderen Seite verstummt im Gangstarap der Ruf nach einer Über-

6 Stuart Halls Arbeiten sind hier vor allem zu nennen. Ausgewählte Schriften zum Thema finde sich in den Bänden von Hall (1989, 1994, 2000), siehe außerdem Seeliger (2017).

windung der neoliberalen Ordnung“ (ebd.). Angesichts dieser genuinen Ambivalenzen habe ich Gangstarap an anderer Stelle (siehe etwa Seeliger 2013) als Genre „zwischen Affirmation und Empowerment“ bezeichnet.

Dass Straßen- und Gangstarap Ungleichheitsverhältnisse abbilden, haben in der Vergangenheit viele Beiträge herausgestellt (siehe exemplarisch Seeliger 2012 und die Beiträge in Seeliger / Dietrich 2017). Eine explizite Verbindung zur Prekarisierungsforschung habe ich gemeinsam mit John Lütten (2017) herausgearbeitet. In den Songs, Musikvideos, Interviews und sonstigen Inszenierungen finden sich starke Bezüge zu Phänomenen, die selbst auch Gegenstand der Auseinandersetzung mit Prekarität sind:

> „Erfahrungen von Unsicherheit und Ausgrenzung, instabile soziale oder geschlechtliche Identitäten, Gerechtigkeitsansprüche und Oben-Unten-Wahrnehmungen, gescheiterte Anpassungsleistungen, Entkoppelung und Devianz, veränderte Wertestrukturen, ethnische Stigmatisierung, Absagen an die Mehrheitsgesellschaft sowie die Wahrnehmung der eigenen Lebenswelt als System dauernder Bewährungsproben sind nur einige Themen, die hier künstlerisch verhandelt werden“ (ebd.: 89).

Im Spiegel der Forschung kommt der Wirkung dieser Inszenierungen – bzw. der diese Wirkung erzeugenden Lesarten – ein variierender Stellenwert zu. Wie etwa Burkhart (2017: 173) bemerkt, kommt dem Genre eine „weit über szeneinterne Kreise hinaus“ reichende Aufmerksamkeit zu, die ihre Resonanz sogar im deutschsprachigen Feuilleton findet. Für die Thematisierung dort habe ich an anderer Stelle (Seeliger 2021; Kap. 9; Baum / Seeliger 2022) auf Grundlage mehrerer hundert Artikel vier Typen der Bezugnahme herausgearbeitet – die Darstellung als Bedrohung, die verwehrte Verbürgerlichung, die Exotisierung und das Empowerment der Genrevertreter*innen. Dementsprechend verweisen auch Fröhlich und Röder (2017: 148) in ihrem Text auf die „spielerische Unverbindlichkeit in der Deutung von Gangstarap-Images“. Gerade wegen explizit auf Stereotypen beruhenden Images sind die Bildwelten des Gangsta- und Straßenrapgenres besonders offen für verschiedene Interpretationen und Formen der subjektiven Aneignung.

Gangstarap bildet also gesellschaftliche Verhältnisse ab und verzerrt sie dabei. Wie weiter oben ausgeführt, liegt ein besonderer Schwerpunkt der dort inszenierten Geschichten hierbei häufig auf der Repräsentation prekärer Lebenssituationen und deren Bewältigung (oder auch Nicht-Bewältigung). Die Analyse von *Mein Block* weist jedoch über die auf Prozesse sozialer Prekarisierung verengte Perspektive hinaus. Neben Motiven von Prekarität spiegeln die im Song inszenierten Bilder eine weitere Dimension sozioökonomischen Wandels – die Sorge deutscher Eliten um die Substanz des ‚Standorts Deutschland‘ und sein Humankapital.

4. ‚Mein Block' – eine politökonomische Rahmenerzählung

Der deutsche Sozialkapitalismus hat mit seinem ‚Wirtschaftswunder' einen Gründungsmythos, der die Restitution der nationalen Ökonomie nach dem Zweiten Weltkrieg als Wiedergeburt einer integren Friedensnation porträtiert. Bis zur Intervention im Kosovo im Jahr 1999 wurde das deutsche Militär nur ‚zu Hause' eingesetzt.[7] Entsprechend pazifistisch lautete auch die Doktrin sicherheitspolitischer Zusammenarbeit – „Wir liefern nur Geld, keine Waffen".[8] Das Leitmotiv des „Wohlstand[s] für alle" versprach eine nach oben flexible Sozialstruktur mit Aufstiegschancen und vergleichsweise komfortabler Sicherung ökonomischer Grundbedürfnisse (Butterwegge 2023: 84).

Anschließend an die Chronologie von Beckmann und Spohr (2022: 126 ff.) lässt sich die Geschichte der deutschen Arbeitsmarktpolitik von 1945 bis heute in drei Etappen erzählen. In einer ersten Phase galt als primäres Ziel der Wiederaufbau der Wirtschaft auf Grundlage einer statussichernden Beschäftigungspolitik. Eine stetige Ausweitung der Massenkaufkraft gewährleistete hier ein lohngetriebenes Wachstumsmodell, das die unteren und mittleren Einkommensschichten am wirtschaftlichen Aufschwung beteiligte. Diese ersten frühen Jahrzehnte der Bundesrepublik gehen im Rückblick als ‚Trente Glorieuses' in ihre Geschichte ein (siehe etwa Streeck 2013). Mit nahezu allen Lohnabhängigen in Beschäftigungsverhältnissen, starken Gewerkschaften mit gut gefüllten Streikkassen, maoistische Studierenden in den Hörsälen und auf den Straßen und einer Systemalternative in den Ostblockstaaten erkannte der Philosoph Jürgen Habermas zu Beginn der 1970er Jahre eine Reihe symptomatischer „Legitimationsprobleme" des – wie er formulierte – „Spätkapitalismus".[9]

Die Ölkrise des Jahres 1973 markierte das Ende dieser ersten Wachstumsphase der Nachkriegszeit. Zunehmende Inflation, Staats- und Privatverschuldung verengten den Handlungsspielraum der öffentlichen Verwaltung. Zunehmend unter Reformdruck gesetzt, wurden in den vier Legislaturperioden Helmut Kohls verschiedene Einschränkungen kollektiver Sicherungssysteme vorgenommen. Die Änderungen blieben jedoch auf graduelle Reformen beschränkt. Grundlegende Pfadbrüche fanden hingegen nicht statt (siehe Lessenich 2003).

---

7 Nachdem man schon das erste verschuldet hatte, galt es dort allerdings, wie der damalige Außenminister Joschka Fischer dramatisch erläuterte, ein zweites Auschwitz zu verhindern.

8 Auch hier wurde im Zuge des Ukraine-Krieges jüngst neu kalibriert. Die strategische NATO-Partnerschaft vor Augen bewältigt die Ampel-Koalition die Bundesdeutsche Vergangenheitsbewältigung gleich noch einmal.

9 Die Formulierung „Spätkapitalismus" impliziert den optimistischen Zeitgeist. Anders als im Spätherbst, auf den im regulären Jahresturnus der Winter folgt, wissen wir allerdings bislang nicht, wie und wann der Kapitalismus endet. Insofern ist es auch schwer, anzugeben, wie es spät historisch gesehen ist.

Nachdem sich im Laufe der 1990er Jahre herausstellte, dass die blühenden Landschaften, die Helmut Kohl den Bürger*innen aus den ‚Neuen Bundesländern' versprochen hatte, nicht recht gedeihen mochten, zog mit Gerhard Schröder ein ‚Anpacker' (erkennbar beim Auftritt am Zaun) ins Kanzleramt ein. Anschließend an die rot-grüne Regierungsübernahme unterbreitete das aus Kapital-, Gewerkschafts- und Regierungsvertreter*innen bestehende Bündnis für Arbeit' einen Reformplan zur Flexibilisierung von Arbeitszeitmodellen, der Senkung von Unternehmenssteuern, einer Restrukturierung der Sozialversicherungen sowie der Schaffung eines staatlich subventionierten Niedriglohnsektors. Die Aufbruchstimmung eines ‚Dritten Weges' brachten in einem programmatischen Spiegel-Artikel mit Wolfgang Streeck und Rolf G. Heinze zwei Vordenker der ‚Marktsozialdemokratie' (Nachtwey 2009) auf den Punkt: „Ob diese Jobs prekär sind oder nicht, erscheint aus dieser Perspektive nebensächlich, denn ([f]ast) jeder Arbeitsplatz ist besser als keiner" (Streeck / Heinze 1999: 44).

In seiner Rede zur Agenda 2010 verkündete Schröder die Zusammenlegung von Arbeitslosen- und Sozialhilfe als Grundlage einer groß angelegten Reform des alten Wohlfahrtsstaates.[10] Wie Butterwegge (2019: 288) richtig bemerkt, ist bei genauerem Hinsehen nicht mehr so klar, was da eigentlich zusammengelegt worden sein soll. Die Abschaffung der Lohnersatzleistung für Millionen Erwerbslose senkte deren Lebensstandard in eklatanter Art und Weise. Der Topos einer „aktivierenden Arbeitsmarktpolitik" sollte – im neoliberalen-volkswirtschaftlichen Jargon – Effizienzreserven mobilisieren oder – marxistisch-politökonomisch formuliert – die Ausbeutung und Akkumulation erleichtern. Unter dem Leitsatz des „Förderns und Forderns" (sozialdemokratisches Neudeutsch für „Zuckerbrot und Peitsche") angetreten, um den deutschen Kapitalismus zu modernisieren, etablierte das zweite Schröder-Kabinett eine praktische Umsetzung des Mottos in der vierten Welle der Hartz-Reformen. Neben der Verbindung der beiden Hilfe-Prinzipien sahen die Neuerungen eine höhere Zumutbarkeit vermittelter Jobs, zwangsförmige Fortbildungsmaßnahmen, eine striktere Prüfung der Ansprüche sowie zwangsförmige Integrationsmaßnahmen (Stichwort: „Ein-Euro-Job") vor.

Man muss fairerweise zugeben, dass den Reformen ein reales Wachstum der Erwerbslosenzahlen vorangegangen war. Mit knapp vier Millionen überstieg die Arbeitslosenquote 1996 die Zehn-Prozent-Grenze und steigt bis zum Jahr 2005 auf knapp 4,38 Millionen (11,7 Prozent). Dass sie anschließend kontinuierlich sinkt, ist neben dem Rückbau der sozialpolitischen Institutionen auch mit Reformen der Beschäftigungspolitik verbunden. Atypische Erwerbsformen wie Teilzeit-Tä-

---

10 Auf dem Kongress der SPD-Bundestagsfraktion zur Sozialen Marktwirtschaft prognostizierte er im Wortlaut: „Entweder wir modernisieren, und zwar als soziale Marktwirtschaft, oder wir werden modernisiert, und zwar von den ungebremsten Kräften des Marktes, die das Soziale beiseite drängen würden" (Quelle: www.handelsblatt.com/politik/deutschland/dokumentation-die-schroeder-rede-im-wortlaut/2512876.html (13.12.2022).

tigkeiten finden sich im gleichen Zeitraum immer häufiger und steigen von 4,99 Millionen (1996) auf 6,85 Millionen (2005) auf 7,95 Millionen (2010). Die Erwerbslosigkeit geht zeitgleich stetig zurück und liegt 2007 nur noch bei neun Prozent. Ermöglicht wurde diese Entwicklung durch die institutionelle Herbeiführung teilweise zwangsförmiger und schlecht entlohnter Erwerbsverhältnisse.[11]

Die grundlegende Veränderung in der Arbeitsmarkt- und Sozialpolitik stellt letztlich nicht weniger dar als eine Reform des sozialkapitalistischen Gesellschaftsvertrages. Zur Entlastung der „Leistungsträger" und der Modernisierung des „Standorts" verkehrte Rot-Grün die Begründungslogik staatsbürgerlichen Anspruchsdenkens ins Gegenteil, nach dem Motto: „Frag nicht, was das Sozialsystem für Dich tun kann, sondern, was Du für das Sozialsystem tun kannst!" Um die ‚Employability' Erwerbsloser zu verbessern (im modernen HR-Diskurs spricht man auch von ‚Personalentwicklung' oder ‚Capacity Building'), die zu spät zum montagmorgendlichen Power-Point-Kurs erscheinen, kürzt der aktivierende Sozialstaat deren Transferzahlungen. Als arbeitsmarktpolitisches Druckmittel speist sich Hartz IV aus den Ängsten der Deutschen vor dem sozialen Abstieg.

Aber wie genau war es dazu gekommen? Groß angelegte Reformprojekte sind in politischen – zumal teilweise demokratischen – Systemen umkämpfte Angelegenheiten. Entsprechend war die Einführung der zu Beginn des Jahres 2005 in Kraft getretenen Gesetzesreform Resultat einer anhaltenden Auseinandersetzung. Mit dem weiter oben zitierten Stuart Hall wollen wir auf die symbolisch-repräsentative Dimension dieses Wandels abheben.[12] Eine diskursive Dynamik, die Butterwegge (2023: 88) auch als „öffentliche Meinungsführerschaft des Neoliberalismus" bezeichnet, ist hierbei vor allem seit den 1990er Jahren in der Debatte um die Performance der deutschen Volkswirtschaft und deren Reformfähigkeit zu Tage getreten.

Diese Debatte verlief entlang einer Reihe emblematischer Wegmarken. Ein Dauerbrenner in diesem Diskurs war die Debatte um Arbeitskosten und öffentliche Güter. Überhöhte Löhne, eine strukturelle Sockelarbeitslosigkeit und ein in der Konsequenz mit Fürsorgeerwartungen überfrachteter Wohlfahrtsstaat lähmten die deutsche Ökonomie, indem sie eine „sozialstaatliche und tarifliche Politik der planmäßigen Stilllegung von Arbeitskraft" (Streeck 2004: 56) bewirkten. Das immobile Deutschland war, wie der Münchener Ökonom Hans-Werner Sinn (2003) in seinem Buch ‚Ist Deutschland noch zu retten?' formulierte, zum ‚Kranken Mann Europas' geworden.[13]

---

11 Ich berufe mich hier auf die ausführliche Darstellung bei Lütten (2023).

12 Siehe ausführlich hierzu Brown (2015) oder auch Mausfeld (2015).

13 Stichwortgeber im entsprechenden Krisendiskurs war außerdem der 1995 zum Chef des Spiegel Wirtschaftsressorts beförderte Journalisten Gabor Steingart, der die Debatte um „den Abstieg eines Superstars" (2004) und einen „Weltkrieg um Wohlstand" (2006) befeuerte.

Wie die Schulleistungsuntersuchung der OECD ab 2000 bescheinigte, wiesen deutsche Schüler*innen vor allem in den für die deutschen Exportindustrien wichtigen Naturwissenschaften eklatante Defizite auf. Der aus dieser haarsträubenden Einsicht resultierende „Pisa-Schock" prägte die Debatte um die Zukunft des deutschen Kapitalismus deutlich. Die Ereignisse an der Berliner Rütli-Schule, die – wie im zugehörigen Krisendiskurs kolportiert – aufgrund der Aufsässig- und Gewalttätigkeit ausländisch-stämmiger Schüler*innen – für den Lehrkörper unregierbar geworden war, nährten den öffentlichen Zweifel an der Zukunftsfähigkeit des deutschen Standorts. Sollten DAS etwa die Dichter und Denker des 21. Jahrhunderts sein, die da Tische und Stühle aus den Fenstern des Schulgebäudes warfen und dabei weder wussten, wie tief der Tschadsee ist, geschweige denn einen korrekten Dreisatz rechnen konnten?[14]

Ein weiteres Element des diskursiven Bezugsrahmens stellt die Debatte um die ‚Neue Unterschicht' dar – ein Begriff, den mit Kurt Beck (2006) im Interview mit der Frankfurter Allgemeinen Sonntagszeitung ebenfalls ein Sozialdemokrat prägte.[15] Zwei Jahre vorher hatte schon der Berliner Historiker Paul Nolte (2004) erläutert, dass ein erheblicher Bevölkerungsteil den Großteil seiner Zeit an den Fliesentischen überheizter Hochhauswohnungen mit dem Konsum von Kartoffelchips, Zigaretten und Dosenbier in „fürsorglicher Vernachlässigung" (Nolte 2003) verbringe. Während die normalen Leute – also sowohl der kleine Mann auf der Straße als auch die ehrbaren Bürger*innen – ihr Tagewerk in der Fabrik oder ihrer Praxis für Kieferorthopädie verrichten, sitzen Arbeitslose zu Hause und steuern per Fernbedienung Videotextseiten an während ihre Kinder auf dem Hof der Hauptschule randalieren. In Zeiten aber, in denen die Chinesen nur darauf warten, nach unserem schönen Steinkohlebergbau auch die Produktion unserer Autos und Einbauküchen zu übernehmen, können wir uns das aber nicht mehr leisten. Der Arbeitslose muss also ans Band und die Schüler*innen zur Nachhilfe.

Es ist im Rückblick bemerkenswert, mit welcher Inbrunst Politiker die Sachzwanglogik globalen Standortwettbewerbs als unumgängliche – und damit eben nicht politische – Tatsache dargestellt haben. Im Interview mit der Initiative Neue Soziale Marktwirtschaft erläuterte der damalige Präsident Roman Herzog: „Wir haben so viel Sozialstaat aufgebaut, dass er unsozial geworden ist. [...] [F]ür viele ist es komfortabler, sich vom Staat aushalten zu lassen, als sich anzustrengen und etwas zu leisten. Das ist eine zum Himmel schreiende Ungerechtigkeit für alle,

14 Weitere Beispielaufgaben finden sich unter: www.oecd-ilibrary.org/docserver/9789264594272-de.pdf?expires=1670914532&id=id&accname=guest&checksum=632289AB4D1C0DA187200984A1F676A4 (13.12.2022).

15 Einen Vertreter dieser Gruppe sollte Beck gegen Ende desselben Jahres noch persönlich adressieren, indem er ihm nahelegte, sich mal zu „[w]aschen und rasieren, dann kriegen Sie auch einen Job" (vgl. Hengst/Volker 2006).

die arbeiten".[16] Besonders erstaunlich erscheint in diesem Zusammenhang auch die rückwirkende Rechtfertigung des alarmistischen Diskurses durch den ehemaligen IG Metall-Vorsitzenden Detlev Wetzel. Die Frage „Wer hat an der Uhr gedreht?" beantwortet dieser in seiner Autobiografie: „Das Herbeireden eines Ausnahmezustandes war vor allem deshalb notwendig, weil es sich fünf vor zwölf besser reformieren lässt als um zehn Uhr. Also mussten die Uhren von Hand auf fünf vor zwölf gestellt werden, um ordentlich Druck im Kessel zu erzeigen" (Wetzel 2012: 103).

Es ließe sich an dieser Stelle noch viel, viel weiter ausholen. Unerzählt bleibt hier zum Beispiel die Geschichte, wie Thilo Sarrazin mal vorrechnete, was man von einem Hartz-IV-Satz eigentlich alles an Nahrungsmitteln kaufen und daraus zubereiten könne. Festzuhalten ist, dass es um die Jahrtausendwende einen Diskurs um Wettbewerbsfähigkeit des deutschen Wirtschaftsmodells sowie seine arbeitsmarkt- und sozialpolitischen Ursachen und Konsequenzen gab. Dieser Diskurs, so will ich im Folgenden argumentieren, ist der gesellschaftspolitische Bezugsrahmen, innerhalb dessen der Song *Mein Block* seine Bedeutung gewinnt.

5. ‚Mein Block' zwischen Affirmation und Empowerment

Prekarität, das Leben in der Stadt und kapitalistische Modernisierung sind zentrale Motive sowohl in der Soziologie als auch im Straßen- und Gangstarap. Während die Soziologie für die Analyse dieser Motive Theorien und eine mal mehr und mal weniger verständliche Fachsprache verwendet, finden sich in den genannten Genres künstlerische Darstellungen wieder. Auf den vorangegangenen Seiten habe ich die These vertreten, dass der Song *Mein Block* seine spezifische Bedeutung vor dem Hintergrund einer politökonomischen Rahmenhandlung über den Wandel des deutschen Sozialkapitalismus gewinnt. Im Einklang mit früheren Arbeiten zum Thema (vgl. Seeliger 2013, 2021) möchte ich den Song dabei als Kulturform „zwischen Affirmation und Empowerment" interpretieren. Zentrales Bezugselement ist hierbei der Topos der ‚Neuen Unterschicht' im Kontext der standortpolitischen Debatte. Dass die Figur der Neuen Unterschicht, wie Kessl (2012: 187) bemerkt, „in hohem Maße unscharf und unbestimmt" ist, eröffnet einen Interpretationsspielraum, der zwei Lesarten besonders nahelegt.

Im Sinne der affirmativen Lesart stellt *Mein Block* ein Element des Krisendiskurses um die Neue Unterschicht dar. Die klischeehafte Darstellung der Bewoh-

---

16 Man kann diese Form der Argumentation durchaus im Begründungsmodul neoliberal motivierter Ent-Demokratisierung der Demokratie betrachten im Sinne von Thatchers ‚There is no Alternative' und damit als Vorbote verfassungsmäßiger Austerität im Rahmen der Schuldenbremse oder der später im Euroraum durchgesetzten Troika-Politik verstehen www.bz-berlin.de/archiv-artikel/alt-bundespraesident-roman-herzog (13.12.2022).

ner*innen des Blocks und ihres Alltags bedient stereotype Vorstellungen einer illegitimen Lebensweise von Unterklassenangehörigen. Sidos Inszenierung bedient die Vorstellung einer leistungsverweigernden Gruppe sozial Exkludierter, die den fleißigen Angehörigen der integren Mehrheitsgesellschaft zur Last fallen. „Wie sollen wir mit diesen Leuten unseren schönen Kapitalismus am Laufen halten?"[17] Unter den Tisch fällt in dieser Perspektive, dass die deutsche Exportweltmeisterschaft und der (scheinbare) Rückgang der Arbeitslosigkeit mit der Blockbildung im Märkischen Viertel unmittelbar zusammenhängen. Die absurde Idee, dass man die Lebens- und Beschäftigungsbedingungen der Unterklasse verschlechtert, damit diese sich im Wege des sozialen Aufstiegs gewissermaßen von selbst auflöst, wird widerlegt durch die Verhältnisse im Viertel.

Die reißerische Darstellung der anomischen Verhältnisse in Sidos Block bedient gleichzeitig die Abstiegsängste der Mittelklassen. Dass es – zumindest theoretisch – den gut situierten Hörer*innen genauso gehen könnte, ist eine unangenehme Realität der vor allem nach unten flexiblen Sozialstruktur des liberalen Kapitalismus. Die affirmative Lesart bedient aus dieser Perspektive unterschichtenfeindliche Ressentiments, die gleichzeitig von der Angst motiviert sind, dass es einem genauso gehen könnte.

Demgegenüber lässt sich unter Aspekten des Empowerment eine zweite Lesart vermuten, die auf die Etablierung einer Gegenidentität der Bewohner*innen abzielt. Wie Hartmann (2008: 511) in Bezug auf die Ansässigen der Pariser Banlieues herausstellt, strukturiert deren Verhältnis zur Gesellschaft ein „Stigma" der Andersartigkeit. Indem Sido nun eine hedonistische Lebensart, ein abwechslungsreiches Treiben, sexuell ausschweifende Alltagspraktiken und eine allgemeine Resilienz gegenüber den Verwerfungen des Lebens im Block in Szene setzt, greift er den Stigmatisierungsdiskurs auf, indem er einige dessen zentraler Momente reinterpretiert. Aus dieser Perspektive funktioniert der Song im Einklang mit der Hypothese von Loh und Göngür (2017: 219), denen zufolge Gangsta- und Straßenrap „für eine hybride, indirekte Form der Selbstermächtigung" steht.[18] Die Angst herrschender Eliten um das Humankapital des Wirtschaftsstandorts Deutschland stellt auch in dieser Perspektive ein zentrales Moment der Inszenierung dar – nur eben nicht als Ausdruck der Besorgnis, sondern als Gegenstand der Provokation.[19]

---

17 Eine ähnliche Krisendiagnose verballhornt früh schon der 1994 erschienene Film ‚Voll Normal' von Ralf Huettner mit Tom Gerhardt in der Hauptrolle.

18 „Die Negatividealisierung des Lebens in benachteiligten Stadtvierteln", so schrieb in Bezug auf ‚Mein Block' schon Janitzki (2012: 300), „wird durch eine Art Umdeutung der Normen vorgenommen".

19 Mit seiner Darstellung des Blocks als sexuell aufgeladenem Sonderbereich schließt Sido schließlich an einen hybriden Diskurs an, in dem sich Elemente beider Zuschreibungsmodi wiederfinden. Seine Entsprechung fände diese exotisierende Lesart im offensiv durch den ehema-

„Exklusion", so schreibt Siebel (2015: 365), „ist Verweigerung von Kommunikation. Sie blockiert jede Möglichkeit, die Verunsicherung durch den Fremden zur produktiven Irritation werden zu lassen". Diese Form der – bedingt durch räumliche Segregation beschränkten, selektiven Wahrnehmung hilft *Mein Block* zu durchbrechen. Was danach passiert, so habe ich argumentiert, ist Gegenstand spezifischer Lesarten. Über die Ausprägungen dieser Lesarten habe ich – anschließend an mein älteres Verständnis von Gangstarap als Genre „zwischen Affirmation und Empowerment" zwei Vermutungen angestellt. Wie bereits Janitzki (2012: 305) in ihrem Text zum gleichen Thema nahelegt, wären reale Existenz und Wirkungsweise dieser Lesarten in der sozialen Praxis der Akteure im Wege einer Rezeptionsforschung zu untersuchen.[20]

6. An Stelle eines Fazits

Cultural Studies sind Gesellschaftsanalyse. Die gesellschaftliche Ordnung, ihre Konflikte und ihre Beharrungskräfte, die progressiven Bewegungen und die Reaktion sind kulturelle Phänomene, genau wie deren symbolischen Repräsentationen eine ökonomische Komponente innewohnt. Diese ökonomische, oder besser: polit-ökonomische Komponente bleibt in den allermeisten Arbeiten aus dem Feld, das sich selbst als Cultural Studies (oder auch spezifisch: Soziologie der Popkultur) bezeichnet, unberücksichtigt. Das mag in einem geringen Interesse der betreffenden Kolleg*innen begründet liegen, wie auch in einer mangelnden Qualifikation. Wer die Kulturanalyse – gerade in einem klassenpolitisch so aufgeladenen Genre wie Gangstarap – effektiv betreiben will, muss aber die Bezüge zu den Verhältnissen von Leistungserstellung und Güterverteilung verstehen, auch wenn sie sich jenseits der im Genre besungenen Schwarzmärkte („Geld mit Schnuff") bewegen. Eine Cultural Studies-Analyse ohne Politische Ökonomie hätten die Begründer des Feldes – Hall, Hoggart, Thompson und all die anderen – kaum als inhaltliche Ergänzung verstanden – und das mit Recht. Ohne Politische Ökonomie ist die HipHop-Forschung häufig nicht viel mehr als ein besserer (oder auch nicht besserer) Journalismus.

ligen Bürgermeister Klaus Wowereit kultivierten Stadtmarketing-Slogan, Berlin sei „arm, aber sexy".

20 In diesem Zusammenhang ließe sich dann auch die empirisch zu beantwortende Anschlussfrage, ob in der Praxis nicht vielmehr eine dritte Lesart zu finden ist, die irgendwie voyeuristischer (oder wie auch sonst immer) ausfällt, empirisch beantworten.

Literatur

Adorno, Theodor W. (1997): Neunzehn Beiträge über neue Musik. In: Gesammelte Werke, Bd. 18. Frankfurt am Main: Suhrkamp, S. 57–87.

Baum, Markus / Seeliger, Martin (2022): Gangstarap im Kontext der (west-)deutschen Einwanderungsgeschichte. Schlaglichter aus dem Feuilleton. In: Seeliger, Martin / Dietrich, Marc (Hrsg.): Deutscher Gangsta-Rap III. Soziale Konflikte und kulturelle Repräsentationen. Bielefeld: transcript, S. 105–130.

Becker-Schmidt, Regina / Krüger, Helga (2009): Krisenherde in gegenwärtigen Sozialgefügen: Asymmetrische Arbeits- und Geschlechterverhältnisse — vernachlässigte Sphären gesellschaftlicher Reproduktion. In: Aulenbacher, Brigitte / Wetterer, Angelika (Hrsg.): Arbeit. Perspektiven und Diagnosen der Geschlechterforschung. Münster: Westfälisches Dampfboot, S. 12–41.

Beckmann, Fabian / Spohr, Florian (2022): Arbeitsmarkt und Arbeitsmarktpolitik Grundlagen, Wandel, Zukunftsperspektiven. Konstanz: UVK.

Brown, Wendy (2015): Die schleichende Revolution. Wie der Neoliberalismus die Demokratie zerstört. Berlin: Suhrkamp.

Burkhart, Benjamin (2017): „Warum tun wir uns so was an?“. Deutscher Gangsta-Rap im Feuilleton. In: Seeliger, Martin / Dietrich, Marc (Hrsg.): Deutscher Gangsta-Rap II. Popkultur als Kampf um Integration und soziale Ungleichheit. Bielefeld: transcript, S. 173–192.

Butterwegge, Christoph (2019): Die zerrissene Republik. Wirtschaftliche, soziale und politische Ungleichheit in Deutschland. Weinheim / Basel: Beltz Juventa.

Butterwegge, Christoph (2023): Soziale Ungleichheit in der gegenwärtigen Arbeitsgesellschaft. Vom klassischen Industrieproletariat zum Dienstleistungsprekariat. In: Seeliger, Martin (Hrsg.): Strukturwandel der Arbeitsgesellschaft. Basel / Weinheim: Beltz, S. 83–100.

Castel, Robert (2009a): Negative Diskriminierung. Jugendrevolten in den Pariser Banlieues. Hamburg: Hamburger Edition.

Castel, Robert (2009b): Die Wiederkehr der sozialen Unsicherheit. In: Castel, Robert / Dörre, Klaus (Hrsg.): Prekarität, Abstieg, Ausgrenzung. Frankfurt am Main / New York: Campus, S. 21–34.

Dingeldey, Irene (2004): Koordination zwischen Staat, Markt und Familie? Kritik der selektiven Perspektiven in der vergleichenden Wohlfahrtsstaats- und Arbeitsmarktforschung. In: Lütz, Susanne / Czada, Roland (Hrsg.): Wohlfahrtsstaat – Transformation und Perspektiven. Wiesbaden: VS, S. 107–124.

Engels, Friedrich (1872): Die Lage der arbeitenden Klasse in England. Berlin: Dietz

Fröhlich, Gerrit / Röder, Daniel (2017): Über sich selbst rappen. Gangsta-Rap als populärkultureller Biografiegenerator. In: Seeliger, Martin / Dietrich, Marc (Hrsg.): Deutscher Gangsta-Rap II. Popkultur als Kampf um Integration und soziale Ungleichheit. Bielefeld: transcript, S. 133–154.

Güngör, Murat / Loh, Hannes (2017): Vom Gastarbeiter zum Gangsta-Rapper. HipHop, Migration und Empowerment. In: Seeliger, Martin / Dietrich, Marc (Hrsg.): Deutscher Gangsta-Rap II. Popkultur als Kampf um Integration und soziale Ungleichheit. Bielefeld: transcript, S. 43–63.

Hall, Stuart (1989): Die strukturierte Vermittlung von Ereignissen. In: Hall, Stuart: Ideologie, Kultur, Rassismus. Hamburg: Argument, 126–149.

Hall, Stuart (1989): Ideologie, Kultur, Rassismus. Hamburg: Argument.

Hall, Stuart (1994): Rassismus und kulturelle Identität. Hamburg: Argument.

Hall, Stuart (2000): Cultural Studies. Ein politisches Theorieprojekt. Hamburg: Argument.

Haller, Martin / Niggeschmidt, Michael (2012): Einführung. In: Haller, Martin / Niggeschmidt, Michael (Hrsg.): Der Mythos vom Niedergang der Intelligenz. Von Galton zu Sarrazin: Die Denkmuster und Denkfehler der Eugenik. Wiesbaden, S. 7–17.

Hartmann, Eddie (2008): Die „Banlieue-Krise“ und die émeutes urbaines. Soziologische Perspektiven auf einen gesellschaftlichen Konflikt. In: Berliner Journal für Soziologie 19, S. 503–517.

Häußermann, Hartmut / Kronauer, Martin (2009): Räumliche Segregation und innerstädtisches Getto. In: Castel, Robert / Dörre, Klaus (Hrsg.): Prekarität, Abstieg, Ausgrenzung. Frankfurt am Main / New York: Campus, 113–130.
Häussermann, Hartmut / Siebel, Walter (2004): Stadtsoziologie. Eine Einführung. Frankfurt am Main / New York: Campus
Hengst, Björn / Volker, Carsten (2006): „Waschen und rasieren, dann kriegen Sie auch einen Job". In: Spiegel. www.spiegel.de/politik/deutschland/kurt-becks-arbeitslosen-schelte-waschen-und-rasieren-dann-kriegen-sie-auch-einen-job-a-454389.html (10.02.2022).
Hoggart, Richard (2009): The Uses of Literacy: Aspects of Working-Class Life. London: Penguin.
Janitzki, Lena (2012): Sozialraumkonzeptionen im Berliner Gangsta-Rap. Eine stadtsoziologische Perspektive. In: Dietrich, Marc / Seeliger, Martin (Hrsg.): Deutscher Gangsta-Rap. Sozial- und kulturwissenschaftliche Beiträge zu einem Pop-Phänomen. Bielefeld: transcript, 285–308.
Kessl, Fabian (2012): Die Rede von der ‚neuen Unterschicht'. In: Haller, Martin / Niggeschmidt, Michael (Hrsg.): Der Mythos vom Niedergang der Intelligenz. Von Galton zu Sarrazin: Die Denkmuster und Denkfehler der Eugenik. Wiesbaden: VS, S. 185–192.
Kronauer, Martin / Häußermann, Hartmut (2017): Inklusion – Exklusion. In: Kessl, Fabian / Reutlinger, Christian (Hrsg.): Handbuch Sozialraum. Wiesbaden: VS, S. 1–16.
Lessenich, Stephan (2003): Dynamischer Immobilismus: Kontinuität und Wandel im deutschen Sozialmodell. Frankfurt am Main / New York: Campus.
Lindner, Rolf (2000): Die Stunde der Cultural Studies. Wien: Facultas.
Lütten, John / Seeliger, Martin (2017): „Rede nicht von Liebe, gib' mir Knete für die Miete!" Prekäre Gesellschaftsbilder im deutschen Straßen- und Gangstarap. In: Seeliger, Martin / Dietrich, Marc (Hrsg.): Deutscher Gangstarap II. Popkultur als Kampf um Integration und soziale Ungleichheit. Bielefeld: transcript, S. 89–104.
Marchart, Oliver (2008): Cultural Studies. Konstanz: UVK.
Mausfeld, Rainer (2015): Warum schweigen die Lämmer? Wie Elitendemokratie und Neoliberalismus unsere Gesellschaft und unsere Lebensgrundlagen zerstören. Frankfurt am Main: Westend.
Mayer-Ahuja, Nicole (2003): Wieder dienen lernen? vom westdeutschen „Normalarbeitsverhältnis" zu prekärer Beschäftigung seit 1973. Berlin: Edition Sigma.
Mückenberger, Ulrich (1985): Die Krise des Normalarbeitsverhältnisses – Hat das Arbeitsrecht noch Zukunft? In: Zeitschrift für Sozialreform (8), S. 457–475.
Nachtwey, Oliver (2009): Marktsozialdemokratie: Die Transformation von SPD und Labour Party. Wiesbaden: VS.
Piketty, Thomas (2013): Das Kapital im 21. Jahrhundert. München: C. H. Beck.
Popitz, Heinrich / Bahrdt, Hans P. / Jüres, Ernst A. / Kesting, Hanno (1961): Das Gesellschaftsbild des Arbeiters. Tübingen: Mohr.
Reckwitz, Andreas (2017): Die Gesellschaft der Singularitäten. Zum Strukturwandel der Moderne. Berlin: Suhrkamp.
Reckwitz, Andreas (2019): Das Ende der Illusionen: Politik, Ökonomie und Kultur in der Spätmoderne. Berlin: Suhrkamp.
Rolshoven, Johanna (2021): Stadtforschung als Gesellschaftsforschung. Eine Einführung in die Kulturanalyse der Stadt. Bielefeld: transcript.
Schelsky, Helmut (1954): Wandlungen der deutschen Familie in der Gegenwart. Darstellung und Deutung einer empirisch-soziologischen Tatbestandsaufnahme. Stuttgart: Ferdinand Enke.
Schmidt, Georg (1991): Die Frühneuzeitlichen Hungerrevolten: Soziale Konflikte und Wirtschaftspolitik im Alten Reich. In: Zeitschrift für Historische Forschung 18 (3), S. 257–280.
Seeliger, Martin (2012): Kulturelle Repräsentation sozialer Ungleichheit. Eine vergleichende Betrachtung von Polit- und Gangstarap. In: Dietrich, Marc / Seeliger, Martin (Hrsg.): Deutscher Gangsta-Rap. Sozial- und kulturwissenschaftliche Beiträge zu einem Pop-Phänomen. Bielefeld: transcript, S. 165–187.

Seeliger, Martin/Dietrich, Marc (Hrsg.) (2017): Deutscher Gangsta-Rap II. Popkultur als Kampf um Integration und soziale Ungleichheit. Bielefeld: transcript.

Seeliger, Martin (2021): Soziologie des Gangstarap. Popkultur als Ausdruck sozialer Konflikte. Basel/Weinheim: Beltz Juventa.

Seeliger, Martin (Hrsg.) (2023): Strukturwandel der Arbeitsgesellschaft. Basel/Weinheim: Beltz Juventa.

Siebel, Walter (2015): Die Kultur der Stadt. Berlin: Suhrkamp.

Smith, Adam (1778): An Inquiry into the Nature and Causes of the Wealth of Nations. Vol. 1. London: W. Strahan/T. Cadell.

Streeck, Wolfgang (2004): Hire and Fire: Ist der amerikanische Arbeitsmarkt ein Vorbild für Deutschland? In: Berliner Republik 3, S. 56–67.

Streeck, Wolfgang (2013): Gekaufte Zeit. Die vertagte Krise des demokratischen Kapitalismus. Berlin: Suhrkamp.

Streeck, Wolfgang/Heinze, Rolf G. (1999): An Arbeit fehlt es nicht. In: Spiegel 19/1999.

Thompson, Edward P. (1987): Die Entstehung der englischen Arbeiterklasse. Frankfurt am Main: Suhrkamp.

Vester, Michael (1997): Kapitalistische Modernisierung und gesellschaftliche (Des-)Integration. Kulturelle und soziale Ungleichheit als Problem von „Milieus" und „Eliten". In: Heitmeyer, Wilhelm (Hrsg.): Was hält die Gesellschaft zusammen? Bd. 2. Frankfurt am Main: Suhrkamp, S. 149–203.

Vollmer, Lisa (2022): Wohnungsfrage und Mieter:innenbewegung in der kapitalistischen Stadt. In: Ivanova, Mirela/Thaa, Helene/Nachtwey, Oliver (Hrsg.): Kapitalismus und Kapitalismuskritik. Frankfurt am Main/New York: Campus, S. 387–412.

Wacquant, Loïc (2009): Die Wiederkehr des Verdrängten. In: Castel, Robert/Dörre, Klaus (Hrsg.): Prekarität, Abstieg, Ausgrenzung: Frankfurt am Main/New York, S. 85–113.

Wetzel, Detlef (2012): Mehr Gerechtigkeit wagen! Der Weg eines Gewerkschafters. Hamburg: Hoffmann und Campe.

IV. Transfer

Plattenblocks, HipHop und Jugendarbeit

Marie Jäger und Anna Groß

1. Intro

Mein Block von Sido wird zwanzig Jahre alt. Die meisten Personen und Vereine, die HipHop in der Jugendarbeit und/oder politischen (Jugend-)Bildung einsetzen, machen das schon sehr viel länger. HipHop durchlief seit der Entstehung vor über 50 Jahren diverse Transformationen in den musikalischen Sounds und Raptechniken wie auch in der Wahl der dazugehörigen Tänze, der Mode und Outfits.

Sido wurde reich und berühmt. Doch noch immer kommen viele Rapper*innen aus Gegenden, die Gemeinsamkeiten mit dem Märkischen Viertel aufweisen: Badmómzjay (Brandenburg), die KMN Gang (Dresden), Trettmann (Chemnitz), Juju (Berlin-Neukölln), AK Außerkontrolle (Berlin Wedding), Liz (Frankfurt am Main) – die Liste ließe sich beliebig erweitern. Während Sido 2004 noch gar keine Erfolgsstory zu erzählen hatte und den Status quo beschrieb, zeichnen sich aktuelle Songs nicht selten durch die Gegenüberstellung von früherer Armut und jetzigem Reichtum aus, von „Jing Ling"-Zigaretten zu „BlingBling" (Juju 2018), von „sie schalten uns den Strom ab" zu „hab alles was ich brauch und glaub mir, ich will nie nie mehr zurück" (Badmomzjay 2022).

Doch die Jugendlichen, die häufig als Zielgruppe für Jugendarbeit oder politische Bildung mittels Rap ausgemacht werden, müssen immer wieder zurück in das, was es wahlweise als Block, Platte, sozialer Brennpunkt oder Problembezirk in die Feuilletons schafft – besonders nach Anlässen wie der Silvesternacht 2022/2023.

Für diese Menschen ist der Block jedoch ihr Zuhause. Sie leben dort. Blocks wie der, den Sido beschrieb, gibt es nach wie vor zuhauf und ebenso entstehen weiterhin Songs darüber. Eine gute Gelegenheit also, einen Blick auf den Block als Chiffre für die Erfahrungen junger Menschen zu werfen – und wie sie diese zu verarbeiten suchen. Ebenso aber auch eine gute Gelegenheit, sich anzuschauen, was Soziale Arbeit und Jugendarbeit diesen jungen Menschen tatsächlich anbieten können – und was nicht.

2. Der (Platten-)Block als Symbol

In *Mein Block* spricht Sido als jemand, der es (noch) nicht von ‚ganz unten nach ganz oben geschafft hat' und beschreibt ein Bild, das geprägt ist von beengten Wohnverhältnissen und einer diversen Bewohner*innenschaft, die zum Teil

Beschäftigungen nachgeht, die von der bürgerlichen Gesellschaft verpönt bzw. illegalisiert sind (Sexarbeit, Security, Drogenhandel). Auch wenn Sido sich im Song ostentativ dem bürgerlichen Leben verweigert („Deine Villa, dein Boot, deine Frauen, deine Karriere, dein Geld, dein Leben, kein Bock") und seinen Block feiert, wird nichts Negatives unterschlagen: Nicht der Dreck im Haus und die ergrauende Wandfarbe, aber auch nicht der Suizid in einem der Stockwerke. Zeilen über Maybachs, Gucci, Prada und Goldketten sucht man in diesem Song vergeblich.

Er beschreibt zudem einen stark segregierten Raum: Das Märkische Viertel und ähnliche medial nicht selten als Problemviertel markierte Gegenden sind bei aller Diversität Gebiete, in denen sich – aufgrund der ökonomischen Situation – vor allem Menschen und Familien mit einem geringen Einkommen niederlassen. Armut ist zwar in Ostdeutschland auch im ländlichen Räumen verbreiteter und konzentriert sich in Westdeutschland wesentlich auf Großstädte, ist aber in diesen deutschlandweit stark räumlich segregiert (vgl. Groos / Kersting 2015).[1]

Sidos *Mein Block* folgten in den letzten 20 Jahren nicht nur Songs ähnlichen Namens, sondern auch mit derselben thematischen Schwerpunktsetzung. Allein mit dem Titel *Mein Block* – oder unter Titeln, die sich ganz offensichtlich darauf beziehen – lassen sich dutzende HipHop-Tracks finden.[2] Die Zahl der Songs, die sich im deutschsprachigen Rap mit dem Viertel, der Hood[3], dem Block, der Platte auseinandersetzen, dürfte darüber hinaus in die Hunderte gehen. Auf dem YouTube-Kanal *Meine Stadt* des HipHop-Mode-Labels Thug Life finden sich (Stand Juni 2023) 117 Songs zum Thema. Der Block ist nicht nur in Sidos Song, sondern auch weit über die Rap-Szene hinaus ein Symbol für das enge Zusammenleben in kleinen Wohnungen in riesigen Wohnblöcken, Erfahrungen von Deprivation, Arbeitslosigkeit, Armut, Gewalt und Drogen. In der Darstellung der Blocks und Hoods wird sich zudem gern an den Bilderwelten des amerikanischen Gangsta-Rap orientiert. Inszeniert wird das Wissen über einen (segregierten und gefährlichen) Raum und die Fähigkeit, in diesem zu bestehen (vgl. Dietrich 2015).

Im deutschen Gangsta-Rap steht der Block oder die Hood – manchmal auch: das Ghetto, in Anlehnung an US-amerikanische Rap-Texte – für Armut, (Klein-)Kriminalität, geplatzte Träume, Gewalt, Gefahr und auch für Rassismus. Letzteres zurecht, wurden doch zum Beispiel in den 1970er und 1980er Jahren

1 Die Zeit bebilderte die Verteilung von arm und reich über die Städte unlängst in Kartenform (vgl. Bauer et al. 2023).

2 So zum Beispiel: Hanybal – *Blocckind* (2003); Pajel – *Blocckind* (2023); Hecklah & Coch – *Komm in mein Block* (2004); Sonya – *In mein Block* (2022); Shadow 030 – *Mein Block* (2022), Azad – *Mein Block* (2004); Eko Fresh – *Mein Block* (2004)

3 Das Wort Hood bedeutet wörtlich übersetzt Nachbarschaft als Kurzform von Neighborhood, ist in Rap-Texten aber nicht einfach irgendeine Nachbarschaft oder ein Viertel, sondern wie der Block bei Sido ein häufig prekarisierter und von Kriminalität und Armut geprägter Wohnort, entstanden durch rassistische und klassistische gesellschaftliche Ausschlüsse.

gezielt Geflüchtete und Migrant*innen in den Bezirken Westberlins angesiedelt, die direkt an die Berliner Mauer grenzten und als Wohnort nicht sehr beliebt waren. Auch in der Zeit ab 2015 wurden die meisten Unterkünfte für Geflüchtete eher in Berlin-Buch und Marzahn gebaut als beispielsweise in Zehlendorf oder Prenzlauer Berg.

Die Bilder der segregierten Räume in Gangsta-Rap einerseits und in der Betrachtung durch Presse, Sicherheitskräfte und ‚besorgte Bürger*innen' andererseits ähneln sich stark[4]: Die Bewertungen unterscheiden sich allerdings: Was in der Betrachtung ‚von außen' vor allem als Problem beschrieben wird (vornehmlich Drogen und Kriminalität), wird im Gangsta-Rap durchaus auch gefeiert und trägt zum Distinktionsgewinn bei. Dabei stellen Songs wie *069* (Haftbefehl 2015), *BlingBling* (Juju 2019), *Makadam* (Olexesh 2016), *Was kostet die Welt?* (Xatar 2018) und ähnliche Songs keine Kritik an einer kapitalistischen Konkurrenzgesellschaft dar. Sie beschreiben Verhältnisse, denen Menschen einerseits nur mit viel Glück entkommen und zu denen man „nie mehr zurück"[5] will, die aber dennoch häufig gegen ‚bürgerliche Werte' in Anschlag gebracht werden. Im Gangsta-Rap wird die Geschichte von Menschen erzählt, die reich und berühmt geworden sind, sich aber ‚im Block' immer noch auskennen und nach wie vor über Street Credibility verfügen. Man hat es ‚geschafft' ist bekannt und verdient viel Geld, aber eben nicht mit Abschlüssen, sondern mit Rap und/oder Kriminalität. Gangsta-Rapper*innen wollen auch nach dem Aufstieg noch als die Menschen wahrgenommen werden, die sich nicht anpassen. Frei nach dem Motto: Man kriegt das Kind aus dem Block, aber den Block nicht aus dem Kind.

3. Ostplatte vs. Westplatte

Im Song *Kanacks & Hools* versuchen Sido und Joe Rilla einen Vergleich zwischen Block-Vierteln in Ost- und West-Berlin und stellen gewisse Parallelen fest.

> „Hier ist das MV, hier sind 2 Zimmer ein Penthouse//Bei uns herrscht die Gemütlichkeit, man pennt aus//Denn zum Glück ist unser schöner Staat nicht grad hell//Jeder hier macht außer dem Hartzgeld noch Schwarzgeld […] Man, wir müssen gucken wo wir bleiben//Denn hier bleiben will niemand//Hier im MV an Berlins Rand".

---

4 Ein Bild, dem die Bewohner*innen der besprochenen Viertel nicht unbedingt zustimmen müssen: So wurden in einem Artikel von 2014, 10 Jahre nach Erscheinen von *Mein Block*, Menschen, die im Märkischen Viertel leben, interviewt. Sie berichteten, dass sie sich von Sidos Darstellung des Viertels persönlich beleidigt fühlten oder aber – ihrer Meinung nach infolge des Songs – mit Stigmatisierung aufgrund ihres Wohnorts zu kämpfen haben (vgl. Vogelsang 2014).

5 Der gleichnamige Song von Bozza, Badmómzjay, Kool Savas und Sido wurde 2022 veröffentlicht.

rappt Sido, und Joe Rilla beschreibt Marzahn, den Bezirk, in dem er aufgewachsen ist, wie folgt:

> „Diese Jugend steht für Gewalt, Blut auf Asphalt//Und sitzt statt in der Schule in der Jugendstrafvollzugsanstalt//Das ist so hart hier, weil jeder, wenn er will, Drogen klar kriegt//Das ist der Osten, das ist Hartz IV Problematik//Rap aus der Gegend der verwahrlosten Wohnung//Wo junge Mütter ihren Kinder hier das Essen von den Tafeln holen//Das hier sind anderthalb Zimmer//Ich bin wie du der Junge aus dem Block".

Die Hook eint sie: „Ich sprech' vom MV//Ich sprech' von MRN//Da wo die Träume platzen//Da wo dir keiner was schenkt//Hier ist der Ort wo die Welt anders ist als du sie kennst" (Sido/Joe Rilla 2014).

Die Parallelen in beiden Platten-Vierteln sind im Songtext überdeutlich. Wieder geht es um beengte Räumlichkeiten, Gewalt und Menschen, die Drogen oder Alkohol konsumieren, sowie solche, die mit deren Verkauf die Sozialhilfe aufstocken. Der gemeinsame Nenner ist Armut und der Umgang mit dieser Armut der vor Ort lebenden Menschen.

Die Tatsache, dass sich sämtliche Negativassoziationen zum Plattenbau in Ost und West mittlerweile weitestgehend angeglichen haben, verstellt den Blick darauf, dass die Neubauten nicht nur in DDR und BRD, sondern in ganz Ost- und Westeuropa Anfang der 1980er Jahre noch ein komplett verschiedenes Standing hatten. In der BRD sollte der Block prekär lebenden Gruppen, deren Bedarfe vom freien Wohnungsmarkt nicht abgedeckt wurden, eine Bleibe bieten. So wurden solche Gebäude oder ganze Viertel (wie auch das Märkische Viertel) als „sozialer Wohnungsbau"[6] und Entlastungsstädte geplant, vor allem in den schnell wachsenden Städten des Ruhrgebiets oder in Großstädten wie Berlin, Hamburg, Frankfurt am Main, Köln etc., aber auch in Ländern wie Frankreich und Großbritannien. Schon bald nach ihrer Entstehung entwickelten sich diese zu Problemvierteln, nicht zuletzt, da eine heterogene Zusammensetzung ihrer Bewohner*innen in Bezug auf Einkommen, Eigentumsverhältnisse und der damit verbundenen gesellschaftlichen Gruppen ausblieb.

Die Platte jenseits des Eisernen Vorhangs war hingegen als die Schaffung von Wohnraum für alle geplant. Disktinktionsgewinn über Einrichtung und Wohngegend war – zumindest offiziell – verpönt. In der DDR wurde der Umzug in die Platte Ende der 1970er, Anfang der 1980er Jahre tatsächlich begrüßt: mit Ausnahme der alternativen Szene der DDR, die es vorzog, ihren Punker*innen-, Blueser*innen- oder Hippie-Lifestyle stilecht in vor sich hin verfallenden Altbauten mit Kohleheizung und Toilette im Treppenhaus zu verwirklichen, zog es insbe-

6 „Der soziale Wohnungsbau bildet seit seiner Einführung im Jahr 1950 ein [...] System zur Schaffung bezahlbaren Wohnraums" (BMWSB 2023). Jedoch sei das aktuelle Programm „so unattraktiv, dass es [in Berlin] nicht in dem Maße abgerufen worden sei, wie es notwendig gewesen wäre" (dpa 2022).

sondere junge Familien in die Neubauwohnungen.[7] Das lag nicht nur an den Annehmlichkeiten einer solchen Wohnung. Ganze Areale wie etwa Halle Neustadt, Potsdam Gartenstadt und das von Steffen Mau beschriebene Lütten Klein (vgl. Mau 2019, S. 20 ff.) wurden als eigene Stadtteile konzipiert, in denen die Bewohner*innen von der Poliklinik über den Kindergarten, Cafés, Spielplätze, kleine Parkanlagen bis hin zum Konsum alles finden sollten, was für den Alltag wichtig war. Die DDR-Regierung war so begeistert von ihren Plattenbaugebieten, dass sie Fotos davon auf Postkarten drucken ließ: Der Neubau stand für Zukunft und das bisher Erreichte gleichermaßen (ebd.; Keller 2005, S. 31 ff.). Auch in der UdSSR wurde nach dem Tod Stalins nicht weiter auf den in den *Stalinkas* verkörperten Klassizismus gesetzt; mit Chruschtschow begann – nicht zuletzt angesichts der Wohnungsknappheit, die der Zweite Weltkrieg noch verschärft hatte – die serielle Produktion von Neubaublocks (vgl. Meuser 2015), deren Wohnungen idealerweise genauso linear und schlicht möbliert wurden (vgl. Schlögel 2018, S. 356 ff.). Diese erfreuten sich nicht nur aufgrund ihrer modernen Ausstattung großer Beliebtheit, sondern auch, weil sie die Möglichkeit boten, dem konfliktträchtigen Zusammenleben in den (groß-)städtischen *Kommunalkas* zu entfliehen. Eine dieser in kurzer Zeit aus dem Boden gestampften und bis zum Super-GAU im Atomkraftwerk Tschernobyl 1986 als Wohnort sehr beliebten Städte war zum Beispiel Prypjat. Die meisten Neubauviertel und Schlafbezirke der UdSSR wurden erst nach 1990 zu den Brennpunkten, als die sie mittlerweile gelten.

Dem ökonomischen Zusammenbruch folgte der soziale auf dem Fuß: Was bis 1990 ein kleinbürgerlicher und durchaus als ‚schön' beschriebener Mikrokosmos gewesen war (vgl. Mau 2019, S. 33; Meuser 2015), verwandelte sich innerhalb weniger Jahre in ein wahlweise von Neonazis (Ostdeutschland) oder *Gopniks*[8] (Russland, Belarus, Ukraine) unsicher gemachtes Armutszentrum. Das soziale Integrationsmodell der Großwohnsiedlung zerbrach nach 1990 und das Negativ-Image der Platte erreichte Ostdeutschland (vgl. Keller 2005; Nejezchleba 2010).[9] Als solches fand es dann auch Eingang in die Lyrics ostdeutscher (vgl. Jäger 2023) sowie russischsprachiger Rapper (vgl. Kasakow 2023).

---

7 Oder sie kapitulierten nach dem ersten Winter mit Baby in einer Altbauwohnung (platzende Wasserleitungen inklusive) – wie die Eltern einer der Autor*innen – und zogen um des Kindes willen doch in eine deutlich besser ausgestattete Neubauwohnung.

8 Der Begriff *Gopnik*, der sowohl pejorativ als Bezeichnung für Jugendliche im postsowjetischen Raum verwendet wird, die häufig arbeitslos sind, an den Rändern der Städte leben und im Stadtbild vor allem durch Raubüberfälle oder Bedrohung von Passant*innen in Erscheinung treten, leitet sich wahlweise von „gop-stop", einem Slangbegriff für Raub ab oder von G.O.P, dem Kürzel für die Wohnheime für Obdachlose in der frühen Sowjetunion (vgl. Loeb 2020). Als Gründungs- und Hochphase der Gopniks werden die 1990er Jahre genannt (vgl. Yegorov 2016).

9 Zur schwindenden Attraktivität des Plattenbaus in Ostdeutschland trug, Peter Richter zufolge, auch die negative Darstellung des Plattenbaus in den Medien wesentlich mit bei (Richter 2006, S. 62 ff.).

4. Geschichten aus dem Block – Platte, Hood und Viertel in Gesprächen mit Jugendlichen

Unserer Erfahrung nach interessieren Songs über sogenannte soziale Brennpunkte (und ihre Architektur) junge Menschen aus verschiedenen Gründen.

Da sind zum einen diejenigen, die sich und ihre Erfahrungen in den Songs wiederfinden. Sie erkennen den Block als Chiffre für Erfahrungen, die sie ebenfalls machen. An den Songs schätzen sie sowohl die als authentisch erlebte Darstellung ihrer Lebensrealität in einer Sprache, die ihnen vertraut ist (vgl. Groß/Jäger 2021), als auch den beschriebenen märchenhaften Aufstieg aus der Armut an die Spitze der Charts. Erhebungen zeigen, dass im Durchschnitt jedes fünfte Kind armutsgefährdet[10] ist; Spitzenwerte erreichen die Bundesländer Bremen, Berlin, Hessen, Nordrhein-Westfalen, Sachsen-Anhalt und Thüringen (vgl. Funcke/Menne 2023; Tophoven et al. 2017). Armutssegregation bedeutet nicht nur materielle Nachteile und den Ausschluss von wesentlichen Aspekten des gesellschaftlichen Lebens, sondern häufig auch das Wohnen in einem Viertel, in dem viele Menschen ähnlich depriviert sind. Es bedeutet auch, (das konnten wir nicht zuletzt in Workshops häufig genug beobachten), dass Jugendliche Schulen besuchen, die ähnlich segregiert wirken wie ihre Stadtviertel. Nicht selten sind die Gesamt- oder Realschulen mit einem hohen Anteil von Armuts- und/oder Rassismus-betroffener Schüler*innen zudem eher schlecht ausgestattet und wenig ansprechend gestaltet.

Jugendliche – ob aus Berlin-Neukölln, Bonn-Tannenbusch oder Frankfurt am Main – sind unserer Beobachtung nach nicht selten stolz auf die Berühmtheit ihrer Viertel oder deren berüchtigten Ruf. Die ‚Coolness', die die Hood via Gangsta-Rap gewonnen hat, nutzen sie gern als Distinktionsgewinn gegenüber Dorfkindern oder Villenvierteln. Damit übernehmen sie die Attitüde der Rapper*innen, für deren Karrieren die (authentischen!) Geschichten und das Aufwachsen in Bonn-Tannenbusch, Offenbach, Berlin-Neukölln usw. als „subkulturelles Kapital" zentral sind (vgl. Dietrich 2015).[11] Im Zuge dessen werden in Rap-Texten auch

---

10 Unterschieden wird zwischen absoluter Armut und relativer Armut – absolut arm sind nach Definition der Weltbank Menschen, die ihr Leben mit weniger als 2,15 US-Dollar bestreiten müssen. Als relative Armut wird Armut im Verhältnis zu der Gesellschaft in der Menschen leben bezeichnet. So wird der Regelsatz der Grundsicherung nach SGB II daran bemessen, wofür die untersten Einkommensgruppen im Monat wieviel Geld ausgeben. „Danach werden Beträge für den täglichen Mindestbedarf in Deutschland bestimmt" (Deutscher Bundestag 2016). Nach dieser Definition ist Armut nicht per se der Mangel in der Bedürfnisbefriedigung, sondern wenn der Mangel ein bestimmtes – festgelegtes – Maß überschreitet, welches sich daran orientiert, was sich die Ärmsten der Lohnarbeitenden an Bedürfnisbefriedigung überhaupt leisten können.

11 „Der segregierte Raum wird insofern zum Chancenraum, als man den Problemraum gewinnbringend an jene Fans adressiert, die den Verweis auf die Problemräume zur Bedingung der

die Viertel inszeniert und ihre Problemlagen überspitzt (vgl. El-Mafaalani/Strohmeyer 2015). Das sollte aber nicht darüber hinwegtäuschen, dass die Jugendlichen sich gleichermaßen den Härten ihrer Lage bewusst sind: Sie können Angsträume in ihrer unmittelbaren Umgebung benennen, sie kennen den schlechten Ruf ihres Viertels, der sich möglicherweise nachteilig auf eine Bewerbung auswirkt und sie stören sich am schlechten Zustand und der mangelhaften Ausstattung ihrer Schulen. Nichtsdestotrotz darf man nicht vergessen, dass diese Viertel auch deshalb romantisiert betrachtet werden, da es die Wohnorte und Lebensmittelpunkte vieler Menschen sind und zum Teil genau deshalb eine Verbundenheit und ein Gefühl von Heimat im Viertel empfunden wird. Hier leben die Familien der jungen Menschen, hier sind sie geboren und/oder aufgewachsen, ihre Großeltern, Geschwister, Angehörige leben dort. Jugendliche erleben hier Kindheit, Alltag, Familien, Tragödien, aber auch Schönes, sie verabschieden ihre Großeltern hier – schlichtweg: Sie kennen dieses Leben. Bei Sidos *Mein Block* heißt es passend dazu: „Mein schöner weißer Plattenbau wird langsam grau//Drauf geschissen! Ich werd auch alt und grau im MV“. Auch wenn es auf Sido doch selbst nicht zutrifft (er verließ das Märkische Viertel), bleiben viele andere Bewohner*innen im Block. Auch deshalb kann es empowernd sein, wenn es genau diese Viertel in die Aufmerksamkeit der Öffentlichkeit schaffen.

Die Illusion eines glamourösen Lebens in sagenhaften Reichtum, welches man gern hätte, das aber für die allermeisten Jugendlichen unerreichbar ist, wird erreicht durch die Partizipation an der Coolness aus der Hood zu kommen und stilistische Imitationen der Styles von Rapper*innen, auch mittels Fake Designer-Klamotten der einschlägigen Label (Prada, Gucci, Louis Vuitton). Auf Instagram und TikTok kursieren Hashtags wie „dupes“ (Duplikate) und „reps“ (Replikate) (vgl. Pfannkuch 2023).

Erste (kleinere) Studien zur Rezeption von Gangsta-Rap legen zudem nahe, dass Jugendliche die Gangsta-Rapper*innen nicht nur als genauso authentisch begreifen, wie diese gesehen werden wollen – inklusive der Tendenz, ihnen eher zu glauben als Eltern und Pädagog*innen (Grimm/Baier 2023) –, sondern auch, dass Gangsta-Rap insbesondere die Jugendlichen erreicht, die mutmaßlich vertrauter mit den in Gangsta-Rap-Songs beschriebenen Lebensrealitäten sind (vgl. Sator 2017).[12]

Glaubwürdigkeit und mitunter zum Kriterium der (finanziellen) Anerkennung machen“ (Dietrich 2015, S. 250).

12 „Bezüglich der Eigenschaften ‚brutal‘ und ‚frauenfeindlich‘ ist die Zustimmungsrate der Schüler weder von der Schulart abhängig noch davon, ob die Schüler Rap-Anhänger sind oder gar keine Rap-Songs hören. Signifikant abhängig von der Schulart sind vor allem die Eigenschaften ‚ernsthaft‘, ‚dumm‘, ‚ordinär‘ und ‚interessant‘. Für eine ‚ernsthafte‘ Angelegenheit halten insbesondere die Werkrealschüler den Gangsta-Rap, während ihn die Gymnasiasten in großer Anzahl für ‚dumm‘ und ‚ordinär‘ halten. ‚Interessant‘ erscheint er für viele Real- und Werkrealschüler, dagegen nur für wenige Gymnasiasten“ (Sator 2017, S. 68).

Daneben begeisterten sich aber auch viele junge Menschen für Songs über die Hood, die eher in Einfamilienhäusern, gut situierten Vierteln und/oder sanierten Altbauwohnungen aufwachsen. Für diese übernehmen diese Songs vermutlich die Rolle, die früher Romane wie *Oliver Twist* spielten: Die Möglichkeit, mit den leidenden Held*innen mitzufiebern und schließlich nach ihrem kometenhaften Aufstieg die Geschichte erleichtert zur Seite zu legen.[13] Eine Erlösung, die gesellschaftskritische Songs wie *Spiel nicht mit den Schmuddelkindern* (Anarchist Academy 1998) oder *Glücksschmied* (Disarstar / Hanybal 2022) und sozialkritische Romane wie *Früchte des Zorns* (Steinbeck 1939) oder *Ditte Menschenkind* (Nexö 1948) nicht bieten. Das Happy End in Form der Erlösung von einem Leben in Armut fehlt letzteren. Die meisten Gangsta-Rap-Songs, die um das Leben im Block oder der Hood kreisen, stellen sich affirmativ zur kapitalistischen Gesellschaft, die ihnen einerseits eine Kindheit und Jugend in Armut bescherte, in der aber auch (für einige wenige) der Aufstieg möglich ist (vgl. Seeliger 2021, S. 39). Die Rapper*innen teilen also bei aller realistischen Darstellung prekärer Verhältnisse, die sie auch mit einem gewissen Stolz (re-)präsentieren, den Wunsch kein*e Looser*in sein zu wollen. Sie erklären sich entweder wie Sido im Song *Mein Block* zum*zur Sieger*in nach eigenen Maßstäben und denen des Viertels oder sie haben es geschafft, mit Rap Geld zu verdienen und „der Welt zu zeigen, dass sie nicht die Looser sind, zu denen sie der Laden hier gemacht hat" (Huisken 2007, S. 41), was sie dann wiederum auch für Jugendliche aus einkommensstärkeren Haushalten interessant macht: Die tun vermeintlich, was sie wollen (ein Bild, mit dem die allermeisten Jugendlichen etwas anfangen können) und haben trotzdem – oder gerade deswegen – Erfolg. Jugendliche, die sich nach eigenen Wertmaßstäben zu Sieger*innen aufschwingen und Rapper*innen, die mit Geschichten über ihre (klein-)kriminellen Laufbahnen Erfolg haben, rufen zuverlässig Empörung hervor, aber auch Interventionsversuche der Ordnungskräfte.

5. Was tun, wenn's brennt? – Gewaltausbrüche im Block und die Rolle der Jugendarbeit

Der Block und das Viertel schaffen es immer dann ins Zentrum der Aufmerksamkeit, wenn sich die Zustände denen in Pariser Banlieues oder den sogenannten Ghettos in den Großstädten der USA anzunähern drohen. Dies begann bereits 2006 mit dem Notruf der Rütli-Schule, als Lehrer*innen von täglichen Sachbe-

13 In *Oliver Twist* stellt sich schlussendlich heraus, dass Oliver das uneheliche Kind des reichen Erben Edwin Leeford ist.

schädigungen, Beleidigungen und Gewalt berichteten (vgl. Spiegel.de 2006)[14] und setzt sich seitdem in immer neuen Skandalen fort.

Der Wahlerfolg der CDU in der Wiederholungswahl 2023 in Berlin wird von einigen als Ergebnis der Geschehnisse in der Silvesternacht 2022/2023 betrachtet. In dieser kam es – wie eigentlich jedes Jahr – zu einer Reihe von Bränden und Schäden aufgrund ‚unsachgemäß' verwendeter Böller und Raketen. Ein Bus brannte allerdings direkt unter einem Altersheim aus, das evakuiert werden musste. Neu war, laut Angaben der Polizei, vor allem auch die Zunahme von Angriffen mit Pyrotechnik auf Rettungskräfte und Polizei. Die Silvesternacht trat eine Debatte zur Sicherheitslage in der Hauptstadt los, im Rahmen welcher Franziska Giffey auch einen Gipfel zur Jugendgewalt einberief und für 2023 ein 20 Millionen schweres Maßnahmenpaket verabschiedet wurde, von dem ein nicht unbeträchtlicher Teil an Jugendclubs und in Projekte für Jugendliche fließen soll (vgl. Regierender Bürgermeister Berlin 2023). Die Hamburger Gewerkschaft der Polizei brachte die Theorie ein, nicht Polizeigewalt und Racial Profiling seien am schlechten Image der Sicherheitskräfte schuld, sondern Clan-Kriminalität, die Rassismus-Debatte, die die Polizei in Verruf bringe und Gangsta-Rap, der zur Gewalt gegen Sicherheitskräfte aufstacheln würde (vgl. Gewerkschaft der Polizei 2023). Gewalt ist in ihren Augen folgerichtig dann ein Problem, wenn sie nicht von ihnen ausgeübt wird.

Eine ähnliche Diskussion begann, als im Sommer 2023 (erneute) körperliche Auseinandersetzungen und Randale in Freibädern in Berlin-Neukölln und Kreuzberg stattfanden, die es deutschlandweit in die Medien und das allgemeine Gespräch schafften. Sieben Tage blieb das beliebte Berliner Columbiabad in Neukölln nach Gewaltausbrüchen wegen eines hohen Krankenstands der Mitarbeiter*innen geschlossen. Zudem wurde seitens der Belegschaft einen Brandbrief verfasst (Brandow 2023). Doch das Problem beginnt früher. Zunächst wieder einmal bei der Berichterstattung,[15] aber auch bei dem, was da im Bad passiert: Wenn junge Menschen in den Schwimmbädern randalieren und deren Schließung erwirken, erleben sie eine Wirkmächtigkeit, die ihnen durch Ausschlüsse und Segregation in dieser von Rassismus und sozialer Ungleichheit geprägten Gesellschaft ansonsten fehlt. Die Macht und Stärke, die sie in der Gruppe zeigen, erleben sie vermutlich nur hier. Wenn es ihnen zudem gelingt, das Schwimmbad für alle für mehrere Tage zu schließen, ist ihre Wirkung für sie mutmaßlich unvergleichlich. Es braucht also mehr als nur das Rufen nach mehr

---

14 Sozialarbeiter*innen, die damals schon im nahe der Schule Rütli Campus gelegenen Jugendclub Manege arbeiteten, berichten, dass einige Jugendliche im Zuge der medialen Inszenierung mittels Geldzahlungen durch dazu animiert wurden, zum Beispiel Mülleimer aus dem Fenster zu werfen.

15 „Das Sommerbad Neukölln ist mehr als nur ein Schwimmbad. Es ist ein Symbol. Im Sommerbad Pankow wurden in den letzten fünf Jahren 211 Hausverbote erteilt – im Columbiabad nur 94. Der Problembezirk Pankow ist aber kein bundesweit bekanntes Schlagwort" (Schrader 2023).

Polizeipräsenz in diesen Bädern: Eine durchgehend geförderte (Straßen-)Sozialarbeit direkt vor Ort, Kapazitäten für (Einzelfall-)Hilfen und -Beratungen in den umliegenden Jugendclubs, eine rassismuskritische Medienarbeit,[16] wirksame Hausverbote für Unbelehrbare, mehr Personal, aber vor allem eine Gesellschaft, die ein prekäres Leben nicht an den Stadtrand und in die Blocks drängt, sondern die Vielfalt aller fördert.

Und ganz grundsätzlich stellt sich angesichts der großen strukturellen und gesellschaftlichen Probleme wie Rassismus, Ausgrenzung und Armut tatsächlich die Frage, wie Sozialarbeit das alles auffangen soll in der individuellen Arbeit mit den betroffenen Jugendlichen. Oft bräuchte es für das Gelingen einer guten Jugend- und Sozialarbeit vor allem bessere Zukunftsperspektiven für diese jungen Menschen, mehr Förderung der Bewohner*innen, der der Blocks und (Familien-)Therapien, die auf (intergenerationale) Traumata aufgrund von Rassismus und Armuts-Erfahrungen eingehen und diese bearbeiten können.

Vertreter*innen der Sozialen Arbeit in Berlin beklagten in den letzten Monaten hingegen häufiger, dass diese Finanzspritzen im Falle politisch und medial inszenierter Ausnahmezustände wenig nachhaltig und eine langfristige bessere Finanzierung sowie der Ausbau von Stellen für Fachkräfte sowie eine bessere Entlohnung, um die Attraktivität zu erhöhen, dringend geboten seien.

Wie man mittels HipHop in der Jugendarbeit gerade auch mit Songs wie *Mein Block* von Sido ganz konkret und praktisch mit Jugendlichen zu ihren Erfahrungen und Umgangsstrategien ins Gespräch kommen kann, wird unter anderem ausführlich im Sammelband *It's more than just rap – HipHop in der Jugendarbeit* (Groß/Jäger 2023) ausgeführt. Insbesondere die Auseinandersetzung mit Inhalten von Raptexten, Performances und Musikvideos, aber auch mit den konkreten Lebensgeschichten diverser Rapper*innen wie Sido und anderen, die hier bereits genannt wurden, bieten sich an, um Gesprächsanlässe mit jungen Menschen zu schaffen. Besonders um konkrete Fragen rund um Identität, Abwertungs- und Segregationserfahrungen behandeln zu können, eignen sich Zeilen wie:

> „Du in deinem Einfamilienhaus lachst mich aus//Weil du denkst Du hast alles was Du brauchst//Doch im MV scheint mir die Sonne ausm Arsch//In meinem Block weiß es jeder: Wir sind Stars!//Hier bekomm' ich alles – Ich muss hier nicht mal weg//Hier hab ich Drogen, Freunde und Sex"

Im Workshop mit Jugendlichen lässt sich zum Beispiel dieses Zitat aufgreifen, um zu besprechen, wie sich die Teilnehmenden (auch mit ihren Freund*innen) gegenseitig in ihren Identitäten stärken können gegen die Abwertung durch an-

16 Empfehlenswert hierzu zum Beispiel der Diversity-Guide der Neuen Deutschen Medienmacher*innen: „Wie deutsche Medien mehr Vielfalt schaffen" (2021).

dere, welche Vorzüge sie in ihrem Zuhause erkennen und was sie am Genannten am meisten erfreut, aber auch ärgert.

Ebenso besteht die Möglichkeit, mit ihnen ihren eigenen Block zu entwerfen – sowohl in Reimform und Raptext als auch mittels Bildern, Zeichnungen und/oder Graffiti. Was möchten sie herausstellen über ihr Zuhause? Was würden sie positiv bewerten, was nicht? Wie haben beispielsweise Blumentopf 2004 auf Sidos *Mein Block* reagiert und wie sähe ihre eigene Version eines Remakes des Songs aus? Man kann sich an der Reimstruktur des Sido-Songs oder auch genannter Remakes anderer Rapper*innen orientieren oder auch eine ganz eigene Songstruktur schaffen – je nachdem, was die Teilnehmenden bevorzugen und welche Hörgewohnheiten sie haben. Auch Inhalte aktueller Interviews Sidos zu Depression und Drogenentzug (bspw. Nejati 2022) eignen sich für eine Auseinandersetzung mit dem Leben im Block.

6. Fazit

Sido hat es aus dem Block ‚geschafft'. Geholfen hat ihm dabei neben der Authentizität, die ihm das Aufwachsen im Block im Kontext des Gangsta-Rap verschafft hat, gelungenem Songproducing durch Roe Beardie und einer guten Marketingarbeit für den Song auch der glückliche Zufall, mit seiner Musik einen Nerv getroffen zu haben. Dieses Glück haben viele Jugendliche nicht, und das wissen sie unserer Erfahrung nach oft schon im Alter von 14 oder 15 Jahren. Die im Gangsta-Rap beliebte von ‚ganz unten nach ganz oben' Geschichte kann dann dazu beitragen, sich noch mehr als Versager*in zu fühlen, der*die einfach nicht über genug Talent und Potenzial verfügt, um es aus der Misere heraus zu schaffen (Castein/Groß 2023). Jugendliche in armutssegregierten Stadtteilen können sich also einerseits aufgewertet fühlen durch das ‚subkulturelle Kapital', das mit den authentischen Erfahrungen im Block daherkommt. Gleichzeitig können sie aber dennoch realistisch einschätzen, wie groß – oder eben klein – ihre Chancen auf Erfolg sind und sich von dem ‚Ich hab' es geschafft!'- Image zusätzlich unter Druck gesetzt fühlen. Junge Menschen, die jede Hoffnung auf eine erfolgreiche oder zumindest materiell (halbwegs) gut abgesicherte Zukunft aufgegeben haben, stellen eine Herausforderung für Fachkräfte der Sozialarbeit dar, lange bevor sie es in einen Brandartikel im Feuilleton schaffen oder sich die Politik der Frage annimmt. Hier braucht es zugewandte Sozialarbeitende, gelungene Ansätze und Methoden, aber weit darüber hinaus vor allem eine Gesellschaft, die es sich zum Anliegen macht, Rassismus, Armut und die damit einhergehenden Ausgrenzungserfahrungen langfristig zu beseitigen.

Literatur

Bardow, Dominik (2023): Columbiabad weiter zu – Heftiger Brandbrief der Mitarbeiter. www.morgenpost.de/berlin/article238922987/Columbiabad-in-Berlin-weiter-geschlossen.html (05.01.2024).

Bauer, Jakob et al. (2023): Die Muster der Ungleichheit. www.zeit.de/wirtschaft/2023-01/einkommensverteilung-arm-reich-ungleichheit-deutschland?utm_referrer=https%3A%2F%2Fwww.google.com%2F (12.06.2023).

Castein, Connie / Groß, Anna (2023): Klassismus im HipHop und in der politischen Bildungs- und Jugendarbeit. Einführung: Was ist „Klassismus“? In: Groß, Anna / Jäger, Marie (Hrsg.): It's more than just rap – HipHop in der Jugendarbeit. Weinheim / Basel: Beltz Juventa, S. 74–79.

Deutscher Bundestag (2016): Die Verwendung des relativen und absoluten Armutsbegriffs. Deutscher Bundestag.

Dickens, Charles (1838/2007): Oliver Twist. München: dtv.

Dietrich, Marc (2015): „Ghettos und Gossen“ als Chancenräume? Herkunft als subkulturelles Kapital im Gangsta-Rap. In: El-Mafaalani, Aladin et al. (Hrsg.): Auf die Adresse kommt es an … Segregierte Stadtteile als Problem- und Möglichkeitsräume. Weinheim / Basel: Beltz Juventa, S. 227–253.

El-Mafaalani, Aladin / Strohmeier, Peter (2015): Segregation und Lebenswelt. Die räumliche Dimension sozialer Ungleichheit. In: El-Mafaalani, Aladin et al. (Hrsg.): Auf die Adresse kommt es an … Segregierte Stadtteile als Problem- und Möglichkeitsräume. Weinheim / Basel: Beltz Juventa, S. 18–42.

Funcke, Antje / Menne, Sarah (2023): Kinder- und Jugendarmut in Deutschland. www.bertelsmann-stiftung.de/fileadmin/files/Projekte/Familie_und_Bildung/Factsheet_BNG_Kinder-_und_Jugendarmut_2023.pdf (11.06.2023).

Gewerkschaft der Polizei (2023): Positionspapier Silvester. www.gdp.de/gdp/gdphh.nsf/id/DE_Positionspaier-Silvester?open&ccm=000 (24.01.2023).

Grimm, Marc / Baier, Jakob (2023): Jugendkultureller Antisemitismus. Warum Jugendliche für antisemitische Ressentiments im Gangsta-Rap empfänglich sind. Frankfurt am Main: Wochenschau.

Groos, Thomas / Kersting, Volker (2015): Segregierte Kinderarmut und Gesundheit. In: El-Mafaalani, Aladin et al. (Hrsg.): Auf die Adresse kommt es an … Segregierte Stadtteile als Problem- und Möglichkeitsräume. Weinheim / Basel: Beltz Juventa, S. 76–107.

Groß, Anna / Jäger, Marie (2021): „Das Leben ist ne Bitch, ich pack die Schlampe an der Gurgel“ Rap, Geschlecht und Empowerment in der Jugendarbeit. In: Süß, Heidi (Hrsg.): Rap und Geschlecht. Inszenierungen von Geschlecht in Deutschlands beliebtester Jugendkultur. Weinheim / Basel: Beltz Juventa.

Groß, Anna / Jäger, Marie (2023): It's more than just rap – HipHop in der Jugendarbeit. Weinheim / Basel: Beltz Juventa.

Huisken, Freerk (2007): Über die Unregierbarkeit des Schulvolks. Rütli-Schulen. Erfurt / Emsdetten / Hamburg: VSA.

Jäger, Marie (2023): „Doch wir war'n vor euch im All“. HipHop und Ostdeutschland. In: Groß, Anna / Jäger, Marie (Hrsg.): It's more than just rap – HipHop in der Jugendarbeit. Weinheim / Basel: Beltz Juventa, S. 126–141.

Kasakow, Ewgeniy (2023): Exkurs: HipHop in Russland – Siegeszug mit Verzögerung. In: Groß, Anna / Jäger, Marie (Hrsg.): It's more than just rap – HipHop in der Jugendarbeit. Weinheim / Basel: Beltz Juventa, S. 212–218.

Keller, Carsten (2005): Leben im Plattenbau. Zur Dynamik sozialer Ausgrenzung. Frankfurt am Main: Campus.

Loeb, Eli (2020): „Gopniki: Peripheral Masculinity in Post-Soviet Russia“. Pomona Senior Theses. 238. scholarship.claremont.edu/pomona_theses/238 (14.05.2023).

Mau, Steffen (2019): Lütten Klein. Leben in der ostdeutschen Transformationsgesellschaft. Berlin: Suhrkamp.
Meuser, Philipp (2015): Die Ästhetik der Platte: Wohnungsbau in der Sowjetunion zwischen Stalin und Glasnost. Berlin: Dom Publishers.
Nejati, Aria (2022): Sido über Kokain, Scheidung, Therapie, Entzugsklinik und Vaterkomplexe. Interview mit Aria Nejati. www.youtube.com/watch?v=25S-7hH4bE4 (03.01.2023).
Nejezchleba, Martin (2010): Zwischen Sozialutopie und Gangster-Rap. www.goethe.de/ins/cz/de/kul/mag/20691752.html (14.06.2023).
Neue deutsche Medienmacher*innen (2021): Diversity-Guide. Wie deutsche Medien mehr Vielfalt schaffen. https://neuemedienmacher.de/wissen-tools/diversity-im-medienhaus (05.01.2024).
Nexø, Martin Andersen (1948/1967): Ditte Menschenkind. Berlin/Weimar: Aufbau.
Pfannkuch, Katharina (2023): Warum gefakte Handtaschen und Mode so beliebt sind. www.spiegel.de/stil/dupes-auf-instagram-wie-man-gefakte-mode-erkennt-und-was-die-faelschungen-fuer-designer-bedeuten-a-50c530b9-ee5c-4281-8460-fe2a248eac0a (12.06.2023).
Regierender Bürgermeister Berlin (2023): Maßnahmenpaket zur Prävention von Jugendgewalt für die Jahre 2023–2025. www.berlin.de/rbmskzl/aktuelles/pressemitteilungen/2023/pressemitteilung.1304011.php (23.06.2023).
Richter, Peter (2006): Der Plattenbau als Krisengebiet. https://ediss.sub.uni-hamburg.de/bitstream/ediss/1478/2/Text.pdf (14.06.2023).
Sator, Markus (2017): Gangsta-Rap – eine Studie zur Rezeption von Schülerinnen und Schülern der Sekundarstufe I. https://phka.bsz-bw.de/frontdoor/deliver/index/docId/81/file/Gangsta-Rap+-+eine+Studie+zur+Rezeption+von+Sch%c3%bclerinnen+und+Sch%c3%bclern+der+Sekundarstufe+I.pdf (24.06.2023).
Schlögel, Karl (2018): Das sowjetische Jahrhundert. Archäologie einer untergegangenen Welt. München: C. H. Beck.
Schrader, Hannes (2023): Ausschreitungen im Columbiabad. Neukölln ist wirklich überall. www.spiegel.de/panorama/gesellschaft/columbiabad-und-andere-freibaeder-neukoelln-ist-wirklich-ueberall-a-cfef8763-c098-4a55-af14-7b3385835303 (05.01.2024).
Seeliger, Martin (2021): Soziologie des Gangstarap. Popkultur als Ausdruck sozialer Konflikte. Weinheim/Basel: Beltz Juventa.
Spiegel.de (2006): Gewalt-Notruf entsetzt Berlin. www.spiegel.de/lebenundlernen/schule/streit-um-schulaufloesung-gewalt-notruf-entsetzt-berlin-a-408808.html (12.06.2023).
Steinbeck (1939/1985): Früchte des Zorns. München: dtv.
Tophoven, Silke/Lietzmann, Torsten/Reiter, Sabrina/Wenzig, Claudia (2017): Armutsmuster in Kindheit und Jugend. Längsschnittbetrachtungen von Kinderarmut. Gütersloh: Bertelsmann Stiftung. www.bertelsmann-stiftung.de/dauerzustand-kinderarmut (16.06.2023).
Vogelsang, Lucas (2014): Märkisches Viertel: Ihr Block. www.tagesspiegel.de/gesellschaft/ihr-block-3555811.html (14.06.2023).
Yegorov, Oleg (2016): Criminals or just misunderstood: Who are Russia's ‚gopniks'? www.rbth.com/politics_and_society/2016/03/29/criminals-or-just-misunderstood-who-are-russias-gopniks_580121 (14.05.2023).

The Misfit: Rap Hall of Fame vs. Bildungskanon – Wo steht *Mein Block* im literaturdidaktischen Diskurs?

Ines Heiser

Sidos *Mein Block* teilt das Schicksal vieler zeitgenössischer Texte: Er wird bzw. wurde in der öffentlichen, allgemeinen Rezeption präsent wahrgenommen und unter bestimmten Kriterien sehr positiv gewertet – findet in der Schule aber so gut wie keine Berücksichtigung. Wie ist das zu erklären?

1. Die kulturwissenschaftliche Perspektive: „Ein robuster Klassiker"

Die literaturkritische und kulturwissenschaftliche Würdigung lässt sich recht einfach umreißen und ihre Argumente sind einleuchtend: Im *Rolling Stone* etwa bezeichnet Frank Castenholz *Mein Block* in der Kolumne *Die besten deutschen Songs aller Zeiten* als „robusten Klassiker" (Castenholz 2020) unter Verweis darauf, dass der Song eine eigene, neue „Hardcore-Ästhetik" (ebd.) entwerfe und nach den politisch korrekten und harmlosen Anfängen des Deutschraps in den ausgehenden 1990er Jahren die Begründung eines neuen Rap-Genres initiiert habe. Gleichzeitig sieht Castenholz eine sozialkritische Perspektive und stellt fest, dass dieser Track – wie auch weitere aus der Berliner Szene dieser Zeit – erstmals eine authentische Repräsentanz prekärer Milieus boten und für deren Angehörige Beteiligungsspielräume im Feld populärer Musikproduktion eröffneten: „eine Generation von Underdogs und Migrationskindern [verschaffte] sich so erstmals mit geballter Kraft und ungefiltert Gehör" (ebd.).

Analog dazu nennt das Magazin hiphop.de Sido in einem Feature „eine[n] der größten Rapper, die die deutsche Szene je gesehen hat" und lobt insbesondere dessen gelungenen „Spagat zwischen kommerziellen Erfolgen im Mainstream und seiner authentischen Repräsentation eines Kerls, der das Leben auf Berlins Straßen gelernt hat" (hiphop.de 2018); in der folgenden Übersicht der besten Songs steht *Mein Block* auf Platz 3. In der zugehörige Kurzrezension hebt David Büchner die innovativen Beats hervor, er lobt die Lyrics als „ungeschönt authentisch und vor allem unfassbar witzig" (ebd.) und erinnert daran, dass der

Track zum Zeitpunkt seines Erscheinens prägend für eine ganze Generation von Musikrezipierenden war.

Dies dürfte mit einer der Gründe dafür sein, dass eine aktive Rezeption von Sidos Songs unvermindert anhält: Eine – nicht nach verschiedenen Tracks aufgeschlüsselte – Statistik von Clark Senger für hiphop.de führt Sido mit 5,529 Millionen Aufrufen auf Spotify im August 2022 auf Platz 2 der meistgestreamten deutschen Rapper an (Senger 2022b). Das Bild bestätigt sich bei einer Abfrage über alle Musikgenres: Auch in einer nach Entstehungsjahrzehnt geordneten Übersicht der meistgestreamten Acts in Deutschland taucht Sido für die 2000er auf Platz 8 auf – als weitere deutschsprachige Künstler sind hier lediglich Rammstein und Peter Fox vertreten (vgl. Fischer 2023). Auf YouTube ist *Mein Block* auf verschiedenen Kanälen verfügbar, das HD-Video auf AggroTV hat etwa 17 Mio. Aufrufe, auf dem Kanal Hitbox werden aktuell 11 Mio. Abrufe angezeigt. Betrachtet man die offiziellen Single-Chartpositionen, so ist *Mein Block* zwar mit einer Präsenz von 19 Wochen in den Top 100 und der höchsten Positionierung auf Platz 13 (vgl. GfK 2023a, Mein Block) kommerziell nicht so erfolgreich wie spätere Titel, die sich teils deutlich länger auf höheren Positionen halten, wie etwa *Bilder im Kopf*, das sich 48 Wochen in den Top 100 hält (vgl. GfK 2023b, Bilder im Kopf). In den Singlecharts 2004 steht der Track allerdings auf Platz 51, der einzige höher platzierte deutschsprachige Rapsong ist *Troy* von den Fantastischen Vier auf Platz 41 (vgl. GfK 2023c, Top 100 Single-Jahrescharts 2004). Berücksichtigt man insofern, dass es sich bei *Mein Block* um die erste breiter wahrgenommene Single eines bis dato kaum im Mainstream bekannten Künstlers handelt, der zudem ein damals noch randständiges Musikgenre bedient und auf einem kleinen Independent Label veröffentlicht wurde, so lässt sich durchaus sagen, dass der Track nicht nur ein Longseller ist, sondern zum Zeitpunkt seines Erscheinens ebenfalls einen sehr großen Publikumserfolg darstellte, dem eine Türöffnerfunktion für weitere Genretracks zugeschrieben werden kann.

Sucht man allerdings nach publizierten Unterrichtsideen[1] zu *Mein Block*, so findet sich ausschließlich ein wenig professionell wirkendes[2] sechsseitiges

---

1 Aussagen darüber, wie häufig und in welchen Fächern ein bestimmter Text – ganz unabhängig von Genre und Urheber*in – im schulischen Unterricht in Deutschland tatsächlich verwendet wird, lassen sich nur schwer treffen. Umfassende statistische Erhebungen dazu fehlen, bekannt ist lediglich, welche Texte als verbindliche Prüfungsinhalte von Abschlussprüfungen definitiv rezipiert werden. Die Existenz von Unterrichtsmaterialien stellt insofern lediglich einen möglichen Indikator für die schulische Nutzung dar.

2 Es handelt sich im Wesentlichen schlicht um eine Beschreibung des Tracks mit wenigen Hintergrundinformationen, am Ende sind als ‚Aufgaben' fünf Fragen angehängt. Eine tatsächliche Unterrichtsplanung wird also nicht angeboten, die Aufgaben entsprechen nicht den aktuellen Anforderungen etwa in Bezug auf die Verwendung von Operatoren o. ä. School-Scout ist ein privater kommerzieller Anbieter von Unterrichtsmaterialien, die Qualität der Inhalte variiert stark.

anonym veröffentlichtes ‚Projekt' zur Raptextinterpretation auf der Plattform School Scout (vgl. school scout 2010), während spätere Sido-Tracks durchaus gelegentlich auch von seriösen Akteur*innen didaktisiert werden, überraschenderweise häufig für das Fach Religion bzw. Ethik (vgl. z. B. Spiering-Schomborg 2017; vgl. Kittel 2020) und selbstverständlich für den Musikunterricht.

Versteht man mit Wolbring Rap als „die wohl populärste und einflussreichste Lyrikform der Gegenwart" (Wolbring 2015, S. 11), so scheint es allerdings irritierend, dass eine fundiertere deutschdidaktische Auseinandersetzung mit einem Track, dem innerhalb dieser Form der Literatur eine zentrale Position zukommt, bislang aussteht. Wie kann das sein?

Grundsätzlich ist in diesem Zusammenhang zunächst festzuhalten, dass schulische und private Rezeption von Texten als verschiedene Systeme betrachtet werden müssen, die jeweils eigenen Regeln folgen. Eine umfassendere Untersuchung der Mechanismen und Gesetzmäßigkeiten, die dafür sorgen, dass Texte aus der allgemeinen literarischen Kommunikation in das Subsystem der unterrichtlichen Kommunikation überführt werden, steht bislang aus. Sehr allgemein formuliert liegt dabei eine Art *invisible hand*-Prozess vor, wie ihn vor einiger Zeit Simone Winko für die Kanonkonstitution beschrieben hat (vgl. Winko 2002): Verschiedene Akteur*innen und Institutionen sowie deren Intentionen und Wertvorstellungen greifen zusätzlich beeinflusst von pragmatischen Einflussgrößen ineinander, sodass am Ende ein kollektiv akzeptiertes Ergebnis entsteht, ohne dass dieses von einer einzelnen Stelle aus maßgeblich gesteuert würde. Ein zentrales Problem besteht in diesem Zusammenhang darin, dass Auswahlentscheidungen und ihre – häufig auch nicht unabhängig sachbezogenen – Motive zumeist nicht transparent kommuniziert werden (vgl. dazu auch Heiser 2019, S. 233 f.). Damit stellt sich insbesondere in Bezug auf jüngere Texte die Analyse der Ursachen ihrer unterrichtlichen Nutzung oder auch ihrer Nichtverwendung als alles andere als trivial dar. Im Folgenden sollen daher zuerst ausgehend von einem von Sabine Pfäfflin vorgeschlagenen Auswahlmodell direkt textbezogene Eigenschaften von *Mein Block* daraufhin überprüft werden, inwiefern die manifesten Textdaten Merkmale aufweisen, die aus literaturdidaktischer Perspektive dafür sprechen, den Track in den Literaturunterricht einzubeziehen. In einem zweiten Schritt sollen ergänzend weitere Kontexte der öffentlichen Diskussion und der historischen Bedingungen hinzugezogen werden, um den aktuellen Status des Tracks im didaktischen Niemandsland zu erklären.

2. Didaktische Perspektiven I: Texteigenschaften

Wendet man die Kategorien eines normativen Auswahlmodells an, das Sabine Pfäfflin für epische Gegenwartsliteratur im Deutschunterricht vorgeschlagen hat (vgl. hier und zum Folgenden Pfäfflin 2012, S. 18–56), so ergeben sich durchaus

Gründe, die für eine Integration von *Mein Block* in den Literaturunterricht sprechen.

Pfäfflin führt für eine reflektierte Auswahl drei Kriterienbereiche ein und formuliert darin elf Positivkriterien. Gleichzeitig hebt sie hervor, dass eine Gewichtung der Kriterien untereinander flexibel und kontextabhängig jeweils individuell geleistet werden müsse; ein rein additives Vorgehen sei nicht sinnvoll, sondern der Text müsse unter verschiedenen Blickwinkeln betrachtet werden, die als sich ergänzende Perspektiven zu verstehen seien (vgl. Pfäfflin 2012, S. 18). Ausdrücklich betont Pfäfflin weiterhin, dass Verkaufserfolg und Reaktionen der zeitgenössischen Literaturkritik keine validen Beurteilungskriterien für die Eignung von Texten für den Literaturunterricht darstellen könnten, da beide Faktoren auf Handlungssysteme zurückgingen, deren Maßstäbe nicht ohne Weiteres auf das System Schule zu übertragen seien (vgl. Pfäfflin 2012, S. 54–56).

2.1 Formal-ästhetische Eigenschaften

Eine erste für die Auswahl wichtige Perspektive bilden Pfäfflin zufolge formal-ästhetische Kriterien, wobei sie konkret auf Polyvalenzgrad, stilistische Komplexität und Exemplarität verweist. Wendet man diese Kategorien auf *Mein Block* an, so liegt auf der Hand, dass das Maß an Deutungsoffenheit oder Polyvalenz eher beschränkt ist. Eine solche besteht vielleicht noch darin, dass die einzelnen Wohnparteien nur mit groben Strichen skizziert werden und diese kaleidoskopartige Sammlung dazu anregt, sich Interaktionen bzw. das Zusammenleben im Block in weiteren Details oder Situationen auszumalen. Die Gesamtaussage als identifikatorische Liebeserklärung an einen Ort, der von anderen abgewertet wird, ist dagegen unmissverständlich und eindeutig. Ähnliches lässt sich in Bezug auf die stilistische Komplexität festhalten. Generell ist die ästhetische Qualität von Rap-Texten bis heute umstritten (vgl. dazu z. B. Wolbring 2015, S. 134 ff.), wobei inzwischen zurecht betont wird, dass in diesem Zusammenhang viel von den angewendeten Maßstäben abhängt und sich „viele Raptexte deutlich über das Niveau der Schlager- oder Werbebranche [erheben]" (Post 2019, S. 175). *Mein Block* ist in dieser Hinsicht handwerklich solide gestaltet – es finden sich verschiedene Arten von Reimen und einige intertextuelle Verweise sowie ironische Brechungen, das zentrale Mittel der Aufzählung wird wirkungsvoll zum Einsatz gebracht usw. Auch wenn der Track sicherlich keine übersteigerte Komplexität erreicht, die wiederum mit Blick auf die angesprochene Zielgruppe und den Aufführungskontext ohnehin nicht beabsichtigt gewesen sein dürfte, hebt er sich in Fragen von Differenziertheit und Aspektreichtum der Darstellung beispielsweise deutlich positiv ab in Vergleich zum zeitnah entstandenen themenähnlichen Track *(Komm in) Mein Block* von Hecklah & Coch, der deutlich schablonenhafter vorgeht und in der Beschreibung des Blocks kaum eine individuelle Tiefe erreicht.

Ausdrücklich für den Track spricht schließlich das letzte der formal-ästhetischen Kriterien, die Kategorie der Exemplarität. Pfäfflin bezieht sich hier auf eine ältere Definition von Müller-Michaels, der erklärt, Exemplarität eines Textes bestehe dann, wenn dieser „typisch für eine Epoche, eine Gattung oder ein Genre, [...] für die Art und Weise ästhetischer Präsentation" (Müller-Michaels 1981, S. 146) sei und daran übertragbare Kenntnisse und Fertigkeiten erworben werden könnten (vgl. ebd.). Dass *Mein Block* in dieser Hinsicht tatsächlich als stilbildender Klassiker gelten kann, wurde eingangs bereits dargestellt (vgl. ausführlich auch Senger 2022 a oder Lukic 2017). Nachdem seit seinem ersten Erscheinen inzwischen zwanzig Jahre vergangen sind, kann in Bezug auf diesen Track auch seine Wirkungsgeschichte und eine Epochenrepräsentanz für die frühe Phase des Genres Straßenrap untersucht und illustriert werden (vgl. Pfäfflin 2012, S. 25 f.).

2.2 Thematisch-inhaltliche Eigenschaften

Das zweite von Pfäfflin entworfene Kriteriencluster betrifft thematisch-inhaltliche Aspekte, differenziert nach zeitdiagnostischem Potenzial, Reflexion der Vergangenheit aus gegenwärtiger Perspektive, Reflexion alltagsästhetischer Elemente, Grundmustern menschlicher Erfahrungen sowie jugendspezifischen Themen. Da *Mein Block* eine Gegenwartsaufnahme und keine historische Analyse darstellt, entfällt die Frage der Vergangenheitsreflexion. Zeitdiagnostisches Potenzial entfaltet der Track durchaus, indem er Repräsentanz für damalige prekäre soziale Verhältnisse schafft. Ausführlichere Überlegungen zu diesem Aspekt finden sich bei Seeliger, der *Mein Block* vor allem als Dokument einer trotzig proklamierten Gegenidentität „im Kontext der Debatte um die neue Unterschicht der 0er Jahre" (Seeliger 2021, S. 120 und ausführlicher Seeliger 2023) liest. In diesem Zusammenhang sind besonders auch die alltagsästhetischen Elemente bzw. das alltagskulturelle Material von Bedeutung, die der Track ausführlich nutzt, um den Block anschaulich und authentisch zu beschreiben, und um gleichzeitig das Dargestellte einerseits in einem bestimmten Milieu zu verankern und andererseits die Darstellung in die kulturelle Praxis des Straßenraps einzuschreiben. Ausführlich kann dies hier nicht vorgeführt werden, entsprechende Hinweise finden sich bei Seeliger (Seeliger 2021, S. 116–120). Mit Blick auf die Systematik der beiden letzten thematisch-inhaltlichen Kriterien Pfäfflins lässt sich fragen, inwiefern diese überhaupt voneinander zu trennen sind – es ließe sich auch dafür argumentieren, jugendspezifische Themen schlicht als einen Bereich der übergreifenden menschlichen Schlüsselerfahrungen zu sehen. Unabhängig davon, wie dies gehandhabt wird, lassen sich eindeutig passende Anknüpfungspunkte in *Mein Block* finden: Der Track behandelt Fragen von Identität und Zugehörigkeit bzw. Abgrenzung und thematisiert (wenn auch in notwendig knapper Form) Gewalt, Tod und Sexualität. Wenn im Sinne dieses didaktischen Zugangs „Literatur als Möglichkeit erkannt (und erprobt) werden [soll], den eigenen Erfahrungsraum imaginativ zu überschreiten und eigene Erlebnisse zu differenzieren" (Pfäfflin 2012, S. 39), so spricht für *Mein Block* besonders, dass der in verdichteter Form beschriebene prekäre Mikrokosmos für einen großen Teil angesprochener Lernender glücklicherweise eine Fremderfahrung darstellen wird. Der Text erlaubt insofern für viele den erwünschten Blick in andere Lebenswelten und damit auch eine Neubewertung und Einordnung eigener Lebenserfahrungen.

2.3 Didaktisch relevante Eigenschaften

In einem letzten Kriterienbereich fasst Pfäfflin sogenannte didaktische Kriterien zusammen. Hier führt sie zuerst zwei eher pädagogisch orientierten Kategorien ein, indem sie dazu anregt, Texte daraufhin zu befragen, ob sie die Identitätsentwicklung anregen oder zur Auseinandersetzung mit Wertfragen anleiten können.

Zum Hintergrund ist anzumerken, dass identitätsorientierte Ansätze für den Literaturunterricht ein breit etabliertes Konzept darstellen (vgl. zusammenfassend Frederking 2013), auch wenn inzwischen zunehmend hinterfragt wird, wie wirksam Interventionen des institutionalisierten Literaturunterrichts in dieser Hinsicht tatsächlich sind oder ob nicht im Unterricht eher Rollenverhalten und internalisierte Skripte wirksam werden bzw. nicht ausschließlich diese von Dritten beobachtet werden können (vgl. Scherf 2021). Diese Frage kann im vorliegenden Kontext selbstverständlich nicht geklärt werden. Um zu prüfen, ob ein Text geeignet ist, um diesen didaktischen Ansatz zu verfolgen, schlägt Pfäfflin drei Prüffragen vor: „(1) Werden im Text Identitätsfragen thematisiert? (2) Hält der Text alters- oder geschlechtsspezifisches Identifikationspotenzial für Jugendliche bereit? (3) Sind Erzählperspektive und Handlungskontext so gestaltet, dass sie Schüler zum Einfühlen in die literarischen Figuren bzw. zum Nachvollzug von deren Emotionen oder Gedanken anregen?" (Pfäfflin 2012, S. 45). In Bezug auf die erste Frage lässt sich eindeutig bestätigen, dass die Identität der Rap-Persona bzw. des Sprecher-Ichs ein zentrales Thema von *Mein Block* darstellt: Dieses Wohn- und Lebensumfeld prägt sein Erleben, ist Grundlage der sozialen Beziehungen und trägt über äußere Zuschreibungen auch zur Konstitution einer sozialen Identität bei, wenn etwa das angesprochene Du die Rap-Persona für deren Herkunft auslacht, während gleichzeitig das engere Umfeld des Blocks eine ganz andere Identifikation vornimmt und selbstbewusst postuliert „In meinem Block weiß es jeder, wir sind Stars". Gleichzeitig – dies wird besonders explizit im Refrain formuliert – stellt der Block für die Rap-Persona eine zentrale Bezugsgröße der so auch in weiteren Texten subjektiv konstruierten Identität als Ghetto-Kind und Straßenjunge (vgl. z. B. Sido 2006, *Strassenjunge*) dar. Inwiefern alters- und geschlechtsspezifisches Identifikationspotenzial gegeben sind, ist diskutabel. Sicherlich drückt sich im Track eine maskulin dominierte Perspektive aus, allerdings wird über weite Passagen eine eher beschreibende Außenperspektive auf das Leben im Block eingenommen und der sehr prominente Refrain adressiert alters- und geschlechtsübergreifend ein benachteiligtes soziales Milieu. Ein besonderes Identifikationspotenzial ergibt sich insofern wohl eher hinsichtlich bestimmter sozialer – prekärer urbaner – Schichten. Die letzte der drei Fragen muss hinsichtlich der Gattungszugehörigkeit von *Mein Block* zur Großgattung Lyrik leicht adaptiert werden. Fragt man allgemeiner danach, ob der Track ein Näheverhältnis zwischen Rezipierenden und Rap-Persona unterstützt, so ist dies wiederum deutlich positiv zu beantworten: Für dieses Näheverhältnis nimmt der prominente Refrain, der über die eingängige Struktur zum Mitrappen animiert, eine wichtige Funktion ein. Günstig ist zusätzliche die detaillierte Beschreibung des bunten Bewohner*innenkollektivs: Imaginativ können sich die Zuhörenden selbst in diese Gruppe einschreiben – unabhängig davon, dass die direkten Publikumsansprachen, besonders auch das Intro in der Radio-Version, sie eher mit Milieufremden assoziieren.

Bezogen auf den zweiten Aspekt dieses Kriterienclusters lässt sich feststellen, dass Anliegen eines wertereflexiven Literaturunterrichts in den Jahren seit der Publikation von Pfäfflins Modell eher noch an Bedeutung gewonnen haben. Aktuell wird dieser Ansatz häufig im Kontext der Entwicklung von *futures literacies* verstanden, die Lernende dazu in die Lage versetzen sollen, Orientierung in einer von Pluralität geprägten Welt zu finden. Literarische Texte werden diesbezüglich als besonders geeignetes Medium gesehen, um Werthaltigkeit und die Konstruktion von Werten zu reflektieren, da sie ihrerseits zur insbesondere impliziten Wertebildung maßgeblich beitragen (vgl. z. B. Anselm / Grimm / Wanning 2023, S. 7 f.). Pfäfflin betont in ihren Ausführungen zurecht, dass Literaturunterricht kein moralisierender Gesinnungsunterricht sein dürfe (vgl. Pfäfflin 2012, S. 48); Ziel müsse es vielmehr sein, durch diskursive Wertereflexion die Fähigkeit zu moralischer Urteilsbildung und Empathie bei den Lernenden zu entwickeln (Pfäfflin 2012, S. 50). Dafür eigneten sich vor allem Texte, die „moralisch-ethische Fragen aufwerfen oder provozieren, thematisch mehrdimensional sind und einen hohen Polyvalenzgrad aufweisen, sodass sie die Beschäftigung mit Wertfragen anregen, jedoch nicht auf die präskriptive Vermittlung bestimmter Botschaften abzielen oder auf einen einzigen thematischen Schwerpunkt beschränkt bleiben" (ebd.). Bei der Anwendung dieser Kategorie auf *Mein Block* ist – wie schon oben – zu berücksichtigen, dass Pfäfflins Modell auf die Auswahl epischer Texte ausgelegt ist. Der Track als deutlich weniger umfangreicher lyrischer Text kann von daher rein aus formalen Gründen kaum ein vergleichbares Maß an Mehrdimensionalität leisten. Davon abgesehen stellt er durchaus eine wertebezogene Frage zur Diskussion: Es geht in *Mein Block* nicht allein um einen kontextfreien Ausdruck von Heimatliebe, vielmehr wird in der Kommunikation zwischen Rap-Persona und angesprochenem milieufremdem Du-Gegenüber die Frage nach dem Wert von ökonomischem Reichtum aufgeworfen bzw. danach, welche Werte wirklich von Bedeutung sind. Dieser Bezug wird noch einmal deutlicher, wenn man als implizit im Refrain aufgerufenen Bezugstext einen seit den ausgehenden 1990er Jahren ausgesprochen bekannten Fernsehwerbespot der Sparkassen identifiziert, in dem zwei alte Schulfreunde versuchen, sich gegenseitig mit Fotos der von ihnen erworbenen materiellen Besitztümer zu übertrumpfen; die zentrale Phrase besteht in der von ihnen nacheinander vorgetragenen Aufzählung „Mein Haus, mein Auto, mein Boot!" (vgl. Sparkasse 1995). Die parallele Kommunikationssituation wird besonders im Outro von *Mein Block* deutlich markiert, wenn die Rap-Persona die Assets des Gegenüber analog zu denen im Werbespot aufzählt „Deine Villa, dein Boot, deine Frauen, deine Karriere / Dein Geld, dein Leben" und diese abschließend mit „kein Bock" abqualifiziert.

Ergänzt wird der Bereich der didaktischen Kriterien um eine dritte, eher offene pragmatische Kategorie der unterrichtspraktischen Aspekte. Diese pragmatische Betrachtungsweise bezieht sich auf alle unterrichtsorganisatorischen Fragen, etwa nach der Verfügbarkeit des Textes, nach dem mindestens zu investierenden Zeitaufwand oder nach Verknüpfungsmöglichkeiten mit klassischen Schullektüren (vgl. Pfäfflin 2012, S. 52 f.). Mit Blick darauf lässt sich sagen, dass *Mein Block* mehrere günstige Eigenschaften aufweist: Es handelt sich um einen wenig umfangreichen Text, der online leicht zugänglich ist. Anschaffungskosten dürften insofern in den meisten Fällen nicht anfallen und es können ohne Weiteres auch kürzere Unterrichtssequenzen dazu geplant werden. Thematische Querverbindungen zu klassischen Themen und Texten lassen sich ebenfalls gut herstellen. So kann der Track in den Kontext einer Analyse der Darstellung prekärer Lebensverhältnisse bzw. Milieus gesetzt werden, etwa in Vergleich zu Texten des Vormärz wie Büchners *Woyzeck* oder solchen des Naturalismus wie zum Beispiel Hauptmanns *Die Ratten*. Alternativ lässt sich *Mein Block* aber auch als Auseinandersetzung mit dem Thema Heimat verstehen oder als aktuellerer Vergleichspunkt für die Großstadtlyrik des Expressionismus. Die Liste ließe sich noch weiterführen und besonders auch um Ansätze ergänzen, die eher philologische und wissenschaftspropädeutische Fragestellungen berühren. So kann zum Beispiel das für damalige Verhältnisse ausgesprochen aufwändig produzierte Video zum Track als Text-Bild-Kombination untersucht werden oder es kann durch einen Vergleich von *Radio Edition* und *Beathovens Remix* das Phänomen der Autor-Varianten thematisiert werden, ebenso wie sich ausgehend vom Vergleich mit zeitnah entstandenen themengleichen Tracks von Blumentopf, Hecklah & Coch und Azad Fragen von Originalität und Motivwanderung diskutieren lassen.

Für den schulischen Kontext eher problematisch ist dagegen, dass das Album *Die Maske*, für das *Mein Block* als vorabveröffentlichte Singleauskopplung werben sollte, von der Bundesprüfstelle für jugendgefährdende Medien indiziert wurde, ebenso wie *Aggro Ansage Nr. 3*, der Sampler, auf dem *Mein Block* in der Beathovens-RMX-Version im November 2003 veröffentlicht worden war. In beiden Fällen reagierte das verantwortliche Label Aggro Berlin mit dem Release einer alternativen

Album-Variante, auf der jeweils die nicht beanstandeten Inhalte, darunter *Mein Block*, nicht aber die vorher indizierten Tracks angeboten wurden. Das Verwaltungsgericht Köln stellte im Februar 2006 im Gerichtsstreit mit Aggro Berlin in Bezug auf *Die Maske* auch ausdrücklich fest, dass *Mein Block* bereits im Dezember 2004 nicht als indizierungsrelevant eingestuft worden sei (vgl. VG Köln 2006). Dennoch kann hier aus einer allgemeinpädagogischen Perspektive ggf. die Befürchtung geäußert werden, dass eine schulische Auseinandersetzung mit diesem Track Lernende möglicherweise zu einer Beschäftigung mit indizierten Inhalten animieren könnte.

Will man an dieser Stelle ein kurzes Zwischenfazit ziehen, so zeigt sich, dass *Mein Block* in der Gesamtschau mehrere der bei Pfäfflin aufgeführten Perspektiven eindeutig positiv bedient: Es ließen sich ohne Weiteres sinnvolle Unterrichtsarrangements dazu entwickeln und die Negativargumente wirken im Vergleich mit den Argumenten, die für eine Didaktisierung sprechen, eher weniger relevant.

3. Didaktische Perspektiven II: Kontexte und Diskurse

Nicht vergessen werden darf allerdings, dass neben den sehr eng mit den manifesten Textdaten verbundenen Eigenschaften zusätzliche Faktoren Einfluss darauf haben, ob ein Text als unterrichtsgeeignet eingeschätzt wird oder ihm sogar der Status eines wichtigen, unverzichtbaren Bildungsgegenstandes zugeschrieben wird. Zu nennen sind hier beispielsweise die Bewertung, der Autor bzw. Autorin im Bildungsdiskurs unterliegen und die Bedeutung, die man in diesem Kontext Genre und Epoche bzw. literarischer Strömung beimisst, der ein Text zugerechnet wird. Um dies an einem etwas plakativen Beispiel zu verdeutlichen: Den meisten Kirchenliedern von Paul Gerhardt wäre nach Pfäfflin ein hohes Maß an Exemplarität zuzuschreiben, da viele davon in das evangelische Kirchenliedergesangbuch und damit in einen Kanon religiös bedeutsamer Lieder aufgenommen wurden und sie theologische Überzeugungen, aber auch ästhetische Gestaltungsmittel der Entstehungszeit idealtypisch abbilden. Trotzdem werden Lieder wie *Befiel du deine Wege* oder *O Haupt voll Blut und Wunden* wenn überhaupt wohl nur in Ausnahmefällen Unterrichtsinhalt im Fach Deutsch, da das Genre des Kirchenliedes – mindestens in Schulen, die sich in staatlicher Trägerschaft befinden – nicht als wesentlicher Bildungsinhalt eingestuft wird.

Betrachtet man unter dieser Perspektive Autor und Entstehungskontext, so lässt sich feststellen, dass Sido als prominenter Performer inzwischen durchaus Bestandteil eines etablierten Mainstreams ist. Passend zu seiner an verschiedenen Stellen geäußerten Selbsteinschätzung, er sehe sich vornehmlich als Entertainer, erstreckt sich sein Tätigkeitsfeld mittlerweile bei weitem nicht mehr allein auf die Musik, sondern es umfasst zusätzlich Auftritte in Reality-Formaten, Spielshows etc. Die aktuellen Auftritte sind dabei meist wenig kontrovers und weit von den bewusst provokanten Anfängen als Straßenrapper entfernt – ein letzter kleinerer Skandal datiert vom Mai 2020, als Sido sich in einem YouTube-Talk mit Ali Bumaye zunächst wenig geschickt in Bezug auf Verschwörungstheorien äußerte, sich wenig später allerdings in einem Statement gegenüber hiphop.de recht deutlich mindestens von wesentlichen Vertretern dieser Inhalte distanzierte (vgl. Senger 2020). Das entwickelte Image ist derzeit also durchaus familienfreundlich, verortet sich aber – trotz der gleichzeitigen Publikation von Texten, denen ein gewisser Anspruch zuzuschreiben ist – sehr deutlich im Unterhaltungsbereich: Andere Popkünstler*innen profilieren sich teils beispielsweise in politischen Talkshows oder durch das Engagement für wohltätige Zwecke – als typische Beispiele kann man hier etwa Andreas Frege/Campino oder Peter Maffay nennen. Sidos Auftritte in Formaten wie dem YouTube-*Angelcamp* oder das Aufstellen eines zertifizierten Weltrekords im Donut-Stapeln im Februar 2023 bei Pro7 in *Wer stiehlt mir die Show?* sorgen zwar für Reichweite, tragen allerdings kaum zu seiner Wahrnehmung als seriösem Künstler bei. Im deutschsprachigen Bildungsdiskurs, der traditionell stärker als etwa der englischsprachige zwischen Unterhaltungs- und Hochliteratur unterscheidet, ist eine solche Positionierung eines Künstlers in Bezug auf die Legitimierung seiner Texte als Unterrichtsinhalt eher nachteilig.

Zusätzlich kann Rap als Genre, das Sido bedient, zwar ausgehend von den Verkaufs- und Streamingzahlen definitiv als allgemein im Mainstream angekommen gelten, dennoch werden Spielarten wie Gangsta- bzw. Straßenrap weiterhin mit der Kategorie der Bildungsferne assoziiert. Bereits ältere, gangstarap-kritische Studien betonen einen Zusammenhang zwischen Zugehörigkeit zu einem niedrigeren Bildungsgang und einer Vorliebe für Straßenrap (vgl. z. B. Herschelmann 2021, S. 72 und Weller 2010, S. 218), eine etwas neuere umfassendere Untersuchung von Sator scheint diese Vermutungen zu bestätigen (vgl. Sator 2017).[3] Zudem tritt diesbezüglich ein genereller Systemkonflikt auf, wenn es zum Kontakt zwischen Straßenrap und institutionalisierter Bildung kommt: Im System Gangstarap wird Realness, das heißt ein authentisches Verkörpern echter eigener Erfahrungen als wesentliches Qualitätskriterium gesehen (vgl. z. B. Kanehl/Zill 2009, S. 4–7). Nimmt man diesen Anspruch ernst, so muss ein Straßenrapper bzw. eine Straßenrapperin auch persönlich für Bildungsferne stehen oder wenigstens eine entsprechende Attitüde an den Tag legen, um für das intendierte Publikum innerhalb des Genres glaubwürdig zu sein.[4] Personen, die sich selbst

3 Die Validität aller durchgeführten Studien ist insofern zu hinterfragen, als dass alle methodisch als Fragebogenerhebungen durchgeführt wurden. Ausgehend davon, dass mit der Rezeption von Straßenrap ein bestimmtes Image verbunden war und ist (am Beginn der 2000er Jahre noch stärker als heute), kann nicht als gesichert angenommen werden, dass die Antworten der Befragten in allen Fällen und in vollem Umfang ihrer tatsächlichen privaten Rezeptionspraxis entsprechen.

4 Einschätzungen wie die von Zarabian, dass HipHop von seinen Wurzeln her eher als bildungsaffin einzustufen sei, gemäß dem afroamerikanischen Sprichwort „Each one teach one“ (vgl.

einer Bildungscommunity zurechnen, neigen dagegen dazu, für Bildungszwecke eher Performer*innen heranzuziehen, deren Hintergrund und Habitus ihrem eigenen ähnelt. Insofern ist es wenig überraschend, dass als Beispiel für den Unterricht bislang Texte von Personen wie Alligatoah bevorzugt werden, der als Abiturient und Kind aus einer Künstler*innenfamilie in ironischen, vorlesungsartigen Videoclips vor einem Overheadprojektor seine eigenen Songs erklärt (vgl. z. B. Alligatoah 2022).

In diesem Zusammenhang wirken allerdings die im Diskurs angeführten Argumente, die sich auf inhaltlicher Ebene gegen die Rezeption von Straßenrap-Texten wenden bzw. vor deren Gefährlichkeit warnen (vgl. idealtypisch Weller 2010), inhaltlich wenig kohärent: Darstellungen devianter Sexualpraktiken (vgl. Seeliger 2021) oder misogyne Darstellungen von Frauen finden sich genauso – auch explizit gezeigt – in anderen Texten, die im schulischen Lektürekanon fest verankert sind. Tatsächliche Basis der gegen diese Inhalte geäußerten Kritik scheint somit recht deutlich Klassismus zu sein, wenn man bedenkt, dass beispielsweise Wedekinds Drama *Frühlings Erwachen* eben diesen Einwänden nicht ausgesetzt ist. Daraus folgt selbstverständlich nicht, dass Texte mit entsprechenden Inhalten affirmativ gelesen werden sollten, oder dass keine Kritik an bestimmten präsentierten Sichtweisen[5] geübt werden dürfte: Ganz unabhängig davon, aus welchem Zusammenhang ein Text stammt, muss Basis einer gemeinsamen Lektüre mit Heranwachsenden immer eine kritische Auseinandersetzung mit den darin entwickelten Normen, Haltungen und Weltbildern sein. Dies sollte allerdings gleichermaßen für Texte gelten, die sich innerhalb des informellen schulischen Lektürekanons etabliert haben – eine Kontrastierung zwischen als moralisch wertvoll klassifizierten Texten der Höhenkammliteratur und als jugendgefährdend deklarierten Texten einer zeitgenössischen Deutschrap-Kultur ist mindestens irreführend, wie auch Zarabian feststellt, die davon ausgeht, dass nicht zuletzt rassistische Stereotype Grundlage der expliziten Kritik am Genre Deutschrap seien: „Sexualisierte Gewalt ist kein exklusives Problem von Deutschrap. Das ist ein gesamtgesellschaftliches Problem. Immer wenn die Subkultur Deutschrap mit dem Mainstream in irgendeiner Form in Berührung kommt, findet ein Externalisieren von eigenen Problemen statt. [...] Man muss das unbedingt rassismuskritisch betrachten. Wenn mit dem Finger auf Deutschrap gezeigt wird, steckt da oft eine Intention dahinter" (Zarabian in Högele/Wilhelm 2021).

Zarabian 2020, S. 147 f.), widersprechen dem nicht: Gegenstand dieser Bildungsbestrebungen ist meistens ein dezidiert communityinternes gegenseitiges Lernen und Lehren in Abgrenzung zur Teilnahme an institutionalisierten Bildungsangeboten.

5 Wenigstens erste Ansätze einer entsprechenden Reflexion finden sich inzwischen auch in der Deutschrap-Szene, seitdem im Sommer 2021 Vergewaltigungsvorwürfe gegen Samra publik wurden und sich in der Folge eine vergleichsweise breite Sexismus-Debatte unter dem Hashtag #deutschrapmetoo entwickelte.

4. Ein kurzes Fazit: Ist das Kunst oder kann das weg?

In der Zusammenschau der Argumente zeigt sich, dass die Frage, welche Rolle *Mein Block* im Literaturunterricht spielen kann, untrennbar verbunden ist mit der Frage danach, welche Literatur, welche Kultur in der Schule des 21. Jahrhunderts vermittelt werden soll. Wenn der Track im schulischen Kontext bislang nur wenig Beachtung gefunden hat, dann liegt dies – wie in Abschnitt 2 gezeigt wurde – keineswegs daran, dass er bestimmte literaturwissenschaftliche Qualitäten nicht erfüllen würde oder dass er sich nicht mit zentralen literaturdidaktischen Intentionen vereinbaren ließe. Ursache scheint vielmehr zu sein, dass innerhalb einer häufig noch nationalliterarisch und von bildungsbürgerlichen Akteur*innen geprägten Praxis der schulischen Textauswahl einer Auseinandersetzung mit Texten jenseits eines bildungsbürgerliche Mainstreams nur sehr wenig Platz eingeräumt wird. Eine Neuauflage der Diskussion um eine Kanonerweiterung, wie sie in der Deutschdidaktik zuletzt in den 1970er Jahren intensiver geführt wurde und wie sie aktuell unter den Vorzeichen von *postcolonial studies* und *gender studies* wieder angemahnt wird (vgl. z. B. die Initiative #breiterkanon 2023), scheint insofern dringend angeraten: Ein inklusives Verständnis von Bildung sollte darauf abzielen, die Vielfalt deutschsprachiger Kultur sichtbar zu machen und darüber gesellschaftlichen Zusammenhalt zu ermöglichen, dass verschiedene Milieus auch im Unterricht repräsentiert und in ihrer Existenz ernstgenommen werden. Sidos ‚stabiler Klassiker' *Mein Block* könnte hier erneut eine Vorreiterrolle einnehmen.

Literatur

#breiterkanon (2023): Homepage. breiterkanon.hypotheses.org (05.01.2024).

Alligatoah (2022): „Nicht adoptiert" vom Album „Rotz & Wasser" jetzt hören! www.google.com/search?client=firefox-b-d&q=alligatoah+erkl%C3%A4rt+seine+texte#fpstate=ive&vld=cid:24b90cba,vid:nZmLq8S5WAY (29.05.2023).

Anselm, Sabine/Grimm, Sieglinde/Wanning, Berbeli (2023): Einführung der Herausgeberinnen. In: Anselm, Sabine/Grimm, Sieglinde/Wanning, Berbeli (Hrsg.): Werte der Klassiker – Klassiker der Werte. Zukunftsperspektiven im Rückblick. Göttingen: V&R Unipress, S. 7–19.

Castenholz, Frank (2020): Die besten deutschen Songs aller Zeiten: Sido – „Mein Block". In: Rollingstone, 12.10.2020. www.rollingstone.de/sido-mein-block-beste-deutsche-songs-2044405 (03.05.2023).

Fischer, Benjamin (2023): Die gar nicht so neue Liebe zu alten Songs. In: FAZ Frankfurter allgemeine Zeitung, 19.01.2023. www.faz.net/aktuell/wirtschaft/digitec/aeltere-songs-auf-spotify-co-beliebt-wie-heute-musik-gehoert-wird-18611423.html?printPagedArticle=true#pageIndex_3 (16.05.2023).

Frederking, Volker (2013): Identitätsorientierter Literaturunterricht. In: Frederking, Volker/Krommer, Axel/Meier, Christel (Hrsg.): Taschenbuch des Deutschunterrichts. Bd. 2: Literatur- und Mediendidaktik. Baltmannsweiler. 2., neubearbeitete und erweiterte Auflage. Baltmannsweiler: Schneider Verlag Hohengehren, S. 427–470.

GfK (2023a): Offizielle deutsche Charts. Mein Block. www.offiziellecharts.de/titel-details-27673 (05.01.2024).

GfK (2023b): Offizielle deutsche Charts. Bilder im Kopf. www.offiziellecharts.de/titel-details-1090002 (05.01.2024).

GfK (2023c): Offizielle deutsche Charts. Top 100 Single-Jahrescharts 2004. www.offiziellecharts.de/charts/single-jahr/for-date-2004 (05.01.2024).

Heiser, Ines (2019): Seethalers Trafikantenwahl – oder: Wie ein Roman auf die Lektüreliste kommt. In: Literatur im Unterricht. Texte der Gegenwartsliteratur für die Schule 20.3, S. 231–242.

Herschelmann, Michael (2012): Deutscher Gangsta- und Porno-Rap. Gefährlich, für wen? In: Gabriele Hofmann (Hrsg.): Musik & Gewalt. Aggressive Tendenzen in musikalischen Jugendkulturen. 3., unveränderte Auflage. Augsburg: Wißner, S. 71–98.

Hiphop.de (2018): Die besten Songs von Sido: 15 Favoriten der Redaktion. https://hiphop.de/magazin/hintergrund/besten-songs-von-sido-15-favoriten-redaktion-313144 (05.01.2024).

Högele, Tessa / Wilhelm, Till (2021): #DeutschrapMeToo. „Niemand vergisst so schnell wie die Deutschrapszene". Interview mit Nava Zarabian. In: ze.tt, 22.06.2021. www.zeit.de/zett/2021-06/deutschrap-metoo-vergewaltigungsvorwuerfe-rapper-nava-zarabian/komplettansicht (29.05.2023).

Kanehl, Jan / Zill, Elias (2009): „Don't push me, 'cause I'm close to the edge". Urbanität und ästhetische Erfahrung im Kontext populärer Musik. In: zaeb.net Zeitschrift ästhetische Bildung 1, 2.

Kittel, Karen (2020): Lied „Danke" von Sido – Religionsunterricht digital. In: religionsunterricht.net, 30.03.2020. https://religionsunterricht.net/blog/lied-danke-von-sido (24.05.2023).

Lukic, Toni (2017): „Mein Block". Deutschraps erster Blockbuster. In: #Deutschrap25. www.redbull.com/de-de/sido-mein-block (29.05.2023).

Müller-Michaels, Harro (1981): Didaktische Wertung. Anmerkungen zur Kanon-Diskussion. In: Müller-Michaels, Harro (Hrsg.): Jahrbuch der Deutschdidaktik 1980. Königstein / Taunus, S. 136–148.

Pfäfflin, Sabine (2012): Auswahlkriterien für Gegenwartsliteratur im Deutschunterricht. 2., korrigierte und überarbeitete Auflage. Baltmannsweiler: Schneider Verlag Hohengehren.

Post, Söhnke (2019): „Alles endet aber nie die Musik". Didaktische Potenziale und Anschlussmöglichkeiten deutscher Raptexte im Literaturunterricht. In: Brune, Carlo / Theilen, Ines (Hrsg.): Wellenritt in riffreicher Zone. Gegenwartslyrik im Unterricht. Trier: WTV, S. 173–184.

Sator, Markus (2017): Gangsta-Rap – eine Studie zur Rezeption von Schülerinnen und Schülern der Sekundarstufe I. Karlsruhe. https://phka.bsz-bw.de/frontdoor/index/index/year/2017/docId/81 (29.05.2023).

Scherf, Daniel (2021): Subjektsein im Literaturunterricht. Eine Auseinandersetzung mit einer fachdidaktischen Konvention. In: Didaktik Deutsch 26, 50, S. 76–95.

School-Scout (2010): Projekt Rap im Unterricht: Raptextinterpretation: „Mein Block" von Sido. Fächerübergreifend für Deutsch und Musik in der Realschule. www.school-scout.de/40830-projekt-rap-im-unterricht-raptextinterpretation-si (29.05.2023).

Seeliger, Martin (2021): Soziologie des Gangstarap. Popkultur als Ausdruck sozialer Konflikte. Weinheim / Basel: Beltz Juventa.

Seeliger, Martin (2023): „Mein Block". Eine politökonomische Rahmenerzählung. Sidos Stück vom 4. April 2004 – eine Analyse zur ‚Neuen Unterschicht' zum 19. Jahrestag der Single. In: Pop-Zeitschrift vom 04.04.2023. https://pop-zeitschrift.de/2023/04/04/mein-block-eine-politoekonomische-rahmenerzaehlungautorvon-martin-seeliger-autordatum4-4-2023 (25.05.2023).

Senger, Clark (2020): Exklusives Statement: Sido distanziert sich von Verschwörungstheoretikern. In: hiphop.de, 13.05.2020. https://hiphop.de/sido-corona-xavier-naidoo (29.05.2023).

Senger, Clark (2022 a): „Mein Block" – Wie Sido eine neue Deutschrap-Ära einleitete. In: hiphop.de, 04.04.2022. https://hiphop.de/magazin/hintergrund/mein-block-wie-sido-eine-neue-deutschrap-aera-einleitete-401839 (25.05.2023).

Senger, Clark (2022 b): Das sind die meist-gestreamten Rapper auf Spotify. In: hiphop.de, 03.08.2022. https://hiphop.de/magazin/hintergrund/sind-meist-gestreamten-deutschen-rapper-auf-spotify-403272 (16.05.2023).

Sparkasse (1995): Mein Haus, mein Auto, mein Boot. www.youtube.com/watch?v=DbqcRG-CT30 (05.01.2024).

Spiering-Schomborg, Nele (2017): Sido betet. Hip Hop trifft Psalmendidaktik. In: Österreichisches Religionspädagogisches Forum 25, 2, S. 27–31. DOI: 10.25364/10.25:2017.2.4

Verwaltungsgericht Köln (2006): Urteil vom 17.02.2006, 27 K 6557/05. https://openjur.de/u/111061.html (05.01.2024).

Weller, Konrad (2010): Explizite Lyrik – ‚Porno-Rap' aus jugendsexuologischer Perspektive. In: Schetsche, Michael/Schmidt, Renate-Berenike (Hrsg.): Sexuelle Verwahrlosung. Empirische Befunde – Gesellschaftliche Diskurse – Sozialethische Reflexionen. Wiesbaden: VS Verlag für Sozialwissenschaften, S. 207–230.

Winko, Simone (2002): Literatur-Kanon als ‚invisible hand'-Phänomen. In: Arnold, Heinz Ludwig/Korte, Hermann (Hrsg.): Literarische Kanonbildung. München, S. 9–24.

Wolbring, Fabian (2015): Die Poetik des deutschsprachigen Rap. Göttingen: V&R unipress.

Zarabian, Nava (2020): Deutschrap: Eine Jugendkultur als Chance für politische Bildung. In: Demokratie gegen Menschenfeindlichkeit 5, 1, S. 145–150.

Zu den Autor*innen

Markus Baum ist Sozial- und Politikwissenschaftler und Professor für Soziologie an der katho NRW, Abteilung Aachen. Zu seinen Arbeitsschwerpunkten zählen Gesellschaftstheorien, Stadt- und Architektursoziologie sowie Theorien der Digitalisierung.

Sebastian Berlich ist Wissenschaftlicher Mitarbeiter im Teilprojekt ‚Pop-Ästhetiken' (SFB 1472 ‚Transformationen des Populären'). Er forscht zu Gegenwartsästhetik, Genre-, Persona- und Pop-Theorie.

Specter Berlin ist der Macher, Art Director und das Mastermind hinter Aggro Berlin, Europas größtem Independent Label der frühen 2000er Jahre. Seine jüngsten Arbeiten umfassen globale Werbespots (Mercedes, BMW, VW, Nike u. a.), Musikvideos, den Musikfilm AntiMarteria sowie die audiovisuelle Meta-Gruppe „Hellyes".

Fionn Birr arbeitet als freier Journalist in Hamburg und beschäftigt sich seit über zehn Jahren hauptsächlich mit der nationalen und internationalen HipHop-Kultur.

Tomy Brautschek ist ein Medien- und Kulturwissenschaftler der Heinrich-Heine-Universität Düsseldorf. Seine Schwerpunkte in Lehre und Forschung liegen in den Bereichen der Medien- und Popkulturtheorie sowie Sound Studies.

Valentin Goldbach ist Dozent für Kulturwissenschaften und freier Autor (u. a. für Jungle World). Aktuell arbeitet er an seiner Dissertation über die Vermittlung von Unterklassenbewusstsein durch den Gangsta-Rap von Bushido. Seine Forschungsschwerpunkte sind Deutschrap, kritische Theorie und empirische Forschung in der Tradition der Ethnopsychoanalyse.

Anna Groß studierte Kultur-, Musik- und Sprachwissenschaften an der HU Berlin und UKZN in Durban / Südafrika. Sie arbeitet seit 2002 in der politischen Bildung, hat 2005 den Verein cultures interactive mitgegründet und betreibt seit 2011 mit Rainer Scheerer das Musiklabel Springstoff. Seit 2021 arbeitet sie als Referentin für die Musikbranche bei der MaLisa Stiftung. 2023 hat sie zusammen mit Marie Jäger den Sammelband „It's more than just rap – HipHop in der Jugendarbeit" herausgegeben

Ines Heiser ist Literaturdidaktikerin. Sie arbeitet als abgeordnete Lehrkraft an der Philipps-Universität Marburg im Bereich Lehramtsausbildung für das Fach Deutsch und als Studienrätin an einem Gymnasium. Zu ihren Arbeitsschwerpunkten zählen Diversität und intersektionale Ansätze in der Literaturdidaktik, literarisches Lernen und handlungs- und produktionsorientierter Literaturunterricht.

Marie Jäger hat Islamwissenschaft, Politik und Philosophie studiert, malt seit 1998 Graffiti und hat mehrere Jahre als Türsteherin gearbeitet. Seit 2011 arbeitet sie für den Verein cultures interactive in der politischen Bildung und Extremismusprävention. Sie entwickelt gern Methoden und Formate für die Jugendkulturarbeit und die politische Bildung. Gemeinsam mit Anna Groß hat sie 2023 den Sammelband „It's more than just rap – HipHop in der Jugendarbeit" herausgegeben.

Gabriel Kos ist Literaturwissenschaftler. Derzeit promoviert er an der Universität Bielefeld zu performativer Gemeinschaftsbildung im Deutschrap des 21. Jahrhunderts.

Katja Kuhl ist Fotografin und Regisseurin. Seit Mitte der 90er Jahre zeichnet sie sich für zahlreiche Musikvideos und Album/Single-Cover, insbesondere im deutschsprachigen HipHop-Genre verantwortlich.

Sina Lautenschläger ist Sprachwissenschaftlerin und hat zur Zeit die Gastprofessur „Gender & Diversity" an der Leibniz Universität Hannover inne. Zu ihren Schwerpunkten gehören im Bereich der Sprachkritik die feministische Linguistik, Genderlinguistik und Political Correctness, zudem forscht sie zu Wissenschaftskommunikation in politisierten Kontexten und im Bereich der Internetlinguistik zu Schweigen in digitaler Kommunikation.

Lothar Mikos ist Professor i. R. für Fernsehwissenschaft an der Filmuniversität Babelsberg und Honorarprofessor für Kommunikationswissenschaft an der Freien Universität Berlin. Seine Arbeitsschwerpunkte sind die Analyse von populären Medien, die digitale Transformation des Fernsehens und der Populärkultur sowie die globale Ökonomie und Kultur der Medien.

Raja Möller ist Literaturwissenschaftlerin und als Wissenschaftliche Mitarbeiterin an der Philipps-Universität Marburg tätig. Sie promoviert zu Schreibmaterialität(en) in den Texten von Jean Paul. Darüber hinaus umfassen ihre Forschungsinteressen die Romantik, Medienreflexion sowie Popkultur.

Kolja Podkowik ist Rapper, Texter und Mitglied der Antilopen Gang. Er lebt in Düsseldorf.

Falk Schacht ist seit Mitte der 1990er Jahre HipHop-Journalist und Autor für Film, Funk und Fernsehen. Er schreibt und produziert Dokumentationen und Podcasts, in denen er sich über die Bedeutung der HipHop Kultur im gesellschaftlichen Kontext auseinandersetzt. Parallel dazu, hält er Vorträge und ist als Speaker tätig.

Martin Seeliger ist Sozialwissenschaftler, leitet die Abteilung ‚Wandel der Arbeitsgesellschaft' und ist stellvertretender Direktor am Institut für Arbeit und Wirtschaft an der Universität Bremen. Zu seinen Arbeitsschwerpunkten zählen Arbeitssoziologie, Politische Ökonomie und Cultural Studies.

Marcus Staiger ist Publizist und Autor. Mit seinem Label „Royalbunker" prägte er zwischen 1997 und 2007 die deutsche Raplandschaft und als Chefredakteur von rap.de den deutschsprachigen HipHop-Journalismus. 2022 veröffentlichte er zusammen mit Mohamed Chahrour das Buch „Dakhil – Inside Arabische Clans". Staiger lebt und arbeitet in Berlin.

Fabian Wolbring ist Professor für Neuere deutsche Literatur und Literaturdidaktik an der Philipps-Universität Marburg. Zu seinen Forschungsschwerpunkten zählen die Medienreflexionskompetenz, die Jugend- und Populärkulturforschung und die interdisziplinäre Lied-Forschung.

Ein besonderer Dank gebührt Claudia Weber und Moritz Koch für ihre große Unterstützung.